Ferdinand Walter

Das alte Erzstift und die Reichsstadt Köln

Ferdinand Walter

Das alte Erzstift und die Reichsstadt Köln

ISBN/EAN: 9783741183331

Hergestellt in Europa, USA, Kanada, Australien, Japan

Cover: Foto ©ninafisch / pixelio.de

Manufactured and distributed by brebook publishing software
(www.brebook.com)

Ferdinand Walter

Das alte Erzstift und die Reichsstadt Köln

Das

alte Erzstift und die Reichsstadt

Cöln,

ihre geistliche und weltliche Verfassung und ihr Recht.

Ein Beitrag

zur Geschichte des deutschen Staats- und Privatrechts, des
deutschen Kirchenrechts und des rheinischen Adels.

Von

Ferdinand Walter.

Erstes Buch.

Bonn,

bei Adolph Marcus.

1866.

Das

alte Erzstift und die Reichsstadt

Cöln.

–

Entwicklung ihrer Verfassung vom fünfzehnten Jahrhundert
bis zu ihrem Untergang.

Von

Ferdinand Walter.

——

Bonn,
bei Adolph Marcus.
1866.

Vorrede.

Das Unternehmen des grossen und mühsamen Werkes, wovon hier das erste Buch erscheint, dürfte in meinem Alter fast eine Vermessenheit genannt werden, wenn nicht in meinen Werken über das Kirchenrecht und über die deutsche und römische Rechtsgeschichte Vorarbeiten gemacht wären, die theils hier unmittelbar verwerthet werden können, theils die Methode und Sicherheit gewähren, um sich in dem ausgebreiteten Stoffe rasch zurecht zu finden. Sollte mir aber auch die Vollendung nicht gestattet sein, so bildet doch der vorliegende Theil ein völlig abgeschlossenes Ganzes, und zwar ein Solches, wozu vielleicht, beim gänzlichen Mangel an ähnlichen Arbeiten, am meisten schaffende Kraft, Methode und beharrliche Ausdauer erforderlich war. Die Ausführung des Fehlenden halte ich für leichter, und es ist dafür in dem Gegebenen so bestimmt der Weg gewiesen, dass sich zur Noth auch Mehrere darin theilen könnten.

Dass mit den Zuständen der letzten Zeit der
Anfang gemacht ist, hat viele durch die Natur
des Stoffes gegebene Gründe für sich, von deren
Richtigkeit man sich, jemehr die Ausführung fort-
schreitet, überzeugen wird. Die grosse Ausführ-
lichkeit der Darstellung hat, abgesehen von dem
nächsten Zwecke, ihren Grund darin, zu zeigen,
wie wenig man von der Ausbildung des neueren
Territorial-Staatsrechts, seiner Verwaltungsformen,
Justizverfassung, Besteuerung, Finanzverwaltung
und Militäreinrichtungen weiss, während dieses für
die praktische Bildung des Staatsmannes und Beamten grade das Wichtigste und Lehrreichste ist.
Es sollte dadurch die Einseitigkeit der gangbaren
Methode fühlbar gemacht werden, welche sich in
dem Antiquarischen erschöpft, und das, was uns
zunächst angeht, vernachlässigt. Wir sind so ge-
lehrt, dass wir in dem, wie es in Rom und Athen
oder in den germanischen Wäldern vor zweitau-
send Jahren aussah, vollkommen zu Hause sind,
während, wie der Boden, worauf wir täglich den
Fuss setzen, vor kaum achtzig Jahren war, uns
ein unbekanntes Land ist. Auch wollte ich den
vielen Kräften, die sich jetzt mit Eifer und Erfolg
mit unserer Landesgeschichte und Rechtsverfassung
beschäftigen, ein recht klares Bild und einen festen
Ausgangspunkt geben, worauf bei diesen Forschungen so Vieles ankommt.

Unser Landstrich hat für die deutsche Rechtsgeschichte eine besondere Bedeutung dadurch, dass
in demselben weder der Sachsenspiegel noch ein

anderes Rechtsbuch des Mittelalters in Aufnahme
gekommen ist. Das Recht hat sich also darin rein
aus der ribuarischen und salischen Lex, aus den
Capitularien der fränkischen Könige und Reichstage, und aus den Reichsgesetzen des Mittelalters
entwickelt und als Gewohnheitsrecht fortgebildet,
ohne den mehr oder weniger fälschenden Einfluss,
den der Sachsenspiegel ausserhalb seiner Heimath
ausgeübt hat. Die Stelle des Sachsenspiegels vertreten die überaus zahlreichen Weisthümer, worin
sich die wirkliche Rechtsauffassung viel unmittelbarer und reiner abspiegelt, als im Sachsenspiegel, der theilweise von einer künstelnden Auffassung nicht frei ist. Auch gehört dahin das „Fraig-
buch der Scheffen von 1458", eine Sammlung von
Entscheidungen des Scheffengerichts zu Bonn, welches ein bedeutender Oberhof war. Dieses „Fraig-
buch" hatte Daniels, als er 1798 sein Buch „Von
Testamenten und Codicillen" herausgab, noch vor
Augen. Es ist aber jetzt spurlos verschwunden,
und wird der Aufmerksamkeit archivalischer Nachforschung, namentlich in den Archiven des kurfürstlichen hohen weltlichen Gerichts und des weltlichen Hofgerichts, beide zu Cöln, dringend empfohlen. Eben so verhält es sich mit dem uralten
Scheffen-Weisthum zu Bonn, das noch bis zur
französischen Zeit jährlich auf dem Münsterplatz
verlesen wurde, aber nicht mehr zu finden ist.

Ich habe die Hoffnung und Zuversicht, dass
die vorliegende Bearbeitung ähnliche Arbeiten über
nachbarliche Gebiete wecken wird. Insbesondere

empfehle ich dazu Jülich und Berg, wozu vielleicht noch reichhaltigere und dankbarere Materialien leicht zu erreichen sind. Würde der hier angenommene Plan Billigung und Nachahmung finden, so kämen nach und nach die Vorarbeiten zu einer wahren „Deutschen Rechtsgeschichte“ zu Stande, während dieselbe jetzt mit ihrer den Sachsenspiegel mehr oder weniger generalisirenden Richtung vieles Willkürliche und Lückenhafte an sich trägt. Es wäre für gelehrte Gesellschaften eine würdige Aufgabe, passende Talente zu solchen schönen und nützlichen Vorarbeiten zu ermuntern.

Bonn, den 21. Juli 1866.

Uebersicht des Inhaltes.

Anhang.

Einleitung.

1. Die Verfassung des Erzstiftes Cöln bildete wie die des deutschen Reiches, von dessen wichtigsten Gliedern es eines war, eine bunte Mischung, die sich allmählig in einem Zeitraum von mehr als tausend Jahren unter den mannigfaltigsten Einwirkungen entwickelt hatte. Ebenso verhielt es sich mit der Verfassung der Reichsstadt Cöln. Als Beide mit der im Jahr 1794 geschehenen französischen Occupation ihr politisches Dasein verloren, trat sehr bald eine um die Vorzeit schonungslos unbekümmerte völlige Umwandlung der öffentlichen Verhältnisse ein, so dass nunmehr dasjenige, was noch vor kaum siebzig Jahren vor Aller Augen in Staat und Kirche bestand, der Vergessenheit überliefert ist oder nur in der gelehrten Forschung fortlebt. Mit den alten Namen und Formen verschwand das Band, welches die Gegenwart mit der Vergangenheit verknüpft und der historischen Forschung mehr oder weniger zu Hülfe kommt. Alles muss nun aus Büchern erlernt werden, auch das was noch unseren Vätern aus der Anschauung und Uebung so geläufig war, dass man an eine schriftliche Aufzeichnung desselben für die Nachkommen nicht dachte. Die Aufgabe dieses Werkes soll nun die sein, dasjenige, was vor der grossen Umwälzung bestand, so wie es bestand, möglichst vollständig und getreu darzustellen und bis zu seinem

Ursprung hinauf zu verfolgen. Wer jenen Zeiten und Denen, die darin gelebt und gewirkt haben, noch durch persönliche Bekanntschaft näher steht, besitzt dadurch Anschauungen und Ueberlieferungen, welche ihm das Verständniss der nun untergegangenen Zustände erleichtern, die aber schon für die Meisten der lebenden Generation verloren sind. Es wird ihm auch eher möglich und gestattet sein, eben sowohl einerseits neben den unbestreitbaren Gebrechen jener alten Zeit das Gute und der Entwicklung Fähige, welches durch Unrecht und rohe Gewalt zerstört worden, zu würdigen, als andererseits neben den mannigfaltigen Fortschritten der Neuzeit, deren wir uns erfreuen, das, was ihr zum Frieden und zur wahren Wohlfahrt der Völker wie der Einzelnen mangelt, ohne Ueberhebung und Selbsttäuschung zu erkennen und einzugestehen.

II. Eintheilung des Stoffes.

2. Zwischen dem heutigen Zustand des Landstriches, welcher das ehemalige Erzstift Cöln am Rheine bildete, und der Vorzeit findet gar kein Zusammenhang Statt, indem nach dessen Untergang Alles neu und künstlich geschaffen worden ist. Der Zustand desselben zur Zeit seines Untergangs ist daher dasjenige, worauf alle historische Forschung hinausläuft und womit sie abschliesst. Es ist deshalb nothwendig, vor Allem die Verfassung und Verwaltungsform des Erzstiftes, so wie sie zuletzt waren, in einem anschaulichen Bilde voranzustellen. Dieses wird der Inhalt des ersten Buches sein. Wenn so die historische Untersuchung das, wohin sie ausläuft, im Voraus im Auge hat, ist ihr Gang sicherer und weniger der Gefahr unnöthiger Abschweifungen ausgesetzt. Auch ist es ein Vortheil, dass die Lücken, deren Ergänzung noch künftigen Forschungen zu überlassen ist, bestimmter bezeichnet werden können. Das zweite Buch hat die Entstehungs-

3

geschichte des Erzstiftes als ein besonderes Territorium zum Gegenstande. Diese Geschichte hängt auf das Engste mit der Vorzeit, insbesondre mit den grossen Veränderungen zusammen, welche nach Karl dem Grossen die fränkische Verfassung umgewandelt haben. Es ist daher eine Darstellung erforderlich, welche diese Umwandlungen, die Zersplitterung der alten und die Zusammensezzung neuer Gebiete, die tief gehende Einwirkung auf den Zustand der Personen und die Entstehung und endliche Vollendung der Landeshoheit in der Anwendung auf das hier in Frage stehende Reichsgebiet schildert. Das dritte Buch soll die ausführliche Darstellung und Entwicklung der Verfassung und Verwaltung des Erzstiftes in allen ihren Theilen, das vierte eben so die der Reichstadt Cöln enthalten. Das fünfte Buch hat die kirchliche Verfassung des Erzbisthums zum Gegenstande. Das sechste Buch wird Alles, was sich auf Leben und Sitten bezieht, das siebente Buch das bürgerliche Recht, das Strafrecht und die Procedur umfassen. In diesen beiden Büchern wird das, was das Erzstift, und das, was die Reichstadt Cöln angeht, verbunden dargestellt, was, um Wiederholungen zu vermeiden, zweckmässig ist.

III. Quellen und Hülfsmittel.

3. Eine Verfassungs- und Rechtsgeschichte des Erzstifts fehlt bis jetzt gänzlich; es giebt nicht einmal eine vollständige Beschreibung von dessen Verfassung und Verwaltung, wie sie zuletzt war, wiewohl eine solche zu entwerfen damals so leicht gewesen wäre. Jetzt muss man sich die Materialien zu dem Allem mühsam zusammensuchen. Die Hülfsmittel dafür sind folgende.

A) Werke, worin die auf diesen Gegenstand bezüglichen älteren und neueren Schriften verzeichnet sind: Bibliotheca Coloniensis, in qua vita et libri typo vulgati et manuscripti recensentur omnium Archi-Diocceseos Coloniensis, Ducatuum Westphaliae, Angariae, Moersae, Cliviae, Iuliaei, Montium, Comitatus Arensbergae; Vestae Recklinghusanae, Territoriorum Ravenstcinii, Ravensbergae, Essendiae, Werdenae; Civitatum, Coloniae, Aquarum-Grani, Tremoniae, indigenarum et incolarum Scriptorum. — Cura et studio Iosephi Hartzheim, Soc. Iesu Presbyteri. Coloniae MDCCXLVII. fol. min.

An der Bearbeitung einzelner Theile der Cülnischen Geschichte hat es schon seit dem siebzehnten Jahrhundert nicht gefehlt, und diese Literatur ist mit Anderer in dem obigen Werke verzeichnet. Die unsern Zweck hauptsächlich angehende Literatur ist nach dem Index quartus in sieben Kapiteln zusammengestellt. Doch sind diese Werke wegen des Mangels an Kritik und historischer Bildung hauptsächlich nur noch wegen der darin enthaltenen Materialien von Nutzen.

Die Provinzial- und statutarischen Rechte in der Preussischen Monarchie. Dargestellt vom wirklichen Geheimen Rath von Kamptz. Dritter Theil. Berlin 1828. §. 809—832. 941—944.

Hier findet man eine nützliche systematische Zusammenstellung des von Hartzheim Verzeichneten, durch die neuere rechtshistorische und juristische Literatur vermehrt.

Quellen zur Geschichte der Stadt Köln. Herausgegeben von Ennen und Eckertz. Band I. Köln 1860. S. VI—XII.

Hier ist die die Geschichte und Verfassung der Stadt Cöln betreffende Literatur, auch Einiges vom Erzstift, jedoch ziemlich planlos, verzeichnet.

B) Hülfsmittel zur Kenntniss des Zustandes des Erzstiftes, wie derselbe in der letzten Zeit war. Die, welche blos die Reichsstadt betreffen, werden unten bei dieser genannt werden. Jene sind nach der Zeitfolge geordnet folgende:

Chur - Cöllnischer Hoff - Calender auf das Jahr nach
der Gnadenreichen Gebuhrt unseres Erlösers Jesu Christi
1717. Von Jh. Churf. Durchlaucht zu Cöllen x. Cam-
mer-Fourier Matthia Biber der Kirchen- und Hoff-Ce-
remonien Liebhaberen zum erstenmal gefertigt. 116 Seiten. 12.

Dieser erschien auf Geheiss des Kurfürsten Joseph Clemens als einer der ersten Staatskalender in Deutschland.
Zuletzt 1794; schon seit 1760 und vielleicht noch früher von J. P. N. M. V. (Johann Philipp Neri Maria
Vogel, zuletzt kurf. Hofkammerrath). Lange Zeit war
der Inhalt dürftig, wurde aber später so, dass er vollständig auch die Städte und Aemter umfasste. Man hat
daran eine durchaus zuverlässige Grundlage. Die gleich-
zeitige Ausgabe in französischer Sprache ist zur Bestimmung des Sinnes mehrerer Ausdrücke mit Nutzen
zu gebrauchen.

Archidiocceseos Coloniensis descriptio historico poetica
per ordines et status digesta. Authore Martino Henriquez
a Strevesdorff. 1652. Editio tertia auctior et emendatior.
Coloniae 1740. 8.

Eine kurze aber klare Darstellung der Verfassung des
Erzstifts aus dem siebzehnten Jahrhundert in lateinischen Versen. Der Verfasser war landständischer General-Einnehmer, und es standen ihm daher zuverlässige
Quellen zu Gebote.

Neuer Schematisch - Cöllnischer Calender auf das Jahr
1754. Cölln am Rhein, bey Franz Balthasar Neuwirth,
unter Fetten Hennen.

Er wurde nicht fortgesetzt, aber seit 1759 in den gleich
zu nennenden Niederrheinisch - Westphälischen Kreiskalender aufgenommen.

Nider-Rheinisch-Westphälischer Kreis - Calender Auf das
das Jahr 1758. Cöln bey Franz Balthasar Neuwirth unter
Fetten Hennen.

Der Umfang desselben war anfangs gering, wurde aber bald durch reiche statistische Materialien erweitert. Er erschien zuletzt 1794, noch bei demselben Verleger.

Johann Jacob Moser Von der Teutschen Reichs - Stände Landen. Frankfurt und Leipzig 1769. 4.

Was dieser bekannte fruchtbare Publicist hier und zerstreut in anderen seiner Werke von der Verfassung des Erzstifts giebt, ist überaus dürftig, und es sind darin nicht einmal die wenigen damals vorhandenen Materialien Alle benutzt.

Materialien zur geistlichen und weltlichen Statistik des niederrheinischen und westphälischen Kreises. Ersten Jahrganges Stück 1—6. Seite 1—587. Stück 7—12. Seite 1— 588. Erlangen 1781. Zweyter Jahrgang. Erster Band. Seite 1 — 284. Zweyter Band S. 285 — 474. Erlangen 1783. 8.

Dieses ist eine reichhaltige hier viel benutzte Sammlung, deren Fortsetzung sehr wünschenswerth gewesen wäre.

(Eichhof) Historisch-geographische Beschreibung des Erzstiftes Köln. Eine nöthige Beilage zu des Herrn C. R. Büschings Erdbeschreibung. Zweite verbesserte Auflage. Frankfurt 1783. 8.

Das kleine Werk ist grösstentheils aus den genannten Hülfsmitteln geschöpft, ohne jedoch einmal seine Quellen zu nennen. Als die einzige historisch-statistische Zusammenstellung ist es dennoch sehr erwünscht und brauchbar. Von Kamptz wird es irrig dem C. A. von Mastiaux zugeschrieben. Nach ihm hat Büsching seine Angaben wesentlich vervollständigt und verbessert. Man sehe dessen Erdbeschreibung Th. VI. S. 590—621. der siebenten Ausgabe 1790.

Elementa iuris statutarii Archiep. et Elect. Coloniensis. In usum auditorum communicavit Hubertus Brewer. Bonnae 1786. 8.

Ein auch sehr brauchbar nur gar zu kurz gefasster Abriss der zuletzt bestandenen Landes- und Rechtsverfassung, aber ebenfalls ohne alle Anführung von Quellen. Abhandlung über den vorzüglichen Unterschied zwischen den ehemaligen Landes-Rechten, Gewohnheiten, landständischen und unterherrschaftlichen Verfassungen des Kurfürstenthums Köln, der Herzogthümer Jülich und Berg, und der Successions-Rechte der ehemaligen Reichsstadt Köln. Verfasst von Theodor Correns. Köln 1826. 8.

Bei der grossen Armuth von Zeugnissen über die letzten Zustände giebt dieses kleine Werk eines Praktikers über mehrere Punkte erwünschte Auskunft.

Cöln das Kurfürstenthum, von Stramberg, in der Allgemeinen Encyclopädie von Ersch und Gruber. Achtzehnter Theil. Leipzig 1828. 4.

Dieser Artikel ist hauptsächlich aus Eichhof entnommen, enthält aber auch Einiges aus des Verfassers reichen örtlichen Kenntnissen.

C) Werke über die Geschichte des Erzstifts und der Reichsstadt. Für das Erzstift kann hier nur ein Buch in Betracht kommen:

(Michael Mörkens Carthusianus) Conatus Chronologicus ad Catalogum Episcoporum, Archi-Episcoporum, Cancellariorum, Archi-Cancellariorum, et Electorum Coloniae, Claudiae Augustae Agripppinensium. (Coloniae) 1745. 4.

Das mit Genauigkeit und Präcision geschriebene Werk ist besonders durch den im Anhang gegebenen Nachweis der Beweisstellen, wobei ihm das unten angeführte Werk des Gelenius sehr zu Statten kam, von Werth.

Neuere unmittelbar hieher gehörende Werke sind unbedeutender Art. Zu nennen sind jedoch:

Landes- und Rechtsgeschichte der Herzogthümer Westfalen, von Joh. Suibert Seibertz. Arnsberg 1860 — 64. 3 Th. 8.

Das fleissig und gründlich gearbeitete Werk berührt
unsern Gegenstand in so fern, als darin auch von den
Erzbischöfen von Cöln wegen des ihnen zustehenden
Herzogtbums Westphalen die Rede sein musste. Zu be-
dauern ist nur, dass der Verfasser die schwerfällige
Methode Eichhorns, die Rubricirung des Stoffes unter
gleichmässige Perioden, nachgeahmt hat, wodurch die
Darstellung immer unterbrochen und schleppend wird,
und dass er gar zu Vieles eingeflochten hat, was aus
der Reichsgeschichte, dem Reichs-Staatsrecht und dem
Kirchenrecht als bekannt vorauszusetzen ist. Was soll
aus der Bearbeitung der Landesgeschichte werden, wenn
man in jeder immer wieder die bekannten Dinge zu
lesen bekommt?

Lacomblet Düsseldorf. Mit stetem Hinblick auf die Landesgeschichte aus urkundlichen Quellen dargestellt (Lacomblet Archiv III. 1—106. IV. 1—173. 221—330. V.
1—221).

Man findet darin äusserst genaue auf des Verfassers Urkundenbuch gestützte Notizen über die vielen einschlagenden Beziehungen der Cölner Erzbischöfe.

Auf die Reichsstadt beziehen sich folgende Arbeiten:

De admiranda, sacra, et civili magnitudine Coloniae Claudiae Agrippinensis Augustae Ubiorum Urbis. Libri IV.
— Authore Aegidio Gelenio SS. Th. L. Coloniae 1645. 4.

Das einseitig, aber mit Liebe und Fleiss aus Urkunden
gearbeitete Werk ist bis in die neueste Zeit für Vieles
die Hauptquelle geblieben, was man daraus aus zweiter und dritter Hand zu lesen bekommen hat.

Geschichte der Stadt Köln, meist aus den Quellen des
Kölner Stadt-Archivs. Von Dr. Leonhart Ennen, Stadt-
Archivar. 1. Band. Köln 1863. 2. Band. 1865.

Durch dieses auf die reichen handschriftlichen Hülfsmittel und auf die neuesten Forschungen gestützte Werk
wird eine wichtige Lücke ausgefüllt und fernere For-

schungen wesentlich gefördert. Zu tadeln ist unter Anderen, dass die Citate zuweilen auf Urkunden im Stadtarchiv lauten, wovon nicht einmal die Jahrzahl beigefügt ist.

Die Entwickelung der deutschen Städte-Verfassungen im Mittelalter. Aus den Quellen dargelegt von Dr. E. M. Lambert. I. II. Band. Halle 1865.

Der zweite Band umfasst lediglich die Geschichte der Verfassung der Stadt Cöln. Als ein Seitenstück und zum Theil als Kritik des vorigen Werkes ist die Arbeit sehr willkommen.

D) Sammelwerke, worin Nachrichten und Abhandlungen über einzelne Punkte der älteren und neueren Geschichte und Verfassung des Erzstiftes und der Reichsstadt vorkommen. In den erwähnten „Materialien" war dazu ein guter Anfang gemacht, dessen Fortgang durch die Ereignisse unterbrochen wurde. In der neueren Zeit zeigt sich dafür aber ein steigender Eifer, der sich namentlich in der Entstehung von Zeitschriften kund giebt. Die uns zunächst angehenden sind nach der Zeitfolge geordnet folgende:

Vaterländische Chronik der Königlich-Preussischen Rhein-Provinzen im Allgemeinen und der Stadt Köln insbesondere. — Von Johann Wilhelm Brewer. Köln Jahrgang 1825. 1826. 2 Bde. 8.

Diese Zeitschrift hat das Verdienst, nach einer langen Unterbrechung die erste gewesen zu sein, die sich wieder den vaterländischen Dingen zuwandte. Sie enthält aber auch Beiträge und Aufsätze von Werth.

Archiv für die Geschichte des Niederrheins. Herausgegeben von Theodor Joseph Lacomblet. Düsseldorf 1832 ff.

Diese jetzt fünf Bände umfassende, so eben leider durch den Tod des Verfassers unterbrochene Zeitschrift enthält die gediegensten Arbeiten und die schätzbarsten Beiträge zu unserem Gegenstande.

Archiv für Rheinische Geschichte. Herausgegeben von
K. A. Grafen von Reisach und P. A. Linde. Coblenz
1833. 1835. 2 Th. 8.

Zeitschrift für Archivkunde, Diplomatik und Geschichte.
Herausgegeben von L. F. Hoefer, Dr. H. A. Erhart und
Fr. L. B. von Medem. Hamburg 1834—36. 2 Bde. 8.

Jahrbücher des Vereins von Alterthumsfreunden im Rheinlande. Bonn 1842 ff.

Diese reiche und wohlausgestattete Zeitschrift erfreut
sich einer steigenden Theilnahme und enthält, besonders für die ältesten Zeiten, lehrreiche Forschungen.
Sie umfasst bis jetzt (1866) vierzig Hefte.

Niederrheinisches Jahrbuch für Geschichte, Kunst und
Poesie. Von Dr. L. Lersch. Bonn 1843. 1844. 2 Bde. 8.

(Chr. von Stramberg) Denkwürdiger und nützlicher Rheinischer Antiquarius, welcher die wichtigsten und ange-
nehmsten geographischen, historischen und politischen
Merkwürdigkeiten des ganzen Rheinstroms, von seinem Ausflusse in das Meer bis zu seinem Ursprung darstellt. Von
einem Nachforscher in historischen Dingen. Cobl. 1843 ff.

Das seltsame und sehr gemischte, noch lange nicht
vollendete Werk zerfällt in vier Abtheilungen. Die
Erste, Coblenz und die Stadt, in 4 Bänden, ist vollendet. Die Zweite enthält Ehrenbreitstein 1 Band; Rheinufer von Coblenz bis zur Nahe 8 Bände; das Rheingau
4 Bände noch nicht vollendet. Die dritte Abtheilung
begreift von Coblenz bis Bonn 11 Bände (bis 1865) aber
noch nicht vollendet. Die vierte Abtheilung betrifft
Cöln, bis jetzt erst 1 Band (1863). Zusammen bis jetzt
29 Bände.

Annalen des historischen Vereins für den Niederrhein insbesondre die alte Erzdiöcese Köln. Herausgegeben von dem
wissenschaftlichen Ausschusse des Vereins. Köln 1855 ff.

Die an Werth steigende Zeitschrift greift ganz eigentlich in den Zweck dieses Werkes ein, und sie werden

sich gegenseitig fördern. Bis jetzt sind davon sechzehn
Hefte erschienen, das letzte 1865.

Zeitschrift des Bergischen Geschichtsvereins. Im Auftrage
des Vereins herausgegeben von Dr. K. W. Bouterwek und
Dr. W. Crecelius. Bonn 1863 ff.

Der Gegenstand dieser Zeitschrift ist mit dem hier zu
behandelnden zu nahe verwandt, um sich nicht hin und
wieder zu berühren.

Uebrigens muss hier auch der grossen handschriftlichen
Sammlungen gedacht werden, die von zwei arbeitsamen
Freunden der vaterländischen Geschichte angefertigt wor-
den sind, worin sie dasjenige, was ihnen der Aufbewah-
rung werth schien, in Urschriften oder Abschriften der
Nachwelt erhalten haben, nämlich von dem Domherrn
Johannes Gelenius († 1631) [1]) und von dem Vicarius Alfter
(† 1808) [2]).

---

1) Er nannte seine Sammlung die Farragines Gelenianae. Sie
bestand aus 30 Bänden, wovon sich nach Ennen noch 28 im städtischen Archiv befinden. Davon handelt Hartzheim Biblioth. Colon.
p. 173, der aber nur 25 als erhalten angiebt. Auch spricht davon
der Domherr von Hillesheim in Brewer Vaterländ. Chronik I. 263.

2) Von ihm handelt Brewer Vaterländ. Chronik I. 112. Dieser
fleissige Mann hat mehrere Sammlungen der Art veranstaltet. Die
Eine in 62 Bänden hatte der vorletzte Kurfürst Max Friedrich von
demselben angekauft. Sie wurde 1794 bei der Annäherung der Franzosen mit anderen Schätzen der Domkirche nach Arnsberg geflüchtet,
und von da, wie die Regierungsacten nachweisen, in den Jahren 1812
bis 1815 nach Darmstadt für das Grossherzogliche Museum gebracht,
und die deshalb erhobenen Reclamationen wurden abgewiesen. Eine
zweite Sammlung hatte, wie Gercken Reisen durch Schwaben III. 331.
berichtet, der letzte Kurfürst Max Franz um das Jahr 1780 für die kurfürstliche Bibliothek in Bonn erstanden. Eine dritte Sammlung, welche
vielleicht dieselbe ist, hat die Schulverwaltung zu Cöln käuflich an
sich gebracht und ist unter dem Namen Museum Alfterianum in der
Bibliothek des dortigen Gymnasiums aufgestellt. Das Verzeichniss
derselben geben Brewer Vaterländ. Chronik II. 114. 153. 238. 298.,

4. Was die Quellen betrifft, worauf die neue Bearbeitung dieses Gegenstandes gestützt werden muss, so sind diese dreifacher Art: Rechtsdenkmäler, Geschichtswerke, Urkunden.

A) Die Rechtsdenkmäler zerfallen in zwei Klassen: solche, welche sich auf das ganze Reich, und solche, welche sich nur auf das hier in Frage stehende Territorium beziehen. Für Erstere, so weit sie die ältere Zeit betreffen, sind folgende Sammlungen zu bemerken:

Corpus iuris Germanici antiqui. Ex optimis subsidiis collegit edidit et lectionum varietatem adiecit Ferd. Walter. Berolini 1824. 3 vol. 8.

Diese Sammlung wird zwar durch die gleich folgende entbehrlich gemacht werden, ist es aber zur Zeit noch nicht, weil grade die für uns wichtigste Lex Ribuariorum und die Lex Salica in dieser noch fehlen.

Monumenta Germaniae historica inde ab anno Christi quingentesimo usque ad annum millosimum et quingentesimum auspiciis societatis aperiendis fontibus rerum Germanicarum medii aevi edidit G. H. Pertz. Legum Tom. I. II. III. Hannoverae 1835. 1837. 1863. 3 vol. fol.

Diese vortreffliche und die kritische Seite fast erschöpfende Sammlung enthält auch die für uns so wichtigen Reichsgesetze und Reichstage des Mittelalters, während die vorige Sammlung nur bis ins zehnte Jahrhundert geht.

Diese älteren Rechtsquellen sind für unseren Zweck um so wichtiger, als sowohl die fränkischen Capitularien wie die Reichsgesetze des Mittelalters in diesem Landstriche eine unmittelbare Geltung gehabt, und im Mittelalter kein

---

Stramberg in Ersch Allgem. Encyclopädie Th. XVIII. S. 182. Sie besteht aus 65 Stücken oder Nummern, die zusammen 163 Bände in Folio, Quart und Octav ausmachen. Darunter ist neben vielem jetzt Werthlosen, Manches das Beachtung verdient.

Rechtsbuch an die Seite erhalten haben. Es galten daher
nur die theils überlieferten theils neu sich bildenden Ge-
wohnheitsrechte, welche vor und nach in der Form von
Weisthümern niedergeschrieben worden sind. Wichtig
ist daher folgende Sammlung:
Weisthümer gesammelt von Jacob Grimm. Göttingen 1840
—63. 4 Th. 8.
Die unsern Landstrich angehenden Weisthümer kommen im zweiten Theile vor. Es sind deren jedoch wenige; viele sind seitdem zerstreut erschienen, und viele
sind noch nicht gedruckt. Sehr erwünscht ist daher,
dass in dem vom Herrn Dr. Schroeder herausgegebenen,
eben im Druck befindlichen fünften Theile die den
Niederrhein angehenden Weisthümer nachgetragen sind.
Für die das Erzstift betreffenden neueren Gesetze und
Verordnungen seit dem sechzehnten Jahrhundert liess der
vorletzte Kurfürst Maximilian Friedrich auf den Antrag der
Landstände die folgende Sammlung veranstalten, welche
die Fürsorge und den Ordnungsgeist bekundet, die überhaupt in der Verwaltung des Erzstifts herrschten.
Vollständige Sammlung deren die Verfassung des hohen
Erzstifts Cölln betreffender Stücken, mit denen benach-
barten Hohen Landes - Herrschaften geschlossener Con-
cordaten und Verträgen, dann in Regal- und Cameral-
Sachen, in Justiz- Polizey- und Militair-Wesen vor- und
nach ergangener Verordnungen, und Edicten. Aus Gnädigstem Befehl Ihrer Churfürstlichen Gnaden zu Cölln
Maximiliani Friderici zusammen getragen, und zum Druck
befördert. Cölln am Rhein 1772. 1773. 2 Bde. fol.
Sie zerfällt in fünf Abtheilungen: Landesverfassung,
Regalia et Cameralia, Iudicialia, Politica, Militaria. Jede
Abtheilung zerfällt in mehr oder weniger Abschnitte,
worunter die dahin gehörenden Stücke meistens chro-
nologisch geordnet sind.
Die Sammlung nennt sich vollständig, ist es jedoch nicht.

Die nach 1772 erlassenen und durch die Hofbuchdruckerei bekannt gemachten Verordnungen wurden für das Erzstift nicht mehr gesammelt, und finden sich nur in einer
späteren für die Veste Recklinghausen veranstalteten Sammlung [1]). Um so wichtiger ist daher das folgende Werk:
Sammlung der Gesetze und Verordnungen, welche in
dem vormaligen Churfürstenthum Cöln (im rheinischen
Erzstifte Cöln, im Herzogthum Westphalen und im Veste
Recklinghausen) über Gegenstände der Landeshoheit, Verfassung, Verwaltung und Rechtspflege ergangen sind, vom
Jahre 1463 bis zum Eintritt der Königl. Preussischen Re-
gierungen im Jahre 1816. Herausgegeben von J. J. Scotti.
Erste Abtheilung. Th. I. II. (mit durchlaufender Seiten-
zahl). Düsseldorf 1830. Zweite Abtheilung. Th. I. II.
Düsseldorf 1831. 4 Bde. 8.

Dieses Werk, worin alle jene Gesetze bis in die letzten Zeiten verzeichnet, mehrere wichtige auch ganz
abgedruckt sind, ist ein so grosses und erleichterndes
Hülfsmittel, dass ohne dasselbe an die Bearbeitung des
vorliegenden Werkes nicht hätte gedacht werden können.
Für die eigentlich juristischen Quellen bestimmt war folgende Sammlung:

Die Rheinpreussischen Landrechte. Herausgegeben von
Dr. Romeo Maurenbrecher. Bonn 1830. 2 Bde. 8.

Sie enthält aber nur die Rechtsordnung des Erzstifts,
nicht auch die der Reichsstadt, und von jener häufig
auch nur die Ueberschriften der Titel.

Die Landtags-Verhandlungen und Abschiede, welche ein
reiches Material liefern würden, sind nicht gesammelt und

---

1) Sammlung der ältern und jüngern Verordnungen zur Erläuterung des ehemals Chur-Cüllnischen, nunmehr Herzoglich Arembergi-
schen Landrechts bis zum Jahr 1800 einschliesslich. Dorsten 1807. 8.
Der Inhalt dieser Sammlung ist mitgetheilt in Kamptz Provinzialrechte
Th. II. §. 633.

gedruckt, und nur aus zerstreuten Anführungen bekannt.
Eben so die Protokolle des Cölner Domkapitels.

B) Die Geschichtswerke für das Erzstift sind theils
solche, welche allgemeiner Art sind, theils solche, welche
das Erzstift insbesondre zum Gegenstande haben. Für
Beide sind folgende Sammlungen zu bemerken:
Monumenta Germaniae historica — edidit G. H. Pertz.
Scriptorum Tom. I—XII. XVI. XVII. XVIII. Hannoverae 1826—1863. 15 vol. fol.

Diese Sammlung ist auch für die Cölnische Geschichte
von besonderem Werthe, weil darin die darauf bezüglichen Vitae, Annalen und Chroniken zuerst kritisch
gesichtet worden sind, wie im historischen Theile vorkommen wird.

Fontes rerum Germanicarum. Edidit I. Fr. Böhmer. Stutt-
gart 1843. 3 vol. 8.

Auch diese Sammlung enthält Stücke, welche Cöln spe-
ciell angehen. Doch sind schon mehrere derselben, und
verbessert, in die spätern Bände von Pertz aufgenommen.

Fontes adhuc inediti rerum Rhenanarum. Niederrheini-
sche Chroniken herausgegeben von Dr. Gottfried Eckertz.
Köln 1864.

Dieses ist ein Anfang, dem ein guter Fortgang zu wün-
schen ist.

C) Die auf das Erzstift und die Reichsstadt Cöln bezüglichen Urkunden sind sehr zahlreich, und es wäre eine
eben so verdienstliche als lohnende Arbeit, davon Rege-
sten heraus zu geben. Der Vicarius Alfter hatte dazu,
wie es scheint, den Anfang gemacht, der aber Manuscript
geblieben ist[2]). Die hieher gehörenden Urkundensamm-
lungen sind, nach der Zeitfolge geordnet, folgende:

---

2) In dem oben (§ 3. Note 2) erwähnten Museum Alfterianum Nr. 27
ist ein Band, der die Bezeichnung führt: Registrum diplomatum Coloniensium, ordine chronologico confectum; addilis in fine diploma-
tibus. fol.

De admiranda magnitudine Coloniae — Authore Aegidio
Gelenio. Coloniae 1645. 4.

Dieses schon oben genannte Werk ist dadurch von
Werth, dass es zuerst viele, auch für die Geschichte
des Erzstifts wichtige, Urkunden bekannt machte.

Securis ad radicem posita, oder Gründlicher Bericht loco
libelli, Worin der Stadt Cöllen am Rhein Ursprung etc.
— Autore clarissimo Consiliario Aulico Petro Alexandro
Bossart, cum adiunctis CLXXVII. Bonnae 1687. Von
newem getrucket Anno 1729. fol.

Diese grosse für die Rechte des Kurfürsten gegen die
Reichsunmittelbarkeit der Stadt verfasste Deduction
brachte eine Anzahl Urkunden aus dem Archiv zu Tag,
und ist dadurch noch jetzt von Nutzen.

Das Teutsche Reichs-Archiv — von J. Ch. Lünig. Leipzig 1710—1722. 24 Bde. fol.

Die das Erzstift und die Reichsstadt Cöln betreffenden
zahlreichen Urkunden finden sich in dem Werke an
verschiedenen Stellen zerstreut. Sehr erleichtert wird
jedoch deren Gebrauch durch das den 24. Band bil-
dende Register, worin S. 134—154 die das Kurfürstenthum, und S. 154—160 die die Reichsstadt Cöln angehenden Urkunden chronologisch verzeichnet sind. Darin
sind auch viele aus der Securis aufgenommen.

Sammlung noch ungedruckter Cöllnischer Urkunden in
Chr. J. Kremers Akademische Beiträge zur Gülch- und
Bergischen Geschichte Band II. 1776. S. 193—264.

Subsidia diplomatica historiam patriae Coloniensis et ad-
iacentium regionum illustrantia. (In den oben angeführten Materialien Jahrgang I. 1781. St. 5. 6. 8. 9. 10. 12.
Jahrgang II. Band II. 1783. S. 285. 463).

Archiv für die Geschichte und Statistik des Vaterlandes.
Erster Band. Bonn 1785. 4.

Dieser Band besteht blos aus Urkunden des vierzehn-

ten und fünfzehnten Jahrhunderts, darunter manche in-
teressante Stücke, die Lacomblet nicht hat.

Subsidia miscellanea historiam et iurisprudentiam eccle-
siasticam Coloniensem praecipue illustrantia. Bonnae s. a. 8.

Die kleine Sammlung ist von Hedderich, Professor des
canonischen Rechts an der damaligen Universität Bonn,
verfasst, und enthält einige ganz brauchbare Stücke.

Codex diplomaticus Rheno-Mosellanus. Urkunden-Samm-
lung zur Geschichte der Rhein- und Mosellande, der
Nahe- und Ahrgegend, und des Hundsrückens, des Main-
feldes und der Eifel. Von W. Günther. Coblenz 1822—
1826. 5 Th. 8.

Die Sammlung enthält auch Vieles, was das Erzstift berührt, wie sich im historischen Theile zeigen wird.

Rheinisch-Westphälischer diplomatischer Codex oder Ur-
kunden-Sammlung zur Geschichte der Erzdiöcese Cöln
und des dazu gehörenden Rhein- und Westphalen-Landes.
Von Dr. Ant. Jos. Binterim und Jos. Hub. Mooren. Mainz
1830. 1831. 2 Th. 8.

Diese Sammlung bildet auch den 3. und 4. Theil des
von denselben Verfassern herausgegebenen Werkes: Die
alte und neue Erzdiöcese Köln. Mainz 1828. 2 Th. 8. Ein
5. Theil wurde angekündigt, ist aber nicht erschienen.

Urkundenbuch für die Geschichte des Niederrheins oder
des Erzstifts Cöln, der Fürstenthümer Jülich und Berg,
Geldern, Meurs, Cleve und Mark, und der Reichsstifte El-
ten, Essen und Werden. Aus den Quellen in dem königlichen Provinzial-Archiv zu Düsseldorf und in den Kir-
chen- und Stadt-Archiven der Provinz, vollständig und
erläutert, mit 23 Registern und Siegel-Abbildungen herausgegeben von Theod. Jos. Lacomblet. Düsseldorf 1840
—1858. 4 Bde. 4.

Diese als musterhaft anerkannte und durch die vortreff-
lichen Register brauchbar gemachte Sammlung bildet
für das Erzstift die Hauptquelle.

Quellen zur Geschichte der Stadt Köln. Erster Band. Herausgegeben von Dr. Leon. Ennen und Dr. Gottfr. Eckertz. Köln 1860. Zweiter Band 1863. 8.

Für die Reichsstadt das Hauptwerk, welches sich ebenfalls durch seine reichen und sorgfältigen Register auszeichnet.

Urkundenbuch zur Geschichte der, jetzt die Preussischen Regierungsbezirke Coblenz und Trier bildenden mittelrheinischen Territorien. Aus den Quellen herausgegeben von Heinr. Beyer. Coblenz 1860. 1865. 2 Bde. 8.

Diese, auch mit guten Registern und historischen Notizen ausgestattete Sammlung berührt auch das Erzstift in mehrfacher Beziehung.

Obngeachtet dieser Hülfsmittel ist aber noch manche Lücke durch Ungedrucktes zu ergänzen, und es ist dem Forscher erwünscht, darüber, und wo es liegt, Auskunft zu erhalten [3]). Sehr fördernd sind daher die Zeitschriften, wenn darin solche Notizen mitgetheilt oder ungedruckte Stücke herausgegeben werden.

---

3) Als Beispiele zur Nachahmung sind zu empfohlen: Ennen Quellen I. S. XXI—XXXII, Lacomblet Urkundenbuch Band I. S. X. XI. Band II. S. VII. VIII.

Erstes Buch.

Das Erzstift und die Reichsstadt Cöln zur Zeit ihres Untergangs.

— — —

5. Das Erzstift, wie es zuletzt bestand, war in das rheinische und westphälische eingetheilt; jenes wieder, nach der Lage oberhalb Cöln und von Cöln abwärts, in das Ober- und Niederstift [1]); endlich dieses Niederstift in das rheinische und das lippische oder die Veste (nach alter Schreibart das Vest) Recklinghausen. Das westphälische Erzstift wurde das Herzogthum Westphalen genannt. Das rheinische Ober- und Niederstift war aus den Erwerbungen vielerlei Regalien, Grafschaften und Herrschaften entstanden, wie in diesem Werke näher dargelegt werden soll. Die Veste Recklinghausen kam an das Erzstift im dreizehnten Jahrhundert durch die Gräfin Enriga oder Embsa, die Letzte aus dem gräflichen Stamme von Ryklinghusen, welche nach dem Tode ihres Gemahls, des Grafen Otto von Ravensberg, das Vest dem Erzbischof von Cöln durch Testament vermachte [2]). Reck-

----

1) Man sehe darüber unten §. 53.

2) So berichtet Rive Ueber das Bauerngüterwesen (Köln 1824) I. 210. aus einer sehr alten S. 399 mitgetheilten kurkölnischen Archivalnotiz, die auch in die Chronik von Xanten aufgenommen worden ist.

linghausen erhielt nun vom Erzbischof Heinrich I. 1235 erweiterte Stadtrechte, zählte zu den erzbischöflichen Einkünften, und wurde unter den Städten des Erzstifts aufgeführt[3]). Das Land wurde dann auch in Aemter (officia) eingetheilt, trug zur Landbede bei[4]), und wurde durch den vom Erzbischof ernannten Marschall zu Recklinghausen verwaltet[5]). Seit 1438 wurde das Vest vom Erzbischof Dietrich II. abwechselnd verpfändet und wieder eingelöst, zuletzt an den Grafen von Schauenburg[6]), was jedoch 1515 seinen Beitritt zur erzstift-rheinischen Landesvereinigung von 1463 nicht hinderte[7]). Endlich löste es Salentin 1576 für 17550 Goldgulden wieder ein[8]), und schloss mit der Ritterschaft und den beiden Städten Recklinghausen und Dorsten 1577 einen Recess, der gewissermassen das Grundgesetz des Landes geblieben ist[9]). Diese Landstände waren jedoch dem erzstiftischen Landtage in dem Steuerbewilligungsrecht subordinirt, indem ihre Deputirte nur in Bonn erschienen, um die dort bewilligten Steuersimpeln und die davon auf sie fallende Quote zu vernehmen[10]). Was den Besitz des Herzogthums West-

Das Buch von Rive erschien wieder unter dem Titel: Beiträge zur Deutschen Rechtsgeschichte und zum Deutschen Privatrecht. I. Theil. Paderborn 1827. Es ist aber nur ein neues Titelblatt.

3) Urk. von 1235. 1299. 1263., Lacomblet Urkundenbuch II. 204. 239. 537.

4) Urk. von 1335. 1337. 1341., Lacomblet Urkundenbuch III. 301. 312. 400.

5) Urk. von 1381, Lacomblet Urkundenbuch III. 861.

6) So berichtet Rive Bauerngüterwesen I. 214., nach einer von ihm S. 408 mitgetheilten kurkölnischen Archivalnotiz.

7) Scotti Sammlung I. S. 8.

8) Büsching Erdbeschreibung VI. 621. der siebenten Ausgabe.

9) Recess vom 26. August 1577, Scotti Sammlung I. 29., Vollst. Sammlung I. 58.

10) Rive Bauerngüterwesen I. 215. 216. Man sehe unten §. 196.

phalen betrifft, so rührte derselbe vom Kaiser Friedrich I.
her, welcher, nachdem Heinrich der Löwe vom Reichstage
in die Acht und aller seiner vom Reiche gehabten Besitzungen verlustig erklärt, das von demselben besessene
Herzogthum Sachsen oder Westphalen und Engern 1180
theilte, und mit dem einen Theil den Erzbischof Philipp
von Heinsberg für seine Kirche belehnte [11]). An dieses
Herzogthum knüpfte sich später auch die Eigenschaft als
oberster Statthalter der westphälischen Fehmgerichte [12]),
weshalb die Bestätigung der Freigrafen in der Hofkanzlei geschah, und dafür eine Taxe erhoben wurde [13]). Zu
diesem Herzogthum kam im vierzehnten Jahrhundert auch
die innerhalb dessen Gränzen gelegene Grafschaft Arnsberg. Diese wurde vom letzten Grafen Godfried und dessen Gemahlin Anna von Cleve 1368 dem Erzstifte für
130000 Goldgulden verkauft, dann 1369 von Beiden demselben „mit alle der gereitschafft, die zu der were geho-
ret in den slossen, as armburste, noitstelle, donrebusse,
tartzgen, geschoss, schirm ind blyden, ind gemeynlichen
mit alle deme, dat zu der egenannter grafschafft geho-
rende is“, gegen gewisse Vorbehalte geschenkt [14]), in
Folge dessen Karl IV. mit derselben 1371 den Erzbischof
Friedrich III. belehnte. Sie wurde zu dem Antheil vom
Herzogthum Engern geschlagen. Die Erzbischöfe liessen
ihr Westphalen bis 1442 von Marschällen regieren, welcher Titel aber seitdem aufhörte, und für den Statthalter
der Name Landdrost an die Stelle trat. Dieser war das

---

11) Die Urkunde steht jetzt am besten bei Lacomblet Urkundenbuch I. 472., und danach in meiner Deutschen Rechtsgeschichte I.
§. 200., wo dieser Gegenstand näher abgehandelt ist.

12) Davon handelt meine Deutsche Rechtsgeschichte II. §. 628.

13) Man sehe unten §. 49.

14) Urk. von 1369 (Lacomblet Urkundenbuch III. 689). In der
Note zu dieser Stelle giebt Lacomblet über Alles genaue Nachweisung.

Haupt der westphälischen Kanzlei oder Arnsbergischen
Regierung zu Arnsberg. Zu Werl war das Officialat, welches sich, wie das zu Cöln, auch auf weltliche Sachen
erstreckte, die Criminalsachen ausgenommen, welche der
Arnsbergischen Regierung zugehörten [15]). Von diesen Besitzungen des Erzstifts auf der rechten Rheinseite wird
aber in diesem Werke weiter nicht die Rede sein.

6. Das rheinische Ober- und Niederstift hatte von
seiner Entstehung her nicht nur eine sehr unregelmässige
Gestalt, sondern viele Stücke desselben waren sogar durch
die sie umgebenden fremden Gebiete ganz von einander
getrennt. Der Haupt- und am längsten zusammenhängende
Theil lag am Rheine und hatte bei einer Länge von mehr
als zwanzig Meilen manchmal keine halbe Meile Breite.
Es hatte zu Gränzen: gegen Osten meistens den Rhein,
den es jedoch bei Deutz, dann unterhalb Bonn bei Mon-
dorf und Schwarzrheindorf, ferner bei Königswinter bis
Rhöndorf, dann wieder von Rheinbreitbach bis oberhalb
Linz überschritt, von wo es sich weit nach Osten hin erstreckte. Umgekehrt griff das Herzogthum Berg zwischen
Cöln und Neuss an drei Stellen etwas auf das linke Rheinufer hinüber. Gegen Westen gränzte es an das Herzogthum Geldern und an das Herzogthum Jülich, welches
in dasselbe vielfach und zwar südlich bis an den Rhein
von Oberwinter mit Remagen und Sinzig bis über Breisig
hinauf so sehr einschnitt, dass es ein Stück davon trennte,
welches südlich von der Grafschaft Manderscheid und
dem Erzstift Trier begränzt wurde, gegen welches am
Weissen Thurm eine Stunde oberhalb Andernach die Gränze
war. Gegen Norden gränzte das Erzstift an das Herzogthum Geldern und die Grafschaft Meurs. Ausser diesem
Haupttheil gehörten zum Erzstift kleinere Stücke, die wie

15) So berichtet Büsching Erdbeschreibung VI. 625. der siebenten
Ausgabe.

gesagt wie Inseln in fremden Gebieten lagen ; so das Amt
Rheinberg in der Grafschaft Meurs, das Amt Zülpich im
Herzogthum Jülich. Weit entfernt lagen die Aemter Zeltingen und Rachtig auf der Mosel, noch weiter Bacharach,
welches, obgleich ein pfälzisches Oberamt, doch noch in
einer gewissen Beziehung zum Erzstifte stand[1]). Der Flä-
cheninhalt wird gewöhnlich zu sechzig Quadratmeilen angegeben. Darauf wohnten 1797 nach einer officiellen Zäh-
lung 199020 Köpfe, auf dem linken Rheinufer 180120.

B) Gränzen des Erzbisthums in kirchlicher Beziehung.

7. Die kirchliche Begränzung des Erzbisthums fiel
mit der territorialen nicht zusammen, sondern war theils
enger theils viel weiter[1]). Sie fieng schon unter Andernach am Ausflusse der Ahr bei Sinzig an, folgte diesem
Flusse bis zu seinem Ursprung, und gieng gegen Mittag
durch die Eifel und einige Länder des Kurfürsten von
Trier, des Herzogs von Aromberg, und der Grafen von
Salm, Mark, Schleiden und Blankenheim. Gegen Abend
wandte sie sich über Malmedy, Cornelimünster und das
Herzogthum Jülich bis fast an die Maas, mit Ausnahme
von Heinsberg, Sittard und Wasserburg, die nach Lüttich
gehörten. Von da gieng sie nordwärts durch das Clevische bis an den Rhein bei Nymwegen, überschritt hier
den Fluss und wandte sich ostwärts, so dass sie den übrigen Theil des Herzogthums Cleve, die Grafschaft Mark,
das Fürstenthum Essen, das Vest Recklinghausen, den
südlichen Theil von Lippe, das Gebiet bis Soest, die Her-

---

1) Man sehe unten §. 55. Nr. 6.
1) Dieselbe ist nach dem Zustande von 1650 angegeben nach
Crombach hinter Hartzheim Bibliotheca pag. 5. Nach den Flüssen
und Flüsschen sind die Gränzen beschrieben in Binterim Erzdiözese
Köln I. §. 1. Diesem ist auch eine Karte mit Angabe der Decanate
beigefügt.

zogtbümer Westphalen und Engern und das ganze Herzogthum Berg umfasste. Von da lief sie südlich längs
der Gränzen der Grafschaften des Westerwaldes, diese
auslassend bis Linz am Rhein dem Ausflusse der Ahr gegenüber, und hatte einen Umkreis von beinahe neunzig
deutschen Meilen.

II. Verzeichniss der Erzbischöfe.

8. Die Geschichte der Erzbischöfe ist dem Zwecke
dieses Werkes fern. Dennoch ist die Kenntniss der Zeit,
wann sie gelebt haben, und ihrer allgemeinsten Lebens-
verhältnisse auch für die von ihnen ausgegangenen Gesetze und Einrichtungen von Wichtigkeit. Dazu dient
das folgende Verzeichniss [1]).

Die Bruchzahlen bezeichnen Tag und Monat. Was in Parenthesen [ ]
eingeschlossen ist, beruht auf unverbürgten jüngern Angaben und
Annahmen. Die angeführten Data bezeichnen, wo keine nähere
Erläuterung dabei steht, das Antritts- und das Sterbejahr.

1) [Der h. Maternus, Schüler des h. Petrus, 88—
128 14/9].

2) [Der h. Paulinus, Materni Schüler, und Martyrer,
128 — c. 175].

3) [Ein Unbekannter c. 175 — c. 200].

4) [Aquilinus, im III. Jahrb. 48 Jahre † 16/5].

5) [Ein Unbekannter bis c. 285].

6) Der h. Maternus, [285—315], ist 313 2/10 auf dem
Concil zu Rom in Sachen der Donatisten. Die allgemein
wiederholte Nachricht, dass er die Acten des Conciliums
zu Arles unterzeichnet habe, ist irrig [2]). Wohl aber wird

---

1) Ich wiederhole hier, mit der Zustimmung meines Collegen Floss,
das von demselben bekannt gemachte kritisch genaue Verzeichniss
der Erzbischöfe von Cöln. Ich habe nur einige wenige Aenderungen
gemacht.

2) Dieses wird im zweiten Buche gezeigt werden.

er in dem nach Provinzen und Städten geordneten Ver-
zeichnisse der Personen genannt, die an jenem Concilium
Theil genommen haben. Er regierte wahrscheinlich 40
Jahre, und † muthmasslich 14/9.

7) Euphrates [315—348 12/5], ist 343 oder 344 auf dem
Concil zu Sardika, in dessen Auftrag er, bereits ein Greis,
mit Bischof Vincenz von Capua nach Antiochien zu Kaiser Constantius geht, wo ihn die Arianer verfolgen. Der
h. Athanasius spendet ihm grosses Lob. Die Acten, nach
welchen er auf einem Concil zu Köln 348 12/5 abgesetzt
worden sein soll, sind in fränkischer Zeit gemacht, die
Angabe selber ist irrig.

8) Der h. Severin [348—403], lebt noch beim Tode
des h. Martin von Tours 401, gründet die später nach ihm
benannte St. Severinskirche, nach der Sage auch St. Columba in Köln, † 23/10, ruht in St. Severin zu Köln.

9) Der h. Evergisilus [403—418 (440)], † zu Tongern
24/10, und allda bestattet. Bruno I. übertrug seine Gebeine nach St. Cäcilien in Köln, wo sie 954 28/3 feierlich beigesetzt wurden. Alle Wahrscheinlichkeit spricht
dafür, dass er mit dem von Gregor von Tours bezeugten
Ebregisilus des VI. Jahrhunderts (s. Nr. 14) dieselbe Person ist, also erst dorthin gehört.

10) Solatius [440—470]. Um 456 nehmen die Franken unter Chlodwigs Vater Childerich Köln, ohne dass
die Römer es seitdem wieder erobern.

11) Sunnoveus (Sinnoväus) [c. 470—500, † 30/9].

12) Domitian, unterzeichnet 535 die Acten des Con-
cils von Clermont, allein die Aechtheit der Unterschrift
steht nicht fest, die Variante Tungrorum episcopus weist
vielmehr auf Bischof Domitian von Tongern zurück, der
549 zu Orleans auf einem Concile mitunterzeichnet. Die
(ältern) Verzeichnisse Kölner Bischöfe kennen ihn nicht.

13) Charentinus, c. 570, von Venantius Fortunatus
als „würdiger Gärtner“ und „Vater seines Volks“ besun-

gen, stellt die „aurea templa" in Köln, welche die Völkerwanderung zerstört hat, wieder her. Auch er fehlt in den (ältern) Verzeichnissen der Kölner Bischöfe.

14) Der h. Ebregisil, [580 — c. 600], macht im Auftrage Brunehilds, der Vormünderin Childeberts II., 589 eine Gesandschaftsreise zu Rekkared an den Westgothischen Hof, geht mit Gregor von Tours um 590 in einer kirchlichen Mission nach Burgund, baut eine Kapelle des h. Mallusius beim Oppidum Bertunense (Birten bei Xanten) zur Basilika um, und erhebt in ihr die h. Gebeine dieses Martyrers. Die Verzeichnisse rücken den Ebregisil irrig unmittelbar hinter Severin.

15) Remedius [c. 600—622]. Theodorich von Burgund erstürmt 612 Köln, und lässt sich in St. Gereon von dem Ripuarischen Adel huldigen. † 18/1.

16) Der h. Kunibert, 40 Jahr [623—663], erster Erzbischof von Köln, doch nur als persönliche Auszeichnung, consecrirt 25/9, ist auf der fränkischen Nationalsynode zu Rheims 625, wird kurz vor 628 neben Pipin von Landen oberster Rathgeber und Führer des austrasischen Königs Dagobert I., übernimmt 633 als oberster Berather des unmündigen Sigibert III. die Leitung der Reichsgeschäfte in Austrasien, erscheint als Königlicher Rath an erster Stelle noch in Urkunden Sigiberts 651, † 12/11, ruht in der St. Clemenskirche (Kunibert) zu Köln. Auf sein Anrathen werden um 650 die Klöster Stablo und Malmedy gegründet.

17) Botadus [663—674].

18) Stephanus [674—680], † 12/2.

19) Altwinus [680—695].

20) Giso [695—708], ruht in der Krypta von St. Severin zu Köln. Um 700 gründet St. Suidbert das Kloster zu Kaiserswerth. Um 708 wird das Kloster St. Martin zu Köln gegründet.

21) Anno I. [708—710], † 24/12, ruht in St. Severin zu Köln.

22) Faramund [710—713].

23) Der h. Agilolf [713—717], war nach der unzuverlässigen Passion aus dem Ende des XI. Jahrhunderts zugleich Abt von Stablo und Malmedy, wurde als Abgesandter Karl Martels 31/3 in den Ardennen erschlagen und in Malmedy bestattet. Doch ein Schreiben des Papstes Zacharias an die fränkischen Bischöfe v. J. 747 ist zugleich an den Kölner Bischof Agilolf gerichtet, so dass seine Stellung um die Mitte des VIII. Jahrhunderts nach Reginfrid, wenn man nicht zwei Agilolfe annehmen will, erwiesen ist. Der h. Anno II. bringt, um 1061 9/7 wie es scheint, seine Gebeine in die Kirche St. Maria zu den Stiegen zu Köln. Sie wurden durch den letzten Probst des Stifts nach Kempen geflüchtet, jedoch jüngst dem Dome zu Köln zurückgegeben. Nach dem Tode Pipins 714 verlebte seine Gemahlin Plektrudis ihre Wittwentage in Köln. St. Maria auf dem Capitol soll von ihr gestiftet sein.

24) Reginfrid [718—747] ist 742 auf der Ausstrasischen Synode unter Karlmann. Um 737 wurde der h. Eucharius, Bischof von Orleans, durch Karl Martell nach Köln verbannt.

25) Hildegar [seit 747], fällt gegen die Sachsen auf der Feste Iburg 753.

26) Berthelm 753—763 [5/2]. Er unterzeichnet die Stiftungsurkunde für das Kloster Prüm 762 13/8.

27) Rikulf 763—785.

28) Hildebold, erhoben 785, Vertrauter Karls des Grossen, seit 794 sein Erzkaplan zur Leitung der geistlichen Angelegenheiten des Reichs, zieht im Auftrage Karls 799 Leo III. entgegen, der ihm bei der Rückreise eine Privilegienbulle für das Erzstift ausstellt, steht am Sterbebette Karls 814 28/1, krönt Ludwig den Frommen,

wird 817 Stephan V., als dieser im October nach Rheims
kommt, zum Empfange entgegengeschickt, † 819 3/9, ruht
in St. Gereon zu Köln. Er beginnt den Bau des (alten)
Doms zu Köln. Unter ihm wird 794—799, wahrscheinlich 798, Köln Erzstuhl, mit den neuen sächsischen Suf-
fraganbisthümern Münster, Minden, Osnabrück, Bremen;
auch die Stühle Tongern (nach Mastricht, dann angeblich schon im VIII. Jahrhundert, nach Lüttich übertragen) und Utrecht werden dem Erzstuhle Köln untergeordnet. Hildebold war zugleich Abt des baierischen Klo-
sters Monsee, als dessen Vorgesetzter er in Monseeer
Urkunden 803—814 vorkommt, worauf jedoch 814—818
neben ihm als dem geistlichen Obern noch ein seine Stelle
vertretender Abt genannt ist. Um 796 stiftet der h. Liud-
ger das Kloster Werden. Um 796 entsteht das Stift Aachen,
um 815 das Stift Cornelimünster.

29) Hadebald, gewählt 819, seit Mai 825 königlicher
Missus für das Kölnerland, schenkt 826 dem h. Anskar
für die Reise nach Dänemark ein Schiff mit zwei Kajüten,
beginnt 830 zu kränkeln. † 842.

Sedisvacanz bis 850 20/4. Im Jahr 842 erscheint ein
Hilduwin als Erzbischof von Köln; er wurde wahrscheinlich durch die verbündeten Könige Ludwig und Karl Ende
842 erhoben, und nach dem Verdüner Vertrage 843 von
Lothar nicht genehm gehalten, daher kein altes Verzeichniss ihn nennt. Dass 847—850 der Erzstuhl verwaist ist,
wird ausdrücklich bezeugt. Die Chorbischöfe Heynian
(† 849) und Hildebort († 862), wie es scheint, leiten die
Verwaltung.

30) Guntbar, empfängt den Erzstuhl 850 20/4, einem
entsetzlichen Hungerjahre, wo ein Scheffel Getreide so
viel, wie sonst ein Haus kostet, widersetzt sich mit allem
Nachdruck der 847 faktisch vollzogenen Abtrennung Bremens vom Kölner Metropolitanverbande, erscheint in Urkunden seit Januar 858 als Lothars II. Erzkaplan, ver-

wickelt sich in dessen Ehehändel seit 861, kömmt 863
nach Rom, wo ihn Nikolaus I. auf der Herbstsynode in
St. Peter c. 30/10 excommunicirt, belagert mit kaiserlichen Truppen Rom, fungirt trotz der Excommunication
am Gründonnerstage 864 zu Köln, und verliert dafür sein
Bisthum für immer, lebt noch 871, † angeblich 873 8/7.
Er machte als Erzkaplan 867 15/1 über das Kirchenver-
mögen und über die Einrichtungen einer Anzahl von Stiften neue Anordnungen, die in diesem Werke ausführlich
zu besprechen sind. 857 15/9 schlägt der Blitz in den
Dom und tödtet 3 Menschen. Gunther ist zugleich Probst
des St. Cassiusstifts zu Bonn, als welcher er in einer Urkunde 854 1/7 erscheint. 864 31/5 trennt Nikolaus I. den
Verband Bremens mit Köln.

Sedisvacanz 864 30/3 bis 870 1/7, wenn man Gunthars Reise nach Italien hinzurechnet, fast sieben Jahre,
während welcher die Erzdiöcese die herbsten Drangsale
erleidet.

31) Willibert, einst Gunthars Vertrauter und seinen
Händeln nicht fremd, gewählt und consecrirt zu Deutz
870 7/1, inthronisirt in Köln 870 16/1, erlangt erst von
Johann VIII. 873 mit Mühe das Pallium, weiht 873 27/9
den von Hildebold begonnenen (alten) Dom, und geneh-
migt auf dem hiebei versammelten Concil zu Köln die
Aufhebung des gemeinsamen Lebens der Canoniker am
Dome und bei den Stiften der Erzdiöcese, † 889 11/9,
ruht im Dome zu Köln. Damals entstehen, vor 874, die
Frauenklöster Essen und Gerresheim.

32) Herimann I. der Fromme, gewählt Ende 889 oder
Anfang 890, empfängt von Stephan VI. im Mai 890 das
Pallium und im Mai 891, da die Normannen alle Kirchen
Kölns verbrannt haben, Reliquien für die neuen Kirchen,
reclamirt die Suffragane Bremen, soll sie gemäss Spruch
des Papstes Formosus vom Jahr 893 so lange Hamburg
überlassen, bis dieses erstarkt sei, worauf Bremen an Köln

zurückfallen möge, ist 895 im Mai auf dem deutschen Na-
tionalconcil zu Tribur, erscheint in Urkunden als Erzkaplan Zuentebolds von Lotharingien, steht mit Johann X.
in freundschaftlichem Briefwechsel, stürzt sich durch die
Weihe Hilduins für Lüttich 921 in unangenehme Verwik-
kelungen, † 925 11/4, ruht im Dome zu Köln. Seine Zeit
ist die wildbewegteste im Rheinlande. Sergius III. wider-
ruft c. 905 die Verfügung des Formosus über Bremen,
dessen Verband mit Köln für immer gelöst bleiben soll.

33) Wikfried, gewählt 925, hilft 936 8/8 Otto I. krö-
nen, ist diesem treu ergeben, kränkelt in seinen letzten
Jahren, † 953 9/7. Er bedenkt das Stift der 11000 Jungfrauen zu Köln 927 29/7 und 941 28/11 mit Schenkungen,
weiht die um 920 gegründete Abtei Steinfeld. Agapet II.
bestätigt 948 2/1 aufs Neue die Verbindung Bremens mit
Hamburg.

34) Der h. Bruno I. Herzog von Sachsen, geb. 924,
Otto's I. Bruder, bei Bischof Balderich zu Utrecht gebildet, seit 940 30/5 Kanzler und Erzkaplan, seit 952 mit
Erzbischof Friedrich von Mainz, Erzkanzler, wird Erzbischof von Köln 953 vor 30/8, erhält von Otto I. das
Herzogthum und oberste Regiment in Lothringen, empfängt das Pallium von Agapet II. 954, ordnet seit 954
die innern Angelegenheiten des zerrütteten Frankreichs
in Otto's Auftrag gleichsam als Administrator, leitet während Otto's Römerzug 961—965 mit seinem Neffen Erzbischof Wilhelm von Mainz die Reichsgeschäfte, gründet
964 22/5 das Kloster St. Pantaleon zu Köln, bringt c. 963
den baculus S. Petri von Metz nach Köln, handhabt Landfrieden und Gerechtigkeit, thut ausserordentlich viel für das
Erzstift, zumal auch für Wissenschaft und Bildung, † auf
einer Reise nach Compiegne, um in der französischen Kö-
nigsfamilie den Frieden herzustellen, zu Rheims 965 11/10,
ruht seit 965 18/10 in St. Pantaleon zu Köln. Bonn war
sein Lieblingsaufenthalt. Im Juni 965 waren alle Glieder

der Ottonischen Familie zu Köln um ihn festlich versammelt. Die Diözese Tournay hat seit uralter Zeit am 18. Juni ein eigenes Offizium von Bruno, auch beging man in St. Pantaleon seinen Todestag in Weise der Gedächtniss eines Heiligen oder Seligen.

35) Folkmar, Bruno's Vertrauter, erhoben und gewählt 965, † 969 18/7.

36) Gero Markgraf der Lausitz, einstimmig, aber wider den Willen Otto's gewählt 969, daher erst nach zwei Jahren genehmigt und consecrirt, geht dann 971 als Gesandter Otto's mit glänzendem Geleit nach Constantinopel, die Theophano abzuholen, hilft 973 in den ersten Tagen des Juni zu Magdeburg Kaiser Otto I. bestatten, † zu Köln 976 28/6, soll nur scheintodt gewesen und als solcher beerdigt worden sein, ruht im Dome zu Köln. Unter ihm wird die Benediktinerabtei Gladbach c. 974 gestiftet.

37) Warinus, gewählt und mit Otto's II. Genehmigung alsbald consecrirt 976, wird nach der Krönung Otto's III. 983 25/12 mit der Erziehung des jungen Königs betraut, gibt ihn jedoch auf die Kunde vom Tode Otto's II. treulos 984 an Heinrich II. von Baiern ab, dankt ab 984 und zieht sich ins Kloster St. Martin zu Köln zurück, † 985 21/9. Er gab ein Stück vom baculus S. Petri an Trier ab.

37) Everger, den Kölnern aufgedrängt 984, doch von Warin consecrirt, steht bei dem St. Martinskloster zu Köln in gutem, bei dem Gladbacher Kloster in bösem Andenken, bestattet die 991 15/6 zu Nimwegen verschiedene Kaiserin Theophano in St. Pantaleon zu Köln, † 999 11/6, ruht im Dome zu Köln.

39) Der h. Heribert, Graf von Rothenburg a. d. Tauber, Kanzler und Archilogothete Otto's III., geb. zu Worms, erhoben zu Benevent 999 9/7, empfängt von Sylvester II. das Pallium, kömmt 999 24/12 nach Köln, wird

inaugurirt 999 25/12, consecrirt 1000 31/3, steht 1002
24/1 zu Paterno am Sterbebette Otto's III., dessen Leiche
er in die Gruft nach Aachen geleitet, baut die Abtei
Deutz vor 1003 1/4, zieht 1004 mit Heinrich II. nach
Italien, vertheidigt diesen in Pavia 1004 15/5 gegen die
Bürger, die in der Nacht unversehens den Palast stürmen,
mit Heldenmuth, und wird zur genauen Noth im entschei-
denden Augenblicke selber gerettet, † zu Köln 1021 16/3,
ruht in Deutz.

40) Piligrim, Kanzler oder Kapellan Heinrichs II.,
erhoben 1021, empfängt von Benedikt VIII. das Pallium,
zieht 1022 mit dem Kaiser nach Italien, vollendet den
von seinem Vorgänger 1020 begonnenen Bau des Stiftes
St. Aposteln in Köln, weiht 1028 8/10 die Kirche der
von Pfalzgraf Ezo 1024 gegründeten Benediktinerabtei
Brauweiler, † zu Nimwegen 1036 25/8, ruht in St. Aposteln zu Köln. Er erscheint in Urkunden der Päpste 1024
8/2 und 1026 17/12 als Bibliothekar des Apostolischen
Stuhls, ebenso erscheint er seit 1031 und dann seine Nachfolger bis auf Kaiser Heinrich V. dauernd als Erzkanzler in den Reichsurkunden „für Italien."

41) Hermann II. der Edelgeborne, Pfalzgraf, Enkel
Otto's II., gewählt 1036, zieht 1037 mit dem Kaiser nach
Italien, bewirthet 1049 29/6 Leo IX. in Köln, † 1056 11/2,
ruht im Dome zu Köln. Er erscheint seit 1051 12/3 auch
als Erzkanzler des Apostolischen Stuhls in Papsturkunden.

42) Der h. Anno II., erhoben durch Heinrich III.
und consecrirt 1056 3/3, „die Blüthe und das Licht Deutschlands, ein Kirchenfürst, der in Mehrung des Glanzes der
Kölner Kirche alle seine Vorgänger übertraf", 1069—1072
vom grössten Einfluss auf die Reichsverwaltung, stiftet
1064 die Benediktinerabtei Siegburg, 1071 die Benediktinerabtei Saalfeld in Thüringen, 1072 die Benediktinerabtei Grafcaft im Arnsbergischen, baut die Stiftskirchen
St. Maria zu den Stiegen und St. Georg in Köln, muss

1074 kurz nach Ostern aus Köln nach Neuss flüchten, demüthigt jedoch schon vier Tage später die undankbare Stadt. † im Stift St. Gereon 1075 4/12 früh Morgens, wird in Siegburg 11/12 bestattet. Er erscheint bis 1067 10/5 als Erzkanzler des Apostolischen Stuhls in Papsturkunden.

43) Hildolf, Hofkaplan Heinrichs IV., von diesem den Kölnern gegen ihren Willen aufgedrungen 1076 6/3 und durch Wilhelm von Utrecht zu Köln consecrirt, eifriger Anhänger Heinrichs, † 1079 19/7, ruht im Dome zu Köln. Damals widerrief Gregor VII. die Privilegien der Kölner Kirche.

44) Sigewin, durch Heinrich IV. erhoben 1079, betheiligt sich 1085 29/4 an dem Mainzer Afterconcil gegen Gregor VII., † 1089 31/5, ruht im Dome zu Köln.

45) Hermann III., Graf von Nordheim, mit dem Beinamen „der Reiche", gewählt im Juni 1089, verwendet seinen grossen Reichthum „für die Kirchen Christi", † 1099 21/11, ruht in Siegburg.

46) Friedrich I. von Kärnthen, Markgraf von Friaul, durch Heinrich IV. erhoben 1099, der letzte Kölner Erzbischof, der mit Ring und Stab belehnt wird, baut die Wolkenburg, begleitet Heinrich V. auf dem Römerzuge 1111 und rettet in dem dreitägigen blutigen Strassenkampf zu Rom nach der Gefangennahme Paschalis II. 1111 12/2 durch seine tapfern Mannen den Kaiser von einer Niederlage, weiht 1112 den h. Norbert zum Priester, † auf der Wolkenburg 1131 25/10, ruht zu Siegburg. Er stiftet 1122 die Cisterzienserabtei Kamp bei Rheinberg, die er mit Ordensgeistlichen aus Morimund besetzt.

47) Bruno II., Graf von Berg, gewählt 1131 25/12, weiht 1133 die Cisterzienserabtei Altenberg, bestätigt 1134 5/8 die Stiftung der Prämonstratenserabtei Knechtsteden, † vor Bari 1137 30/5, wird in der St. Nikolauskirche zu Bari bestattet. Er erscheint wieder regelmässig als Erzkanzler für Italien in den Reichsurkunden.

48) Hugo, Graf von Sponheim, sofort von Kaiser Lothar ernannt und von Innocenz II. zu Bari consecrirt, † vier Wochen nachher zu Bari 1137 1/7, bestattet in der St. Nikolauskirche zu Bari.

49) Arnold I. von Randerode, gewählt 1137, † zu Köln 1151 3/4, ruht zu St. Andreas in Köln. Unter ihm war Jan. 1147 der h. Bernhard in Köln.

50) Arnold II., Graf von Wied, Reichskanzler, gewählt vor 1151 15/4, Erbauer des Damenstifts zu Rheindorf, dessen Kirche nach seiner Wahl 1151 17/5, wahrscheinlich 8/5, geweiht wird, † 1156 14/5, ruht in der Stiftskirche zu Rheindorf. Seit Arnold II. blieb die Würde eines Erzkanzlers „durch Italien" dem Erzbischofe von Köln erblich.

NB. „durch Italien"; früher werden alle Urkunden „für Italien", auch die in Deutschland ausgestellten, vom Erzbischof von Köln oder in seinem Namen recognoscirt; seit Arnold gehen auf seinen Namen alle „in Italien", sei es für Italien, sei es für Deutschland und Burgund, ausgestellten Urkunden. Während die Erzbischöfe sich früher nur Archicancellarii schrieben, führt Arnold II. gleich auf dem ersten Römerzuge Friedrich Barbarossas 1155 den vollständigen Titel Italici regni Archicancellarius.

51) Friedrich II., Graf von Berg, gewählt im Juni 1156, empfängt die Regalien auf dem Reichstage zu Regensburg 1156 Ende September, bestätigt und consecrirt durch Hadrian IV. 1157, † bei Pavia 1158 15/12, ruht in Altenberg.

52) Reinald Graf von Dassel, Reichskanzler seit Frühjahr 1156, gewählt 1159 zwischen 19/2 und 26/3, empfängt die Nachricht von seiner Wahl zwischen 1159 25/6 bis 1/8, wird in Köln feierlich empfangen 1159 im September, bringt die hh. drei Könige nach Köln 1164 23/7, wird Priester 1165 29/5, in Gegenwart des Kaisers und der Kaiserin durch den Bischof Philipp von Osnabrück, Grafen von Katzenelnbogen, zu Köln consecrirt 1165 2/10, † bei Rom 1167 14/8, ruht im Dome zu Köln. Er liess

zum Schutze der Stiftslande die 1150 durch König Konrad zerstörte Burg Rheineck wiedererbauen; sein Nachfolger Philipp I. vollendete den Bau. Den (alten) Dom schmückte er mit zwei neuen Thürmen, liess auch auf der Südseite des Domplatzes mit grossen Kosten einen neuen erzbischöflichen Palast errichten.

53) **Philipp I.** von Heinsberg, Reichskanzler, gewählt 1167, hält 1168 15/8 seinen Einzug in Köln, wird 1168 29/9 consecrirt, † vor Neapel 1191 13/8, ruht im Dome zu Köln. 1183 29/4 erheben zwei päpstliche Legaten die Gebeine des h. Anno II. 1188 und 1191 wird die Cistercienserabtei Heisterbach gegründet. Damals erlangen nach dem Sturze Herzog Heinrichs des Löwen die Erzbischöfe die Herzogsgewalt in Westphalen und Engern.

54) **Bruno III.**, Graf von Berg, gewählt 1191, empfängt die Regalien 1192 13/1, wird durch Erzbischof Johann I. von Trier und Bischof Albert II. von Verdun zu Köln consecrirt 1192 31/5, resignirt 1193 und wird Cistercienser zu Altenberg, † zu Altenberg 1200 23/4, und ruht daselbst. 1192 25/5 brennt die St. Apostelnkirche zu Köln ab.

55) **Adolf I.**, Graf von Altena, gewählt 1193 vor 21/11, zum Priester geweiht 1194 26/3, durch Bischof Hermann II. von Münster, Grafen von Katzenelnbogen, in Gegenwart Erzbischofs Konrad I. von Mainz, Grafen von Wittelsbach, und Bischofs Detmar von Minden consecrirt 1194 27/3, als Anhänger des Hohenstaufen Philipp IV. von Innocenz III. excommunicirt 1205 13/3, im Dome zu Köln in Gegenwart König Otto's IV., des Clerus und der Bürger aller geistlichen Würden und Aemter für entsetzt erklärt 1205 29/6, behauptet die Regalien, während Philipp IV. 1205 29/9 fünf Tage lang mit aller Macht vergeblich das feste Köln bestürmt, baut 1206 die Felsenburg Landskron, wird vom Banne gelöst 1207 29/11, nimmt neuerdings vom Erzstuhle Besitz 1212 1/5, wird mit einem Jahreseinkommen

von 300 Mark abgefunden 1215. † zu Neuss 1220 15/4, ruht in Altenberg.

56) Bruno IV., Graf von Sayn, gewählt 1205 25/7, von dem abgesetzten Adolf in Wassenberg gefangen 1206 und auf der Reichsfeste Trifels, dann zu Würzburg und zu Rothenburg in strenger Haft gehalten, von hier 1208 nach Rom entlassen, kehrt 1208 11/9 triumphirend nach Köln zurück, † nach kurzem Krankenlager auf der Feste Blankenberg 1208 2/11, ruht im Dome zu Köln.

57) Dietrich I. von Heinsberg, durch Compromiss gewählt um die Weihnachten 1208, durch Bischof Dietrich I. von Utrecht zum Priester geweiht 1209 23/5, durch Bischof Hugo II. von Lüttich in Anwesenheit der Suffragane consecrirt 1209 24/5, baut 1210 flg. mit dem Gelde, das er von einem gefangenen Juden erpresst hat, die Burg Godesberg, hält im Interesse Otto's IV. den Bischof von Münster in Kaiserswerth gefangen, wird excommunicirt, und, als er demungeachtet Gründonnerstag 1212 fungirt, abgesetzt, geht nach Rom, ohne seinen Stuhl wieder zu erlangen, weilt noch Februar 1214 in Rom, wird mit einem Jahreseinkommen von 300 Mark abgefunden 1215, † zu Altenberg 1224, und ruht daselbst.

58) Der h. Engelbert I., Graf von Berg, wahrscheinlich 1185 geb., gewählt 1216 29/2, vom päpstlichen Legaten Peter Sasso von Potentiana bestätigt und von Friedrich II. mit den Regalien belehnt im Mai 1216 auf dem Hoftage zu Würzburg, empfängt das Pallium erst 1218, seit Anfang 1221 Reichsverweser, gerechtigkeitsliebend, strenge, energisch, wird, als er von Soest nach Schwelm reitet, um hier eine Kirche zu weihen, auf dem Gevelsberge zwischen Hagen und Schwelm 1225 7/11 um die Abenddämmerung durch den Grafen Friederich von Isenburg und seine Helfershelfer ermordet. Er wird vom Cardinallegaten auf dem Concil zu Mainz December 1225 und wiederum feierlich zu Köln Mitte Fasten 1226 als „Mar-

tyrer und Heiliger" erklärt. Die Leiche hatte der Cardi-
nallegat 1226 24/2 im Dome zu Köln unter Zuströmen einer
unzählbaren Volksmenge feierlich bestattet.

59) Heinrich I. von Molenark, aus der Familie der
Dynasten von Thomburg und Molenark, gewählt 1225 15 11,
mit grosser Feierlichkeit im Beisein der benachbarten Suffragane und Aebte durch Erzbischof Dietrich II. von Trier,
Grafen von Wied, consecrirt 1226 20/9. Bei der Inthro-
nisation legen die Dienstmannen des Stifts das blutige Hemd
Engelberts in seinen Schooss, Rache heischend an den Mör-
dern, die er ihnen zusichert. Dann zieht er auf den Kö-
nigstag nach Frankfurt, des Stiftes Mannen schreiten voran
mit entblössten Schwertern, laut Urtheil und Recht for-
dernd gegen die Mörder, hinter ihnen wird die Leiche
des Erschlagenen von den Aebten von Altenberg und Heisterbach getragen. Er empfängt in Frankfurt vom Könige
die Regalien, dann werden die Burgen der Schuldigen
gebrochen, der Isenburger 1226 10/11 bei Lüttich gefangen und 1226 14/11 zu Köln vor dem Severinsthor auf's
Rad geflochten. Vier andere Theilnehmer an dem Morde
traf die nämliche Strafe. † 1238 26/3.

60) Konrad I., Graf von Hochsteden, gewählt 1238
31/5, durch Gregor IX. im Juli 1238 bestätigt, Mittelpunkt
der Guelfen in Deutschland, wird im Frühlinge 1242 von
Wilhelm IV. von Jülich gefangen und neun Monate auf
Schloss Nideggen in Haft gehalten, befreit 1242 2/11, legt,
da der alte Dom abbrennt, 1248 14/8 den Grundstein zu
dem jetzigen Dome, ebenso 1255 3/3 den Grundstein zu
der jetzigen Kirche von Altenberg, liefert den Kölnern
(1256?) die Schlacht bei Frechen, † in der Probstei zu
St. Gereon zu Köln 1261 28/9, ruht im Dome zu Köln.
Er baute auch die jetzige St. Kunibertskirche, die jüngste
romanische in Köln. Unter ihm kömmt Albertus Magnus
nach Köln, wo 1245 der junge Thomas von Aquin sich
an ihn anschliesst.

61) Engelbert II. von Falkenburg, gewählt 1261 8/10, durch Urban IV., conseerirt und mit dem Pallium beklei-det 1263, von den Kölnern gefangen 1263 28/11 und 20 Tage in Haft gehalten, belagert 1265 1/9—13/9 die Stadt Köln, versucht wiederholt vergeblich sich ihrer zu bemäch-tigen, wird in der unglücklichen Schlacht bei Lechenich 1267 17/10 von Wilhelm von Jülich gefangen, der ihn auf Schloss Nideggen bis 1271 13/5 in Haft hält, † zu Bonn 1274 17/11, ruht im Münster zu Bonn. Er baute zwischen 1263--1267 eine Residenz in Bonn.

62) Sifrid von Westerburg, durch Gregor X. zu Lyon 1275 7/4 conseerirt, mit den Regalien, weil Köln im Banne ist, 1275 24/4 in Bonn belehnt, inaugurirt vor 1275 2/6, wird in der unglücklichen Worringer Schlacht 1288 5/6 durch Adolf von Berg gefangen und auf Schloss Neuenburg bis 1289 6/7 in Haft gehalten, † zu Bonn 1297 7/4, ruht im Münster zu Bonn. Er baut, die Stadt Köln zu zügeln, das Schloss Brühl von Grund aus neu und macht es zu einer starken Veste, sein Nachfolger Wikbold vollendet den Bau. Unter ihm verschied zu Köln Albertus Magnus 1280 15/11 in einem Alter von 87 Jahren.

63) Wikbold von Holte, gewählt zu Neuss im Mai 1297, schon hochbetagt, wird inaugurirt zu Köln 1297 14/9, von Bonifaz VIII. bestätigt 1298, † zu Soest 1304 26/3, ruht in der St. Patrokluskirche zu Soest.

64) Heinrich II. von Virneburg, gewählt zu Köln im Mai 1304, bestätigt und conseerirt durch Clemens V. zu Lyon 1305 18/12, inaugurirt zu Köln 1306, krönt Friedrich den Schönen zu Bonn 1314 25/11, † 1332 6/1 bei Tages-anbruch, ruht in der von ihm gebauten St. Barbarakapelle des Münsters zu Bonn. Er vollführt 1306 29/4 die Stiftung der Collegiatkirche zu Düsseldorf. Unter ihm kam 1308 Duns Scotus nach Köln und starb hier 1308 8/11.

65) Walram, Graf von Jülich, geb. 1303, gewählt

1332 27/1, stiftet 1334 6/12 das Karthäuserkloster zu Köln, † zu Paris 1349 14/8, ruht im Dome zu Köln.

66) Wilhelm von Gennep, ernannt und consecrirt durch Clemens VI. zu Avignon 1349 18/12 (nach Jüngern unrichtig 1/11), empfängt die Regalien 1350 14/10, † zu Köln 1362 15/9, ruht im Dome zu Köln.

67) Adolf II., Graf von der Mark, seit 1357 5/11 Bischof von Münster, nun nach fast zehnmonatlicher Sedisvacanz des Kölner Stuhls 1363 durch Urban V. von da auf den Erzstuhl Köln versetzt, resignirt 1364 15/4.

68) Engelbert III., Graf von der Mark, Oheim Adolfs, seit 1345 23/2—1364 nach 23/2 Bischof von Lüttich, nun durch Urban V. vor 1364 25/6 auf den Erzstuhl Köln versetzt, nimmt 1366 23/12 Kuno II. von Falkenstein, seit 1362 vor 29/9 Erzbischof von Trier, zum Coadjutor, † zu Brühl 1369 26/8, ruht im Dome zu Köln.

Erzbischof Kuno von Trier lehnt die Versetzung auf den Kölner Stuhl ab, und führt fort, das Erzstift ruhmvoll zu administriren bis 1370 nach 21/2. † 1388 22/5. Damals schenkt Graf Godfrid von Arnsberg und seine Gemahlin Anna von Cleve 1369 10/5 die ganze Grafschaft Arnsberg dem Erzstift.

69) Friedrich III., Graf von Saarwerden, Neffe Kuno's von Trier, gewählt zu Kapellen bei Coblenz 1370 im Alter von 22 Jahren, von Urban V. 1370 13/11 bestätigt, hält 1372 21/6 seinen Einzug in Köln, empfängt von König Wenzel die Regalien 1379 14/9, † zu Poppelsdorf 1414 9/4 Morgens 3 Uhr, ruht im Dome zu Köln. Urban VI. ernennt ihn 1380 26/5 auf Lebenszeit zum päpstlichen Legaten in der Diözese und Kirchenprovinz Köln. Er ist der erste Erzbischof von Köln, der den Titel Herzog von Westphalen und Engern annimmt. Unter ihm errichtet Urban VI. 1388 21/5 die Universität Köln.

70) Dietrich II., Graf von Moers, gewählt zu Bonn 1414 24/4, bestätigt von Johann XXIII., inaugurirt zu

Köln 1415, zieht 1421 und 1422 gegen die Hussiten, † auf der Burg zu Zons 1463 14/2, ruht im Dome zu Köln. Er war seit 1415 2/1 zugleich Bischof von Paderborn.

71) Ruprecht, Graf von der Pfalz, Sohn des Kurfürsten Wilhelm von der Pfalz und Enkel König Ruprechts, gewählt 1463 30/4 im Alter von 36 Jahren, inaugurirt zu Köln 1464 15/8, geräth bald mit Kapitel und Stift in Zwietracht, ruft Karl von Burgund ins Land, der besonders Neuss 1474 30/7—1475 26/6 hart belagert, wird 1478 um Pfingsten vom Landgrafen von Hessen aufgefangen, † in der Haft auf der Burg Blankenstein bei Marburg 1480 16/7, ruht im Münster zu Bonn.

72) Hermann IV., Landgraf von Hessen, seit 1473 Administrator des Erzstifts, gewählt 1480 11/8, empfängt die Regalien 1485 15/12, wird consecrirt 1487 in der h. Fastenzeit, baut das Minoritenkloster zu Brühl 1491, † zu Poppelsdorf 1508 27/9, ruht im Dome zu Köln. Er war seit 1495 zugleich Coadjutor Bischofs Simon III. von Paderborn, als welchen ihn Alexander VI. 1496 11/4 bestätigt, seit 1498 4/3 Bischof von Paderborn.

73) Philipp II., Graf von Daun-Oberstein, gewählt 1508 13/11, bestätigt von Julius II. 1509 31/1, consecrirt 1509, † zu Poppelsdorf 1515 3/8, ruht im Dome zu Köln.

74) Hermann V., Graf von Wied, geb. 1472, gewählt 1515, empfängt die Regalien 1515 26/4, von Leo X. bestätigt 1515 26/6, consecrirt und inthronisirt 1518, beginnt zu reformiren 1539, wird excommunicirt 1546 16/4, dankt ab 1547 25/2, † zu Wied 1552 15/8, bestattet zu Biber bei Neuwied. Er wurde 1532 13/6 auch zum Bischofe von Paderborn postulirt, und dankte als solcher 1547 26/1 ab.

75) Adolf III., Graf von Schauenburg, wird Coadjutor Hermanns 1535 im Alter von 24 Jahren, durch Paul III. an Hermanns Stelle erhoben 1546 3/7, in Köln zum Erzbischofe proclamirt 1547 24/1, consecrirt 1547 29/6, † zu Brühl 1556 20/9, ruht im Dome zu Köln.

76) Anton, Graf von Schauenburg, Bruder Adolfs, gewählt 1556 26/10, † zu Godesberg 1558 18/6, ruht im Dome zu Köln.

77) Johann Gebhard, Graf von Mansfeld, gewählt 1558 26/7, † zu Brühl 1562 2/11, ruht im Dome zu Köln.

78) Friederich IV., Graf von Wied, gewählt 1562 19/11, dankt ab 1567 23/10, † zu Köln 1568 23/12, ruht bei den Dominikanern zu Köln.

79) Salentin, Graf von Isenburg, gewählt 1567 23/12, dankt ab zu Brühl 1577 13/9, † 1610 19/3 im Alter von 78 Jahren. Er war zugleich seit 1574 21/4 Bischof von Paderborn, als welcher er 1577 5/9 abdankte.

80) Gebhard II., Truchsess von Waldburg, geb. 1547 10/11, gewählt 1577 5/12, von Gregor XIII. bestätigt 1578 14/4, excommunicirt und seiner Aemter und Würden verlustig erklärt 1583 1/4, auf dem Reichstage zu Frankfurt im September in die Reichsacht erklärt, † zu Strassburg 1601 21/5, bestattet zu Strassburg.

81) Ernest, Herzog von Baiern, geb. 1554 17/12, gewählt 1583 23/5, von Gregor XIII. bestätigt 1583 7/10, feierlich in das Kurfürstencollegium eingeführt 1584 24/8, † zu Arnsberg 1612 17/2, ruht im Dome zu Köln. Noch nicht 12 Jahre alt empfing er 1566 18/10 das Bisthum Freising, wurde 1573 7/3 auch Bischof von Hildesheim, 1581 31/1 zugleich Bischof von Lüttich, 1585 18/5 Bischof von Münster.

82) Ferdinand, Herzog von Baiern, geb. 1577 7/10, Coadjutor seit 1595, als Kurfürst inaugurirt 1612 12/3, † zu Arnsberg 1650 13/9, ruht im Dome zu Köln. Er war zugleich seit 1612 16/3 Bischof von Lüttich, seit 1612 12/4 Bischof von Münster, seit 1612 Bischof von Hildesheim, seit 1618 13/12 Bischof von Paderborn.

83) Maximilian Heinrich, Herzog von Baiern, geb. 1621 8/10, Coadjutor seit 1643 21/1, als Kurfürst inaugurirt 1650 26/10, zum Priester geweiht 1651 24/9, durch

den päpstlichen Nuntius Fabio Chigi consecrirt 1651 8/10, † zu Bonn 1688 3/6, ruht im Dome zu Köln. Er war zugleich seit 1649 10/10 Coadjutor und seit 1650 13/9 Bischof von Lüttich, seit 1650 13/9 Bischof von Hildesheim, seit 1683 1/9 Bischof von Münster.

84) Joseph Clemens, Herzog von Baiern, geb. 1671 5/12, gewählt 1688 19/7, bestätigt von Innocenz XI. 1688 20/9, zum Priester geweiht 1706 25/12, durch Fenelon consecrirt zu Lille 1707 1/5, † zu Bonn 1723 12/11, ruht im Dome zu Köln. Er war zugleich seit 1694 20/4 Bischof von Lüttich, seit 1714 31/12 Bischof von Hildesheim. Auch war er 1685—1694 9/12 Bischof von Freising, 1685—1716 Bischof von Regensburg.

85) Clemens August I., Herzog von Baiern, geb. 1700 16/8, Coadjutor seit 1722 9/5, zum Priester geweiht 1725 4/3, von Benedikt XIII. zu Viterbo consecrirt 1727 9/11, † zu Ehrenbreitstein 1761 6/2, ruht im Dome zu Köln. Er war zugleich seit 1719 21/3 Bischof von Paderborn, seit 1719 26/3 Bischof von Münster, seit 1724 8/2 Bischof von Hildesheim, seit 1724 4/11 Bischof von Osnabrück. Vorhin hatte er 1716 26/3—1719 2/7 das Bisthum Regensburg gehabt.

86) Maximilian Friederich, Graf von Königseck-Rothenfels, geb. 1708 13/5, gewählt 1761 6/4, durch den päpstlichen Nuntius Lucini unter Assistenz der Suffragane von Köln und Paderborn im Münster zu Bonn consecrirt 1761 16/8, † zu Bonn 1784 15/4, ruht im Dome zu Köln. Er war seit 1761 7/4 zugleich Bischof von Münster.

87) Maximilian Franz Xavier Joseph, Erzherzog von Oesterreich, jüngster Sohn der Maria Theresia, letzter Kurfürst von Cöln, geb. 1756 8/12, zum Coadjutor gewählt 1780 7/8, durch den Kurfürsten Clemens Wenceslaus von Trier im Münster zu Bonn consecrirt 1785 8/5, † zu Wien 1801 27/7, ruht in der kaiserlichen Gruft zu Wien. Er war zugleich seit 1780 16/8 Coadjutor und seit 1784 15/4 Bischof von Münster.

9. Die Landeshoheit über das oben bezeichnete Gebiet war an das Erzbisthum Cöln so geknüpft, dass mit dem Empfang dieser kirchlichen Würde das Recht auf jene erworben war. Sie bildete unter der Oberhoheit des Kaisers und Reiches einen Inbegriff einzelner Reichsämter, Hoheitsrechte und Gerechtsame, der in dieser Vereinigung einer geschlossenen Staatsgewalt fast gleich kam. Der jedesmalige Erzbischof wurde regelmässig vom Domkapitel gewählt und nach vorgenommener Prüfung vom Papste bestätigt, dann vom Kaiser mit seinen weltlichen Rechten belehnt. Sein Titel lautete: Wir N. von Gottes Gnaden Erzbischoff zu Cöln, des H. R. Reichs durch Italien Erzkanzler und Kurfürst, geborener Legat des H. Apostolischen Stuhles zu Rom, in Westphalen und zu Engern Herzog, Herr zu Odenkirchen ꝛc. Das Wappen bestand aus einem gevierteten Schilde, worin ein schwarzes Kreuz in silbernem Felde wegen Cöln; ein springendes silbernes Pferd im rothen Felde wegen des Herzogthums Westphalen; drei goldene Herzen im rothen Felde wegen des Herzogthums Engern; und ein silberner Adler im blauen Felde wegen der Grafschaft Arnsberg.

10. Die Beziehungen des Erzbischofs zum Reiche, von deren Entstehung im historischen Theile zu reden ist, beruhten hauptsächlich auf seiner Eigenschaft als Kur- oder Wahlfürst, als Mitglied des Kurfürsten-Collegiums am Reichstage unter dem Directorium von Kur-Mainz, als Mitglied des kurrheinischen Kreises ebenfalls unter dem Directorium von Kurmainz, und auf seinen Reichspflichten als Fürst, namentlich in den Beiträgen zum Reichsheere, zu den Reichssteuern und zum Unterhalt des Reichskammergerichts. In der Reichsmatrikel von 1521 war Kur-Cöln mit 60 zu Ross und 277 zu Fuss veranschlagt. Der Beitrag zu den Reichssteuern geschah so, dass in dem

Contingent, welches nach jener Matrikel ein Reichsstand
zu einem Reichskrieg oder Römerzug zu stellen hatte,
der Reiter zu 12, der Fussknecht zu 4 Flor. veranschlagt,
und diese Summe, Römermonat genannt, als das Simplum
angenommen wurde [1]), so dass ein Römermonat für Kur-
Cöln 1828 Flor. ausmachte. Im Jahr 1717 wurden zur Fortsetzung des Türkenkrieges 50 Römermonate verlangt [2]). Zu
einem Kammerzieler [3]) gab Kur - Cöln früher 811 Rthlr.
58½ Kr., zuletzt 1014 Rthlr. 51 Kr. [4]).

11. In Beziehung auf das Territorium war die Macht
des Landesherrn durch zwei Staatsgrundgesetze, von deren Entstehung und Inhalt auch im historischen Theil zu
handeln ist, fast übermässig beschränkt. Das Eine war
die unter den Landständen 1463 errichtete und von dem
Erzbischof Adolf 1550 erneuerte Erblandsvereinigung, welche jeder Erzbischof vor der Huldigung zu bestätigen und
zu beschwören hatte [1]). Nach dieser durfte der Landesherr unter Anderen ohne Wissen und Willen des Domkapitels und der Landschaft keinen Krieg anfangen, die
Leiber und Grundstücke der Unterthanen nicht verpfänden, sich nicht in der gangbaren Form des Obstagiums
für eine Schuld zur Ehrenhaft an einem bestimmten Ort
verpflichten, woraus ihn das Land hätte lösen müssen; er
sollte für eine geordnete Rechtspflege Sorge tragen; das
Kapitel durfte aus eigenem Antriebe oder auf Antrag
eines Standes die Landschaft einberufen, oder wenn es
nicht wollte, so durfte der Landes - Erbmarschall dieses
thun; das Kapitel konnte gegen verfassungswidrige Handlungen oder unheilvolle Neuerungen des Landesherrn und
seiner Beamten bei der Landschaft Einspruch erheben,

---

1) Man sehe meine Deutsche Rechtsgeschichte I. §. 359.
2) Ausschreiben vom 11. Jan. 1717, Scotti Sammlung I. 321.
3) Man vergleiche dazu meine Deutsche Rechtsgeschichte II. §. 639.
4) So berichtet Stramberg in Ersch Encyclopädie Th. XVIII. S. 181.
1) Beide sind mitgetheilt im Anhang Nr. I. II.

die dann auf Seiten des Kapitels stehen und bis zur geleisteten Abhülfe ihrer Verbindlichkeiten und Eide ledig sein sollte. Das andere Staatsgrundgesetz war die weitläufige Kapitulation, welche jedem neuerwählten Erzbischofe vom Domkapitel zur Beschwörung vorgelegt wurde, und welche viele nicht minder wichtige Einschränkungen des Landesherrn und Gerechtsame des Kapitels enthielt; namentlich die Erblandvereinigung in allen ihren Klauseln zu beobachten, keinen Landtag, ohne erst dem Kapitel die Ursache eröffnet und dessen Bewilligung eingeholt zu haben, auszuschreiben, unbewegliche oder kostbare bewegliche Güter des Erzstifts nicht zu veräussern oder zu verpfänden, dem Kapitel jährlich über die ganze Einnahme und Ausgabe des Erzstiftes mit allen nöthigen Nachweisungen Rechnung abzulegen und darüber quittiren zu lassen.

2) Der Hof. a) Die Residenz.

12. Der Landesherr hatte als Erzbischof seinen Hof mit den dazu gehörenden geistlichen Behörden in Cöln. Seinen Aufenthalt wählte er im Mittelalter abwechselnd in einer der Burgen oder befestigten Schlösser seines Gebietes. Der Erzbischof Ruprecht bestimmte jedoch 1469, dass hinführ sein „hoeff' und gemeynd wesen zum Bruell gehalten und alle sachen daselbst gehandelt“ werden, auch die von ihm als stehender Rath eingesetzten vier Principal-Räthe dort ihre Wohnung haben, und daselbst die ständige Kanzlei eingerichtet werden sollte [1]. Aus Brühl sind daher Erlasse der Jahre 1472, 1559 und 1592 datirt. Doch kommen solche auch aus Bonn 1558, 1593, 1597 vor. Der Erzbischof Salentin (1567 — 1577) bevorzugte Bonn durch Erbauung eines neuen Schlosses, und der Coadjutor Ferdinand verlegte dahin den Mittelpunkt der

---

1) Hofordnung Ruprechts von 1469 Art. 18. 30. Ueber diese wichtige Hofordnung sehe man unten §. 36.

Verwaltung, indem er daselbst 1597 einen ständigen Rath mit der Hofkanzlei einsetzte [2]). Bonn wird daher in den Erlassen von 1647, 1670, 1698, 1700 ausdrücklich als Residenzstadt bezeichnet. Brühl diente nur noch zum vorübergehenden Aufenthalt, und es sind von dort einzelne Verordnungen bis 1730 datirt.

b) Der Hofhalt.

13. Die Ordnung des Hofhaltes beruhte im Mittelalter, wie im dritten Buche vorkommen wird, auf der Vertheilung der Ministerialen unter die fünf Oberhofämter des Marschalls, Kämmerers, Mundschenks, Truchsesses und Vogtes, woran bestimmte Lehen hiengen. Im Laufe der Zeit hörten die beiden Letzteren auf; die drei Ersten wurden aber bei gewissen Familien erblich, und daher Erbämter genannt. Der wirkliche Hofdienst war damit nicht mehr verbunden, sondern dazu wurden besoldete Ritter und Knechte genommen. Dem ganzen Hofe wurde nun der Hofmeister vorgesetzt. Doch wurde auch dieses Hofamt erblich, und nun neben dem Erbhofmeister für den wirklichen Dienst ein Gross- oder Obrist-Hofmeister gestellt [1]). Die Auslagen des Hofhaltes aber hatte der Reddituarius oder Rentmeister am Hofe aus den landesherrlichen Einnahmen zu bestreiten, und darüber mit den anderen Ausgaben Rechnung abzulegen [2]).

14. Auf die genaue Ordnung des Hofhaltes war die erwähnte Hofordnung Ruprechts von 1469 bedacht. Der von ihm eingesetzte ständige Rath von vier Räthen, worunter auch der Grosshofmeister war, sollte die zum Hofdienste nöthige Zahl von Personen ermessen, die Aemter

---

2) Man sehe darüber §. 42.

1) Der Erbhofmeister wird erwähnt in Urkunden von 1487, 1491 (Lacomblet IV. 436 451); der Grosshofmeister in der Hofordnung Ruprechts von 1469 Art. 1.

2) Dieses zeigen die unten (§. 98. Note 1) erwähnten Verzeichnisse.

im Hofe vorsichtig und nützlich mit Knechten besetzen, und die Unnöthigen abstellen. Er war angewiesen, den jährlichen Bedarf des Hofes an Geld, Wein, Korn, Hafer, Fleisch, an Sold, Lohn, Kleidung und Anderem, und die entsprechenden Bezugsquellen aus den Aemtern oder anderswoher zu ermitteln; insbesondere auf Zölle und Aemter feste jährliche Renten und Gülten im Betrage von acht, zehn oder zwölftausend Gulden zur Bestreitung des Hofstaates zu legen. Ferner sollte er das Rentmeister-Amt am Hofe wohl besetzen, und dieser oder in seiner Abwesenheit sein Stellvertreter die Auslagen des Hauses thun; auch sollten etliche Personen geordnet werden, um sich jede Woche oder vierzehn Tage von dem Rentmeister, Küchenschreiber, Kellner, Schenk, Koch, Baecker, Futtermeister und Anderen über ihre Auslagen genau belegte Rechnung stellen zu lassen [1]).

15. Die damalige Hausordnung am Hofe ergiebt sich aus der „Newen Ordnung", welche der Condjutor Adolph darüber am 20. Februar 1539 in seinem befestigten Residenzschlosse Poppelsdorf publiciren liess [1]). An jedem Tage des Jahres, im Sommer um sechs, im Winter um sieben, soll eine heilige Messe sein, und nach deren Ausgang Rath gehalten werden, ausser an Sonn- und Feiertagen, dringende Fälle abgerechnet. Dem Herrn ist die Sache, worüber zu Rath gegangen wird, zuvor anzuzeigen. Herren und Diener sollen zu gleicher Zeit essen, und so lange das Essen dauert, die Pforte geschlossen behalten werden; gegessen wird Morgens um zehn und

---

1) Hofordnung Ruprechts von 1469 Art. 19. 20. 21. 23. 24. 26.

1) Ich verdanke die Benutzung dieses so wie der anderen Stücke aus dem Düsseldorfer Archive der ungemeinen Gefälligkeit des um unsere Landesgeschichte hochverdienten Herrn Geheimen Archivrathes Lacomblet und des Herrn Archivsekretärs Harless. Von jener Hausordnung findet sich dort auch das Concept, welches einige Artikel mehr erhält, die in die Verordnung nicht aufgenommen worden sind.

Abends um fünf Uhr und dazu einige Zeit vorher geläu-
tet. Auch die Räthe essen zur berufenen Stunde, wenn
auch der Herr Coadjutor allein speisen will. Zur gesetzten Zeit sollen die Köche in der Küche mit der Kost,
desgleichen die Schenken und Spinder mit Wein, Bier,
Brod und Aufdeckung der Tische bereit sein. Während
der Mahlzeit hat der Saalmeister auf die Ordnung der
Tische fleissig Aufsicht zu halten. Die Köche sollen alle
Tage (ausgenommen die Fast- und Freitage) von sieben
bis acht Uhr Morgens, aber nicht länger, bereit sein,
Jedem „Zoppen" und Anderes zur Nothdurft zu geben.
Niemand ist zur Küche, Botley oder Spinderey zuzulassen, um dort ausser der Zeit Zoppen oder Anderes zu
essen oder trinken zu verlangen. Zuwider Handelnde sind
ernstlich zu bestrafen. Die Köche, Schenken und Spinder
sollen dem Haus- und Hofgesinde Nachmittags zwei Uhr
wiederum Zoppen oder Anderes nach Gelegenheit, sammt
Trank und Brod zu geben bereit sein. Bald nach zwei
Uhr hat der Futtermeister sein Futter auszutheilen. Fremde
sind dabei nicht zuzulassen, und jeden Abend ist der Fut-
terzettel dem Coadjutor zuzustellen. Wo Einer der Räthe,
Junker oder Hofgesinde in eigenen Angelegenheiten vom
Hofe abwesend ist, und Pferde oder Knechte zu Hause
lässt, soll denselben nur drei Nächte und nicht länger
Futter und Mahl gegeben werden. Kein Diener darf von
des Herrn Tafel Essen vergeben; nur der Tischdiener
mag dieses zu Zeiten thun. Die Räthe, die in dem Schlosse
schlafen, desgleichen die Schützen, Kanzler und anderen
Hofgesinde, denen man Schlaftrunk giebt, sollen diesen
Abends um acht Uhr holen lassen, und der Koch, Schenk
und Spinder denselben, jedoch nicht mehr, verabreichen.
Diener und Landsassen, die nicht tägliches Hofgesinde
sind und zu Zeiten zu dienen beschrieben werden, erhalten zu diesem Dienste Futter und Mahl; wenn sie aber
unaufgefordert kommen, soll Jenes nur drei Tage lang

geschehen. Die Edelleute, Schützen und anderes Hofgesinde dürfen ohne Erlaubniss des Coadjutors nicht verreisen; der Befehlshaber desselben darf ihnen, wenn sie es
nöthig haben, nur auf eine Nacht Urlaub geben. Das
unter den Junkern und gemeinem Hofgesinde in Schwang
gekommene übermässige Zutrinken wird ernstlich verboten, und Jeder im Essen und Trinken sich an die Nothdurft zu halten ermahnt. Die Schützen und reitenden Boten solien Nachts immer bei ihren Pferden zu finden sein.
Die Knechte und Jungen, welche die Schützen und Andere über ihre Anzahl haben, sind abzustellen; nur der
Portier ist zu lassen, und für jede Parthie nur ein Diener. Damit es Keinem, dem Pferde gehalten werden, an
Beschlag und „ruwe futter" [2]) mangle, soll Jeder sich
Beides selbst stellen, und ihm für den Beschlag zwei, für
das Andere vier Goldgulden gegeben werden. Wie es
mit der Ueberlieferung der Proviant und der Berechnung
zu halten sei, behält sich der Herr Coadjutor zu Bedenken vor. Die wahrgenommene Nachlässigkeit des Kochs
im Kochen und Bereiten der Dienerspeise wird mit dem
Verlust des Dienstes bedroht. Der Portier soll fremde
Leute, die nicht Hofgesinde sind, oder fremde Boten nicht
einlassen; aber der Fürsten reitende und fahrende Boten,
desgleichen der Grafen, Ritterschaft und Städte Boten
sind zuzulassen. Ueber fremde Boten, die gegen Hof kommen, soll der Portier beim Herrn anfragen. Räthe oder
Andere vom Hofgesinde dürfen Fremde sonder Wissen
des gnädigen Herrn nicht zum Schlosse führen. Der Portier soll bei Verlust seines Amtes ohne Vorwissen des

---

2) In dem vereinbarten Reglement des Kurfürsten von Brandenburg von 1689 über die Verpflegung der brandenburgischen Truppen
im Erzstift wird „wegen hart- und Raw-Fütters" für das Pferd festgesetzt „ein Viertel Haber und sechs Pfund Hew nebst nöthigem Hek-
kerling", Gegenbericht des Thumb-Capituls (§. 114. Note 6). Adjuncta p. 161.

Herrn nichts aus dem Schlosse tragen lassen. Von des
Morgens an, wo man aufschliesst, soll der Portier an der
Pforte sein, und ausser denen, die zum eigentlichen Hofgesinde gehören, Niemanden, ohne angefragt zu haben,
einlassen. Dem Coadjutor liegt nach dem vom Erzbischof
erhaltenen Auftrag alle Sorge für gute Ordnung ob. Jeder soll sich daher zu dieser Ordnung halten und ihr
gehorsam nachkommen. Hierauf folgt die Aufzeichnung
der Pferde, die zu des Coadjutors Hofhaltung gehören.
Dann die Aufzeichnung des andern Hofgesindes, denen
man keine Pferde giebt. Statt dessen stehen im Concepte
zwei Artikel: dass jedem Befehlhaber, was ihn betreffe,
aufgezeichnet und zugestellt, auch alle Räthe, Junker,
Diener und Jungen aufgezeichnet werden; und „dass der
Küchenschreiber dem Hauskoche eine Aufzeichnung machen, wie er sich mit Austheilung der Proviandt, als
Fleisch, Butter, Käse, Stockfisch und Anderes halten
solle [8]).“

16. Eine wichtige Verbesserung trat in der Verwaltung des Hofhaltes ein, nachdem vom Erzbischof Ernst
1587 durch die Einsetzung einer besonderen Behörde die
Kameralgeschäfte von der Hofkanzlei bestimmter ausgeschieden, und von dem Coadjutor Ferdinand durch die
Hofkammer-Kanzlei-Ordnung vom 1. Januar 1610 die
Hofkammer genau organisirt worden war [1]). Um der bisherigen schlechten Verwaltung und Verschleuderung des
fürstlichen Einkommens zu steuern, wurde durch die Kam-
mer-Hofordnung von demselben Datum der Hofkammer,
wie schon der Erzbischof Ernst mit seiner Behörde gethan hatte, neben und mit des Erzstifts Kammergut auch
die Hofhaltung und Hofsachen zu administriren anbefoh-

---

3) Eine sehr lehrreiche Vergleichung bietet die zuweilen wörtlich übereinstimmende Jülich- und Bergische Hofordnung vom 24. Juni
1534; abgedruckt in Lacomblet Archiv V. 103—116.

1) Man sehe darüber unten §. 41—44.

len ²). Alle und jede fürstlichen Intraden, in Geld wie in
Naturalien, sollten von der Hofkammer vereinnahmt und
bei ihr in einem besondern Buche verzeichnet werden.
Aus ihr bezog der Kurfürst durch seinen Secretär das,
was zu seinen Privatausgaben bestimmt war. Die Auslagen für den Hofhalt hatte der Hausmeister zu verrichten und dazu von der Hofkammer gegen Rechnungsablage
das Geld zu erheben. Die Naturalien wurden von der
Hofkammer durch Einen aus ihrer Mitte dem Bäcker,
Brauer, Futtermeister gegen Quittung zugemessen. Das
ganze Hofwesen war der Hofkammer so untergeben, dass
sie für alle Theile desselben Instructionen zu erlassen und
über deren Befolgung zu wachen hatte, so die Hausmei-
sterei, Silberkammerei, Küchenschreiberei, Butlerei, Spinderei, Stallmeisterei, Futtermeisterei, Jägerei, und alles
Andere. Insbesondere sollte über das Küchen- und Kel-
leramt scharfe Aufsicht und Controle geschehen. Auch
der Leibschneider sollte ohne Anzeige bei der Kammer
keine Waaren kaufen. Die Holzverschwendung durch unnöthige Feuerung wurde eingeschränkt. Bei dem Zehr-
gaden, der Kellerei, Spinderei und dem Futterhaus wurden über das, was dort an Personen verabfolgt, Tages-
zettel gehalten, diese am Morgen des folgenden Tages
dem Hausmeister zugestellt, auf dessen Anzeige bei der
Kammer in ein besonderes Buch eingetragen, und jede
Woche, Monat, Quartal und Jahr summirt. Eben so wurde
es auf den Reisen des Kurfürsten mit den Tagzetteln gehalten. Arbeiten beim Marstall oder sonst bei Hofe mussten vom Hausmeister der Hofkammer angezeigt, von dieser deren Nothwendigkeit geprüft, die Rechnungen der
Handwerksleute genau untersucht und festgestellt, und
durch den Hausmeister gegen Quittung ausgezahlt werden. Eben so sollte es mit den Rechnungen der Wirths-

---

2) Diese Hofordnung ist aus dem Düsseldorfer Archiv benutzt.

häuser gehalten werden, worin Gesandte und Andere auf kurfürstliche Rechnung verpflegt werden. Alle Jahresrechnungen mussten binnen vierzehn Tagen nach Neujahr eingeliefert und von der Hofkammer bis zum 1. März absolvirt sein. Die Gesammt-Rechnung des Hofhaltes wurde von dem Secretär in ein besonderes Protokoll eingetragen und darüber dem Kurfürsten vom Landrentmeister referirt. Die besondere Orte angehenden Posten und Anschaffungen sollten dem Inventar des betreffenden Ortes einverleibt werden. Zur Berathung der Haussachen durch die Hofkammer wurde jede Woche ein besonderer Tag und Stunde empfohlen, und über Alles die grösste Verschwiegenheit zur Pflicht gemacht.

17. Die Organisation des Hofes wurde auf der alterthümlichen Grundlage mit dem steigenden Luxus wie an den anderen Höfen immer mehr verfeinert. Unter Joseph Clemens (1688—1723) war nach dem in französischer Sprache vorliegenden Hofkalender von 1719 und nach dem deutsch abgefassten Hofkalender von 1723 die Einrichtung folgende. An der Spitze stand der Obrist-Land-Hofmeister Erster Minister, welcher in dem Hofkalender von 1719 als Nummer I. aufgeführt wird, in dem von 1723 aber nicht. Nach ihm folgen die sieben Hofstäbe (états majors). Jeder Stab zerfiel in Aemter (offices), Jedes unter einem Herrn (chef); und jedes Amt in Partheien (parties), deren Jede ebenfalls ihren Herrn (chef) hat. Der erste Stab war der des Obrist-Hofmeisters, unter welchem fünf Aemter standen, deren Jedes drei Partheien enthielt. Das Erste war die Hofgeistlichkeit unter dem capellanus honoris; das Zweite war das Hofburgamt unter dem Ober-Hofmeister; das Dritte das Hof-Jäger-Meisteramt unter dem Ober-Jägermeister; das Vierte das Hof-Arzneiamt unter dem Arzneiinspector; das Fünfte das Hof-Bauamt unter dem Ober-Bauintendanten. Der zweite Stab war der des Obrist-Kämmerers mit drei Aem-

tern, sämmtlich unter dem Ober-Kämmerer; das der Kam-
mer-Bedienten in vier Partheien; das der Garderobe in
zwei Partheien; und das Menu-Plaisir- oder Castos-secre-
tos-Amt in zwei Partheien, worunter die Kammermusik.
Der dritte Stab war der des Obrist-Kanzlers, worunter
die hohen Regierungs- und Justizcollegien, wovon unten
die Rede sein wird. Der vierte Stab war der des Obrist-
Hofmarschalls mit drei Aemtern, Jedes mit drei Partheien;
das der Hofbedienten unter dem Ober-Marschall; das Hof-
küchenamt unter dem Oberküchenmeister, der eine vor-
nehme Person war; und das Silber-Kämmereramt unter
dem Ober-Silberkämmerer (Grand Echanson). Der fünfte
Stab war der des Obrist-Stallmeisters mit zwei Aemtern;
das Hof-Purschamt (gens de Livrée de la cour) unter dem
Ober-Stallmeister in vier Partheien; und das Marschall-
oder Stall-Purschamt unter dem Vice-Stallmeister mit sieben Partheien. Der sechste Stab war der des Gouverneurs
des gardes du corps mit drei Aemtern: das der Hatschier-
Leibgarden-Compagnie unter einem Capitaine mit fünf
Partheien; das der Carabinier-Leibgarden-Compagnie unter einem Capitaine in fünf; und das der Trabanten-Leib-
garden-Compagnie unter einem Capitaine in sechs Partheien. Endlich der siebente Stab war der des Général
de la maison électorale. Unter diesem standen drei Aemter: das Leib-Regiment zu Fuss unter einem Obristen in
elf Partheien; das Leib-Regiment von der Reiterei unter
einem Obristen in neun Partheien; und das Leib-Regiment
von Dragonern unter einem Obristen in neun Partheien.
Die sieben Stäbe enthielten zusammen 24 Aemter und 100
Partheien. Ueber die Rang-Ordnung in der Hofkapelle,
wenn der Kurfürst zum Gottesdienst erschien, erliess Joseph Clemens unter dem 25. März 1715, und über die
Vorstellung und Aufwartung bei Hofe unter dem 7. Nov.
1717 sehr genaue und wohl durchdachte Instructionen [1]).

---

1) Diese findet man in dessen Hofkalendern.

18. Unter Clemens August (1723—1761) wurden die Landescollegien bestimmter vom Hofstaat geschieden, und dieser erhielt die Form, die er in der Hauptsache noch in der letzten Zeit hatte. Er war nun in vier Hauptstäbe eingetheilt. Der Erste war der Stab des Obrist-Hofmeisters, welches Amt zuletzt der Reichsgraf Sigismund zu Salm und Reifferscheidt inne hatte. Unter diesem Stabe wird zuerst aufgezählt die Kapelle, an deren Spitze der Grosskepplor stand, welches Amt zuletzt der Weihbischof und Domdechant Karl Aloys Graf zu Königsegg bekleidete. Es gehörten dazu der Hofprediger, ein ausserordentlicher Festtagsprediger, ein erster Hofkapellan, 15 wirkliche, und 9 ausländische Hofkapelläne, und 4 Kapellendiener. Intendant der Musik war der Obrist-Hofmeister selbst. Die Vocalmusik bestand unter einem Kapellmeister aus 13 Personen, worunter als einer der Tenoristen Johann van Beethoven, und zwei Organisten, worunter Ludwig van Beethoven: die Instrumentalmusik unter einem Director aus 44 Personen, worunter Franz Ries und Andreas Romberg als Violonisten, Bernhard Romberg als Violoncellist, Ludwig van Beethoven als Braccist, Nikolaus Simrock als Hornist. Ferner rangirten unter diesen Stab die Compagnie der kurfürstlichen Leibgarden, wovon beim Militärwesen; das Personal der zum Hofe gehörenden Aerzte und Chirurgen und die Hofapotheke; das Hof-Burgamt mit dem Burggrafen, Bibliothecar und Director des Naturaliencabinets zu Bonn, einer Burggräfin zu Cöln, den Burggrafen zu Poppelsdorf, Augustusburg und Vinea Domini, den Verwaltern der verschiedenen Lustschlösser, die Garde-Meubles mit den Hoftapezierern, Hofstickern, Hofmalern, Juwelirern, Drechslern, Büchsenspannern, Courieren, Buchdrucker, Buchbinder, Goldschmidt, Uhrmacher, Handschuhmacher, Bordenmacher; das Obrist-Jägermeisteramt unter dem Obrist-Forst- und Jägermeister Clemens Freiherrn von Weichs zu Rösberg

mit einem Forstmeister, Forstschreiber und Jagdzeugmeister zu Bonn, und den Landjägereien der Aemter Altenar, Bonn, Brühl und Lechenich, Hardt, Hülchradt, Kempen, Lindberg, Linn und Uerdingen, Linz und Altenwied, Neuerburg, Nurburg und Rheinberg, deren Jede mit einem Waldförster oder Amtsjäger und der nöthigen Zahl von Förstern, Jägern, berittenen Jägern, Fasanenjägern und Entenfängern besetzt war; endlich das Hofbauamt mit einem Obercommissarius, Baumeistern, Schreiber, Zeichner, Graveurs, der Gärtnerei, worunter der Hofgärtner Peter Joseph Lenné zu Bonn und Poppelsdorf und die Gärtner der sonstigen Schlösser und Landhäuser, und den Hofkünstlern und Arbeitern, vom Stukkator bis zu den Hofschreinern und Hofkaminfegern herab. Es war Alles so, wie es bei den grossen fürstlichen Höfen im Ganzen noch jetzt ist.

19. Der zweite Hofstab war der des Obrist-Kämmerer, welche Würde nach Joseph Clemens Freiherrn von Vorst-Lombeck 1794 der Graf Franz Joseph von Nesselrode-Reichenstein inne hatte. Unter ihm waren 129 Kammerherrn, worunter 44 vom letzten Kurfürsten ernannt, unter Allen aber blos 9 wirkliche besoldete; ferner ein Kammerfourier, die wirklichen und Titular-Kammerdiener, die Kammerportiers, Leibschneider und der Perükenmacher.

20. Der dritte Hofstab war der des Obrist-Marschalls, welche Würde zuletzt ein hohes Mitglied des deutschen Ordens der Freiherr von Forstmeister zu Gelnhausen versah. Unter ihm war der Hofmarschall Freiherr von Schall zu Morrenhoven, welches Amt 1792 statt des nun aufgehobenen Ober-Küchelmeister-Amtes neu eingesetzt worden war; ferner neun Truchsesse; ein Hoffourier, drei Ritterportiers, ferner die Hof-Oekonomie-Commission mit einem Commissarius, worunter ein Kanzlist, ein Cassirer und Zahlmeister, ein Gegenschreiber, ein Hoffactor und ein Buchhalter, dann einem Hofcontroleur und Küchen-

schreiber, unter welchem der Zebrgaddum-Schreiber [1]),
ein Einkäufer, ein Metzger und mehrere Diener, und mit
den Mundköchen, Back- und Bratmeistern, dem Keller-
personal und dem Hofbierbrauer; ferner die Zuckerbäk-
kerei; und die Silber-, Licht- und Wachskammer mit
mehreren Verwaltern, Tafeldeckern, Hoflakeien, Läufern
und einem Hofschweizer.

21. Der vierte Stab war der des Obrist-Stallmeisters,
den zuletzt Karl Graf von Spee führte. Unter ihm waren
der Unterstallmeister; 7 kurfürstliche Edelknaben mit ihrem Hofmeister, Präceptor und 5 Exercitienmeistern für
die Mathematik, französische und englische Sprache, Tan-
zen und Fechten; die Reitschule mit einem Oberbereiter,
zwei Unterbereitern (piqueurs), dem Rossarzte, Equipage-
Verwalter, den Wagenmeistern und Reitknechten; der
Kutschenstall mit einem Leibkutscher, Leibvorreiter und
anderen Kutschern, Vorreitern und Postillons; das Futter-
amt mit einem Futterschreiber und den nöthigen Dienern;
endlich das Wasserdepartement für die Jacht- und Schiff-
touren unter einem Capitaine mit den nöthigen Schiffmei-
stern, Ruderern und Knechten.

. c) Die Erbämter.

22. Das Erzstift Cöln hatte von der alten Ordnung
her vier Erbämter, woran, wie oben erwähnt[1], nicht mehr
regelmässiger Hofdienst geknüpft, sondern die nur erb-
liche Auszeichnungen gewisser Familien waren. Das Erbhofmeisteramt war bis 1780 bei den Grafen von Mander-
scheidt; seit 1785 wird Anton Graf von Belderbusch als
Erbhofmeister aufgeführt. Das Erbmarschallamt war bei
den Grafen zu Salm-Reifferscheidt; das Erbschenkenamt

---

1) So heisst er in einem Salarienverzeichniss von 1760, Materialien I. 8, 111. In den Hofkalendern heisst er Zehrgärtner, écrivain
de la dépense.

1) Man sehe oben §. 18.

bei den Herzogen von Aremberg, früher bei den Herren
von Kerpen und den Grafen von Virnenburg; das Erbkämmereramt bei den Grafen von Plettenberg. Es waren
damit nur Ehrendienste bei grossen Cäremonien verbunden. Dass selbst Reichsstände solche Hofämter zu führen
kein Bedenken hatten, zeigt sich bei den Stiften und Abteien schon im Mittelalter.

D) Das hohe Domkapitel.

23. Das Domkapitel, wenn auch seinem Ursprunge
nach ein rein kirchlicher Körper war durch die hohe
Stellung, welche das Erzstift in der Kirche wie im Reiche
behauptete, auch politisch eine sehr wichtige Körperschaft
geworden. Es war der Wächter der Verfassung, hatte in
allen wichtigen Angelegenheiten mit zu berathen und zu
beschliessen, und nahm unter den Landständen die erste
Stelle ein. Es bestand aus 50 Canonicaten und den damit verbundenen Präbenden. Davon hatte der Papst Eins
mit dem ersten Sitz (stallum) auf der Evangelienseite des
Chors, eben so der Kaiser das erste Stallum auf der Epi-
stelseite, und Jeder zwei Vicarien für den Chordienst.
Die übrigen 48 waren die eine Hälfte Kapitular- die Andere Domicellarpfründen. Unter Jenen befanden sich die
sieben Prälaturen: der Domprobst, der Domdechant, der
Vice- und Afterdecan, der Chorbischof (choriepiscopus
nicht chorepiscopus), der Scholaster, der diaconus senior,
und der diaconus junior. Zur Erlangung einer Pfründe
waren nach der Observanz nur reichsunmittelbare Fürsten, Grafen oder Herren fähig gehalten. Eine Ausnahme
machten die acht Priesterpräbenden, wozu ohne alle Rücksicht auf adelige Abkunft nur eine akademische Würde
in der Theologie oder Rechtsgelehrtheit erforderlich war.
Diese sogenannten Priesterherren hatten in allen Stücken
gleiche Rechte, wie die übrigen sogenannten gräflichen
Herren. Zwei derselben waren von zwei Päpsten der Uni-

versität zu Cöln unter dem Namen primae und secundae
gratiae für zwei Lehrer des canonischen oder bürgerlichen Rechts zugetheilt. Das Kapitel ergänzte sich aus sich
selbst auf folgende Weise. Zu den fünf ersten Prälaturen
wählte das Kapitel nach der Stimmenmehrheit; der ältere
und jüngere Diaconus stiegen nach dem Alter aus den
Kapitularen zu diesen Würden auf. Diese sieben Prälaten
hatten nach dem Turnus die Domicellarpräbenden zu ver-
.geben, und die Domicellare rückten nach dem Alter in
die ledig werdenden adeligen Kapitularpräbenden ein. Von
den acht Priesterpräbenden wurden sechs vom Kapitel
in derselben Art wie die Prälaturen verliehen; zu den
beiden Uebrigen präsentirte die Universität durch ihren
Rector und ihre vier Provisoren.

24. Das folgende Verzeichniss des Domkapitels vom
Jahr 1794 zeigt, welche illustre Namen dasselbe in sich
vereinigte, welche Aushülfe das von jeher in die Interessen des Reiches und seiner hohen Geschlechter enge ver-
flochtene grosse Kirchengut ihnen zur Versorgung und
einflussreichen Stellung ihrer Mitglieder fortwährend dar-
bot, wie dadurch allerdings in den Stiften der Missbrauch
der Cumulirung der Pfründen herkömmlich geworden, wie
aber doch auch reelle Aemter und wichtige Dienstleistun-
gen für Kirche und Staat damit in Verbindung gebracht
waren. Kapitularen waren: 1) Dompropst auch Thesaurarius
oder Domkustos: Franz Wilhelm regierender Graf zu Oet-
tingen, Baldern und Soeteren, k. k. wirklicher Geheimrath
und Kanzler der Universität zu Cöln. — 2) Domdechant:
Karl Aloys Graf zu Königsegg-Rothenfels, Herr zu Aulendorf und Stauffen, Bischof zu Mircne, Weihbischof und
Erzkeppler. — 3) Vice- und Afterdechant: Christian Franz
Fidelis Graf zu Königseck-Rothenfels, Herr zu Aulendorf
und Stauffen, Domkapitular zu Strassburg und des freiedlen Stiftes St. Gereon in Cöln. — 4) Chorbischof: Joseph Christian Fürst zu Hohenlohe-Bartenstein, Domkapi-

tular zu Strassburg und Salzburg, Propst des freiedlen
Stiftes St. Gereon zu Cöln. — 5) Scholaster: Meinrad
Anton Eusebius Graf zu Königsegg-Rothenfels, Herr zu
Aulendorf und Stauffen, Domkapitular zu Strassburg. —
6) Diaconus senior: Franz Karl Joseph Fürst zu Hohen-
lohe-Schillingsfürst, auch Dechant und Statthalter zu El-
wangen. — 7) Diaconus junior: Joseph Franz Anton Graf
zu Zeyl-Wurzach, Dechant des freiedlen Stiftes St. Gereon. — 8) Ernst Christian Armand Fürst zu Hohenlohe-
Bartenstein, Domkapitular zu Strassburg. — 9) Damian
Friedrich Graf von und zu der Leyen und Gerolsegg,
Dompropst zu Mainz und Domkapitular zu Trier. — 10)
Wilhelm Florentin Johann Felix Fürst Wild- und Rhein-
graf zu Salm-Salm, Fürst-Erzbischof zu Prag, Domkapitular zu Strassburg. — 11) Thomas Ludwig Joseph Graf
zu Zeyl-Wurzach. — 13) Ernst Adrian Graf zu Königsegg-Rothenfels und Immenstatt, Domkapitular zu Strassburg. — 13) Friedrich Karl Alexander Graf von Oettingen-Wallerstein. — 14) Franz Xavier Graf zu Salm-Reifferscheid, Fürstbischof zu Gurk, Domherr zu Salzburg,
Olmütz und Strassburg. — 15) Maximilian Graf zu Königsegg und Rothenfels. — 16) Sigismund Christoph Graf
zu Zeyl und Trauchburg, Domdechant zu Salzburg. —
17) Clemens August Maria von Merle, J. U. D., Kapitular des St. Cassiusstifts zu Bonn, Präsident des kurf. weltl.
Hofgerichts, Commissarius des erzbischöflichen Seminars.
— 18) Johann Philipp von Horn-Goldschmidt, J. U. D.,
Kapitular des freiedlen Ritterstifts zu Wimpfen, erzstifti-
scher Generalvicar, kurfürstl. wirkl. geheimer Conferenzrath, Commissarius des erzbischöflichen Seminars. — 19)
Franz Karl Joseph von Hillesheim, J. U. D., Canonicus
zu St. Aposteln, wirkl. geh. Conferenzrath, Professor der
Rechte an der Universität. — 20) Johann Gabriel Bernard
Freiherr von Franz zu Dürresbach, J. U. D., Domherr
zu Augsburg, Sigillifer major und Fiscus, kurf. wirkl.

geh. Conferenzrath, Licenziat in der theologischen Facultät. — 21) Maximilian Joseph Johann Nepomuc Freiherr
von Geyer zu Schweppenburg, J. U. D., Kapitular des
freiedlen Stiftes zu St. Gereon und des Ritterstiftes zu
Wimpfen. — 22) Balthasar Joseph Freiherr von Mylius,
J. U. D., Kapitular des Erzdiaconalstiftes zu St. Cunibert
und des hochgräfl. Stiftes zu St. Ursula, Commissarius des
erzbischöflichen Seminariums. — 23) Georg Friedrich Freiherr von Mylius, J. U. D., Erzpriester zu Aachen und Kapitular des St. Marienstiftes daselbst, Professor der Rechte
an der´Universität. — 24) Peter Joseph Franz Xaver Johann Nepomuc von Cramer zu Klauspruch, J. U. D., Kapitular des St. Cassiusstiftes zu Bonn, des St. Georgstiftes
zu Cöln und des Stiftes zu Schwarzrheindorf, kurf. geistl.
geh. Referendarius und Official des geistlichen Hofgerichts.

25. Domicellare waren im Jahre 1794 folgende. 1) Clemens Wenceslaus Hubert Franz Xaver, königl. Prinz von
Polen, Herzog zu Sachsen, Erzbischof und Kurfürst zu
Trier, Bischof zu Augsburg, gefürsteter Administrator zu
Prüm, Propst zu Ellwangen. — 2) Philipp Joseph Graf
von Oettingen-Wallerstein. Er war bei seiner Erwählung
erst sieben Jahre alt. — 3) Maria Aloys Graf von Kö-
nigsegg-Aulendorf. Er war, als er gewählt wurde, acht
Jahre alt. — 4) Carl Joseph Fürst zu Hohenlohe-Barten-
stein, gewählt sieben Jahre alt. — 5) Wilhelm Florentin
Fürst zu Salm-Salm. — 6) Anton Eusebius Graf von Kö-
nigsegg-Aulendorf, gewählt acht Jahren alt. — 7) Joseph
Wenzel Fürst zu Lichtenstein, gewählt zwölf Jahre alt.
— 8) Franz Joseph Graf von Fugger zu Pappenhausen,
gewählt sieben Jahre alt. — 9) Franz Wilhelm Graf zu
Salm-Reifferscheidt. — 10) Friedrich Fürst zu Oettingen-
Spielberg. — 11) Franz Joseph Augustin Altgraf zu Salm-
Dyck. — 12) Karl Franz Xaver Joh. Nepomuc Fidelis
Wunibald Hilarius Graf zu Zeyl-Wurzach, gewählt zehn
Jahre alt. — 13) Clemens Wenzel Altgraf zu Salm-Bed-

burg-Reifferscheid. — 14) Ernst Joseph Fürst zu Schwarzenberg, gewählt neun Jahre alt. — 15) Philipp Karl Landgraf zu Fürstenberg. — 16) Eberhard Graf zu Zeyl-Wurzach, gewählt sieben Jahre alt. — 17) Jos. Wilhelm Karl Franz Graf zu Nesselrode-Reichenstein, gewählt sieben Jahre alt. — 18) Franz Joseph Anton Altgraf zu Salm-Reifferscheid. — 19) Karl Anton Sigismund Graf Fugger zu Pappenhausen. — 20) Johann Maximilian Friedrich Graf von Nesselrode-Reichenstein, gewählt sieben Jahre alt. — 21) Prosper Ludwig Herzog zu Aremberg.

26. Für den Chor- und Gottesdienst und andere damit zusammenhängende Verrichtungen waren ausserdem eine grosse Anzahl von Personen angestellt. Dahin gehören vor Allem die 25 Domvicarien, die meistens zugleich andere Stellen als Rectoren oder Canonici an anderen Kirchen hatten; ferner die sieben Kapläne der sieben Prälaten; der Cäremoniarius und sein Substitut; die Cantoren mit ihren Beiständen; der Rector und Subrector der Schule; der aedituus summi templi; fünf Scholaren, wohl Chorknaben; und vier Usserii oder Bedelle (buissiers), welche in derselben Zahl schon im dreizehnten Jahrhundert vorkommen [1]). Für den Beichtstuhl waren den canonischen Vorschriften gemäss drei Pönitentiarien und zwar aus Ordengeistlichen bestellt. Eben so vier Prediger, zwei für die Vormittags- und Nachmittagspredigt an jedem Sonntage, und zwei für die an jedem Feiertage. Die Mutter-Gotteskapelle stand unter einer eigenen Verwaltung, worin einer der Priesterherren als Commissar, ein Anderer als Empfänger, ein Domvicar und ein Custos fungirten.

27. Die Geschäfte der äusseren Verwaltung wurden durch folgende Beamte und Officianten besorgt. Zur Berathung und Vertretung des Kapitels in den juristischen

---

1) Man sehe Lacomblet Archiv II. 6.

Geschäften diente der Syndicus mit seinem Secretär. Ferner gab es einen Officianten der h. drei Könige und ihres Schatzes, einen Kellermeister, einen Präsenzmeister der ein Priester war, einen Fabrikmeister und Officianten der Kammer, einen Officianten der Rentei (redituariae) und der Rentämter Rheidt, Niel, Curieberg und Anderer, einen Officianten der Obedientien das heisst der dem Kapitel zugehörigen Höfe, einen Registrator, einen Officianten der dem Kapitel zugehörigen Zölle, einen Officianten der Semellen, der zur Vertheilung kommenden feinen Weissbrode, die auch schon im dreizehnten Jahrhundert erwähnt wird, einen Protokollisten und einen Nuntius. Auswärts, wo das Domkapitel Unterherrschaften mit eigener Gerichtsbarkeit hatte, stellte es dafür seine Schultheissen an, so zu Angstel, Gleuel, Büllesheim, Erpel, Esch, Friesheim, Niel, Schlich, Walberberg, Woringen und Zons.

C) Die Landstände. 1) In ihrer Vereinigung.

28. Ein anderes wesentliches Glied der Verfassung waren die Landstände [1]). Sie bestanden aus vier besonderen, doch aber unter sich verbundenen Collegien, dem Domkapitel, den Grafen, der Ritterschaft und den Städten, und zwar so, dass das Domkapitel als der erste Stand ausgezeichnet und von der gemeinen Landschaft (communis patria) unterschieden wurde. Sie hatten kraft der durch die Erblandesvereinigung von 1463 erwirkten weitgehenden Versicherungen eine solche Stellung erlangt, dass sie zu allen wichtigen Regierungs- und Verwaltungsangelegenheiten concurrirten, und namentlich die Landessteuern zu bewilligen hatten. Die gewöhnlichen Landtage wurden vom Kurfürsten mit Vorwissen des Kapitels regelmässig jährlich ausgeschrieben [2]), und zu Bonn in dem

---

1) Man findet darüber Einiges bei Correns Abhandlung §. 54. 55.
2) Ein Verzeichniss der vorgefundenen Convocationen von 1684,

Kloster der Kapuziner gehalten, wo jedes Collegium seinen besonderen Sitzungssaal hatte. Es waren aber auch
ausserordentliche Convocationen möglich, wie 1793 geschah[a]). Nach der Erblandesvereinigung durfte, wie oben
bemerkt, selbst das Kapitel, wo es ihm nöthig oder nützlich schiene, oder, so dieses nicht wollte, der Landeserb-
marschall einen Landtag ausschreiben[4]). Der Kurfürst
gab zum Landtag einen Commissarius perpetuus, seit 1786
aber einen deputirten Commissarius, und seit 1788 wird
in dem Hofkalender gar keiner mehr erwähnt, unstreitig
weil zur Zeit des Druckes die Person noch nicht bekannt
war. Die Landtagsproposition, welche hauptsächlich auf
die Bewilligung der in dem Jahre erforderlichen Steuer-
Simpeln gieng, wurde in dem Kur-Stuhl-Zimmer oder
sogenannten Thurmsaale in Gegenwart des unter dem
Thronhimmel sitzenden von seinem ganzen Hofstaate um-
gebenen Kurfürsten den anwesenden Landständen öffentlich unter Zulassung des Volkes, für welches eine Galle-
rie oben um den Saal führte, eröffnet[5]). Von da begaben
sich die Stände in ihre Säle, wo sie abgesondert deliberir-
ten, und unter einander, so wie mit dem Landesherrn,
communicirten. Dieser begab sich auch zu Zeiten, wie
noch lebende Augenzeugen erzählen, in Person unter sie.
Die vereinbarten Bitten und Beschwerden wurden dem
Kurfürsten durch eine Deputation übergeben, worauf derselbe bei eben so feierlicher Schliessung des Landtages
den Landtags-Abschied oder Recess öffentlich vortragen
liess. Doch hatte er die Macht, die Stände auch ohne

1694 und aus dem achtzehnten Jahrhundert giebt Scotti Sammlung
I. 171. 232. 243.

. 3) Scotti Sammlung I. 989.

4) Erblandesvereinigung von 1463 Art. 15. 16., von 1550 Art. 15. 16.

5) Lünig Theatrum ceremonial. II. 1515., Rive Bauerngüterwesen I. 216.

Schluss zu entlassen, wie 1694 geschah [6]). Der Landtag
dauerte gewöhnlich sechs Wochen. Die Landstände erhielten eine Vergütung der Kosten [7]); es wurde ausdrücklich als eine Ausnahme erklärt, als es bei der Berufung
von 1678 [8]) und bei der von 1684 zum Landtage nach Neuss
nicht geschah [9]). Die Diäten der Ritter betrugen drei
Reichsthaler; auch wurden sie abwechselnd zur kurfürstlichen, und die städtischen Deputirten zur Marschalltafel
eingeladen [10]). Ausser dem vollen Landtage versammelten
sich viermal im Jahre zu bestimmter Zeit ein ständischer
Ausschuss von zwölf Mitgliedern zu Cöln, um die Geschäfte vorzubereiten und dringende Sachen zu erledi-
gen [11]). Man nannte dieses die Quartal-Conventionen. Auf
der Letzten derselben wurden die Landesrechnungen revidirt. Zur Besorgung ihrer verschiedenen Geschäfte und
Schreibereien hatten die Landstände einen Landständen-
Secretär, einen Landcommissar, welcher zuletzt der Kammerherr Franz Freiherr von Wallbott zu Bornheim war,
einen Land - Pfenningsmeister oder wie er später hiess
Ober - Landeinnehmer, zuletzt N. Baron von Geyr zu
Schweppenburg, einen Landsecretär und einen Landständischen Baumeister; auch einen Landreiter und Land-
trompeter.

---

6) Dieses ergiebt sich aus der neuen Einberufung bei Scotti
Sammlung I. 232.

7) Nach den vorliegenden Revisionen der Landesrechnung betrug
die „Landtagsverpflegung" im Jahr 1763 13769 Rthlr. 62 Albus; im
Jahr 1765 14367 Rthlr. 62 Albus; im Jahr 1780 12662 Rthlr. 62 Albus. Man sehe die Materialien I. 10, 368. 371. 374. Ein Reichsthaler macht 23 Silbergr. 1 Pf.

8) Berufung vom 22. März 1678, in dem unten (§. 84. Note 2)
angeführten Gegenbericht.

9) Scotti Sammlung I. 171.

10) So berichtet Correns Abhandlung §. 55.

11) Scotti Sammlung I. 67.

2) Die einzelnen Stände. a) Das Domkapitel.

29. Das Domkapitel, welches sich den status prima-
rius oder Vorderstand nannte, wurde auf dem Landtag
durch vier Deputirte aus seiner Mitte vertreten, wovon
zwei fürstliche oder gräfliche Herren, die zwei Anderen
Priesterherren sein mussten. Mit ihnen erschien der Syndicus des Kapitels. Ausser ihm hatte die Geistlichkeit des
Erzstifts auf dem Landtag gar keine Vertretung, während
im Erzstifte Trier grade das Umgekehrte der Fall war.
Hier bestand der erste Stand aus den Prälaten, wozu
sechs Aebte und drei Dechanten gehörten, und aus der
Klerisei, nämlich elf Landdechanten. Den zweiten Stand
bildeten dort die Abgeordneten von vierzehn Städten.
Einen Stand der Ritterschaft gab es dort nicht, weil der
Adel durch einen Vergleich von 1729 für reichsfrei und
unmittelbar erkannt worden war. Dem Domkapitel wurde
die Berufung vom Kurfürsten immer gleichzeitig angezeigt,
um, wenn es wollte, Deputirte zur Anhörung der Land-
tags-Proposition abzusenden, die sich aber gleich darauf
wieder zurückzogen.

b) Der Grafenstand.

30. Der Sitz in dem Grafencollegium war an elf
bestimmte Herrensitze gebunden, so dass ein wenn auch
unmittelbarer Graf, wenn er keinen solchen besass, zu dem
Collegium nicht berechtigt war. Die Mitglieder erschienen in Person oder, was das Gewöhnliche war, durch
Special-Bevollmächtigte. Ausserdem hatte das Collegium
seinen Syndicus. Die Zusammensetzung desselben hatte
jedoch vielfach gewechselt, wovon noch später die Rede
sein wird. Im Jahr 1794 waren dessen Mitglieder die elf
folgenden: 1) Wegen Odenkirchen, der Kurfürst. — 2)
Wegen des Thurms bei Arweiler, Ludwig Engelbert Herzog von Aremberg, Erbschenk. — 3) Wegen Bedbur,
Sigismund Altgraf von Salm - Reifferscheid und Bedbur,

Obristhofmeister und Erbmarschall. — 4) Wegen Alfter, Franz Altgraf von Salm-Reifferscheid und Dick. — 5) Wegen Hackenbroich, Joseph Franz Altgraf von Salm-Reifferscheid und Dick, Erbmarschall. — 6) Wegen Erp, Maximilian Friedrich Altgraf von Salm-Reifferscheid und Bedbur. — 7) Wegen Saffenburg, Ludwig Eugen Graf von der Mark. — 8) Wegen Wevelinghoven, Moriz Casimir der andere Graf von Bentheim, Tecklenburg, Steinfurt, Erbvogt zu Cöln. — 9) Wegen Helfenstein, derselbe. — 10) Wegen der Erbvogtei zu Cöln, Friederich Karl Graf zu Bentheim, Steinfurt, Tecklenburg, Erbvogt zu Cöln. — 11) Wegen Alpen, Christian Graf von Bentheim, Steinfurt, Erbvogt zu Cöln. — Vor dem Jahr 1783 wurden Bedbur, Alfter und Hackenbroich zusammen nur als ein Sitz gerechnet; daher waren damals ausser dem Kurfürsten nur acht Mitglieder. Bemerkenswerth ist, dass sie sämmtlich reichsunmittelbar und doch Landstände in einem Territorium waren.

c) Die Ritterschaft.

31. Die Theilnahme an der landständischen Ritterschaft war durch zweierlei bedingt: durch den Besitz eines in dem Ritterzettel befindlichen Rittersitzes, woran das Recht zum Landtage hieng, und durch die Aufschwörung und Aufnahme unter die Ritterschaft nach der im Ritterconvent geleisteten Ahnenprobe von sechzehn Ahnen [1]). Ein gewisser Grundbesitz war nicht erforderlich;

---

1) So berichtet Correns Abhandlung §. 54. 55. Man sehe auch Moser Von der Teutschen Reichs-Stände Landen S. 500—503. 525. 533, wo einige Protocolle des Ritterschaftlichen Collegiums auf den Cölnischen Landtagen von 1740 und 1746, die Aufschwörung der Freiherren Johann Adolph und Zeno von Dorth wegen des Rittersitzes Gelinde betreffend, mitgetheilt sind. Die bei der westphälischen Ritterschaft übliche sehr feierliche Formel und Vorwarnung zu der Aufschwörung über die Richtigkeit der adligen Wappen und zu dem juramentum taciturnitatis findet man in den Materialien II. 2, 418.

es genügte der Rittersitz, wenn derselbe auch nur eine verfallene Burg war. Solcher Sitze gab es 227 [2]). Das Ausschreiben zum Landtage ergieng an sie Alle, auch wenn der zeitige Besitzer nicht ritterbürtig und nicht zum Landtage qualificirt war. Jedoch durften nur die Berechtigten erscheinen, 38 im Jahr 1759, 39 im Jahr 1767, 42 im Jahr 1770, 46 im Jahr 1773, 54 im Jahr 1781, 62 im Jahr 1787, 69 im Jahr 1789, 71 im Jahr 1791, 77 im Jahr 1794 [3]). Eine Verpflichtung zu erscheinen bestand regelmässig nicht; aber auch nicht das Recht einen Stellvertreter zu schicken. Das Collegium hatte einen Director, welcher 1794 Clemens August Freiherr von Vorst zu Lombeck und Goudenau, zugleich Präsident des Oberappellationsgerichts, war; auch einen Syndicus. Ausser diesem Recht der Landstandschaft war die Ritterschaft noch durch viele Rechte und Privilegien und durch ihre hohe gesellschaftliche Stellung ausgezeichnet. Die oberen Hofämter wurden ausschliesslich mit Adligen besetzt; insgemein auch nach dargethanener Befähigung die hohen Staats- und Kriegsämter, die Gesandtschaften, die Stellen der Präsidenten der Landescollegien und die Amtmannsstellen; im Geheimenrathe und im Hofrathe waren die adlige und die gelehrte Bank unterschieden; zum Domkapitel und zu vielen Stiften war die Ahnenprobe erforderlich; sie erfreuten sich des privilegirten Gerichtsstandes, ausgedehnter Steuer- und Zollfreiheiten und des Jagdrechts; und galten überhaupt als die Hauptkräfte des Rei-

---

2) Dieses ist die Zahl, welche das bei Eichhof Erzstift Cöln S. 196—200 vorkommende Verzeichniss der zum Landtage qualificirten Güter und ihrer damaligen Besitzer ergiebt. Nach Stramberg waren nur 211, der aber seine Quelle und die einzelnen Sitze nicht nennt. Auch erklärt Keiner von Beiden, warum bei der grossen Zahl der Rittersitze die Zahl der aufgeschworenen Mitglieder kaum ein Drittheil betrug.

3) Diese Zahlen ergeben die Hofkalender der betreffenden Jahre.

ches und des Landes. Ein besonderes Ansehen gewährte
der Besitz einer der vielen im Lande zerstreuten Unterherrschaften, womit die Jurisdiction auf eigenen Namen
verbunden war ⁴). Im Jahr 1785 war der zum Landtage

4) Gut ist Alles zusammengefasst von Strevesdorf Archidioeceseos
Coloniensis descriptio p. 49:

— — — Clarus Equestris
Ordo Statum format, qui tertius ordine surgit,
Idque vel ob generis splendorem et Stemmatis ortum,
Sive Dynastias propter, possessio quarum
Ampla per hanc sparsa est Regionem, clarior unde
Illustrisque magis Titulus debetur eidem.
Tales sunt namque Heroës Dominatibus hisco
Inque Dynastiis, Summa ac Media, Infima demum
Rectores Summos quos Iurisdictio summo
Et proprio de Iure colit, talique gubernant
Imperio, his qualis iam dicitur esse potestas. —
Verum ne temere se qualificantis ad hunc
Cuiuscumque Statum personae admissio fiat,
Discutienda prius sunt stricto examine Signa
Armaque maiorum tribus indaganda diebus,
Quae tum Conventu coram exponuntur Equestri,
Ut si contra habeat quisquam quis dicere, dicat,
Cur admittendus non sit, qui postulat illi
Se sociare choro, Clypeus nisi protegat istum.
Hinc ad Concilium, patriae ad Comitia tales
Neve admittuntur, neve annumerantur, ab uno
E gremio donec solennia praevia, iusque
Iurandum fuerit de consuetudine factum,
Tum generis splendor, Possessio tumque bonorum
In patria constent satis ante superque probata.
His ita praemissis activum ex ordine ducunt
Primorum consessu, inter Comitia, votum,
Censentur patriae proceres, Illustria Membra:
Iuribus, Indultis, Regalibus usque feruntur
Omnibus: Officiis gaudent maioribus, imo
Vectigali undam, venatibus arva ferarum
Libera, aperta tenent antiquo ut more receptum est.

aufgeschworenen Ritterschaft auf ihr Begehren vom Erzbischofe Max Franz auch eine Uniform bewilligt worden,
welche in einem scharlachrothen Rocke mit schwarz-
sammtnen goldgestickten Kragen bestand [5]).

32. Die Rittersitze waren theils Allodien theils Le
hen. Die Meisten derselben waren landsässig; es konnten
aber darunter auch reichsunmittelbare Herrschaften sein,
wie Rheineck, was mit älteren Lehnsverhältnissen zusammenhängt. Umgekehrt konnte ein Reichsunmittelbarer
einen landsässigen Rittersitz haben. Die 227 Rittersitze

Constituuntur ii (modo Martis et Artis in aula
Egregii Pugiles excellentesque probentur)
Ambtmanni, Satrapae, generosi altique Toparchae,
Consiliis iuncti Consulta Oracula promunt,
Et Mareschallatus funguntur munore, magni
Aularum Praefecti Assessoresque creantur.
Ad summam metam, ad summos tolluntur honores;
Legati fiunt, Respublica gaudet iisdem
Pro defendenda patria Tutoribus, hastam
Aut hastatorum decursum, diois, equestre
Torneamentum agitant, reddunt sesoque capaces,
Stemmatis et generis si iusta probatio fiat,
Ad Praebendarum dona Ecclesiastica, in Aris
Metropolitanis, Cathedralibus Aedibus, inter
Quos etiam magni proceres, magnique monarchae
Suspiciuntur, et haec pro conservamine priscae
Laudanda est hodie multum observantia stirpis,
Germanos inter queis haec antiqua probantur.
Ordo Nobilium, fulgens Equitumve Corona
Est ager omnigeno completus semine, de quo
Ampla seges messisque exit latissima, quoque
Praecipuae Imperii vires prodire videntur. —
Tantum Nobilitas pollet, tanti illa putatur,
Plebeisque etiam longe praefertur in ipsis
Iudiciis, Votis, Consessibus, Ordine, Gressu,
Militiae Statione, Fide, Republica, et Aula.

5) Verordnung vom 28. Februar 1785, Scotti Sammlung I. 798.

waren nun folgende. Im Amt Andernach neun: Olbrück, der Schillingshof in Andernach, ein Rittersitz daselbst, Rheineck, Saffig, Namedy, drei Sitze auf Andernach. — Im Amt Arweiler sechs: ein Sitz auf Arweiler, ein Staffelthurm in Arweiler, drei Sitze auf Vettelhoven, ein Rittersitz zu Arweiler. — Im Amt Altenar sechs: Das Burglehn zu Altenar, Bruck, Püzfeld, Vischel, Sahr, Kreuzberg. — Im Amt Nurburg vier: Das Burglehn zu Nurburg, Mühlen, Hohenrath, Kaldenborn. — Im Amt Linz acht: Breitbach, zwei Sitze Dadenberg, Ehrenstein, Leubstorf, Ley bei Linz, Schönestein, Stockhausen. — Im Amt Zülpich drei: Busch, der Gracht oder Demmerhof, Weyler auf der Ebben. — Im Amt Hardt siebzehn: Antweiler, Arlof, Broich, Wensberg, Gross-Büllesheim, Klein-Büllesheim, zwei Sitze Calmuth, zwei Sitze Cochenheim, Ringsheim, Kirspenich, Satzfey, Stotzheim, zwei Sitze Weyer, Thumberg. — Im Amt Bonn acht und dreissig: Berkum, Plittersdorf, der Thurm zu Plittersdorf, Bornheim, Buschdorf, Derstorf, Roisdorf, Drachenfels, Dottendorf, Dransdorf, Düsdorf, Friesdorf, Endenich, Florzheim, Muffendorf, zwei Sitze Müttinghoven, Nesselburg, Odenhausen, Gudenau, Schwarz-Rheindorf, Gudesberg, Heimerzheim, Lüftelberg, Heimerzheim bei Cadorf, Meckenheim, das Köckelgut zu Miel, Morenhoven, Muggenhausen, drei Sitze zu Miehl, Rommershoven, Sterneburg, Vylich, Munchhausen, Balle, der Thurmhof zu Friesdorf. — Im Amte Lechenich zwei und zwanzig: Altenrath bei Glewel zwei Sitze, Bergerhausen, die Burg zu Bergerhausen, Blatzheim, Nieder-Bolheim, Bonlich, Brüggen, Buschfeld, Conradsheim, Dirmerzheim, Erp, Frenz, zwei Sitze Friesheim, Gymnich, Müddersheim, zwei Sitze Mülheim, Gracht, Rockhof zu Erp, das Scherfgensgut zu Erp nunmehr Zweifels-Hof. — Im Amt Brühl acht und zwanzig: Bell, Cleburg, Fischenich, Giesendorf, Gleuel, Hornbell, Hemmerich, Kitzburg zu Walberberg, Külseck, Kriesho-

ven, Metternich, Lündorf, Vellbrück zu Metternich, Rhein-
dorf, Roesberg, Schwadorf, Röndorf, drei Sitze Sechten,
Vochum, Keldenich, Vorst, Weilerswist, Weiss, Widers-
dorf, Vochum, Kendenich. — Im Amte Hülchrath mit
Bedbur zwanzig: Busch, Dielrath, Elfken, Globn, Heck-
hof, Arft, Anxtel, Hofen, Lach, Kleinenbroich, Leusch,
Mölsdorf, Neuerburg, Muckhausen, Sillikum, Velbrück,
Hönningen, Gerreshoven, zwei Sitze in Fliesteden. — Im
Amte Liedberg zwanzig: Brackel, Bütgen, Fürth, Gu-
derath, das Schillingsgut zu Gustorf, Horst, Ingenfeld,
Koulen, Kleinenbroich, Alten - Lawenburg, Müllfahrt,
Lauenburg, Nerssen, Rath, Sahr, zwei Sitze Gustorf,
Steinhausen, Schlickum, Zoppenbroich. — Im Amte Lynn
und Uerdingen sechzehn: Gripswald, Dickhof, Hamm,
Ismarthurn, Kaldenhausen, Gross-Kollenburg, Dorhoss
oder Klein-Kollenburg, Lathum, Dreckem, Schackum,
Rath, der Bremderhof zu Uerdingen, Sollbrücken, Trar-
hof, Pesch, Neuhoven. — Im Amte Kempen mit Oedt
zwanzig: Broich, Bollwerk, Dunk, Brochhausen, Feldte,
Hülss, Horst, Masthoven, Gastendunk, Morshoven, Nerss-
dunk, Bistorfeldshof, Rath, Rautenberg, ein Spliess auf der
Dunk, Steinfundern, Altenhof, Clenrath, Dückerhof, Hüls-
dunk. — Im Amte Rheinberg zehn: Dieprahm, Eyll, Hei-
decken, Glind, Issum, Langendunk, Offenburg, Stege,
Wagenburg, Langenhorst.

d) Die Städte.

33. Das vierte landständische Collegium bestand aus
siebzehn sogenannten Municipalstädten in folgender Ordnung: Andernach, Neuss, Bonn, Arweiler, Linz, Kempen,
Rheinberg, Zülpich, Brühl, Lechenich, Unkel, Zons, Linn,
Uerdingen, Rheinbach, Meckenheim, Rhense. Andernach
führte das Directorium für das obere, Neuss für das niedere Stift. Jede Stadt schickte zwei Deputirte, wovon der
Eine häufig der Bürgermeister selbst war. Ausserdem

hatte das Collegium einen Syndicus, welcher zuletzt der kurfürstliche Geheime - und Revisionsrath Jacob Müller war. Beinahe viertehalbhundert Jahre lang und bis an die letzten Zeiten gehörte zum Erzstift auch Kaiserswerth. Dieses war nach seinem Ursprung eine angesehene Reichsburg, die besonders wegen des daran haftenden Zolles wichtig war. Solcher war ein Reichszoll, wovon die Kaiser den Städten des 'Erzstiftes und verschiedenen Abteien Befreiungen ertheilten [1]). Nur vorübergehend und auf eine gewisse Zeit gelang es den Erzbischöfen von den Kaisern den Besitz dieses wichtigen Ortes zu erhalten [2]). König Albrecht, der in dem Erzbischofe Wicbold einen Gegner gehabt hatte, belohnte vielmehr seinen Anhänger, den Grafen Gerhard von Jülich, damit, dass er ihm 1302 Kaiserswerth um 12000 Mark verpfändete [3]). Der Ort war nun im Besitz von Jülich [4]), wurde von dessen Nachfolger an den Pfalzgrafen Ruprecht von Baiern unterverpfändet [5]), und von diesem sein Unterpfandrecht seinem Schwiegersohn dem Grafen von Cleve zur Hälfte als Aussteuer, zur Hälfte als Pfand für ein Darlehn übertragen [6]). Cleve verkaufte sein Recht 1424 an den Kurfürsten Die-

---

1) Urk. von 1190. 1193. 1207. 1212. 1215. 1224. 1225. 1247. 1257. 1290., Lacomblet Urkundenbuch I. 524. 539. II. 17. 40. 48. 49. 50. 111. 124. 318. 441. 886.

2) Urk. von 1273. 1293. 1298. 1300. , Lacomblet II. 636. 937. 939. 994. 997. 998. 1009. 1066.

3) Lacomblet Archiv IV. 23—27. 129. 140. Hier ist zum erstenmal die Urkunde über diese Verpfändung mitgetheilt, von deren Ursprung man in den grossen später veranlassten Processschriften nichts wusste.

4) Urk. von 1336. 1348. 1349., Lacomblet Urkundenbuch III. 306. Note 2. Nr. 454. 478.

5) Urk. von 1368. 1370. 1420., Lacomblet III. 684. 702. IV. 123. S. 141.

6) Urk. von 1399. 1403., Lacomblet III. 1065. 1066. IV. 22.

trich II.[7]), und eben so der Pfalzgraf Otto, Ruprechts Sohn, 1440 das Seinige [8]), was jedoch einige Contestationen von Seiten Cleve's zur Folge hatte [9]). Endlich kam das Erzstift in den lange angestrebten Besitz. In der Erblandesvereinigung von 1463 wurde ausdrücklich die Behaltung Kaiserswerths beim Stifte stipulirt [10]), und dasselbe unter den Städten des Erzstifts aufgezählt [11]). Es wurde auch ein Amt Kaiserswerth eingerichtet, worin ein Amtmann, ein Amtsverwalter, ein Schultheiss, ein Schultheiss-Verwalter, und ein Kellner. Das Einlösungsrecht von Jülich als dem ersten Unterverpfänder bestand aber noch immer. Es wurde zwar auch an Kurcöln 1570 für 54080 Gulden verpfändet; allein seit 1596 entstand über die wirkliche Einlösung von Kurpfalz mit Kurcöln am Reichskammergericht ein langwieriger Streit, der endlich 1762 für Kurpfalz entschieden und dieses 1768 durch preussische Executionstruppen in den Besitz der Stadt und ihrer Zölle gesetzt wurde [12]). Seitdem wird auch das Amt nicht mehr im Hofkalender aufgeführt. Die Stadt erschien aber noch auf dem Landtag bis 1772 [13]).

3) Die Landesfreiheiten.

34. Jeder Stand, jede Stadt, hatte ihre geschriebenen oder durch das Herkommen begründeten Privilegien und Freiheiten; auch der Bauernstand, wiewohl er als solcher auf dem Landtage nicht vertreten war. Das Domkapitel und die Ritterschaft bewachten die darüber in der

---

7) Urk. von 1424., Lacomblet IV. 160. und dazu die Note.
8) Urk. von 1440., Lacomblet IV. 239.
9) Urk. von 1446. 1447. 1454., Lacomblet IV. 275. 279. 305.
10) Erblandes-Vereinigung von 1463 Art. 9.
11) Urk. von 1508., Lacomblet IV. 496.
12) Büsching Erdbeschreibung VI. 679. der siebenten Ausgabe.
13) So berichtet Scotti Sammlung Th. I. S. XXIII. Ob dieses richtig ist?

Erblandesvereinigung niedergelegten Versicherungen [1]) mit
wetteifernder Aufmerksamkeit. Unter diesen Freiheiten
rühmte das Domkapitel vor Allem als eine landkundige
Sache die, dass die vier Collegien der Landstände „sowohl für sich, als die gesambte Unterthanen freye soge-
nandte Peterlein seyen, welche ausser denen vom Reichs
und Crayss wegen obliegenden Schuldigkeiten und gemeinen Nohtfällen zu keinen Landts-stewren, Collecten oder
Contributionen ohne freye Einwilligung verbunden seynd,
gleich die bei allen Land - tägen von einem zeitlichen
Landts-Herren aussgebende sehr verbindtliche Reversalien
solches unwidersprechlich bewehren" [2]). Eine unpartheiische gleiche Rechtspflege für Arme wie Reiche, ohne
Verzug und Einmischung des Herrn und seiner Amtleute
war grundgesetzlich garantirt [3]). Die Freizügigkeit war
nur durch den Abzug oder die Nachsteuer beschränkt, das
heisst die Abgabe des zehnten Pfennigs von dem mit
dem Auswandernden ausser Landes gehenden Vermögen
oder ihm anfallenden Erbschaften; und auch diese Beschränkung wurde häufig durch Verträge zwischen dem
Erzstift und anderen Staaten zu Gunsten ihrer in dem
andern Staate sich niederlassenden Unterthanen aufgehoben [4]). Besondere Verbote der Auswanderung wurden

---

1) Erblandesvereinigung von 1463 Art. 5. Item: alle Greven,
Vryhen, Ritterschaft, Stede und gemeyn Lantschafft des Stifts von
Coelne bei yren vryheiden, privilegien und aldem herkomen zo halden und ungedrenckt blyven laissen. — Dasselbe wiederholt die von
1550 Art. 5.

2) So lautet es in dem unten (§. 114. Note 6) angeführten Gegenbericht des Thumb-Capituls p. 4. Aus dieser Schrift ist die Stelle
in Lomberg Versuch einer Geschichte des Steuerwesens im Erzstifte
Köln (Materialien I. 9, 242), und aus Diesem hat sie Eichhof Erzstift
Köln S. 8.

3) Erblandesvereinigung von 1463 Art. 3., von 1550 Art. 3.

4) Solche Verträge wurden geschlossen mit Kur-Mainz 1613, mit
Jülich und Berg 1749, mit der Kur-Hannover 1765, mit dem Hoch-

nothwendig im Falle der Umgehung des landesherrlichen
Kriegsdienstes[5]), ferner wegen der häufigen Auswanderung Unbemittelter nach Ungarn[6]) und durch das von
Reichswegen ergangene strenge Verbot der Auswanderung aus dem Reiche[7]). Die Leibeigenschaft, worüber
für das Vest Recklinghausen weitläufige gute Verordnungen erlassen wurden, war in ihren persönlichen Wirkun-
gen im rheinischen Erzstift verschwunden, und es findet
sich davon in den Landesgesetzen keine Spur mehr. Zum
Schutze der persönlichen Freiheit gegen übereilte Ver-
haftung war schon 1718 verordnet, dass die einzuziehen-
den Delinquenten von dem Gericht gleich auf der Stelle
examinirt werden sollten[8]). Fremde waren der gemeinen
bürgerlichen Rechte theilhaftig; nur mussten sie, wenn
sie einen Inländer beerbt hatten, von dem ausser Landes
gehenden Vermögen den zehnten Pfennig entrichten; eben
so, wenn sie im Erzstift verstorben waren, ihre Erben
von ihrer ausser Landes gehenden Hinterlassenschaft, was
aber Beides durch die gedachten Verträge ebenfalls aufgehoben wurde. Das in Frankreich gegen Ausländer,
und daher auch vom Auslande gegen Franzosen, geübte
Recht, den Nachlass des Fremden ganz für den Fiscus

---

stift Paderborn 1769, mit der Reichsstadt Aachen 1769. Man findet
diese in der Vollst. Sammlung I. St. 6—10. Ferner mit den Kaiserl.
Königl. Staaten 1785, mit dem Hochstift Münster 1787, mit der Reichsstadt Cöln 1791, Scotti Sammlung I. 800. 854. 934. Zuletzt wurde
überhaupt im Erzstift das Abzugsrecht nur noch gegen die Unterthanen der Länder ausgeübt, die es gegen die diesseitigen Unterthan-
nen geltend machten, Scotti Sammlung I. 52.

5) Verordnung vom 7. März 1759, Scotti Sammlung I. 561.

6) Publication vom 18. August 1721, Scotti Sammlung I. 368.

7) Publication vom 18. August 1766, Scotti Sammlung I. 617.,
Vollst. Samml. II. St. 462.

8) Verordnung vom 21. April 1718, vom 25. Sept. 1751, Scotti
Sammlung I. 327., Vollst. Samml. I. 693. II. 91.

einzuziehen (droit d'aubaine), war 1769 durch einen Vertrag gegenseitig abgeschafft ⁹).

35. Die Landesverwaltung an den fürstlichen Höfen wurde im Mittelalter hauptsächlich durch die Ministerialen oder Hofbeamten und mit einigen aus der Ritterschaft zugezogenen Räthen besorgt. Mit der Vermehrung der Geschäfte wurden dieselben schärfer geschieden und dafür seit dem sechzehnten Jahrhundert stehende Collegien eingesetzt. Dieser Entwicklungsgang zeigte sich auch im Erzstifte Cöln. Der Mittelpunkt der Geschäfte war im Mittelalter hier wie anderwärts die Kanzlei, da der Erzbischof alle seine Urkunden, wie unzählige derselben zeigen, unter seinem Siegel ausfertigen liess. Der Vorsteher der Kanzlei war der Capellarius ¹), weshalb sie gewöhnlich die Capellarie hiess. Engelbert I. gab (1219) dem Kapitel nach, dass zu diesem Amte immer Einer aus dem Kapitel ernannt werden, und dass dieser dasselbe, auch wenn er zu einer Prälatur erhöht würde, beibehalten sollte ²). Zu der Kanzlei gehörten die Notarien oder Geheimschreiber ³). Zur Berathung diente das Kapitel, dessen Zustimmung und Mitbesieglung meistens ausdrücklich erwähnt wird. Im fünfzehnten Jahrhundert kommen auch weltliche Räthe aus der Ritterschaft und aus Doctoren der Rechte vor, theils für den besondern

9) Der am 15. Februar 1769 publicirte Vertrag ist vom 6. Oct. 1768. Er steht in der Vollst. Samml. I. St. 11. Man sehe auch Scotti Sammlung I. 644.

1) So heisst er in der Unterschrift der Urk. von 1169, Lacomblet Urkundenbuch I. 433.

2) So berichtet umständlich die Urk. von 1219 bei Lacomblet II. 80.

3) Sie werden erwähnt in den Urkunden von 1169. 1259. und 1308., Lacomblet I. 433. II. 465. III. 67.

Fall[4]), wo namentlich der Erbhofmeister hervorgehoben
wird[5]), theils bleibend[6]).

36. Die Behandlung der Geschäfte durch den Landesherrn persönlich mit Zuziehung solcher seinem jedesmaligen Aufenthalte folgenden und zum Theil aus seiner
wechselnden Umgebung genommenen Räthe genügte aber
auf die Länge nicht. Es zeigte sich daher in allen Territorien das Bestreben, statt derselben ein stehendes Collegium am Hauptsitze des Fürsten einzurichten. Darauf
war auch der Beschluss der Stände in der 1463 errichteten und 1550 erneuerten Erblandesvereinigung gerichtet. Danach sollte, abgesehen vom Kapitel, dessen Mitglieder sämmtlich zum Beirath des Landesherrn gehörten,
aus Geistlichen und Weltlichen ein stehender Rath gebildet werden, und zwar so, dass unter Jenen sich immer
zwei Mitglieder des Kapitels sich befänden, die Weltlichen aber des Stiftes Untersassen seien[1]). Hiedurch an-
geregt erliess der Erzbischof Ruprecht am 24. Mai 1469
eine wohldurchdachte Hof- und Kanzlei-Ordnung, welche
als die Grundlage der nachfolgenden Einrichtungen anzu-
sehen ist[2]). Es wurden darin vier Räthe eingesetzt, die
stets am Hofe wohnhaft sein sollen[3]): der Ritter Goetz
von Adelletzhen, welcher der Grosshofmeister sein sollte[4]),
der Doctor Jorge Heseler Kanzler[5]), Doctor Peter Swane

---

4) Urk. von 1444. 1499., Lacomblet IV. 263. 485.

5) Urk. von 1487. 1491., Lacomblet IV. 436. 451.

6) Urk. von 1425. 1435. 1452., Lacomblet IV. 163. 218. 300.

1) Erblandesvereinigung von 1463 Art. 17., von 1530 Art. 17.

2) Ich verdanke dieses wichtige, selbst von Scotti unbemerkt ge-
bliebene Stück dem Düsseldorfer Archiv. Dasselbe ist im Anhang
unter Nr. III. mitgetheilt.

3) Hofordnung Ruprechts Art. 1.

4) Dieser wird erwähnt in Urk. von 1471. 1473. 1478., Lacomblet IV. 356. 365. 396.

5) Dass der Kanzler aus dem Domkapitel genommen werden

van Wymphem und Wilhelm von Orssbeck [6]). Der Hof ist
zu Brühl stehend gemacht [7]); dort sollen die „benannten
vier principail reete yre wonung haben und insonderheyt
alle sachen zu Colne uss zo richten vermitten werden" [8]).
Mit den vier Räthen will der Fürst, oder in seiner Abwesenheit sollen sio an seiner Statt, alle Sachen verhandeln und entscheiden, und an ihrer Entscheidung will er
ohne „merglich drefflich orsach" nicht ändern, und auch
dann nur „in gemeynen sachen" nach Unterredung mit
ihnen, in „merglich sachen, da etwas gross an gelegen
wäre", nach Rath des Domkapitels und anderen Räthe.
In der Abwesenheit des Fürsten sollen sie doch „die sachen degelich ussrichten", auch in geeigneten Fällen andere Räthe, die um den Fürsten „degelich im hoeff zugegen syn" zu sich fordern. Aus dem Domkapitel werden
der Herzog Stephan, Vetter des Erzbischofs, und der
Domdechant Graf Nicolaus verordnet, um in wichtigen
Sachen oder, wenn es die vier Räthe bedunkte, mit zu
Rathe gezogen zu werden. Auch sollen sie nach Bewandniss der Sachen „ander guyt Collsche reeten tweene dry
oder mer" zu sich fordern. Das Gleiche soll mit dem
alten Kanzler und dem Propst von St. Gereon geschehe-
hen, sonderlich in den Sachen, die „in der stat Colne
usszurichten syn" [9]). „Das regiment aller sachen soll am
furderlichsten an den viern reeten samenthafft steen", und
die Ausrichtung der Sachen „durch eyntzlinge reete" ver-
mieden werden [10]). Die anderen Räthe, Amtleute, Diener

---

musste (§. 35), bestand nicht mehr. In Urkunden von 1497 und 1499
wird als Kanzler „Johann Menchen doctor und probst zu Xanten"
erwähnt, Lacomblet IV. 475. 485.

6) Dieser wird erwähnt in der Erblandesvereinigung von 1463,
Lacomblet IV. 325.

7) Man sehe oben §. 12.

8) Hofordnung Ruprechts Art. 18.

9) Hofordnung Ruprechts Art. 1—7.

10) Hofordnung Ruprechts Art. 8.

und Hofgesinde sollen deren Anordnungen und Bescheiden gehorsam und gewärtig sein [11]; und dem Fürsten nicht „in den oren liegen", um das, was die Vier gethan, zu ändern [12]). Die Vier werden auf ihre Pflichten gegen den Fürsten und das Stift nachdrücklich vereidet [13]). Die kraft der Erblandesvereinigung gemachte Versicherung, ohne Zustimmung des Domkapitels nicht Fehden oder Kriege anzufangen, Städte, Schlösser oder Aemter zu veräussern, Zölle zu verpfänden, wird auch ihnen zur Beachtung vorgeschrieben [14]). Eigennützige Geschäfte und Schenkungen anzunehmen werden ihnen und auch den anderen Räthen verboten, „es were dann eyn vierteyl wyns, capuyn, gense, hoenre, eyn birrit oder derglich ungeverlich", und sie sollen darauf halten, dass auch „allo ander amptlude Zollschreiber Zoller Zollknecht Kelner druchses und andere" solche Schenkungen verloben [15]).

37. Mit jenem Rathe wurde eine stehende Kanzlei eingesetzt, welche „zom Bruel im stetlin usswendig des Schlossz syn und zo gericht werden" sollte. Dort sollte der Kanzler stets anwesend sein „und doctor peter Swaen an syner stat, so dem canceller zo Colne oder an anderen enden van unsernt wegen zo syn gebueren wirt" [1]). Der Fürst erklärte, in Geschäften „hinfur in unser camere oder sunst keyn brieff ussgeen zo laissen, sunder alle brieff ussgeen und fertigen zu laissen, wie dann die ordnung der cantzelly nachgemelt das berurt" [2]). Es sollen jedem „schribere" seine Verrichtungen mit Copiren,

---

11) Hofordnung Ruprechts Art. 14.

12) Hofordnung Ruprechts Art. 8.

13) Hofordnung Ruprechts Art. 17.

14) Hofordnung Ruprechts Art. 10. 11. 15. 56.

15) Hofordnung Ruprechts Art. 28. 29.

1) Das heisst: wenn der Kanzler im Dienste des Kurfürsten zu Cöln oder anderwärts sein muss, Hofordnung Ruprechts Art. 30.

2) Hofordnung Ruprechts Art. 16.

Concipiren, Registriren und Anderem zugewiesen, die Arbeitsstunden Vor- und Nachmittags bestimmt, „desglichen wilch zyt der cantzeller und ander reete auch darinne kommen und was sachen vurhanden syn, zom besten und furderlichsten ussrichten" [3]). Alle Schreiben sollen dem Kanzler oder seinem Stellvertreter eingehändigt, und die Ueberbringer möglichst bald zur Vermeidung ihrer Kosten abgefertigt, auch keine Schreiben ohne Wissen des Kanzlers ausgegeben, und Alle, die in der Kanzlei zu schaffen haben, freundlich behandelt und in den Gebühren nicht übernommrn werden[4]). Es ist für eine genaue Registratur zu sorgen[5]), die Kanzlei geheim und geschlossen zu halten, und ein Kanzleiknecht anzustellen, welcher stets darin anwesend ist, die eingehenden Schreiben von den Boten in Empfang nimmt, und Nachts darin schläft[6]). Es soll nur ein grosses Siegel sein, das in der Kanzlei gebraucht und von dem Kanzler und zwei Secreten bewahrt wird[7]). Bei der Kanzlei soll eine Rathstube sein, worin die Räthe zusammen kommen und den Schreibern die Bescheide ertheilen, welche diese in der Kanzlei ausrichten[8]). Auch sollen der Grosshofmeister und die Kanzlei über die Geschäfte überall mit einander communiciren[9]). Diese Anordnung eines stehenden Rathes ist auch dadurch bemerkenswerth, dass sie eine der Ersten ist, die in den deutschen Territorien vorkam[10]).

------

3) Hofordnung Ruprechts Art. 32.
4) Hofordnung Ruprechts Art. 33. 34. 41.
5) Hofordnung Ruprechts Art. 35.
6) Hofordnung Ruprechts Art. 37. 43.
7) Hofordnung Ruprechts Art. 42.
8) Hofordnung Ruprechts Art. 38.
9) Hofordnung Ruprechts Art. 36.
10) Aehnlich aber jünger ist die in der oben (§. 16. Note 3) erwähnten Jülich- und Bergischen Hofordnung von 1534 S. 112—116. Hier werden die Räthe „Hoffrede" genannt.

38. In diesem Rathe und der damit verbundenen Kanzlei wurden mit der obersten Landesregierung alle Theile der Verwaltung concentrirt. Zu den Rechtstagen hatten die vier Räthe für die Besetzung des Hofgerichts mit ehrbaren Räthen zu sorgen [1]). Die Anordnung und Beaufsichtigung des Hofhaltes wurde in ihre Hand gelegt [2]); die Aufsicht über die Erhebung und Verwendung der öffentlichen Einkünfte, die gute Besetzung des Rentmeister-Amtes am Hofe [3]), die Revision aller Landesrechnungen, die Controle des ganzen öffentlichen Haushaltes ihnen übertragen [4]), die Einrichtung und Handhabung des Steuerwesens zur Ablösung 'der Landesschulden ihnen zur dringenden Pflicht gemacht [5]). Auch das Verzeichniss aller Lehen sollte in der Kanzlei niedergeschrieben sein [6]).

39. Zur Ausführung dieser neuen Ordnung wurden sehr genaue Dienstinstructionen und Geschäftsordnungen erlassen, wovon drei aus dem sechzehnten Jahrhundert erhalten sind [1]). Nach diesen sollte die Kanzleikammer

1) Hofordnung Ruprechts Art. 9.
2) Man sehe oben §. 14.
3) Man sehe darüber §. 98. Note. 1.
4) Hofordnung Ruprechts Art. 22. 23. 25. 26. 27. 39. 40. 44.
5) Hofordnung Ruprechts Art. 47—55.
6) Hofordnung Ruprechts Art. 45.

1) Diese befinden sich in dem Düsseldorfer Archiv. Die Eine hat die Ueberschrift: Item die Cantzley zo ordnen das ein jeglicher syn loyn bevollje und ampt wisse. Das Alter derselben ergiebt sich aus dem Eingang: Item hait unser gnedigster her doctor Johan Menchen fur syner gnaden Cantzler gesatzt und verordnet. Dieses ist derselbe der in Urkunden von 1497 und 1499 als Kanzler vorkommt (§. 36. Note 5). Die Zweite hat die Ueberschrift: Ordo Cancellarie und auf der Rückseite: Concept. Alte ordnunge der Colnischen Churfurstlichen Cantzley. Und mit kleinerer Schrift: Anno 1556. 2 November hab ich treuen Copie meinem gnaedigsten herrn zum Brüll zugeschickt. J. Burman. Als Kanzler wird darin Treissbach genannt. Die Dritte ist betitelt: Ungefärlicher Begriff einer Cantzley Ordnung. Darunter mit kleinerer Schrift: Weyter zu berathschlagen.

für die Behandlung der gemeinen Sachen auf dem äusseren Thor zu Brühl und Poppelsdorf gemacht werden, damit die Fremden aus dem Schloss bleiben. Das Personal der Kanzlei bestand aus dem Kanzler, dem Kanzleiverwalter als dessen Stellvertreter, dem Supplicationsmeister, zwei Secretarien, vier Copisten, dem besondern Secretär des Kanzlers und dem Kanzleidiener. Die Schreiber sind eidlich zum Amtsgeheimniss, und gegen den Kanzler zum pünktlichen Gehorsam verpflichtet, dürfen ohne dessen Urlaub nicht verreisen, und müssen für die Zwischenzeit einem andern Schreiber ihr Amt auftragen. Sie müssen vom 1. October bis zum 1. April um 8, vom 1. April bis 1. October um 7 Uhr, bis zum Mittagessen um 10 Uhr, und Nachmittags von 12 im Winter bis 7, im Sommer bis 8 Uhr anwesend sein. Nach der dritten Kanzleiordnung sollten sie im Winter von halb 6 bis Abends 7 Uhr, im Sommer von halb 5 bis Abends 8 Uhr in der Kanzlei der Arbeiten warten. Sie sollen Jeder an seinem angewiesenen Platz bleiben, und die Papiere des Andern nicht einsehen und in Unordnung bringen. Sie essen in der Kanzlei, wohin ihnen der Kanzleidiener mit einem Boten aus den Küchen, Butteleien und Spindereien das Nöthige abholen und bei Tisch dienen muss; sie dürfen jedoch keine Fremde dazu einladen. Ihre Emolumente bestanden ausserdem in einem Antheil an den Taxen und, wie auch bei dem Kanzleidiener und dem Botenmeister, für den Sommer sechs Ellen Tuch und einem vollen Winteranzug. Auch erhielt Jeder der Secretäre ein Pferd und einen Jungen gehalten und gekleidet. Für die Schreibmaterialien, die Reinlichkeit und die Heizung der Kanzlei hat der Kanzleidiener zu sorgen[2]).

40. Die eingehenden Schreiben werden vom Kanz-

---

2) Aehnliche Bestimmungen finden sich in der oben (§. 15. Note 3) erwähnten Jülich- und Bergischen Hofordnung von 1534 S. 112—116.

ler dem Kurfürsten, und auf dessen Befehl den Räthen
vorgelegt, die darauf beschlossene Antwort angezeichnet
und deren Concipirung angeordnet. Wichtige Schreiben
soll der Kanzler selbst concipiren. Das Concept wird besiegelt und datirt und dem Schreiben, worauf es sich bezieht, beigelegt. Kein Schreiben in wichtigen Sachen darf
ausgegeben werden, bevor der Kurfürst oder der Kanzler
es gesehen hat. Auch soll der Schreiber, der den Brief
abfasst, worunter das Siegel zu setzen ist, den Namen
desjenigen beizeichnen, der ihm den Brief zu schreiben
befohlen hat. Alle Schreiben, welche Geld oder Gülten
belangen, Privilegien, Handfesten, Specialbefehle oder
Mandate, müssen vom Kurfürsten eigenhändig unterschrieben werden. Von allen Verschreibungen, die der Kurfürst ausgiebt, hat der Kanzler eine Copie für die Registratur zu behalten. Ueber die Sortirung der erledigten
Sachen durch den Collector und die sorgfältige Führung
und Rubricirung der Registratur ist genaue Anleitung
gegeben. Für die täglichen Rathsitzungen ist eine feste
Stunde zu bestimmen. Der Kanzleiverwalter hat dem Referenten die Acten zeitig zuzufertigen, auch wichtige Sachen den Räthen am Tage vorher anzuzeigen. Gesuche
soll der aus den gelehrten Räthen verordnete Supplicationsmeister in Duplo annehmen, summiren, unter die zu
erledigenden Sachen legen, und darüber im Rathe kurz
referiren. Ueber die Verhandlungen ist von einem der
Secretäre das Rathbuch zu führen. Die Beschlüsse werden von ihm mit dem andern Secretär angefertigt, zunächst von einem der Copisten, damit diese im Concipiren geübt werden, dann von ihm dessen Arbeit revidirt
und dem Kanzler zur Genehmigung vorgelegt, von den
Copisten in das Copirbuch eingetragen, mundirt, das
Mundum von dem andern Secretär durchgesehen und dem
Kanzleidiener zum Versiegeln und Zufertigen an die Parthei übergeben. Die Copisten sollten sich in den Neben-

stunden durch Abschreiben und Entwerfen von Formularien zu den Geschäften tüchtig ausbilden. Auf einem ledigen Tische wurden die zu expedirenden und die expedirten Sachen getrennt niedergelegt. Alles was die Processführung betraf, Appellationen, Inhibitorien, wurde mit Bezeichnung der Personen und Sachen in ein besonderes Tagebuch eingetragen: eben so die anberaumten Termine und die Geleite. Auch soll zur Aufnahme der darauf bezüglichen Urkunden ein Notarius bestellt sein. Zu den Aufträgen nach Aussen dienten die reitenden und gehenden Boten, die der Marschall zu stellen hatte. Ihre pünktliche Abfertigung, Beaufsichtigung und Bezahlung gieng den Botenmeister an, der darüber ein genaues Botenregister zu führen hatte. Es musste jede Zeit bei der Kanzlei in der Pforte ein gehender und reitender Bote mit einem wohlbeschlagenen Pferde zu Handen sein. Auf alle Schreiben, wofür Gebühren zu entrichten waren, hatte der vereidete Collector die durch das Herkommen oder die Taxordnung bestimmte Taxe zu setzen, das Geld einzuziehen und was davon der Kanzlei gehörte, ohne allen Verzug in die dazu vorhandene Büchse zu legen. Die Vertheilung geschah alle Quatember so, dass nach Abzug der Auslagen für Schreibmaterialien und anderer Kanzleiunkosten, ferner eines Goldguldens für den Collector und eines für den Kanzleidiener, die Hälfte dem Kanzler, die andere Hälfte den Schreibern zufiel. Der dritten der genannten Kanzleiordnungen ist eine Taxordnung beigefügt. Es werden darin angeführt die Taxen für die Confirmation der Oberprälaten und Abbatissen, für die Verleihung der grossen und kleinen Lehen, für die Collation von Dechancien, Präbenden, Pastoreien, für Verhörcommissionen, grosse und gute Aemter, Offizial, Siegler, Fiscal, Zöllner, Kellner, Schultheiss, für Geleite, vom Landkomthur jährlich, von Siegburg und Brauweiler und Anderes. Es wird dabei auch zum Theil unterschieden,

was dem Herrn, der Kanzlei gemeinschaftlich, dem Kanzleidiener und dem Pförtner zu entrichten ist.

41. Neben jenem ständigen Rathe wurden am Hofe
noch andere Behörden eingesetzt. Die Verlegung der
Residenz aus Cöln machte am Hofe für die Rechtssachen,
die an den Landesherrn persönlich kamen, die Anordnung eines Hofgerichtes mit bestimmten Beisitzern und
Rechtstagen nöthig [1]. Ferner führte das Bedürfniss dazu,
das Kameralwesen von dem ständigen Rathe bestimmter
auszuscheiden und dafür eine eigene Behörde einzusetzen.
Der erste Schritt dazu geschah durch den Erzbischof
Ernst, welcher in einer aus Arnsberg unter dem 14. März
1587 an seinen Geheimen Rath Carl Vyllche als „der
des Kurfürsten und des Erzstifts nach geschriebenen Sachen fürnehmen Director" eine Instruction erliess, wodurch er den Friedrich Rohrigh, bisher Zöllner zu Kaiserswerth, zum Landrentmeiser, und den Vogt zu Bonn
Johann Fabritius und den Hieronymus Michaelis zu Contadoren und Kammerräthen verordnete [2]. Sie erhielten
den Auftrag, auf des Erzstifts sowohl Hof- als Kammersachen, Renten, Gülten, Gefällen von Zöllen, Kellereien
und Anderem fleissig bedacht zu sein, allen Empfang und
Ausgaben, Schuld und Gegenschuld zu verzeichnen und
zu registriren, Anderer Rechnungen zu examiniren, jede
die Summe von vier Kronen übersteigende Zahlungsanweisung des Landrentmeisters alle Vier zu unterschreiben, die dringendsten Schulden zu bezahlen und sich mit

---

1) Man sehe §. 37.

2) Die Instruction ist im Düsseldorfer Archiv. Der Fascikel enthält die Bezeichnung: Handelung die Neue angefangene Hofs unnd
Cammerordnung Wie auch andere Erzstiftssachen betreffendt. Er enthält auch die Concepte der Instruction für den Landrentmeister und
die Contadoren, des erzbischöflichen Schreibens an Rohrigh, der Patente für die Contadoren, und der Ernennung des Johann Barcholdt
an die Kanzlei.

den übrigen Creditoren über Termine zu verständigen.
Auch die Beaufsichtigung und möglichst sparsame Einrichtung des Hofhalts und die Besoldung des nöthigen
Personals war ihnen aufgetragen; namentlich sollten die
Contadoren gegen Verschleuderung und Unterschleife der
Hofdienerschaft wachen, und zeitig für vortheilhafte Ein-
käufe sorgen[3]). Auch sollten sie mit dem Director „guten verstandt und Correspondenz halten." Dagegen gelobte der Erzbischof bei Wort und Glauben, dass, so
lange das Versetzte nicht in Richtigkeit gebracht, er keine
particulairen Anweisungen und Ausgaben machen, und
die Zöllner und Kellner keine solche auszahlen sollten.
Zugleich wurde Johann Barcholdt, Zöllner zu Linz, an
die Hofkanzlei versetzt, um dort mit thätig zu sein, insbesondre auf das zu merken, was dort „in den Kammer-
rath gehörig einkommen würde, und solches unverzüglich dahin zu liefern."

42. Diese drei Behörden, der ständige Rath, das
Hofgericht und der Hofkammerrath wurden nun in folgender Art weiter ausgebildet. Wie Ruprecht in Brühl
gethan hatte, so ordnete der Condjutor Ferdinand, in
Folge der Verlegung der Residenz nach Bonn, durch eine
aus Cöln (nicht Bonn) am 2. Januar 1597 datirte Verfügung vermöge der Erblandesvereinigung und des Erzstiftes Herkommen für die Regierung des Erzstiftes zu
Bonn einen beständigen Rath an, wozu auch das Domkapitel als zum Rath des Erzbischofes gehörig, einige
Mitglieder aus seiner Mitte verordnen möchte[1]). Dieser

---

3) Aehnlich lautet es für den Landrentmeister in der oben (§. 15.
Note 3) angeführten Jülich- und Bergischen Hofordnung von 1534
S. 108—110.

1) Das Concept davon liegt im Düsseldorfer Archiv. Daraus ist
die kurze Notiz bei Scotti Sammlung I. 38. Es ist auswärts bezeichnet Raths- und Canzlei-Ordnung. Der Name Hofrath findet sich darin
noch nicht.

Rath wurde nun der Hofrath genannt[2]). Mit ihm wurde
das Hofgericht vereinigt und es dadurch auch zur obersten Justizbehörde gemacht[3]). Den Vorsitz darin hatte
in Abwesenheit des Erzbischofes der Hofmeister, und bei
dessen Versäumniss einer der adligen Räthe. Ausser den
Capitularen und dem Hofmeister mussten noch ein adliger Rath und zwei Rechtsgelehrte dabei sein; auch sollte
noch ein junger aus dem Lande gebürtiger Rechtsgelehr-
ter mit herangezogen werden, um „in eines Abgehenden
Statt eine geübte Person zu substituiren." Der Erzbischof
behielt sich aber vor die Zahl der Räthe, namentlich für
die rechtshängigen Sachen, zu mehren oder zu mindern.
Alle adligen und gelehrten Räthe sollten vor ihrer Bestallung examinirt werden. Die ordinären Rathssitzungen,
denen auch der Erzbischof regelmässig beiwohnte, waren täglich im Winter um 7, im Sommer um 8 Uhr. Für
die wichtigen, keine Eile erfordernden Sachen wurde ein
Plenarrath angeordnet, der jährlich jedes Vierteljahr zweimal in Cöln, zweimal in Bonn bei der Kanzlei, mit Zuziehung des ganzen Domkapitels und aller Räthe abgehalten wurde. Als wichtige Sachen wurden namentlich
die des Erzstifts hohe und niedere Gerechtigkeiten be-
langenden, und diejenigen bezeichnet, die „im täglichen
Rath bei der Consultation sich mit ihren Umständen also
beschwerlich herfür thun würden." Zu jenem ständigen
Rathe wurde auch in Bonn eine Kanzlei eingesetzt und
einem der gelehrten Räthe dieselbe zu „dirigiren richten
und besorgen" übertragen. Dafür wurde auch, „weil die
Alte Kanzleiordnung nicht bei Handen sondern verrückt
sei", eine einstweilige Kanzleiordnung vorgezeichnet.
Durch diese wurde die Kanzlei ausser den Räthen mit

---

2) So in der unten anzuführenden Hofkammer-Ordnung von 1610
Art. 17. 18.

3) Der Name Hofgericht kommt daher seitdem für Bonn nicht
mehr vor.

zwei Secretären, drei Copisten und einem Diener bestellt. Im Rathe mussten die Vota der Ordnung nach kurz und bündig abgegeben, die Beschlüsse von einem der Secretäre protocollirt, des Nachmittags in der Kanzlei expedirt, und am folgenden Tage im Rathe zum Unterschreiben vorgelegt werden. In wichtigen Sachen wurde schriftlich referirt und votirt, die Relation mit den Vota von dem Secretär in der Registratur niedergelegt, und für die Ausfertigung und Vollziehung des Beschlossenen in besonderer Weise Sorge getragen. Für die Registratur wurden nach den Städten und Aemtern Fachwerke und Capseln angelegt, und dahin auch die in den Quartal-Sessionen erledigten Sachen überbracht. In dem täglichen Rathe sollten vor Allem die bei demselben oder sonst bei der Hofhaltung in Privatsachen eingegangenen Supplicationen vorgenommen, und den Partheien, wenn der Landesherr dort anwesend war, der freie Zutritt gestattet, auch schwierige Gesuche den Rechtsgelehrten zugestellt, oder an die betreffenden Gerichte remittirt, aus den Aemtern die nöthigen Erkundigungen eingefordert, und jedenfalls der andere Theil gehört werden. Für die beim Rathe anhängig gemachten Rechtsstreitigkeiten war in vorzüglicher Weise gesorgt. Der Secretär musste dafür ein besonderes Memorialbuch halten, worin die Termine und die den Advocaten gemachten Zufertigungen zu verzeichnen waren. Eben so wurde dafür im Rathe ein besonderes Protokollbuch gehalten und eine besondere Registratur geführt. Auch gab es Vorschriften über die Behandlung der Lehnssachen und Lehnsregister, der Religionssachen und des Kriegswesens. Den Beschluss der Kanzleiordnung macht eine bewegliche Ansprache und Ermahnung an die Räthe zur treuen und gewissenhaften Wahrnehmung ihres Amtes, um mit ihnen zur Ehre Gottes und zur gemeinen Wohlfahrt alle dem Erzbischof obliegenden Sachen zu thun und zu lassen.

43. Hieran schloss sich die Kanzleiordnung, welche der Erzbischof Maximilian Heinrich am 30. Januar 1652 erliess[1]). Als Mitglieder der in Bonn beständig gehaltenen und continuirten Kanzlei sind angegeben: der Präsident, der Kanzler, die Räthe, dazu die nothdürftige Zahl an Secretären und Kanzlisten, worunter ein oder zwei Registratoren und ein Botenmeister sein soll. Die Sitzungen sind täglich Vormittags um 8 Uhr, nachdem Jeder wo möglich zuvor „dem Ambt der h. Mess beigewohnt, weilen der anfang aller verrichtung billig von Got gemacht werden soll." Abgeändert ist die alte Ordnung darin, dass zuerst des Erzstifts und die Criminalsachen, darauf die Partheisachen vorgenommen werden. Die Proposition der zu deliberirenden Sachen geschieht vom Kanzler oder in dessen Verhinderung vom ersten Rath auf der gelehrten Bank, die Umfrage aber vom Präsidenten oder in dessen Abwesenheit vom Kanzler, und zwar, wenn referirt worden, vom Referenten, sonst vom Kanzler oder dem ersten Rath anfangend und von einer Bank zur andern alternirend. Die Zahl der Räthe war also jetzt grösser und in die adlige und die gelehrte Bank unterschieden. Ueber das Protocolliren, das Concipiren der Beschlüsse, das Copiren, Revidiren, die Obliegenheiten der Kanzleipersonen, die Haltung der Registratur, und Anderes finden sich die alten Bestimmungen. Bei Supplicationen gegen Prälaten, Domkapitel oder adlige Landsassen sollen diese selbst um Bericht angegangen, die gegen Privat-Bürger aber an die Amtleute, um die Partheien

---

1) Sie befindet sich im Düsseldorfer Archiv, Scotti Sammlung I. 82. Auf dem Umschlag steht die Bezeichnung: Cantzley Ordtnung de Anno 1652. Sie besteht aus 50 numerirten Artikeln. Als bei der Publication im Rathe Anwesende sind genannt: der Kurfürst, der Thumbdechand, der Afterdechand, der Chorbischof und Oberst-Hofmeister, zwei adlige ThumbCapitularen und fünf ThumbCapitularen Priester.

möglichst zu vergleichen, gewiesen werden. Supplicationen in rechtshängigen Sachen werden im Rathe oder
durch Commission nach dem Processgange erledigt. In
Kammersachen, die wegen darüber enstandener Rechtsstreitigkeiten dahin gelangen, soll der Beschluss der Rechenkammer mitgetheilt werden. Für wichtige Sachen ist
die Verweisung an die Quartalsession des Plenarrathes
beibehalten. Die Abfassung der einzureichenden Schriften
durch „wohlschreibende Personen, nicht durch unquali-
ficirte Scribenten so kaum eine taugliche Litter formiren
können", und die prompte Entrichtung der Sporteln und
Kanzleitaxen wurde den Procuratoren besonders eingeschärft [2]). Jene Geschäftsordnung wurde unter Joseph
Clemens am 21. April 1692 unter dem Titel: Churfürst-
liche Hof - Raths - Kanzlei - Ordnung erneuert [3]). Endlich
wurde von Clemens August aus Arnsberg den 11. August
1724 eine neue sehr ausführliche Kanzlei-Ordnung erlassen, worauf die Organisation des Hofraths bis auf die letzten Zeiten beruhte.

44. Die für die Kammersachen vom Rathe ausge-
schiedene Behörde wurde eben so, und zwar meistens
mit jenen Einrichtungen gleichzeitig, ausgebildet. Nach
dem dazu 1587 gemachten Anfang [1]) wurde vom Erzbischof Ernst 1599, also bald nach der Kanzleiordnung
von 1597 die wohl auch erst 1599 publicirt wurde, eine
„Kammerordnung" erlassen, wodurch aber nur zwei Personen zur Administration der Kammer angestellt wurden [2]). Die Unzulänglichkeit derselben bewog den Coad-

---

2) Verordnung vom 28. Nov. 1669, Scotti Sammlung I. 118.,
Vollst. Samml. I. 505.

3) So berichtet Scotti Sammlung I. 82.

1) Man sehe oben §. 41.

2) Diese Kammerordnung ist nur aus der Erwähnung bekannt,
welche davon in dem Eingang der Kammerordnung von 1610 gemacht
wird, Scotti Sammlung I. 48.

jutor Ferdinand am 1. Januar 1610 eine ausführliche wohldurchdachte Kammer - Kanzlei - Ordnung zu publiciren ³).
Dadurch wurden fünf Kammerräthe ernannt, wovon der
Erste, zugleich Hofrath und Amtmann in Cöln, der Kam-
merpräsident, ein Anderer auch der Landrentmeister und
stellvertretende Kammer - Director, ein Dritter auch der
Kammersecretär sein sollte; auch wurden zwei Kanzlisten,
und für das Juristische ein Kammeradvocat beigegeben.
Die Arbeitsstunden waren im Sommer von 6, im Winter
von 7 bis 11 Vormittags und von 2 bis 5 Nachmittags.
Ueber die Disciplin, die Behandlung der Geschäfte, die
Registratur, enthält sie ähnliche Vorschriften, wie die
Hofkanzleiordnung von 1597. Zur Vermeidung der Conflicte war dem Landhofmeister, dem Hofmarschall, dem
Kanzler und den Räthen geboten, in das Kammerwesen
nicht einzugreifen und umgekehrt. Für die der Rechtshülfe bedürftigen Kammersachen sollte die Kammer jede
Woche Donnerstags beim Hofrath Zutritt haben. Umgekehrt sollte der Hofrath in Sachen, die das Kammerin-
teresse berührten, jeden Donnerstag die Kammer zuzie-
hen. Der Kammer wurden alle Einnahmen und Ausgaben
des Erzstifts mit dem darauf bezüglichen Beamten- und
Rechnungswesen untergeben, und die Einnahmequellen
sammt deren Behandlung genau aufgezählt. Auch der
ganze Hofhalt wurde durch die Hofordnung von demselben Datum unter sie gestellt ⁴). Eine erneuerte Hofkammer-Ordnung erliess Maximilian Heinrich unter dem 12.
October 1652, also in demselben Jahre, wo auch die
oben erwähnte neue Kanzleiordnung erschien ⁵). Die

3) Sie befindet sich im Original mit der Unterschrift des Erzbischofs im Düsseldorfer Archiv. Sie enthält 83 numerirte Artikel, und
hat auf dem Pergament- Umschlag die Bezeichnung: HofCammer
Cantzley Ordnungh 1610. Erwähnt ist sie auch bei Scotti Samml. I. 48.

4) Man sehe oben §. 16.

5) Sie ist im Düsseldorfer Archiv. Sie hat auf dem Umschlag

Kammer bestand danach aus dem Präsidenten, der zugleich Geheimerrath und Priester-Domherr in Cöln war, dem Kanzler, zwei Kammerräthen, und dem Landrentmeister; ferner einem Secretär, der zugleich die Registratur unter sich hatte, einem Calculator und zwei Kanzlisten. Eine abermals erneuerte Kammerordnung erliess Joseph Clemens unter dem 21. April 1692, also demselben Tage, wovon auch seine Hofraths - Kanzleiordnung datirt ist[6]). Diese wie die vorige sind aber, einige Veränderungen abgerechnet, nur eine wörtliche Wiederholung der von 1610. Es wird davon unten bei der Darstellung des Kammerwesens ausführlich Gebrauch gemacht werden.

45. Nach der Einsetzung des am Hofe ständigen Rathes sammt der dazu gehörigen Kanzlei kamen aber doch noch Geschäfte vor, welche an den Landesherrn persönlich gebracht wurden. Diese entschied er dann selbst mit einigen seiner vertrautesten Räthe[1]). Hieraus gieng dann bald in allen Territorien ebenfalls eine stehende Behörde hervor. Als solche wird im Erzstift im siebzehnten Jahrhundert der Geheimerath mit der dazu gehörenden Geheimen Kanzlei erwähnt, über dessen Einsetzung aber zur Zeit die Nachrichten fehlen[2]). Ein solches stehendes Collegium machte aber ein bleibendes

---

die Aufschrift: Hoff-Cammer-Ordtnung de anno 1652, und besteht aus 84 numerirten Artikeln. Erwähnt ist sie auch in Scotti Sammlung I. 48. Anmerk.

6) Erwähnt ist sie bei Scotti Sammlung I. 219. unter dem 24. Mai 1692, dem Tage ihrer Publication. Sie wurde auch im Druck bekannt gemacht.

1) Darauf geht die Hofordnung Ruprechts von 1469 Art. 13.

2) Sie werden genannt und von der Hofkanzlei genau unterschieden in einem Erlass von 1694, Vollst. Samml. I. St. 225., Scotti Sammlung I. 230. Ein Geheimerrath wird als Präsident der Hofkammer schon in der Hofkammer-Ordnung von 1652 erwähnt (§. 44).

Haupt nothwendig, um in demselben den Landesherrn zu
vertreten, und auch um diesem in den Geschäften beizustehen, die zur Behandlung in dem Collegium nicht geeignet waren. Daher kommt um dieselbe Zeit als Haupt
der gesammten Verwaltung der Obrist-Land-Hofmeister [3])
oder ein Minister vor [4]).

46. Ueber die zum Geheimen Rathe gehörende Geheime Kanzlei wurde von Joseph Clemens unter dem
31. December 1698 eine sehr ausführliche, genaue und
scharfe Instruction erlassen [1]). Die Kanzlei besteht aus
dem Obrist-Kanzler oder dem an dessen Stelle verordneten Geheimenrathe, den Geheimen Secretarien, und
dem untergeordneten Personal, den Kanzlisten, dem Registrator und dem Expeditor, der zugleich Botenmeister
über die Kanzleiboten ist. Die Arbeitsstunden und deren
Beobachtung sind bei Geldstrafen vorgezeichnet. Die
Geheime und die Hofraths-Kanzlei „seynd völlig von
einander abgesöndert." Aus Jener gehen auch die De-
pechen an die auswärtigen Mächte, die Schreiben an den
Papst und Kaiser, die hohen Gratulations- und Condolenz-
briefe, worüber die Art der Signatur und andere For-
malien genau bestimmt sind; ferner, wie früher von der
Hofkanzlei [2]), die dem Kurfürsten zustehende Confirmation der Aebte und Achtissinnen, die Collation der Ca-

3) Man sehe über dieses Amt §. 13. Note 1. Erwähnt wird es
1610 (§. 44) und 1652 (§. 43. Note 1). Im Jahr 1714 wurde der
Domdechant kurf. Geheimerath und Obrist-Landhofmeister Graf von
Königsegg während der Abwesenheit des Kurfürsten zu dessen Statthalter ernannt, Scotti Sammlung I. 306.

4) So 1696 und 1702 der Minister Karg von Bebenburg, Scotti
Sammlung I. 230.

1) Sie befindet sich im Düsseldorfer Archiv unter der Aufschrift:
Geheime Kanzlei-Instruction von 1698, und enthält 18 Artikel. Scotti
führt sie nicht an.

2) Man sehe oben §. 40.

nonicate an der Metropolitan-, den Suffragan- und den
Collegiatkirchen, und die Bestallungsdecrete der Beamten
nach ihren drei Klassen, Alles gegen die festgesetzten
Taxen. Zu dem Kurfürsten steht die Geheime Kanzlei
in dem Verhältniss, dass der Cabinetsecretär oder Geheime Kammerschreiber die aus dem Cabinet schriftlich
oder mündlich erhaltenen, durch die Kanzlei auszuführen-
den Aufträge an diese bringt, und dass umgekehrt der
Obrist-Kanzler durch den Cabinetssecretär die des Bescheides oder der Unterschrift des Kurfürsten bedürfen-
den Sachen, wie auch die durch die Post an denselben
einlaufenden Schreiben ihm unversehrt vorlegen und dessen Entscheidung einholen lässt. Ueber die Taxen wurde
unter demselben 31. December 1698 eine Taxordnung erlassen [3]). Sie unterscheidet Diejenigen, welche zwischen
dem Kurfürsten und der Geheimen Kanzlei getheilt, welche der Geheimen und der Hofraths-Kanzlei gemeinschaftlich, welche der Geheimen Kanzlei allein, und welche der Hofraths-Kanzlei allein zufallen sollten. Die
verschlossene Büchse, worin die Taxen für die Geheime
Kanzlei eingelegt, wurde jährlich zweimal so getheilt,
dass nach einem kleinen Abzug für die Kanzlei-Jungen,
die eine Hälfte den Geheimen Secretarien mit dem Ka-
binetsecretär, die Andere dem untergeordneten Kanzlei-
personale zufiel.

b) Das achtzehnte Jahrhundert.

47. Alle diese Einrichtungen wurden theils durch
die Vermehrung der Geschäfte, theils durch die Nachahmung anderer grossen Höfe immer künstlicher. Unter
Joseph Clemens (1688—1723) war die Einrichtung der
Landesbehörden folgende. An der Spitze der Regierung

---

3) Sie befindet sich in dem Düsseldorfer Archiv mit der Aufschrift: Chur Cölnische Geheime, wie auch Hoffradts Canzley und
adlichen Ritter Ordens Tax. Scotti führt sie nicht an.

nach dem Kurfürsten stand wie oben bemerkt der Obrist-
Land - Hofmeister , welcher der erste Minister genannt
wurde. Unter ihm bildeten die Landesbehörden den dritten Stab, dessen Stabsherr der Obrist-Kanzler war ¹). Zu
diesem Stabe zählte man nach der damals durchgeführten
methodischen Anordnung fünf Aemter. Das Erste war
das Geheimen - Raths - Collegium unter dem Geheimen-
Raths-Kanzler. Es zerfiel in zwei Partheien, die Geheime-
Räthe und die Geheime Kanzlei, von welchen Beiden der
älteste Geheimerath der Partheiherr war. Das zweite Amt
im dritten Stabe war das Geistlichen - Raths - Collegium
unter einem Präsidenten und einem Director, ebenfalls
in zwei Partheien, die der Geistlichen Räthe und die
Geistliche Raths-Kanzlei unterschieden, denen Beiden der
Director vorstand. Das dritte Amt war das Hofraths-
Collegium unter einem Präsidenten und einem Director,
mit drei Partheien, den Hofräthen- und der Hofraths-
Kanzlei, von welchen Beiden der Director, und dem hohen
Weltlichen Schöffengericht zu Bonn, wovon der Ober-
Vogt zu Bonn, der Vorsteher war. Das vierte Amt war
das des Kammer-Raths-Collegiums mit einem Präsidenten,
einem Director und dem Landrentmeister, und drei Partheien, den Kammerräthen, der Kammer - Raths - Kanzlei
und der Münze, die erste und zweite unter dem Director,
die dritte unter dem Landrentmeister. Endlich das fünfte
Amt war das Kriegsraths - Collegium unter einem Präsidenten und einem Director, welcher den beiden Partheien,
den Kriegsräthen und der Kriegs-Raths-Kanzlei, vorstand.

48. Diese Einrichtungen blieben die Grundlage;
doch wurde daran im Einzelnen fortwährend geändert.
Die höchste Landesbehörde wurde unter Clemens August
(1723—1761) die hohe Staatsconferenz genannt. Sie bestand unter dem Kurfürsten selbst aus drei Geheimen ·

1) Man sehe oben §. 17.

Conferenz-Ministern, wovon der Obrist-Land-Hofmeister der Erste war. Zur Berathung diente der Geheime Rath, der aus 37 adligen und 13 wirklichen Geheimenräthen, adligen und bürgerlichen, bestand, mit dem Grosskanzler an der Spitze. Unter Max Friedrich (1761—1784) wurde dieses aber gleich nach dem Antritt seiner Regierung geändert, so dass nur der erste Minister blieb, unter ihm fünf bis sieben, seit 1770 bis 1784 nur vier und weniger Geheime Conferenzräthe, worunter ein Domherr war. Mit dem Tode des Conferenzministers und Dompropstes Grafen von Hohen-Zollern-Sigmaringen kam 1768 die damit vereinigte Würde des Obrist - Land - Hofmeisters an den Grafen von Manderscheid-Blankenheim, das Amt des Conferenzministers an den Grafen Kaspar Anton von Belderbusch, der nach dem 1780 erfolgten Tode des Grafen von Manderscheid auch jene Würde bis zu seinem Tode 1784 bekleidete, von wo an dieselbe nicht mehr verliehen wurde und erlosch. Das Amt des Obrist-Kanzlers gieng schon unter Clemens August ein. Das des Geheimen - Raths-Kanzlers dauerte unter demselben als Vorstand des Geheimenrathes unter dem Namen Grosskanzler fort, hörte aber unter Max Friedrich seit 1763 ebenfalls auf, wodurch der Geheimerath unmittelbar unter die hohe Staatsconferenz kam.

49. Unter Max Franz (1784—1801) wurde bei dem Eintritt eines neuen Ministers 1785 die Zahl der Geheimen Staats- und Conferenzräthe in der hohen Staatsconferenz wieder bis auf fünf vermehrt, auch zwei Geheime Referendarien und zwei Geheime Conferenzsecretarien hinzugefügt. Bei dem abermaligen Eintritt eines neuen Ministers 1787 geschahen noch tiefer gehende Veränderungen. Die oben erwähnte Geheime Kanzlei[1]) hatte bis dahin als ein eigenes Collegium zur Disposition des Mini-

---

1) Man sehe oben §. 45. Note 2. und §. 46.

steriums fortgedauert. Sie bestand zu Ende der Regierung des Clemens August aus drei Staatssecretarien, wovon wohl der Aelteste der Director war, einem Concipisten und dem übrigen Schreiberei-Personal. Unter Max Friedrich seit 1763 waren ein Kanzleidirector und zwei Staatssecretarien, dann neu vier Geheime- und Cabinets-Secretarien. Seit 1770 blieb die Stelle des Kanzleidirectors unbesetzt, und seit 1776 fielen die Staatssecretarien ganz weg. Endlich unter Max Franz seit 1787 hörte die Geheime Kanzlei als eigenes Collegium auf und wurde mit der hohen Staatsconferenz verbunden, die nun den Namen Geheime Staatskanzlei erhielt. Das unter Joseph Clemens erwähnte Geistlichen-Raths-Collegium dauerte unter Clemens August unter dem Namen Geistliche Conferenz fort. Sie bestand unter dem unmittelbaren Vorsitz des Kurfürsten aus einem Director und dreizehn noch in anderen hohen geistlichen und weltlichen Würden und Aemtern stehenden Geistlichen, worunter auch ein Pater aus der Gesellschaft Jesu und kurfürstlicher Beichtvater war. Seit Max Friedrich hörte die Geistliche Conferenz als Collegium auf; es blieb aber doch die Ernennung von Geistlichen Räthen, deren noch 1786 zwei und zwanzig waren. Seit dem Eintritt des neuen Ministers 1787 wurden sie aber nicht mehr aufgeführt.

c) Die letzten Zeiten.

50. Nach allen diesen Veränderungen war in den letzten Zeiten des Erzstiftes der Zustand der Landes- und Justiz-Dikasterien den vorgeschrittenen Bedürfnissen entsprechend folgender. Die oberste Landesbehörde war die Geheime Staatskanzlei. Sie bestand aus dem Staats- und Conferenz-Minister, der seit 1787 der Freiherr Johann Christian von Waldenfels war, zwei Geheimen Referendarien, der Eine für die weltlichen, der Andere, ein Geistlicher, für die geistlichen Sachen, was die Stelle der

Geistlichen Conferenz ersetzen sollte [1]), zwei Geheimen Conferenz-Secretarien, zwei Geheimen und Cabinets-Secretarien, einem Vorleser, drei Geheimen Kanzlisten, und drei Kanzleiboten. In der Geheimen Staatskanzlei wurden die auswärtigen Angelegenheiten und Cabinetssachen, so wie auch die an den Kurfürsten selbst gerichteten Bittschriften erledigt. Früher wurden die darauf aus der Geheimen Kanzlei ergehenden Verfügungen von dem Kurfürsten selbst unterzeichnet. Im Jahr 1784 wurde aber verordnet, dass dieselben nach vorgängigem Vortrag in der angeordneten Conferenz landesherrlich genehmigt, aber nur vom Staatsminister unterschrieben werden sollten, und im Jahr 1787 wurde dieses, wahrscheinlich wegen der nun eingetretenen directen Vereinigung der Geheimen Kanzlei mit dem Ministerium, wörtlich wiederholt [2]). Der Geheimen Staatskanzlei waren das diplomatische Corps und die Geheimräthe unmittelbar untergeordnet. Im Jahr 1794 waren 35 adlige und 31 gelehrte Geheimräthe, unter welchen der um die Geschichte von Cöln verdiente Domherr Franz Karl von Hillesheim und andere in hohen geistlichen und weltlichen Aemtern stehende Personen.

51. Nach den genannten Behörden folgte dem Range nach das im Jahr 1786 eingesetzte Ober - Appellations-Gericht, wovon unten die Rede sein wird. Hierauf der Hofrath, ein gemischtes Regierungs- und Justiz - Collegium, dessen Wichtigkeit eine besondere Betrachtung nöthig macht. Dann kam das Weltliche Hofgericht in Cöln (nicht Bonn), eine Appellationsinstanz, wovon unten bei den Justizbehörden. Nach diesem die Hofkammer und der Militärstand, wovon in Verbindung mit dem

---

1) Der Letzte war Carl Joseph Wrede, Canonicus an dem Stift in Bonn, an St. Aposteln in Cöln, und an St. Martin in Emmerich.

2) Man sehe Scotti Sammlung I. 788.

Finanz- und Kriegswesen zu handeln ist. Für das Unterrichtswesen war schon unter Max Friedrich 1778 ein
Akademierath [1]), für das Sanitätswesen 1779 ein Medicinalrath eingesetzt [2]), welche aber mit der 1786 zu Bonn
errichteten Universität vereinigt wurden [3]), so dass nur
eine Land - Schulcommission für das untere Schulwesen
blieb [4]). Nach allen diesen Behörden werden im Hofkalender die blossen Titular-Räthe und Commercienräthe
aufgeführt. Für das Bergwesen gab es das Rheinische
Bergamt Altenwied, für das Münzwesen die Münzcom-
mission, für die Zölle die Zollämter zu Andernach, Bonn,
Linz und Uerdingen, bis zum Jahr 1768 auch zu Kaiserswerth, wovon beim Finanzwesen und im historischen
Theile bei den Regalien des Erzstiftes zu handeln ist.

52. Was insbesondere den Hofrath betrifft, so vereinigte derselbe in sich nach dem Gang seiner Ausbildung [1]) eine doppelte Function: die der regelmässigen
Regierungsbehörde, und die Vertretung des Landesherrn
zur Gewährung der Rechtshülfe sowohl in extrajudicial-
als in rechtshängigen Sachen. Von dieser Function als
Gerichtshof wird unten die Rede sein. Seine letzte Organisation erhielt er von Clemens August durch die aus
Arnsberg erlassene in vier Titel eingetheilte Hof-Canzley-Ordnung vom 11. August 1724 [2]). Er bestand nun aus

---

1) Von dessen Thätigkeit handelt die Verordnung vom 19. December 1783 in Scotti Sammlung I. 771.

2) Scotti Sammlung I. 721.

3) Scotti Sammlung I. 857. 864.

4) Scotti Sammlung I. 864.

1) Man sehe §. 36—40. 42. 43.

2) Scotti Sammlung I. 267. Sie steht in der Vollst. Samml. I. 515.
Publicirt wurde sie in der Rathsstube der Hofkanzlei am 6. Juli 1726
in einer feierlichen Sitzung, in Gegenwart der vier dazu Deputirten
des Domkapitels. Das Protokoll dieser Sitzung steht im Tractatus
absolutissimus (§. 78. Note 1) p. 55.

dem Präsidenten, der zuletzt der Graf Franz Joseph von
Nesselrode-Reichenstein war, dem Director und den Räthen. Die Räthe waren theils adlige, theils Wirkliche
gelehrte Räthe im Gegensatz der blossen Titular-Hof-
räthe. Im Jahr 1760 waren 10 adlige Hofräthe, 1794
nur 2. Im Jahr 1760 waren Gelehrte Hofräthe 17, meist
Bürgerliche; 1794 waren 24, worunter 20 Bürgerliche
und 4 von Adel. Unter Jenen befand sich der ausgezeichnete Jurist Daniels. Die vier von Adel waren von
Monschaw, von Pröpper, von Gerolt und von Meex. Die
Gelehrten Räthe mussten ein Examen bestehen und eine
Proberelation machen. Die Sitzungen waren an den Relationstagen Dienstags und Samstags von 9, an den übrigen Wochentagen von 10—12. Die Ordnung der Umfrage war dahin geändert, dass nach dem Referenten,
wenn ein solcher da war, zuerst die Domkapitularen und
die von von der Ritterschaft, dann der Director und die
übrigen Hofräthe gefragt wurden. Für die „wichtigen
des Ertz-Stiffts Hochheit und Herrlichkeit oder auch Nachtheil berührenden Sachen" war die alte Einrichtung der
Quartalräthe mit dem Domkapitel beibehalten. Die dem
Hofrath beigeordnete Hof-Kanzlei bestand aus zwei Secretarien, einem Registrator, einem Expeditor der zugleich
Botenmeister war, und zwei Kanzlisten. Diese mussten
bei Geldstrafen vom 1. November bis zum 1. April von
9, in den übrigen Monaten von 8 Uhr bis zur Auflösung
des Rathes anwesend bleiben, „und darumb vorhero zeit-
lich das Ambt der H. Meess zu hören sich erinnern";
des Nachmittags von 3 bis 6 Uhr. Ueber die Behandlung
und Erledigung der Geschäfte im Rathe und in der Kanzlei, über die Ordnung und Disciplin derselben, waren theils
die Vorschriften der alten Kanzlei-Ordnungen wörtlich
wiederholt, theils neue hinzugefügt. Statt der Taxordnungen des sechzehnten und siebzehnten Jahrhunderts [3])

3) Man sehe §. 40. 46.

machte Clemens August am 25. Juni 1743 eine „aus denen alten Verzeichnissen und Herbringen verfasste erneuerte Taxam jurium" bekannt [4]). Zur Beschleunigung des Geschäftsganges in Justiz-, Regierungs- und Polizei-Sachen erliess zuletzt Max Franz unter dem 15. März 1788 eine ausführliche die Geschäftsführung des Hofraths neu regulirende Dienstinstruction, worin unter Anderen bestimmt ist, dass derselbe wöchentlich in drei regelmässigen Sitzungen, Montags die Regierungs- und Polizei-Sachen, Mittwochs und Freitags aber die judicial- und extrajudicial - Angelegenheiten abhandeln sollte [5]). Das Sitzungslocal war in dem Rathzimmer im kurfürstlichen Schlosse, wo oben am Tisch der Sessel für den Kurfürsten stand [6]). Dort war auch die Kanzlei, die Registratur und das Archiv.

2) Die örtliche Verwaltung. a) Die Aemter.

53. Das rheinische Erzstift war in das Ober- und Niederstift unterschieden, so dass Alles oberhalb Cöln und links von der von Cöln nach Königsdorf führenden Landstrasse zum Ober-, das Uebrige zum Nieder-Erzstift gehörte [1]). Beide Theile zerfielen für die örtliche Verwaltung in kleinere Bezirke, wovon man zwei Arten unterscheiden kann. Einige, und zwar die grösseren, waren einem Amtmann untergeben, und sind daher die eigentlichen Aemter zu nennen. Andere hatten nur einen Vogt oder Schultheiss, wurden aber zum Theil auch Aemter genannt. Es hieng dieses mit mancherlei historischen Verhältnissen zusammen. Von den eigentlichen Aemtern

4) Scotti Sammlung I. 462. Sie ist abgedruckt in der Vollst. Samml. I. 537—543.

5) Scotti Sammlung I. 875.

6) Dieses zeigt das oben (Note 2) erwähnte Protokoll.

1) So ist die Gränze bestimmt durch die Verordnung über die Appellationen vom 4. April 1766 (Vollst. Samml. I. 557).

fallen vierzehn in das Ober-, sechs in das rheinische Niederstift. Jene vierzehn Aemter waren: die Stadt Rhense oberhalb Coblenz, Alcken an der untern Mosel, Zeltingen und Rachtig an der obern Mosel, Andernach, Altenar, Nurburg, Hardt, Altenwied und Linz, Godesberg und Mehlem, Bonn, Rheinbach, Zülpich, Lechenich, Brühl [2]). Die sechs Aemter des Niederstifts waren: Cöln und Deutz, Hülchrath, Linn und Uerdingen, Kempen, Liedberg, und Rheinberg; wozu bis zum Jahr 1768 noch das Amt Kaiserswerth kam.

54. Die Verwaltung der grossen Aemter war auf folgende Art eingerichtet. An der Spitze des Amtes stand der Amtmann. Dieses war ein noch aus dem Mittelalter stammendes Amt, welches ursprünglich insgemein an einer landesherrlichen Burg oder Schlosse hieng, und mit einer hohen Stellung eine umfassende Gewalt für die Verwaltung, Rechtspflege, Polizei und Erhebung der landesherrlichen Einkünfte gewährte [1]). Seine Emolumente be-

2) Elohhof Erzstift Cöln S. 2. zählt nur zwölf Aemter, weil er Alcken gar nicht erwähnt, und Rhense S. 45. nur als Stadt anführt. Stramberg S. 181. zählt auch die uneigentlichen Aemter mit auf. Die zuverlässige Grundlage für die hier gegebene Darstellung bilden die Hofkalender.

1) Den damaligen Begriff dieses Amtes in den rheinischen Erzstiften giebt das zu Frankfurt 1545 gedruckte New Formular fol. 69 b. Tit. "Ambtsbrieff. Wir N. rc. Bekennen rc. Das wir auff heut dato, unsern lieben getrewen N. zu unserm und unsers Stiffts Amptmann zu N. gesatzt und gemacht haben, Also dasz er alle und unsers Stiffts underthanen, herrlichcyt und Gerechtigkeyt, wo die in dem vorigen unserm Ampt gesessen, gelegen oder darzu gehörig sein, getrewlich schirmen, versprechen, handthaben, und veranworten soll, nach allem seinem besten vermögen, on alle geverde. Der benant N. soll auch, dieweil er unser unnd unsers Stiffts Amptmann zu N. ist, sich mit N. Reysigen pferden, unnd zu jm N. Knaben oder Knecht, inn unser kost, die er inn unserem Schloss unnd Kelnerei zu N. haben soll, rüstig und beritten halten, unnd sich durch keynerley schenk

standen in mancherlei Naturalabgaben und Gefällen. Später wurde die allzugrosse Gewalt der Amtleute mehr

bewegen lassen, dardurch uns und unserm Stifft an unser Herrllicheyt,
oder Gerechtigkeyt, darzu auch unsern underseszen abbruch beschehen möcht. Er soll auch gelegenheyt desselbigen unsers Ampts mit
den Renthen und gefellen, auch die macht unnd zal unser Bürger
und Stat N. sampt seiner zugehörung, sein lebtage lang, heymlich
halten, und, uns unnd unserm Stifft solches zuschaden, nit offenbaren, in keynen weg. Und damit der genant N, solchem unserm Ampt
desterbasz für gesein unnd gewarten möge, so sollen unnd wöllen
wir ihme, dieweilen er an solichem Ampt sein würdet, alle jar, järlichs N. gulden an Goldt oder goldtszwehrung geben, Nemlich zu
yeglicher fronfasten des Jars N. gulden, unnd soll des sein jar auff
heut Dato an, unnd über eyn Jar widerumb ausz unnd an gehen.
Mehr sollen unnd wöllen wir ihme järlichs dieweil er unser Amptmann zu N. ist, so dick unnd offt wir kleyden werden, zwey Kleyde
als andern unseren Amptleuten seines gleichen, geben, im auch für
kündtlichen reysigen schaden, ob er eynigen zu oder von unsern Feinden, so sie uff uns gesucht, oder er von uns beschriben oder verbot
worden were, entpfangen würd, stehn, alles ungeferlich. Der gedacht
N. sol sich auch keynerley renth oder gefelle zu solchem Ampt fellich oder gehörig, noch auch keyner nutzung, frevel oder busz, kleyn
oder grosz zu seinem nutz noch sunst underziehen, sondern unserem
Keller, oder wem wir die ye zuzeiten auffzuheben bevelhen, damit
gewerden lassen, doch zusehens haben, dasz die getrewlich uffgehaben, unnd mit der kost, unnd dem unsern zu N. getrewlich umgogangen werde. Auch yo zuzeiten unserem Keller auff sein ansuchen
berathen unnd beholffen sein, die einzubringen. So auch wir, unser
nachkommen oder Stifft, den gedachten N. von dem genannten Ampt
entsetzen wöllen, das wir thun mögen, wenn und welche zeit im jar
wir wöllen, So soll er doch solich Ampt nicht übergeben, es hab dan
eyn ander, den wir, unser nachkommen, oder Stifft an seine statt
setzen werden, uns, unsern nachkommen, und Stifft zuvor über solich
Ampt, als er gelobt unnd geschworen, unnd des seinen gewünlichen
Reversz-Brieff über dasselbige Ampt gegeben. Und so das also geschehen were, Alsdann soll er nicht für sich setzen, eynigerley anspruch, kost, schäden unnd verlust, die er bei uns, unseren Vorfarn,
nachkommen oder Stifft genommen het, Sondern er soll von stund

eingeschränkt [2]). Das Amt wurde blos an Adlige wie ein Ehrenamt verliehen, auch insgemein bei der Familie gelassen und mit anderen Hofämtern cumulirt. Deshalb gab es für die wirklichen Functionen einen Stellvertreter, den Amtsverwalter [3]). Eine Ausnahme machte das Amt Cöln und Deutz, wo ein Bürgerlicher Amtmann war, weshalb auch dort kein Amtsverwalter vorkommt. Ferner gab es in jedem Amte für die Rechtspflege einen Vogt oder Schultheiss, häufig auch mehrere. Für die Erhebung der landesherrlichen Renten und Gefälle und die damit zusammenhängenden Kameralgeschäfte war in den meisten Aemtern, wie früher [4]), ein Kellner. Es kommt dafür, wohl aus Familienrücksichten, auch eine Frau vor,

an, und on verzug, so man das ann ihn gesinnet, abtretten unnd uns unseren nachkommen oder Stifft, das obgedacht Ampt in vorgerürter mass lediglich unnd losz widerumb inantworten, also geschehen were. Stünde im dann an seine dienstgelt wenig oder viel ausz, oder het er, als er unser Amptmann zu N. gewest were, eynigen redlichen Reysigen schaden zu oder von unseren Feinden, so sie auff uns gesucht, oder er von uns, unsern nachkommen oder Stifft beschriben oder verbott worden were, genommen, oder empfangen, solichen schaden sollen wir, unser nachkommen unnd Stifft im nach gleichen, pillichen und zimlichen dingen, gütlich ablegen unnd bezalen ꝛc. Das zu urkundt ꝛc.

2) Dieses will schon die Polizeiordnung von 1538. Tit. Von Brüchten, und übereinstimmend die Polizeiordnung von 1595. §. 37 (Scotti Sammlung I. S. 200). Dieweil sich dan unser Amptleute villerley sachen so für sie nicht gehören undernehmen, und damit unseren Rechten seinen ordentlichen gepürlichen gangck verhinderen, so wollen Wir uns darin einer Ordnung und mass bedencken und die unseren Amptleuten zustellen lassen, darausz bericht und underscheidt zu nehmen was Sachen sie sich annehmen oder an gebürlich Recht weisen sollen, sich darnach hinfürter haben zu halten.

3) In den angeführten Stellen kommt schon vor, dass der Amtmann für die Rechtspflege „in seinem abwesen einen Befelchhaber in sein statt verordnen soll."

4) Man sehe Note 1.

welche dann die Einkünfte zog und die Geschäfte durch
einen Kundigen besorgen liess. Häufig waren auch die
Aemter des Amtsverwalters und des Schultheiss, oder des
Amtsverwalters und des Kellners cumulirt.

55. Die Zahl und Beschaffenheit der grossen und
kleinen Aemter, Gerichte und Kellnereien in der letzten
Zeit ergiebt das folgende auf den Hofkalender von 1794
gegründete alphabetische Verzeichniss, wobei zu bemerken ist, dass in der französischen Ausgabe der Amtmann
grand - baillif, der Amtsverwalter lieutenant du grand-
baillif, der Kellner receveur genannt, für die Anderen
aber wechselnde Ausdrücke gebraucht werden, die einzeln anzuführen sind.

1) Amt Alcken. Dieses war ganz von Trierischem
Gebiet umgeben und mit Trier gemeinschaftlich. Amtmann war 1760 Hugo Anton, seit 1768 Franz Georg
Freiherr von Willberg; seit 1791 war die Stelle unbesetzt. Ausserdem wird dort nur ein Vogt (baillif) erwähnt.

2) Amt Altenar. Amtmann war seit 1770 Anton Graf
von Belderbusch, der seit 1785 auch Erbhofmeister war.
Ausserdem waren dort ein Schultheiss (prévôt), einer zu
Brück, einer zu Kesseling, ein Amtsverwalter und ein
Kellner, diese Beiden in einer Person vereinigt. Seit 1783
war damit auch das Schultheissen - Amt zu Altenar verbunden, das zu Brück aber aufgehoben.

3) Arweiler. Diese Stadt gehörte in das Amt Altenar, hatte aber eine eigenthümliche Stellung. Sie wird
1760 als Vogtei Arweiler aufgeführt und 1794 im französischen Hofkalender prévôté héréditaire genannt. Vogt
(prévôt) war 1760 Friedrich Florentius, seit 1776 Clemens
August Freiherr zu Beck und Kolfenthur, der auch Geheimerath, Jägermeister im Vestischen Jagdamt, General-
major und Anderes war. Die wirkliche Gerichtsstelle
wurde aber immer durch einen Vogtsverwalter (prévôt
substitut) versehen.

4) Aemter Altenwied und Linz. Amtmann war von 1771 bis 1786 Clemens August von Schall zu Morrenhoven, welcher schon seit langer Zeit auch Amtmann von Rheinbach war. Ihm folgte 1787 Clement Freiherr von Schall adlicher Geheimerrath, der ihm schon von 1771 bis 1784 adjungirt gewesen war, und Diesem 1788 Clement Freiherr von Schall kurf. Kammerherr und Hauptmann. Ferner waren hier ein Landschultheiss (prévôt) zu Linz und einer des Amtes Altenwied, der zugleich Amtsverwalter war, und ein Oberkellner (grand-receveur).

5) Amt Andernach. Amtmann war schon 1760 bis 1794 Franz Karl Freiherr von Bourscheid zu Burgbroel. Ferner waren dort ein Schultheiss (prévôt) mit zwei Ritter- und sieben Gelehrten Schöffen, und ein Amtsverwalter.

6) Bacharach. Das Oberamt dieses Namens gehörte Kurpfalz. Allein die Erzbischöfe von Cöln hatten von ihren alten Gerechtsamen, wie im dritten Buche vorkommen wird, einen Kämmerhof mit der Jurisdiction bewahrt, weshalb sie dort noch einen Schultheiss und einen Kellner hatten, was aber immer dieselbe Person, und insgemein auch bei derselben Familie Kügelgen war.

7) Amt Bonn. Amtmann war 1760 Ferdinand Joseph, seit 1766 Clemens Freiherr von Weichs zu Rösberg, der auch wie sein Vorgänger Obrist-Forst- und Jägermeister und schon 1760 Amtmann zu Zeltingen war. Für die Stadt war kein Schultheiss, aber ein hohes weltliches Gericht mit einem Vogt (juge), der 1794 zugleich Amtsverwalter war, und sieben Schöffen. Ferner waren hier für die Kämmereigeschäfte ein Stadtmeyer (mayeur) und ein Oberkellner. Ausserdem gab es in diesem Amte den Schultheiss (prévôt) zu Büschhoven, Morrenhoven und Mettekoven, welches Amt damals mit dem des Vogtes vereinigt war, den Schultheiss, oder, nach dem bis 1784 üblichen Ausdruck, Vogt zu Walldorf, Hemmerich und

Cadorf und seit 1779 auch den Schultheiss von Gielsdorf, dessen Amt aber mit dem des Oberkellners cumulirt war.

8) Amt Brühl. Amtmann war hier 1760 Clemens August, seit 1792 Max Friedrich Freiherr von Wallbott zu Bornheim. Ferner war dort 1760 der Richter (juge) zu Brühl, ein Amtsverwalter, ein Oberkellner, und ein Schultheiss (juge) zu Merten und Tremelsdorf. Im Jahr 1775 kam ein Schultheiss zu Willerschwist, 1778 Einer zu Metternich hinzu, und seit 1783 war das Amt des Richters zu Brühl, der 1787 selbst auch Schultheiss zu Brühl genannt wurde, mit dem Amt des Schultheissen zu Merten und Tremelsdorf, denen nun noch Königsdorf hinzukam, in einer Person vereinigt.

9) Cöln, die Stadt. Von den Gerichten und Behörden, die der Kurfürst hier noch hatte, wird später ausführlich die Rede sein.

10) Amt Cöln und Deutz mit dem Amtsitz in Deutz. Amtmann war hier ein Bürgerlicher, 1760 Heinrich Joseph Monschaw, der aber 1764 geadelt wurde, seit 1776 Johann Stephan Sandt, kurf. Geheimerrath. Das Amt hatte einen Schultheiss (prévôt), aber keinen Amtsverwalter, weil keine Stellvertretung nöthig war; auch keinen Kellner, weil es wohl zu wenig Kameraleinkünfte gab.

11) Dattenberg und Lahr in den Aemtern Altenwied und Neuerburg. Hier war bis 1792 nur ein Schultheiss (prévôt); als dieser starb, wurde seit 1793 auch ein Amtsverwalter ernannt.

12) Falkenberger Land, wo Karl Leopold Graf von Belderbusch seit 1777 Statthalter, und ein Amtsschreiber war.

18) Amt Godesberg und Mehlem. Amtmann wurde 1761 Clemens August Freiherr von Lombeck zu Goudenau, der es bis 1794, von 1788 bis 1792 auch Obrist-Hofmarschall, und seit 1792 Präsident des Ober-Appellationsgerichts und Conferenzminister war. Ferner war hier ein

Schultheiss und Amtsverwalter in einer Person; kein
Kellner. Früher bildeten Godesberg und Mehlem zwei
Aemter [1]).

14) Amt Hardt. Amtmann war seit 1773 der unter
Nr. 12. erwähnte Graf Karl Leopold von Belderbusch;
ferner ein Amtsverwalter und ein Kellner, und vier Schultheissen, womit mancherlei Veränderungen vorgiengen.
Der Erste war 1760 der Schultheiss (prévôt) von Weidesheim, seit 1783 auch zu Mutscheid und Roprath, und
zugleich Amtsverwalter und Kellner. Der Zweite war der
Schultheiss zu Arloff und Weingarten. Der Dritte war
der zu Zinkheim und Weyer. Der Vierte der zu Cochenheim und Stotzheim, seit 1777 auch zu Antweiler. Im
Jahr 1776 war als fünfter Schultheiss der zu Mutscheid
und Roprath hinzugekommen, seit 1783 aber wie gesagt
mit dem von Weidesheim vereinigt.

15) Hilden und Hahn im Herzogthum Berg, wo nur
ein Schultheiss (prévôt).

16) Honnef. Hier war 1760 nur ein Kellner. Seit
1763 heisst derselbe Schultheiss (prévôt) und Kellner.
Seit dem Tode des Letzten 1789 wurde ein Schultesci-
verwalter (juge - administrateur) ernannt; die Kellnerei
liess man der Wittwe, Frau Anna Catharina Pfennigs.

17) Amt Hülchrath und Erprath, welche früher zwei
Aemter bildeten [2]). Amtmann war 1760 Clemens August,
seit 1793 Franz Carl Freiherr von Wallbott-Bassenheim
zu Bornheim. Ferner war dort ein Vogt (juge) und Kellner in einer Person, und ein Amtsverwalter.

18) Hülsdonck, eine Bauerschaft, wo nur ein Rentmeister war.

---

1) So werden sie angeführt in der Verordnung vom 8. Oct. 1699,
vom 7. Dec. 1750, Vollst. Samml. I. 404. 406.

2) So werden sie aufgeführt in einem aus dem sechzehnten Jahrhundert stammenden Verzeichniss bei Eichhof Erzstift Köln S. 168.

19) Keldenich, eine Herrlichkeit im Amte Brühl, die erst seit 1763 als kurfürstlich aufgeführt wird, mit einem Schultheissen (juge) und vier Schöffen, die aber seit 1789 nicht mehr angeführt werden.

20) Amt Kempen und Oedt. Amtmann war hier 1763 Wilhelm Graf von Nesselrode zu Landscron, seit 1784 Franz Joseph Graf von Nesselrode-Reichenstein, zuletzt auch Präsident des kurf. Hofrathes. Ferner waren hier der Schultheiss (juge) und Kellner in einer Person, und der Amtsverwalter.

21) Königsdorf. Dieses wird 1766 Amt genannt³) es war aber nur ein Schultheiss (juge) da.

22) Amt Lechenich. Amtmann war 1760 Ignaz, seit 1791 Maximilian Graf von Wolff-Metternich zur Gracht. Ferner waren hier ein Schultheiss (juge), der 1794 auch Amtsverwalter war, ein Schultheiss zu Wichterich, und einer zu Blatzheim, der 1794 zugleich Oberkellner.

23) Lehnhausen Gericht, mit einem Richter (juge); wird erst seit 1788 angeführt.

24) Amt Liedberg. Amtmann war 1760 Carl Otto, seit 1786 Clemens Freiherr von Gymnich. Ferner ein Vogt (juge), ein Amtsverwalter und ein Kellner, seit 1789 in einer Person.

25) Amt Linn und Uerdingen. Amtmann war 1760 bis 1794 Clemens August Freiherr von Hersel. Ferner ein Schultheiss, ein Amtsverwalter und ein Oberkellner.

26) Neersen. Dieses war eine Herrlichkeit im Amte Kempen, welche nach Abgang der männlichen Linie der Grafen von Virmont, welchen sie zugehörte, und nach einem langen Rechtsstreit an das Erzstift gekommen und zu den Kameralgütern gezogen worden⁴). Es wird daher erst seit 1768 ein Administrator Generalis der Herrlich-

---

3) In der oben (§. 53. Note 1) angeführten Verordnung.
4) So schreibt Eichhof Erzstift Köln S. 112.

keit Neersen, Vogtei zu Anrath und der Erbvogtei zu
Uerdingen aufgeführt; seit 1782 aber nur ein Vogt (baillif) und Rentmeister in einer Person.

27) Amt Neuerburg bei Altenwied. Dieses wird Amt
genannt, hatte aber 1760 nur einen Schultheiss (juge),
seit 1762 auch einen Kellner, der abwechselnd auch als
Amtsverwalter angeführt wird.

28) Neuss. Hier war ein Vogt (prévôt) mit mehreren
Schöffen.

29) Amt Nurburg. Amtmann war hier schon 1760
Joseph Clemens Freiherr von Vorst-Lombeck, auch
Obrist-Kämmerer; 1794 wurde es Max Friedrich Freiherr
von Lombeck, Kammerherr. Ferner waren hier 1760 ein
Landschultheiss (juge du baillage), der auch Schultheiss
zu Velebrath und Dahl-Nurburg, seit 1782 auch zu Adenau, war, ein Schultheiss zu Kalten-Reifferscheid, Bahr-
weiler, Ust- und Ursfeld, ein Schultheiss zu Hambach,
ein Amtsverwalter und ein Kellner. Seit 1786 war nur
der Landschultheis, der zu Hambach und der zu Adenau,
und seit 1793 wird auch der zu Hambach nicht mehr aufgeführt. Der Kellner war seit 1785 Oberkellner, fiel aber
seit 1793 ganz aus.

30) Odenkirchen. Diese Herrlichkeit war durch Clemens August wieder zum Erzstift gekommen und Kame-
ralgut geworden. Sie wird daher erst seit 1763 aufgeführt. Es war dort ein Vogt (juge), der zugleich Kellner
war. Nach dessen Tode liess man die Wittwe, Frau Katharina Bouget, beide Aemter mit einem Vogteiverwalter
von 1789 bis 1793 fortführen.

31) Oedingen, ein Dorf seitwärts vom Rheine zwischen Remagen und Oberwinter, das erst seit 1788 mit
einem Richter (juge) aufgeführt wird.

32) Rheense. Hier war 1760 nur ein Schultheiss (juge),
Amtsverwalter und Kellner, Alles in einer Person. Seit
1763 werden dort auch sieben Schöffen, und seit 1767

bis 1770 ein Amtmann genannt, welcher, nach einer Unterbrechung von acht Jahren, seit 1778 Hugo Graf von
Kesselstadt war.

33) Amt Rheinbach. Amtmann war hier 1760 Clemens August Freiherr von Schall zu Morrenhoven, und
seit 1787 Clement Freiherr von Schall, adlicher Geheimerrath, auch bis 1792 adliger Ober - Appellationsrath,
und seit 1792 Hofmarschall [5]). Ferner war hier nur ein
Vogt (juge); kein Amtsverwalter und auch kein Kellner.

34) Amt Rheinberg, früher auch Berke oder Berg genannt. Amtmann war hier seit 1761 Clemens August Freiherr von Lombeck zu Goudenau, auch Amtmann zu Godesberg und Mehlem, und Anderes [6]). Weiter war hier
ein Schultheiss (juge) und Amtsverwalter in einer Person,
und ein Kellner.

35) Unkel und Breidbach werden als ein besonderes
Gericht mit einem Schultheissen (juge) genannt.

36) Weilerswist. Diese Herrlichkeit im Amte Brühl
wird erst seit 1774 mit einem Vogt (juge) angeführt. Im
Jahr 1775 kommt auch zuerst ein Schultheiss zu Willerschwist vor [7]), der aber eine von Jenem verschiedene Person, wenn auch mit demselben Familiennamen ist.

37) Amt Zeltingen und Rachtig an der obern Mosel.
Amtmann war 1760 Clemens August Freiherr von Weichs,
welcher 1766 auch Obrist - Forst- und Jägermeister und
Amtmann zu Bonn wurde [8]), und bis zuletzt geblieben ist.
Es war hier ferner ein Schultheiss (juge), ein Amtsverwalter und ein Kellner, seit 1783 Alles selbst Gerichtsschreiber in einer Person.

38) Amt Zülpich. Amtmann war seit 1768 Karl Leopold Graf von Belderbusch, der seit 1773 auch Amtmann

---

5) Man vergleiche dazu oben Nr. 4.

6) Man sehe oben Nr. 13.

7) Man sehe oben Nr. 8.

8) Man sehe oben Nr. 7.

des Amtes Hard, seit 1777 auch Statthalter des Falkenberger Landes war[9]). Es waren dort ein Amtsverwalter,
ein Schultheiss (juge) und ein Kellner, diese Beiden in
einer Person vereinigt.

b) Die Unterherrschaften [1]).

56. In dem Erzstifte gab es nach der Art seiner Entstehung eine grosse Anzahl von Herrlichkeiten oder Unterherrschaften. Dieses waren Besitzungen, welche mit der
eigenen Gerichtsbarkeit erster Instanz versehen und in so
weit von den landesherrlichen Gerichten eximirt, übrigens
aber nicht reichsunmittelbar sondern mittelbar und der
Landeshoheit unterworfen waren, so weit sie nicht in dem
einen oder anderen Punkte auch eine Befreiung hergebracht hatten. Die Unterherren waren also den landesherrlichen Gesetzen und allgemeinen Verordnungen eben-
mässig unterworfen und dieselben pünktlich vollziehen
zu helfen gehalten[2]). Der Landesherr vindicirte sich das
Recht in allgemeinen Landespolizeisachen, wie wegen
Fruchtmangels, in den Unterherrschaften durch seine
eigenen Beamten Verfügungen zu treffen, und es war eine
Vergünstigung, wenn er den Unterherren dieselben durch
ihre eigenen Beamten vollziehen zu lassen gestattete[3]).
Die zum Schutze der Jagd nöthigen Verbote wurden für
die unterherrlichen Jagdreviere mit erlassen[4]). Die gewöhnliche Besteuerung nach Simpeln und die Erhebung

---

9) Man sehe oben Nr. 12. 14.

1) Die beste Zusammenstellung darüber, jedoch ohne Angabe
der Quellen, ist in Correns Abhandlung §. 51.

2) Dieses wird eingeschärft durch die Verordnung vom 9. Jan.
1743, Scotti Sammlung I. 459., Vollst. Samml. I. 665.

3) Erlass an die Unterherren vom 30. März 1790, Scotti Sammlung I. 919.

4) Verordnung vom 19. Oct. 1672, erneuert am 20. Oct. 1691,
Scotti Sammlung I. 130., Vollst. Samml. II. 444.

derselben durch die landesherrlichen Beamten erstreckte
sich auch über die Einsassen der Unterherrschaften[5]), nur
so dass die Rechnungsablage statt an den Amtmann hier
an den Unterherrn oder dessen Beamten geschah[6]); eben
so die Consumtionssteuer[7]), und die Kopfsteuer, wenn
sie vorkam[8]). Ueberhaupt wurde die in der Besteuerung,
den Landesschulden, dem öffentlichen Rechnungswesen,
den Armenrenten und Stiftungen „gebürende landesherrliche Obsorge" auch auf die unterherrschaftlichen Districte
ausgedehnt[9]). Die kurfürstlichen Werbungen mussten die
Unterherren annehmen, und auch bei einem Reichskriege
zu den Militär-Conscriptionen so gut wie andere Aemter
concurriren. Das Judengeleit stand ihnen regelmässig
nicht zu[10]), sondern nur, wo sie es „von undencklichen
Jahren hergebracht oder dazu besonders privilegirt" waren; und auch dann durften sie es nur unter den allgemein vorgeschriebenen Bedingungen ertheilen, und mussten eine Abschrift der ertheilten Geleitsbriefe und wie
die anderen Ortsbeamten die jährlichen Judenlisten an
die Hofkammer einschicken[11]). Selbst die usurpirte Verleihung von Concessionen zum Lumpensammeln wurde
ihnen abgesprochen[12]). Auch wenn ein Unterherr zu exe-

---

5) Die Description der Grundstücke wurde für die Unterherrlichkeiten gleichmässig vorgeschrieben, Verordnung vom 15. Sept 1599,
Scotti Sammlung I. 42. Daher werden sie auch in den Descriptionen
seit 1669 namentlich aufgeführt. Scotti Sammlung I. S. 479. 483.

6) Verordnung vom 11. März 1771, Scotti Sammlung I. 657.,
Vollst. Samml. I. 698.

7) Verordnung vom 17. Mai 1684, Scotti Sammlung I. 174.

8) Verordnung vom 11. Januar 1717, Scotti Sammlung I. 321.

9) Verordnung vom 8. Juli 1724, Scotti Sammlung I. 365.

10) Verordnung vom 7. Januar 1612, Scotti Sammlung I. 50.

11) Judenordnung vom 28. Juni 1700. Cap. I. §. 5. 9 (Scotti Sammlung I. S. 559). Verordnung vom 21. März 1787 (Scotti I. 859).

12) Verordnung vom 2. Juli 1794, Scotti Sammlung I. 994.

Walter, Erzstift Cöln. 8

quiren, oder eine Specialcommission in eine Unterherr-
schaft zu schicken war, so musste dazu nicht, wie in Jülich und Berg, ein benachbarter Unterherr committirt werden, sondern die kurfürstlichen Beamten griffen selbst ein.

57. Die Unterherrschaften gehörten theils zu den
kurfürstlichen Kammergütern, theils geistlichen Körperschaften, theils weltlichen Familien. In der 1670 zum
Zwecke der Besteuerung aufgestellten genauen Description werden im Ganzen 78 genannt, wovon 49 im Oberstift, 29 im Niederstift ¹). Von Eichhof werden 1780 aus
den Aemtern zusammengerechnet 87 aufgezählt ²). Die
Meisten waren in den Aemtern Brühl nämlich 19, Bonn
15, Hardt 8, Hülchrath 7. Von ihrer Geschichte, soweit
sie nachweisbar ist, wird im dritten Buche die Rede sein.
Mit der Abhaltung der Gerichte und Anderem beschäf-
tigten sich theils die Unterherren selbst mit ihren Schöffen, theils hatten sie dazu ihren Schultheissen ³). Für die

---

1) Das Verzeichniss steht bei Scotti Sammlung I. 479. 483. Dazu
stimmt auch das Verzeichniss, wie 1674 im Oberstift die Einquartirungskosten repartirt wurden, in der unten (§. 114. Note 7) angeführten Wiederlegung der Ritterschaft 1711. Adjuncta p. 10. 11. Eben
so stimmt damit das Verzeichniss überein, welches 1757 zur Reparti-
rung der Einquartirungskosten entworfen wurde, Scotti Sammlung I.
S. 781—784. Nur sind mit Poppelsdorf Endenich und Ippendorf genannt, die auch dem Stift gehörten, und im Niederstift Kamp, das in
der Description von 1670 fehlt.

2) Er nennt fünfzehn, die in der Description fehlen: Anrath,
welches die Description mit Neersen verbunden nennt, Antweiler, Ar-
lof und Weingarten, Gleen, Kaltreiferscheid, Kamp, Königsdorf, Kö-
nigswinter, Meckenheim, Ollbrück, Satzfey, Walldorf bei Cadorf, Weyer,
Wolkenburg, Zingsheim. Hingegen nennt die Description sechs, die
Eichhof nicht hat: Deutz, Erbvogtei zu Cöln, Niederbutberg, Schleich,
Udesheim, Vettelhoven. Sie nennt auch Poppelsdorf, statt dessen
Eichhof die Propstei Bonn anführt, da Poppelsdorf diesem Stifte gehörte.

3) In der Ordnung für die Description von 1599 heisst es: „Bey
Eines Hoch- und Ehrwürdigen Thumb-Capituls- und weltlichen Unter-

örtlichen Geschäfte waren wie gewöhnlich nach Kirchspielen Schöffen und Vorsteher [4]).

c) Die Städte.

58. Die Städte hatten zur Verwaltung ihrer örtlichen
Angelegenheiten eine vom platten Lande verschiedene
Verfassung, von deren Ursprung im dritten Buche die
Rede sein wird. Die Stadt Neuss hatte jedoch noch 1790
eine neue ausführliche Stadtordnung erhalten [1]). Das Allgemeine war ein erwählter Bürgermeister und Rath. Der
Kurfürst behielt sich jedoch vor, zuzusehen, dass dazu
so wie zu den anderen städtischen Aemtern geeignete
Männer ohne Bestechung und Unterschleif gewählt würden [2]). Die Rathsverwandten erhielten ein Patent von der
Hofrathscanzlei, wofür sie eine bestimmte Taxe zu zahlen hatten [3]). Doch werden die Bürgermeister nicht in
dem Hofkalender aufgeführt, galten also nicht als kurfürstliche Beamte. Der Magistrat hatte die Obsorge der

---

Herrlichkeiten aber sollen Schultheiss und Schoffen die Sachen getreulich verrichten." Man sehe den unten (§ 114. Note 6) angeführten Gegenbericht des Thumb-Capituls. Adjuncta p. 14.

4) Atteste derselben über die hergebrachte Vertheilungsart der
Einquartirung vom Anfang des achtzehnten Jahrhunderts werden mit-
getheilt aus den Herrschaften Hackenbroich, Liblar, Erp, Bedthur.
Man sehe die Wiederlegung der Ritterschaft. Adjunota p. 61. 63. 69. 71.

1) Verordnung vom 7. Juli 1790, Scotti Sammlung I. 921.

2) Polizeiordn. von 1538 Tit. Von Brüchten. Wir wollen auch in
unsern Stetten insehens haben lassen, damit die Bürgermeyster uund
ander bürgerliche ämpter nach ordentlicher wohlhergebrachtenn weise
uund gewonheit darzu geschickten lüdenn bevelhenn (l. bevolhenn),
und das in der erwellungh und uffnemmungh derselben alle gabe,
gunst, und andere ungebürliche neygungen uund practisierung vermitten pleiben. — Eben so sagt die Polizeiordn. von 1595. §. 37., Scotti
Sammlung I. S. 201.

3) Dieses zeigt die Taxe der Hofcanzlei von 1743, Vollst. Samml.
I. 538.

Gemeindeinteressen, namentlich des städtischen Vermögens und Armenwesens. Er hatte jedoch über alle städtische Rechnungen und Kapitals- und andere Lasten, so
wie über die vorhandenen Armen-Renten und Stiftungen
einen ausführlichen Status vorzulegen, um in solchen Beziehungen die „gebürende landesherrliche Obsorge" eintreten lassen zu können[4]). Ferner hatte er die Verwaltung
der Ortspolizei und anderer örtlichen Angelegenheiten;
auch eine beschränkte darauf bezügliche Gerichtsbarkeit[5])
und Strafgewalt in geringfügigen bürgerlichen Dingen[6]).
Es lagen ihm aber auch sehr wichtige Verrichtungen für
die staatlichen Zwecke ob. Er musste zur Veröffentlichung
und Vollziehung der Gesetze mitwirken, und den Landesbehörden und Gerichten zu ihren Requisitionen[7]), zur
Beischaffung und Aushebung der Recruten[8]), und bei der
Description zur Regulirung der Besteuerung[9]), selbst auch
zur Steuerexecution in die Mobilien, kraft eines hergebrachten ausschliesslichen Rechts[10]), zur Hand zu sein. Zur
Betreibung und Beförderung der bürgerlichen Nahrung

---

4) Verordnung vom 8. Juli 1724, vom 30. Juni 1728, Scotti
Sammlung I. 365., Vollst. Samml. II. 66.

5) Verordnung vom 4. April 1766 (Vollst. Samml. I. 556): „Auch
Bürgermeister und Rath in denen Städten, in denen zu ihrer Gerichtsbarkeit gehörigen Sachen."

6) Brüchten-Ordnung vom 23. Mai 1687 §. 28 (Vollst. Samml. I.
249). „Auch in denen Städten Burgermeister und Rath in bürgerlichen geringfügigen gebührenden Straffen kein Eintrag und Abbruch
zu thun."

7) Verordnung vom 13. Juli 1673, vom 24. Nov. 1749 (Vollst.
Samml. I. 612. 638).

8) Verordnung vom 6. Sept. 1745 (Vollst. Samml. II. 458), vom
22. Febr. 1794 (Scotti Sammlung I. 983).

9) Ordnung der Description von 1599 (Gegenbericht des Thumb-
Capituls. Adjuncta p. 14).

10) Verordnung vom 29. März 1768 (Vollst. Samml. I. 82), Scotti
Sammlung I. 567. 657.

waren in den Städten von alten Zeiten her Gaffeln oder
Zünfte eingerichtet, und es war den Amtleuten, Bürgermeistern und Räthen dringend eingeschärft, darauf zu
achten, dass, wo es zu guter Ordnung und Nahrung nützlich sei, das eine oder andere Werkamt eingeführt, auch
zu den „Handwerks Empter allein geschickte und Erbar
leut aufgenommen", und auf den Gaffeln oder Zünften
„die ungepürliche Satzung und Ordnungen mit gutten
zeittigen Raht abgestellt oder in Besserung bracht" würden [11]). Zu diesem Zwecke wurde auch das vom Kaiser
wider die Handwerks-Missbräuche im Reich 1731 ergangene Patent zur strengsten Nachachtung publicirt [12]). Sowohl wirkliche als Titular-Beamte, welche in den Städten „der bürgerlichen Nahrung sich anmassen, Kommer-
zien und Handlung treiben" wollten, wurden auf den Antrag der Landstände „gleichs andern Bürgern den gemeinen bürgerlichen Lasten" unterworfen erklärt [13]).

d) Die Landgemeinden.

59. Das platte Land enthielt der Ansiedlung nach
Flecken, Dörfer, Weiler, einzelne Höfe [1]). Es zerfiel in
ländliche Gemeinheiten und Bauerschaften [2]), an deren
Spitze Schöffen und Vorsteher standen, worunter der älteste Schöffe und der älteste Vorsteher den Anderen sei-

---

11) Polizeiordn. von 1538 Tit. Die Stette mit werckemptern zu
versehen, von 1595 §. 27., Scotti Sammlung I. S. 187.

12) Publication vom 18. Mai 1772, Scotti Sammlung I. 667., Vollst.
Samml. I. 296.

13) Verordnung vom 2. März 1789, Scotti Sammlung I. 894.

1) Ein „aus alten Urkunden zusammengetragenes Verzeichniss der
vornehmsten Kirchspiele, Dorf- und Ortschaften" aus dreizehn Aemtern nach deren Beschaffenheit im fünfzehnten und sechzehnten Jahrhundert giebt Eichhof Erzstift Cöln S. 167—169., ohne jedoch die
Quellen näher zu nennen.

2) So heissen sie in der Verordnung vom 22. Februar 1794,
Scotti Sammlung I. 983.

ner Kategorie vorgieng [3]). Diese Gemeinheiten entsprachen insgemein einem Kirchspiel und wurden auch so genannt [4]). Ein Kirchspiel enthielt gewöhnlich mehrere Dorfschaften [5]). In jeder Dorfschaft waren Vorsteher; die Schöffen aber waren nach den Umständen ausgewählt, so dass es Ortschaften gab, wo Schöffen und Vorsteher und Andere, wo blos Vorsteher waren [6]), wie das Dorf Pfingstheim bei Lechenich [7]). Eine andere Eintheilung, die mit alten Gerichtsverhältnissen zusammenhängt, aber oft gewechselt hat, war die nach Dingstühlen. Als Dingstühle der Art werden genannt im Amte Hülchrath: Rommerskirchen, Hülchrath, Griessberg, Büttgen, Glehn, Führt, Herd, Hurd (was wohl Druckfehler sind) [8]); im Amte Liedberg: Kleine-Broick, Keyn, im Unterbrock, Gissenkirchen, Lydburg, Holtem, Karsten [9]), im achtzehnten Jahrhundert auch Frirmersdorf [10]); im Amte Bonn: Widdich, Düsdorf, Walldorf, Dottendorf [11]). Der Bezirk eines Dingstuhls war grösser, und umfasste mehrere Kirchspiele [12]).

---

3) Dieses ergiebt sich klar aus der Verordnung vom 26. April 1762 § 1., Vollst. Samml. I. 10.

4) Atteste der Schöffen und Vorsteher von Kirchspielen mit den Unterschriften kommen vor in der Wiederlegung der Ritterschaft. Adjuncta p. 62. 64. 66. 71. 73.

5) Dieses zeigt auch das erwähnte Verzeichniss.

6) Dieses zeigt die in der Note 3. angeführte Stelle.

7) Wiederlegung. Adjuncta p. 70.

8) Wiederlegung. Adjuncta p. 1. 2. 7. 8. 9.

9) So in dem Verzeichniss bei Eichhof S. 167.

10) Wiederlegung. Adjuncta p. 65. 68. Hier wird ausserdem nur Kleinenbroich erwähnt.

11) Gegenbericht des Thumb-Capituls. Adjuncta p. 224., Eichhof Erzstift Cöln S. 72. „Die Eingesessenen in denen vier Dingstühlen Ambts Bonn" waren hinsichtlich ihres gezogenen Weines einer besonderen Verpflichtung unterworfen, Verordnung vom 8. Oct. 1699, vom 7. Dec. 1750, Vollst. Samml. I. 404. 406.

12) So wird in dem Dingstuhl Rommerskirchen das Kirchspiel

An vielen Orten wurden auch die ländlichen Gemeinden Honnschaften, und ihr Vorsteher Hunne genannt[13]).

60. Die Schöffen und Vorsteher waren die Wächter sowohl der örtlichen als der gemeinen Interessen, so weit diese in ihren Bereich fielen. Sie hatten daher für die Bekanntmachung, Handhabung und Vollziehung der landesherrlichen Verordnungen bei schwerer Verantwortlichkeit zu sorgen[1]), und mussten den landesherrlichen Behörden dazu an die Hand gehen; so namentlich zur Beischaffung angeworbener und zur Aushebung neuer Recruten[2]), zur Auspfändung und Pfandverkauf bei nöthigen Steuerexecutionen[3]). Insbesondere mussten sie sowohl im gewöhnlichen Leben wie bei ausserordentlichen Vorfällen zur Aufrechthaltung der öffentlichen Ruhe und Sicherheit mitwirken[4]). Zu diesem Zwecke waren zu ihrer Unterstützung die von alten Zeiten her in Städten und Dörfern bestandenen „Schützereien", die sonst zu mancherlei Unordnung Veranlassung gegeben[5]), sehr gut benutzt. Die Schützen mussten gegen die auf Plünderung und Raub umherziehenden entlassenen Kriegsvölker[6]), zu

---

Rommerskirchen, im Dingstuhl Büttgen das Kirchspiel Büügen genannt, Wiederlegung. Adjuncta p. 1. 2. 8. 9.

13) Die Nachweisung giebt Lacomblet Archiv I. 209—215. Das Nähere wird im dritten Buche vorkommen.

1) Verordnung vom 4. Febr. 1709, vom 9. Januar 1749, vom 22. Nov. 1748, Scotti Sammlung I. 290. 459., Vollst. Samml. I. 664. 665. 694.

2) Verordnung vom 6. Sept. 1749 (Vollst. Samml. II. 458), vom 22. Febr. 1794 (Scotti Sammlung I. 933).

3) Verordnung vom 26. April 1762, Vollst. Samml. II. 80—82., Scotti Sammlung I. 567.

4) Verordnung vom 12. Juni 1719, Scotti Sammlung I. 337.

5) Darüber klagt die Publication vom 16. Sept. 1583 Art. 5. 6., Vollst. Samml. I. 20., Scotti Sammlung I. 10.

6) Verordnung vom 18. Oct. 1617, vom 26. Febr. und 4. April 1711, vom 9. Juli 1714, Scotti Sammlung I. 57. 280 Anm. 305.

den Visitationen gegen Raub- und Diebesgesindel [7]), zum
Transport der Gefangenen [8]) bewaffneten Beistand leisten,
auch vorgehende Excessen unverzüglich zur Anzeige bringen [9]). Die Dienstverrichtungen der Schützen-Führer waren genau vorgezeichnet: Handhabung der öffentlichen
Sicherheit, Veranstaltung öfterer nächtlicher Streifzüge
mit den Schützen, Anzeige der nöthigen Wegreparatu-
ren, Verrichtung der Executionen, Abwendung der Feuer-
gefährlichkeiten, und Uebung der Schützen und anderen
Unterthanen in den Waffen. Sie wurden auf Vorschlag
der Localbehörden, wo möglich aus früher im Kriegsdienst gestandenen Subjecten, vom Landesherrn ernannt,
vereidet und besoldet [10]), und erhielten ihr Patent aus
der Hofcanzlei gegen die Taxe von drei Reichsthalern [11]).
Im Jahr 1751 wurde zwar von Clemens August unter
dem Namen Husaren-Compagnie eine Landjägerei oder
Gensd'armerie errichtet; allein es musste doch noch zur
Unterstützung derselben in jedem Dorfe eine gewisse
Anzahl Schützen auserlesen und bereit gehalten werden [12]).

61. Eine Gemeinde bildete eine geschlossene Verbindung, deren Mitglieder sowohl der gemeinschaftlichen
Lasten als der aus dem Gemeindeverband fliessenden Vortheile, namentlich der Nutzungsrechte an den Gemein-
Weiden und Waldungen theilhaftig waren. In Beziehung
auf Beides wurden jedoch an manchen Orten zwischen

---

7) Verordnung vom 12. Juni 1719, vom 22. Oct. 1732, Scotti
Sammlung I. 337. 410., Vollst. Samml. II. 68.

8) Verordnung vom 22. Nov. 1748, Scotti Sammlung I. 513., Vollst.
Samml. I. 694.

9) Verordnung vom 9. Juni 1743, Scotti Sammlung I. 459., Vollst.
Samml. I. 665.

10) Verordnung vom 22. Febr. 1687, Scotti Sammlung I. 185.

11) Dieses zeigt die Taxe vom 25. Juni 1743., Vollst. Samml. I. 538.

12) Verordnung vom 25. Sept. 1751, Vollst. Samml. II. 90., Scotti
Sammlung I. 530. 754.

den Beerbten oder Meistbeerbten und den Köttern oder anderen Unvermögenden unterschieden, und Jenen allein oder doch ein stärkeres Stimmrecht in Gemeindesachen beigelegt [1]). Aus Rücksicht auf die Gemeindenutzungen wurde die Aufnahme Fremder, insbesondere Unbemittelter, in steigendem Maasse erschwert und an die landesherrliche oder örtlich-obrigkeitliche Erlaubniss gebunden [2]).

62. Hinsichtlich der ländlichen Grundstücke gab es im Erzstift die Mannichfaltigkeit der Rechtsformen, welche auch in anderen Ländern bestand. Einige befanden sich im vollen und freien Eigenthum, und waren keinen anderen Lasten als den gewöhnlichen öffentlichen Abgaben unterworfen. Andere waren Pachtgüter, entweder auf bestimmte Jahre, oder lebenslänglich, oder zu Erbpacht. Von dieser Art waren die Halbwinnergüter, die besonders von geistlichen Anstalten vorkamen [1]). Die Meisten und eigentlichen Bauerngüter waren aber Solche, woran der Bauer das vererbliche und veräusserliche Benutzungsrecht gegen die Entrichtung der auf dem Hofe ruhenden Lasten und Abgaben an den Grundherrn hatte. Solche Güter waren insbesondere die aus alten Zeiten herrührenden Hobs- oder Latengüter, dergleichen es im Ober- wie im Niederstift gab [2]). Der Grundherr war entweder ein Privatmann oder eine Corporation oder der Landesherr. Letzterer Art waren die Meiergüter in der Meierei Bonn [3]). Zur Erhaltung eines kräftigen Bauernstandes

---

1) Brewer Elementa §. 88.

2) Verordnung vom 22. April 1752 (Vollst. Samml. II. 282), vom 15. Febr. 1760, vom 6. Oct. 1787, Scotti Sammlung I. 535. 734.

1) Zeugnisse geben die Ordnung der Description vom 15. Sept 1590, Verordnung vom 10. März 1694, Scotti Sammlung I. 42. 229.

2) Dieses bezeugt die Verordnung vom 4. April 1766, Vollst. Samml. I. 557.

3) Von ihnen handelt die Verordnung vom 15. Dec. 1662, Scotti Sammlung I. 106., Vollst. Samml. I. 403.

wurde dem bäuerlichen Herkommen gemäss die Theilung
der Höfe und die Anlegung neuer Kotten auf den abge-
splissenen Stücken verboten[4]). Später, als dieses Verbot
ausser Wirkung kam, wurde, um die vermehrte Mühe
bei der Steuereintreibung zu vermeiden, wenigstens vorgeschrieben, dass die Inhaber von Absplissen die auf
Diese fallende Steuergebühr dem Besitzer des Hauptstü-
ckes ohne Anforderung von selbst zubringen sollten[5]).
Um den Bauern gegen Bevortheilung und Verarmung zu
schützen durfte er „ohn der Erbherren willen das Land
nicht verpfechten, versetzen und auff etliche Jahren ver-
kauffen", und wer den Bauern auf das Land Geld that,
sollte dasselbe verwirkt haben[6]). Bei den dem Aerarium
pflichtigen Grundstücken war zur Theilung, Verkauf oder
Tausch der durch die Hofkammer zu ertheilende Consens
und die Umschreibung in den Lagerbüchern erforderlich[7]).

63. Die Lasten der Bauerngüter bestanden mit mancherlei Verschiedenheiten in einem jährlichen Zins, in
Frohnden und in der Curmede[1]). Der Zins bestand in
Getreide, namentlich bei den Meiergütern in Waitzen[2]),
oder in anderen Naturalien, wie Kapaunen und Hennen[3]),
oder in einer meistens geringen Geldsumme, wie die Pfen-
nigsgelder und Fahrheller[4]). Dabei gab es wie in anderen Territorien mancherlei Unterscheidungen: ob der
Zins gebracht oder geholt werden musste; ob er ablösbar

---

4) Polizeiordn. vom 4. Nov. 1595 §. 32., Scotti Sammlung I. S. 193.

5) Verordnung vom 27. März 1756, Scotti Sammlung I. 547., Vollst.
Samml. I. 79.

6) Polizeiordn. von 1595 §. 32., Scotti Sammlung I. S. 193.

7) Verordnung vom 20. Dec. 1758, Scotti Sammlung I. 557.

1) Kurze Notizen giebt darüber Brewer Elementa §. 91—102.

2) Man sehe §. 62. Note 3.

3) Man sehe die Stelle in §. 67. Note 7.

4) Diese werden erwähnt in der im §. 62. Note 7. angeführten
Verordnung. '

war oder nicht; ob die Nichtentrichtung den Verlust des
Gutes oder die Verdopplung nach sich zog, was Alles
nach dem Herkommen, selbst nach den einzelnen Bauern-
gütern verschieden war. Bei einer Theilung unter Mehrere musste doch der Zins im Zweifel aus einer Hand,
wohin die Anderen contribuirten, entrichtet werden. Bei
den Frohnden bestanden eben so die im deutschen Recht
vorkommenden Modalitäten. Sie waren entweder Realfrohn-
den, die an dem Besitz des Grundstückes hafteten, oder
persönliche, welche jedem Eingesessenen des Bezirkes ob-
lagen, wobei jedoch, wenn sie für eine Kirche verlangt
wurden, auf die Religionsverschiedenheit billig Rücksicht
genommen wurde. Ferner waren sie entweder nach der
Art, der Zeit und dem Maasse bestimmte, oder in der einen
oder anderen Beziehung unbestimmte, wobei die Beschränkungen nach Billigkeit und Menschlichkeit sich von selbst
verstanden. Endlich die Curmede war das deutsche Best-
haupt oder Mortuarium, ein Stück, gewöhnlich Eines der
Pferde, welches der Grundherr nach seiner Kür oder
Wahl aus dem Nachlass wegnehmen konnte. Diese Abgabe kam im germanischen Recht und auch hier in einer
grossen Ausdehnung und Mannigfaltigkeit vor, so dass
manche dieser Curmede-Güter wirklich die Qualität von
Lehen hatten.

64. Zu den Hobs-Laten- und Curmede-Gütern gehörte von alten Zeiten her im Ober- wie im Niederstift [1])
eine auch in den benachbarten Ländern vorkommende
merkwürdige Einrichtung, die Hobs- oder Latengerichte [2]).
Zur Bewahrung und Beobachtung der an diesen Gütern
hängenden Eigenthümlichkeiten und Verpflichtungen gegen die Herrschaft wurden nämlich sehr häufige Hofge-

---

1) Dieses bezeugt die Verordnung vom 4. April 1766 (Vollst.
Samml. I. 557).

2) Davon handelt in wenigen Sätzen Brewer Elementa §. 97. 98.

dinge gehalten, wo der Schultheiss, ein Schreiber, zuweilen auch Schöffen, insgemein aber Geschworene zu bestimmten Zeiten des Jahres zusammenkamen, um die eingetretenen Besitzveränderungen zu vermerken, verloren gegangene Stücke an den Hof zurückzubringen, und die Säumigen zu ihren Pflichten gegen die Herrschaft anzuhalten. Bei der vom Erzbischof Hermann 1537 vorgenommenen Reformation der Gerichte wurde auch die „sondere Art und Natur dieser Hoffsgericht" in einer nach Poppelsdorf berufenen Conferenz von kurfürstlichen Räthen mit den Amtleuten anerkannt[3]), und demgemäss deren Beibehaltung beschlossen, jedoch nur strenge auf die Hofsachen beschränkt[4]). In dieser Weise erhielten sich die „Hobs-Lathen- oder Churmuths-Gerichte" bis in die letzten Zeiten[5]), und es wurde, da die Amtsgerichte in die Thätigkeit derselben eingriffen und deren Urtheile zu vollstrecken ablehnten, als der nachdrückliche Wille des Landesherrn erklärt, „dass die jenige, so Lathen- oder Chürmuths Gütern haben, bey denen Lathen Gerichteren die Chürmuth zu verthätigen und Belehnung zu nehmen, oder die empfangende Hand zu stellen, nach wie vor schuldig seyen, die Unwillige hingegen zu der Erbebung bey denen ördentlichen Gerichten nicht gezwungen, sonsten auch die bey erwehnten Lathen gesprochene Urtheilen, auff des Lathen Gerichts Requisition ihres Inhalts also fort und behörend exequiret wer-

---

3) Dieses lehrreiche Stück steht bei Kindlinger Münster. Beitr. Bd. II. Urk. 67. Es ist mitgetheilt im Anhang Nr. IV.

4) Reformation der Weltlichen Gerichter von 1537 (Vollst. Samml. I. 422). Item die Hoffs adir Bürgericht, sollen sich auch keiner anderer sachen, dan so gütter in die Höffe adir die Bürschaft gehörig sein beruen. Und allein über die sie nach alter löblicher hergebrachter gewonheit zu richten haben undernemmen.

5) Dieses bezeugt die Verordnung vom 4. April 1766, Vollst. Samml. I. 557.

de" [6]). In diesen Hofgedingen wurde auch das Weisthum des Hofes nach wie vor verlesen, deren sich daher eine grosse Zahl in diesen Gegenden erhalten haben.

E) Die einzelnen Verwaltungszweige. 1) Das Justizwesen.
a) Die Untergerichte.

65. Im Anfang des sechzehnten Jahrhunderts gab es im Erzstift eine grosse Anzahl von Untergerichten. Diese waren theils aus Zersplitterungen der Centen und ihrer Dingstühle, theils aus den Exemtionen vieler kleiner Herrschaften entstanden, welche vor und nach unter das Erzstift gekommen waren. Der Vorsteher des Gerichts liess nach Verschiedenheit der Orte Greve, Schultheiss, Richter oder anders [1]). Das Urtheil wurde an jedem Dingstuhl durch die dazu gehörenden sieben Schöffen [2]), an den westphälischen Gerichten wie auch in anderen Gegenden Deutschlands von dem „ungeferlichen umbstandt adir einen uss dem hauffen gegeben" [3]). Neben diesen Unter- oder Niedergerichten unterschied man die in manchen Aemtern vorkommenden „Hauptgerichte" [4]), welche eben so mit Schöffen besetzt waren [5]). Diese rührten von grösseren Stücken der Centen oder von Ueberresten der Grafengerichte her. Ihr Verhältniss zu den anderen Gerichten war aber unbestimmt. Das Schöffenamt hieng an manchen Orten an bestimmten Gütern, de-

---

6) Verordnung vom 25. Mai 1729, Scottl Sammlung I. 392., Vollst. Samml. I. 653.

1) So sagt die Reformation der weltlichen Gerichter von 1537, Vollst. Samml. I. 413.

2) So bezeugt die im §. 63. Note 3. erwähnte Conferenz von 1537. §. 3.

3) Dieses bezeugt die Reformation von 1537, Vollst. Samml. I. 413.

4) Man sehe die erwähnte Conferenz von 1537. §. 3., Reformation von 1537 (Vollst. Samml. I. 412), von 1538 (Scottl Samml. I 15).

5) Dieses zeigt die erwähnte Conferenz von 1537. §. 3.

ren Besitzer sich in Person bei dem Dingstuhl einfinden mussten [6]).

66. Der Unzusammenhang und die grossen Mängel, die diesen Einrichtungen anklebten, veranlassten den Erzbischof Hermann 1537 auf eine Reformation der Gerichte bedacht zu sein, und zu diesem Zweck von der oben erwähnten Conferenz ein Gutachten einzuholen [1]). Dieses gieng dahin, etliche kleine und geringe Untergerichte möglichst mit den Hauptgerichten zusammen zu ziehen, nur so, dass das Untergericht zu dem Hauptgericht in ziemlicher Anzahl Schöffen zu stellen hätte, welche von dem Eigenthümer des Gutes, woran der Schöffendienst hieng, zu besolden, dieser aber dafür von dem persönlichen Erscheinen zu entheben wäre; übrigens aber sollten die Untergerichte hinsichtlich der Besoldung sich „mit dem itzo gegebenen gemeinen Maass begnügen lassen.“ Ueberhaupt aber sollten den Gerichten ein solches Maass und Unterordnung gegeben werden, dass zum wenigsten der Kurfürst der letzte Richter sei. In diesem Geiste nahm Hermann unter Beibehaltung der alten Namen tief gehende Reformen vor. Die Gerichte sollten „mit frommen verstendigen personen, wie von alters löblich herbracht“, besetzt werden. Einer davon unter dem herkömmlichen Namen, die „statt des Richters von des Landesherrn wegen vertretten, die Andern des Fürsten und des Gerichts Scheffen sein“, und Richter wie Scheffen auf diese Pflichten vereidet werden. Durch den Umstand oder Einen aus dem Haufen das Urtheil weisen zu lassen, wurde abgeschafft [2]). Insbesondere wurde das Verhältniss der Gerichte zu einander und der Appellationszug genauer geordnet, wovon unten. Doch dauerte der

---

6) So sagt die erwähnte Conferenz von 1537. §. 3.
1) Man sehe §. 63. Note 3.
2) Reformation von 1537, Vollst. Samml. I. 413., Scotti Samml. I. 13.

Gebrauch, dass die klagenden Partheien ihre Streitsachen unmittelbar bei der Hofcanzlei einführten, noch geraume Zeit fort; erst 1653 wurde dieses abgestellt, und die klagenden Theile angewiesen, sich an die Ortsgerichte als die regelmässige erste Instanz zu wenden [3]).

67. Die beibehaltenen Untergerichte und Dingstühle waren dem Umfange nach sehr verschieden. Sie entsprachen den Aemtern nicht; denn es gab Gerichte und Schultheissen, die unter kein Amt gehörten, und Aemter, die mehrere Schultheissen hatten [1]). Andererseits konnte es vorkommen, dass ein Vogt oder Schultheiss mehrere Dingstühle oder Gerichte unter sich und zu bereisen hatte [2]). Der Richter wurde vom Landesherrn ernannt. Die Schöffen aber wurden erwählt, so dass jedes Gericht oder Dingstuhl seine bestimmten Schöffen aus den dazu gehörenden Ortschaften hatte [3]). Bei diesen Schöffenwahlen sowohl in Städten als in Flecken und Dörfern hatte der Erwählte nach altem Gebrauch kostbare oft drei Tage hintereinander dauernde sogenannte Scheffen - Essen anzustellen, was aber wiederholt und zuletzt sehr strenge verboten wurde [4]). Ferner sollte „ein jetlich Undergericht zum wenigst mit einem erbarn frommen, und verstendigen Gerichtsschreiber, auch einem Gerichtsbotten adir fronen versehen", und diese zu ihrem Amte vereidet [5]), auch

---

3) Verordnung vom 10. Sept. 1653, Scotti Sammlung I. 88., Vollst. Samml. I. 504.

1) Man sehe das Verzeichniss im §. 55·, welches darüber und über die Veränderungen genaue Auskunft giebt.

2) Dieses erwähnt die Verordnung vom 16. Juni 1722, Vollst. Samml. I. 652.

3) Man vergleiche §. 59. 64· Ein schönes Seitenstück dazu giebt aus dem Herzogthum Berg die Erkundigung von 1555 in Lacomblet Archiv I. 288.

4) Verordnung vom 24. Sept. 1685, vom 16. März 1775, Scotti Sammlung I. 179. 696.

5) Reformation von 1537, Vollst. Samml. I. 414.

nach einer späteren Verordnung zu Gerichtsboten nur des
Lesens und Schreibens kundige Leute genommen werden[6]). Richter, Schöffen und Gerichtsschreiber erhielten
ihre Patente aus der Hofkanzlei gegen die Entrichtung
von drei bis achtzehn Reichsthalern je nach dem abgeschätzten Einkommen dieser Aemter, worüber die Verzeichnisse in der Kanzlei lagen[7]).

68. An jedem Untergericht sollten „zwey schloss-
haftig Gerichtsbuecher gemacht und zum verwarlichsten
gehalten werden." Das Eine für die Eintragung der gerichtlichen Handlungen, Bei- und Endurtheile und so weiter; das Andere für die Handlungen der freiwilligen Gerichtsbarkeit, wovon unten[1]). Zur Abhaltung der Gerichte
mussten „Richter und Scheffen zu einer gewissen Zeit
alle wochen, adir zum wenigsten zu viertzehn tagen gerichtlich bei einander kommen"[2]), was später öfters wiederholt eingeschärft, und zwar regelmässig auf den Dienstag jede vierzehn Tage festgesetzt wurde[3]), auch da,
wo ein Vogt oder Schultheiss mehr denn einen Dingstuhl
oder Gericht unter sich hätte[4]). In ausserordentlichen
Fällen wurden die Schöffen vom Vogt zu einem sogenannten Nothgeding berufen[5]). Die von dem Hofrath oder
der Hofkammer geforderten Berichte mussten die Untergerichte, und zwar vom gesammten Gerichte, nicht vom

---

6) Verordnung vom 22. Dec. 1786, Scotti Sammlung I. 848.

7) Taxe der Hofkanzlei von 1743, Vollst. Samml. I. 538.

1) Reformation von 1537, Vollst. Samml. I. 421.

2) Reformation von 1537, Vollst. Samml. I. 423.

3) Verordnung vom 15. Febr. 1720, Scotti Sammlung I. 340., Vollst.
Samml. I. 642., vom 16. März 1775, vom 24. Febr. 1777, vom 15.
April 1793, Scotti I. 348. Anm. I. 712. 968.

4) Verordnung vom 16. Juni 1722. Scotti Sammlung I. 348., Vollst.
Samml. I. 652.

5) Die Gebühren dafür bestimmt die Taxordnung vom 4. März
1768, Vollst. Samml. I. 671.

Vogt eder Schultheiss allein, pünktlich einschicken [6]),
auch über die während des Jahres abgeurtheilten Pro-
cesse am Jahresschluss eine Process-Tabelle nach einem
bestimmten Muster einsenden [7]). Ueber die Gerichtsge-
bühren der Richter, Schöffen, Gerichtsschreiber und Gerichtsboten wurde eine genaue Taxordnung erlassen, und
deren Handhabung eingeschärft [8]). Schriften in fremden Sprachen durften bei keinem Gericht angenommen
werden [9]).

69. Der germanischen Weise gemäss hatten aber die
Gerichte von alten Zeiten her auch mit dem zu thun, was
man jetzt die Handlungen der freiwilligen Gerichtsbarkeit nennt. Daher wurde ihnen, wie erwähnt, 1537 zur
Pflicht gemacht, ein zweites Buch zu halten, worin „die
Contract, als übergeben, keuff, verkeuff, und dergleichen,
Item Testament adir erbungen, vertrege und alle andere
Contract, so je zu zeiten vür Gericht beschehen, geschrieben sollen werden" [1]). Später wurde dieses näher so bestimmt, dass die Protokolle jener Geschäfte vom Gerichtschreiber in das Buch wohl mundirt überschrieben, dieses mit den nöthigen Beilagen in der mit drei verschiedenen Schlössern verwahrten Schöffenkiste niedergelegt,
und dass jenes „geschehen seye, von denen Gerichtschrei-
bern bei der ersten Gerichts - Versammlung jeden Jahres
angezeigt werden sollte" [2]). Die Vollziehung jener Hand-

— ---

6) Verordnung vom 15. Febr. 1720, Vollst. Samml. I. 645.

7) Verordnung vom 22. Dec. 1788, Scotti Sammlung I. 889.

8) Verordnung vom 4. März 1768, vom 18. April 1772, vom 24.
Febr. 1777, vom 15. April 1793, Scotti Sammlung I. 634. 712. 968.,
Vollst. Samml. I. 668. II. 477.

9) Verordnung vom 12. Jan. 1789, Scotti Sammlung I. 891.

1) Reformation von 1537, Vollst. Samml. I. 421. Darauf bezieht
sich auch die Polizeiordnung von 1595 §. 16., Scotti Sammlung I. S. 178.

2) Verordnung vom 22. Dec. 1718, vom 2. März 1733, Vollst.
Samml. I. 648 649. 654.

lungen und die Ausfertigung gerichtlicher Verschreibungen geschah nicht von dem Vogt oder Schultheis, sondern durch einige Schöffen mit dem Gerichtschreiber, die
davon hauptsächlich ihre Gebühren hatten [3]); so die Erbungen bei dem Erwerbe von Grundstücken [4]), gericht-
liche Immissionen [5]), Taxationen [6]). Die Gebühren waren
aber in genaue Taxen gebracht [7]). Die Gerichte hatten
auch mit der Bewahrung der Depositengelder zu thun.
Diese mussten ebenfalls in eine mit drei Schlössern ver-
sehene wider Feuersgefahr gesicherte Kiste hinterlegt,
und darüber von zwei zu zwei Jahren Bericht eingeschickt
werden [8]). Bei der Ein- und Rückzahlung war eine Gebühr von ein halb Procent zu entrichten [9]).

70. Neben diesen Gerichten, die sich aus den alten
germanischen Einrichtungen entwickelt hatten, gab es eine
Gerichtsbarkeit neuerer Formation, die der Amtleute. Die
in deren Hand gelegten umfassenden Verwaltungs- und
polizeilichen Befugnisse veranlassten die Landesherrn ihnen im Interesse der Unterthanen auch die Schlichtung
der Rechtshändel derselben zuzuweisen [1]). Dieses wurde

---

3) Verordnung vom 3. Januar 1657, vom 7. Oct. 1698, Vollst.
Samml. I. 639. 641.

4) Verordnung vom 3. Januar 1657, vom 7. Oct. 1698, Vollst.
Samml. I. 639. 641.

5) Verordnung vom 22. Dec. 1718, Vollst. Samml. I. 648.

6) Verordnung vom 24. August 1592, vom 22. Dec. 1718, Vollst.
Samml. I. 500. 648.

7) Verordnung vom 22. Dec. 1718, vom 4. März 1768, vom 4.
Juli 1792, Vollst. Samml. I. 647. 648. 672., Scotti Sammlung I. 952.

8) Verordnung vom 22. Dec. 1718, vom 2. Juli 1743, vom 13.
Mai 1788, Vollst. Samml. I. 648. 655., Scotti Sammlung I. 464. 879.

9) Verordnung vom 22. Dec. 1718, Taxordnung vom 4. März
1768, Vollst. Samml. I. 648. 674.

1) Polizeiordn. von 1538. Tit. Von brüchten. Wir wüllen auch,
das hinfürter eyn jeder Amptman alle wochen eynmall unsers Ampts
underthanen jrer klage halben gehör geben, oder jn seinem abwesen

jedoch den Partheien nicht aufgedrungen, sondern vom freien Willen des Beklagten abhängig gemacht [1]). Diese gleichsam ausserordentliche Rechtssprechung ohne Schöffen scheint nun ihrer grösseren Einfachheit und Wohlfeilheit wegen mit Vorliebe angerufen worden zu sein, und wurde zu der hauptsächlichen Beschäftigung der Amtsverwalter. Doch wurde wiederholt und bis in die letzten Zeiten eingeschärft, „es solle sich der Ambtmann, oder der in des Landesherrn Eyd und Pflichten stehende Amtsverwalter, keine streitigen Rechtssachen underfangen, wen die Partheyen sich nicht gutwillig bei ihnen einlassen", auch nur, wenn der Kläger freiwillig bei ihm darum nachsuche, Arrest anzulegen und darüber zu erkennen, und nur „seine eigene ertheilte Ambtliche Bescheide zu exequiren", das Recht haben [3]). Dieser Einschränkungen ohngeachtet kamen diese Gerichte in eine so regelmässige Thätigkeit, dass über die Vorladungen, über die Abhaltung der Amtsverhöre, über die Zeugenverhöre, Aufnahme von eidlichen Aussagen, Erhebung des Augenscheins bei denselben genaue Vorschriften erlassen [4]); auch die Gebühren der Amtsverwalter durch Taxen wie gewöhnlich regulirt wurden [5]).

---

eynen bevellhaber jn sein stat verordnen sol, der underthanen klagen und fürbrengen jn und widder reddo schrifftlich zu entfangen, oder durch jre dero Amptlude schreiber uffzeichen zu lassen, den armen lüden uss der klago zu verhelffen, und sio damit des vilfeltigen vergebentlichen lauffens und verzerens zu entheben. — Dasselbe wiederholt die Polizeiordn. von 1595 §. 37., Scotti Sammlung I. S. 200.

2) Verordnung vom 10. Sept. 1653, Hofcanzlei-Ordnung von 1724. Tit. I. Art. 27. 28., Vollst. Samml. I. 505. 528., Scotti Sammlung I. 88.

3) Verordnung vom 3. Jan. 1657, vom 7. Oct. 1698, vom 15. Febr. 1720, vom 24. Febr. 1777, Vollst. Samml. I. 638. 640. 642., Scotti Sammlung I. 98. 340. 712.

4) Verordnung vom 30. März 1773, Scotti Sammlung I. 678.

5) Verordnung vom 4. März 1768, vom 18. April 1772, vom 30.

71. Ueber die Gerichtsbarkeit in Criminalsachen war bei der Reformation der Gerichte seltsamer Weise nichts gesagt, also das alte Herkommen gelassen. Noch in den neuesten Gesetzen wurde daher von den „die Cognition in Criminalibus hergebracht habenden Gerichtern"[1] gesprochen. Die Vögte und Schultheissen übten also mit den Schöffen wie ein Geschworenen-Gericht die höchste Criminal-Gerichtsbarkeit bis zur Execution hin aus. Darin war ein Unterschied von den Jülich- und Bergischen Vögten, welche in den Sachen, wo es an Leib und Leben gieng, nur den Angriff und das erste Verhör hatten, dann aber den Verbrecher an den Schöffenstuhl in Jülich oder beziehungsweise an den in Düsseldorf mit gehaltenen ersten Verhören abliefern mussten[2]. Doch gab es Ausnahmen, wo ein Vogt oder Schultheiss die Criminal-Jurisdiction nicht hatte. Dieses war namentlich der Fall im Amte Bonn, wo dieselbe nur dem hohen weltlichen Gerichte zu Bonn zustand[3]. Gewiss waren viele solcher Ausnahmen auch noch anderwärts. Ein Ueberrest alter Einrichtungen war, dass bei Todesfällen ein Nothgeding zur Besichtigung berufen wurde, was aber bei notorischen Verunglückungen ferner nicht mehr geschehen sollte[4].

72. Ein anderer Ueberrest der Art waren die Hohen- und Herrengedinge, wo sämmtliche Eingesessene des Gerichts erscheinen mussten. Diese wurden zu bestimmten Tagen des Jahres ohne besondere Vorladung gehalten, und davon die „ungebotten gedinge" genannt[1]. Da aber

---

März 1773, vom 21. Nov. 1775, vom 24. Febr. 1777, Vollst. Samml. I. 674. II. 477., Scotti Sammlung I. 634. Bem. 678. Bem. 712.

1) Verordnung vom 31. Febr. 1776, Scotti Sammlung I. 702.

2) So bezeugt Correns Abhandlung §. 52.

3) So bezeugt Eichhof Erzstift Cöln S. 72.   Man sehe unten §. 77. Note 8.

4) Verordnung vom 23. März 1784, Scotti Sammlung I. 777.

1) So in der Polizeiordn. von 1538. Tit. Von Scheffen weistthumben, von 1595. §. 29., Scotti Sammlung I. S. 188.

eine allgemeine Bekanntmachung vorhergieng, wonach
Jeder bei Strafe sich einfinden musste, so hiessen sie
auch die „gebottenen Gedinge" [2]). Sie geschahen früher
unstreitig dreimal jährlich ; 1538 wurden sie auf einmal
jährlich festgesetzt [3]). Es wurden dort nach dem Zeugniss
der Schöffen und Aeltesten die Gerechtsamen des Landesherrn gewiesen, auch die Grenzen des Gerichtsbezirks
von Mahl zu Mahl begangen, und die darüber vorhandenen schriftlichen Weisthümer vorgezeigt und verlesen [4]).
Auch wurden daselbst die vorgefallenen kleinen und grossen Frevel zur Anzeige gebracht, und die Schuldigen zu
den gesetzlich vorgezeichneten Brüchten verurtheilt [5]). In
Bonn geschah die Verlesung des alten Scheffen-Weisthums
dreimal jährlich [6]) in dem Herrengeding, welches das hohe
weltliche Gericht bis in die letzten Zeiten an dem mitten
auf dem Münsterplatze gestandenen jetzt verschwundenen
steinernen Leopart oder steinernen Wölfchen, einem Ju-
risdictionszeichen, hielt, wobei jedesmal die ganze Bürgerschaft bei Geldstrafe erscheinen musste [7]), den Anwesenden aber auch ein Trunk Wein verabreicht wurde [8]). An
diesen kurfürstlichen „Hohen und Herren Gedings Tägen
in Bonn" versammelten sich auch nach altem Gebrauch
der Bürgermeister und die Rathsverwandten „auff dem
Rathhauss, um von der Stadt-Gerechtigkeit und anderen

2) So in der Brüchten-Ordnung vom 25. August 1616, Vollst.
Samml. I. 245.
3) Man sehe Note 1.
4) Man sehe Note 1.
5) Man sehe Note 2.
6) Darauf bezieht sich die Verordnung Salentins vom 4. Febr.
1569, Vollst. Samml. I. 347.
7) So meldet Eichhof Erzstift Cöln S. 82 , welcher als Augenzeuge schrieb. Was Müller Geschichte von Bonn S. 229 davon sagt,
lautet so, als ob es nur ein Herren-Geding jährlich gegeben hätte.
8) Nach zuverlässiger mündlicher Ueberlieferung.

Nothwendigkeiten zu tractiren", und darüber im geeigneten Falle mit Vogt und Schöffen in Verhandlung zu
treten[9]). Mit den Herren - Gedingen wird der geschworene Montag genannt [10]). Dieses hängt unstreitig so zusammen, dass Eins derselben jährlich am Montag nach
drei Königen gehalten wurde [11]).

73. Ausnahmen von der gewöhnlichen Gerichtsbarkeit waren folgende. Es waren bestimmte Fälle bezeichnet, wo der Hofrath noch unmittelbar angegangen werden
konnte: „alle Gewaltsachen, Executionen oder Vollstrek-
kung der ausgesprochener Urtheil miserabilium persona-
rum (das heisst der Armen, Wittwen und Waisen), wo
von Rechtswegen die Landts Obrigkeit immediate kan
und pflegt angelangt zu werden, wie gleichfalls verwei-
gert oder verzögerter Justitz, Contributions- Lehn- und
Policeysachen, so dan auch die appellationes von den
Beambten, wo die Partheien beyderseits ultro submittirt,
und hiernach durch den Ambtsbescheidt sich beschwert
befinden", in welchen Fällen allen dem beschwerten Theil
sich bei dem Kurfürsten und seinem Kanzler mit seiner
Klag anzugeben unverwehrt sein sollte [1]). Ferner hatte
in den Städten der Magistrat eine gewisse Gerichtsbarkeit [2]). Endlich gehören hieher die Latengerichte mit ihrer beschränkten Competenz [3]).

74. Eine besonders organisirte Art der Jurisdiction
war das Brüchtenwesen. Darin lebte das alte System der
mannigfaltigen Bussen und Wetten fort. Es herrschte dabei ein vierfacher Gesichtspunkt: das Ansehen der Ge-

---

9) So berichtet die grosse Stadtverordnung von Bonn des Kurfürsten Joseph Clemens vom 15. Dec. 1698, Vollst. Samml. I. 321.

10) Man sehe Note 1. 2.

11) So sagt Müller in der genannten Stelle.

1) Verordnung vom 10. Sept. 1653, Vollst. Samml. 1. 505.

2) Man sehe §. 58. Note 5. 6.

3) Man sehe §. 64.

setze und Obrigkeit zu stärken, die Brüchtfälligen zur
Strafe zu bringen, Willkühr der Beamten abzuhalten, und
der Kammer diese bedeutende Einnahmequelle zu sichern.
Schon bei der Einsetzung des ständigen Rathes 1469 wurde
demselben um Willkühr zu vermeiden die Verhängung
der schweren Brüchten vorbehalten [1]). Dann wurde, weil
die „Amptlüde zu zeiten die brüchten etwas grob jres
gefallens und unerkantz rechtens von den underthanen
heischen und fordern", verordnet, dieselben dürften „die
brüchten nit anders dan mit gebürlichen rechten und
rechtlichen erkenntniss jnfordern, und dazu die überfarer
nach gelegenheit der übertrettung und befindung began-
gens friddens (1595 begangenes frevels) und dermassen
brüchten, das sie sollichs gegen Got dem almechtigen und
dem Landesherrn zu verantworten wissen" [2]). Sowohl im
gemeinen als im fiscalischen Interesse wurde dann für
das Brüchtenwesen ein eigner Beamter, der Land-Brüchtenmeister, eingesetzt [3]). Bei der Ausscheidung der Kammer von dem Hofrathe wurde dasselbe an die Hofkammer gezogen, und dieser der Land-Brüchtenmeister untergeben [4]). Bald darauf erliess auch der Erzbischof Ferdinand 1610 eine ausführliche wohldurchdachte Brüchten-

1) Hofordnung Ruprechts von 1469. Art. 25.

2) Polizeiordn. von 1538. Tit. Von brüchten, von 1595. §. 37.,
Scotti Sammlung I. S. 200.

3) Dass dieses schon vor 1610 geschehen war, bezeugt die Hofkammer-Ordnung von 1610. Art. 50 (§. 44).

4) Von ihm, seinem Unfleiss und seinen Obliegenheiten handelt
sehr nachdrücklich die Hofkammer-Ordnung von 1610. Art. 25. Wörtlich wiederholt ist dieses von der Hofkammer-Ordnung von 1652.
Art. 50, und eben so, nur mit einem verschärfenden Zusatz, von der
Hofkammer-Ordnung von 1692. Art. 51. Sein Patent aus der Hofkanzlei kostete zwölf Reichsthaler, Hof-Canzleitaxe vom 25. Juni
1743, Vollst. Samml. I. 538.

Ordnung⁵). Das Brüchtenwesen gehörte nun so ausschliesslich zur Competenz der Hofkammer, dass selbst der Hofrath Alles, was dahin einschlug, an dieselbe abzugeben angewiesen wurde ⁶).

75. Die Handhabung der Brüchtenordnung war dem Land-Brüchtenmeister genau vorgezeichnet. Die in den gemeinen Rechten der kaiserlichen Halsgerichts-Ordnung und in der Polizeiordnung verordneten sicheren Geldstrafen hatten die Beamten selbst gebührlich zu exequiren¹). Ueber die Sachen und Excesse, „denen keine sichere Poen gesetzt", oder wo die gesetzte zu ermässigen war, hatte der Brüchtenmeister in dem Brüchten - Verhör zu verhandeln, welches er in jedem Amte ein- oder zweimal des Jahres „in Beyseyn jeden Orths Ambtmans, Kelners, Vogts oder Schultheissen und zwey Scheffen sambt dem Gerichts-Schreibern" abzuhalten hatte²). War der Brüchthaftige zur Sühne erbötig, so sollte der Brüchtenmeister „dermassen mit Ansetz- und Bestimmung der Brüchten verfahren, dass darinnen keine Partheylichkeit gebrauchet, sondern zugleich Gottes Ehr, Beförderung Christlich ehrbar und frommen Wandels, auch Austilgung der Missethaten und Aergernus darunter gesucht werde" ³). Wollte aber Jener „sich zum ordentlichen Weg Rechtens beruffen", so war ihm dieser mit einem summarischen nach der Billigkeit abgemessenen Verfahren und auch die Appellation gestattet⁴). Nach geendigtem Verhör hatte der Brüchtenmeister den Brüchtenzettel in drei Exempla-

---

5) Brüchten-Ordnung vom 25. August 1616, Scotti Sammlung I. 56., Vollst. Samml. 1. 245—251.

6) Hof-Canzlei-Ordnung von 1652, Art. 20. 21 (§. 42). Wiederholt in der Hof-Canzlei-Ordnung von 1724. Tit. I. Art. 32.

1) Brüchten-Ordnung von 1616. §. 1.

2) Brüchten-Ordnung von 1616. §. 6. 24.

3) Brüchten-Ordnung von 1616. §. 7.

4) Brüchten-Ordnung von 1616. §. 8—18.

ren anzufertigen: das Eine für ihn selbst; das Andere
zur Einlieferung an die Rechenkammer; das Dritte für
den Amtskellner, um darnach die Brüchten beizutreiben [5]).
Es wurden aber auch auf dem geschworenen Montag und
den Herrengedingen gesetzliche Brüchten zuerkannt. Auch
hatten die Kanzlei und die Kammer das Recht Poenalbe-
fehle zu erlassen; und die Beamten und Richter waren
befugt, Störungen in ihrem Amte augenblicklich mit mäs-
sigen Strafen zu belegen. In allen solchen Fällen mussten die Secretarien und Gerichtsschreiber die verhängten
Brüchten sorgfältig notiren und der Rechenkammer zur
Beitreibung durch den Brüchtenmeister und die Kellner
zuschicken [6]). Hieran schlossen sich noch viele nachträglich einschärfende Verordnungen: über die jährliche Einlieferung des Verzeichnisses der vorgefallenen Brüchten-
vergehen an die Hofkammer, über die regelmässige Abhaltung der Brüchtenverhöre [7]), über die Einsendung der
Listen der von den Gerichten verhängten Brüchten [8]). Insbesondere wurde Diesen vorgeschrieben, die brüchtmäs-
sigen Excesse, von denen zugleich ein grosses Verzeichniss aufgestellt wurde, selbst zu untersuchen und die
Protokolle darüber jährlich um St. Bartholomä zur Hofkammer einzuschicken, damit darüber in den Brüchten-
Verhören ohne Verzug verfahren werden könnte [9]). Zu-

---

5) Brüchten-Ordnung von 1616. §. 25.

6) Brüchten-Ordnung von 1616. §. 2—5. 19. 20.

7) Verordnung vom 17. Dec. 1670, vom 23. Mai 1687 (Scotti
Sammlung I. 123. 186., Vollst. Samml. I. 251), Hofkammer-Ordnung
von 1610. Art. 50., von 1652. Art. 50., von 1692. Art. 51.

8) Verordnung vom 21. Juli 1730, Scotti Sammlung I. 400.,
Vollst. Samml. I. 252.

9) Verordnung vom 29. Jan. 1737, vom 18. April 1738, vom 10.
Dec 1743, vom 4. Febr. 1745, vom 1. März 1746, vom 18. Mai
1748, vom 18. März 1749, Scotti Sammlung I. 433., Vollst. Samml.
I. 252—259.

letzt wurde über das gesammte Brüchtenwesen eine neue
umfassende Verordnung erlassen, wodurch die Untersuchung, die Abfassung der Brüchtenprotokolle und die
Execution durch die Kellner noch genauer vorgezeichnet,
und zur Bestimmung der Brüchten eine aus einem Hofrath, einem Hofkammerrath und einem Kanzlisten bestehende Commission statt des Brüchtenmeisters eingesetzt
wurde [10]).

76. Neben diesen landesherrlichen Gerichten stand
die eigene Gerichtsbarkeit der Unterherren in ihren Unterherrschaften [1]). Diese konnte die niedere, mittlere und
hohe Jurisdiction begreifen [2]), und im letzten Falle auch
die volle Criminalgerichtsbarkeit [3]). Die Unterherren mussten aber der Brüchten-Ordnung von 1616 nachleben, in
so fern sie nicht ein Anderes hergebracht hatten [4]), und
sich auch der kurfürstlichen Gerichts - Tax - Ordnung in
Allem fügen [5]). Was die Form der Rechtspflege betrifft,
so waren an einigen Orten die Unterherren ein förmliches
Gericht zu bestellen berechtigt; an Anderen sprachen
und unterschrieben sie das Urtheil selbst [6]). Nach einer
in der letzten Zeit ergangenen sehr zweckmässigen Verordnung durften die unterherrschaftlichen Beamten höch-
stens drei Stunden von dem gewöhnlichen Gerichtsorte
entfernt wohnen [7]).

---

10) Verordnung vom 7. Dec. 1787, Scotti Sammlung I. 865.

1) Man sehe darüber oben §. 55. 56.

2) Strevesdorff Descriptio p. 49. Man sehe oben §. 31. Note 4.

3) Correns Abhandlung §. 51. 52. Dieser redet jedoch so, als
ob die Vögte in den Unterherrschaften immer auch die Criminalgerichtsbarkeit gehabt hätten, was gewiss nicht immer der Fall war.

4) Brüchten-Ordnung von 1616 §. 28.

5) So bezeugt Correns Abhandlung §. 51.

6) Diesen Unterschied macht die Verordnung vom 4. April 1766,
Vollst. Samml. I. 556.

7) Verordnung vom 20. Febr. 1788, Scotti Sammlung I. 872.

b) Das hohe weltliche Gericht in Bonn.

77. Im Anfang des sechzehnten Jahrhunderts wurden neben den Niedergerichten die in manchen Aemtern vorkommenden Hauptgerichte unterschieden, von deren Ursprung oben gesprochen worden ist [1]). Eben so unterschied man von den Niedergerichten die Gerichte von „Bonn und andern unsern weltlichen Hauptstetten" [2]), was mit jener Unterscheidung zusammenfiel. Dazu gehörten ausser Bonn und Cöln die Gerichte von Andernach [3]), Lechenich [4]), Neuss [5]). An dieselben wurde von verschiedenen Seiten her appellirt, wie solches im Mittelalter im Verhältniss von Stadt und Land vorkam. Später wurden aber alle solche Appellationen untersagt, mit alleiniger Ausnahme der hohen Gerichte zu Bonn und Cöln, jenes für das Ober-Erzstift, dieses für das Nieder-Erzstift [6]). Ausser der Eigenschaft als Appellationsgericht war das hohe weltliche Gericht zu Bonn auch die erste Instanz für den städtischen Bezirk von Bonn und für die Dingstühle im Amte Bonn, die keine eigenen Schultheissen hatten [7]). In Criminalsachen erstreckte sich seine Jurisdiction unmittelbar über das ganze Amt. Dieses wurde in dieser Hinsicht in sieben Districte eingetheilt: der städtische Bonn, welcher auch die Dörfer Dransdorf und Graurheindorf ober dem Bache begriff; der kurfürstliche Dingstuhl Dottendorf, begreifend die Dörfer Kessenich, Dottendorf und Friesdorf; die propsteiliche Herrlichkeit

---

1) Man sehe oben §. 65. Note 4.
2) Reformation von 1537, Vollst. Samml. I. 443.
3) Man sehe §. 55. Nr. 5. Das Nähere im historischen Theile.
4) Das „Hauptgericht" Lechenich wird als solches genannt in der Wiederlegung der Ritterschaft. Adjuncta p. 67.
5) Man sehe §. 55. Nr. 28. Das Gericht heisst „das hohe kurf. weltliche Gericht" noch im Kreiskalender von 1794 S. 215.
6) Verordnung vom 4. April 1766, Vollst. Samml. I. 556—558.
7) Man sehe §. 55. Nr. 7. §. 59. Note 11.

Endenich, begreifend die Dörfer Poppelsdorf, Endenich, Ippendorf und Eichholz; der kurfürstliche Dingstuhl Düstorf mit den Dörfern Düstorf, Längsdorf, Mäsdorf, Oedekoven, Lessenich, Rötchen, Nettekoven und Impekoven; der kurfürstliche Dingstuhl Widdig, begreifend die Dörfer Büschdorf, Uedorf, Hersel, Oberwesseling, Ursel, Widdig und Graurheindorf unter dem Bache; das kurfürstliche Gericht Büschhoven, Morenhoven und Mettekoven; endlich der kurfürstliche Dingstuhl Walldorf, begreifend die Dörfer Walldorf, Kadorf und Hemmerich[8]). Das Gericht bestand aus einem Vogt, der zuletzt der Hofkammerrath Peter Joseph Boosfeld war, und sieben Beisitzern, welche sämmtlich gelehrte Räthe waren, aber noch den alten Namen Scheffen führten.

e) Das hohe weltliche Gericht in Cöln[1]).

78. Das hohe weltliche Gericht in Cöln[2]) war noch dasjenige, welches der Erzbischof in seiner Eigenschaft als Burggraf von alten Zeiten her gegen die Ansprüche der Stadt auf völlige Reichsunmittelbarkeit behauptet hatte. Die vielen darüber entstandenen Contestationen hatten durch zwei Urkunden des Erzbischofes Hermann einigen Stillstand erhalten. Die Eine ist ein am 20. August 1491 mit der Stadt geschlossener Vergleich über die Sitzungstage, Gebühren, Urtheile und Vollstreckungen an diesem hohen Gericht, wovon noch im historischen Theile die

---

8) So berichtet Eichhof Erzstift Cöln S. 72.

1) Von diesem und anderen der folgenden Gerichte handelt: Tractatus absolutissimus de Iurisdictionibus Coloniensibus. Wetzlariae 1751. Editio secunda Coloniae Agrippinae 1776. 4. Da der Verfasser als Augenzeuge schrieb, so kann dieser Tractat wie eine Quelle benutzt werden. Die zweite Ausgabe ist vermehrt und von vielen Druckfehlern gereinigt.

2) Davon handelt der Tractatus absolutissimus p. 26—36.

Rede sein wird ³). Die Andere besteht in dem Offenen
Brief vom 10. August 1492, wodurch die Zahl der Mitglieder festgesetzt wurde, wie sie bis zuletzt geblieben
ist. Es bestand aus dem vom Kurfürsten als sein Stellvertreter ernannten Greven und zehn Scheffen ⁴). Der
damals ernannte Greve hiess Johann Muyssgen; der letzte
Greve war Friederich von Mehring, kurf. Geheimerath.
Der Greve sollte nach der Behauptung des Rathes immer
ein geborener Cölner sein, was aber beim Reichshofrath
nicht durchgieng. Beim Tode eines Schöffen wurde ein
Neuer von dem Schöffencollegium gewählt und dem Kurfürsten zur Bestätigung präsentirt ⁵). Dasselbe bestellte
auch die Procuratoren des Gerichts; den Gerichtsschreiber aber ernannte der Kurfürst. Um zum Schöffen ge-

---

3) Diese Urkunde steht bei Lacomblet IV. 451.

4) Urk. von 1492. Doin kunt — dass so Wir — Unser Hohe-
Gericht binnen Unser Statt Cöllen mit eilff Personen, als mit Namen
einem Greven und zehen Scheffen bekleidt, und dar in Unser Statt
unsz Lieve getrewen Johan Muyszgen etc. na recht und altem herkommen Unsers Hohen Gerichts vur Unser Scheffen daselbst gesatzt
und geweldiget, den Ban und Frieden gedaln haven, und thoin in
krafft dies Brieffs, und haven auch ausz donselben eilff Personen
Johan Muyszgen als vur Unseren Greven desselben Unsers Hohen-
Gerichts ufgenomen und in Unser Statt geordnet. und auff das solches Unser Hohen-Gericht in ordentlichem wesen furder bestetiget sie
— haven Wir vur Unsz und Unser nachkommen geordnet, bestetiget
und bewilliget — dat nu vort an solch Unsz obgemelt Hohen-Gericht
mit der zall von eilff Personen bekleit, dable vorbliven, und nit weiter von Unsz, Unseren Nachkomlingen gehoegert, sunder vurbass wie
jetzt gemelt gehalten sullen werden. — Die Urkunde steht in der
Securis ad radicem posita. Append. n. 39., und daraus in Lünig
Reichsarchiv. Spicil. Eccles. I. Theils Fortsetzung p. 617. Lacomblet
hat sie nicht aufgenommen.

5) Die darauf bezüglichen Schreiben giebt bei einem unter Maximilian Heinrich 1660 vorgekommenen Beispiele die Securis. Append.
n.13.14.15., und daraus Lünig Reichsarchiv. Spicil. Eccles. I. Theils
Fortsetzung p. 944. 945.

wählt zu werden, musste man „ein eingebohrner und ge-
lötheter (in der Stadt angesessener) Mann" sein und die
Rechte studirt haben. Adlige oder rittermässige Abkunft
war dazu nicht mehr erforderlich; doch enthielt das Con-
vocationsschreiben des Schöffen-Aeltesten zu einer Siz-
zung noch immer die Anrede: Lieber Junker. Der Greve
ernannte das dienstthuende Personal des Gerichts; darunter Zwei, des Greven Botten, für die gerichtlichen In-
sinuationen und Pfändungen, und andere Zwei, die Rich-
ter-Botten, zur Uebergabe schwerer Verbrecher an den
Greven, und zur Inhaftirung insolventer Schuldner. Die
Sitzungen wurden bis in die letzten Zeiten in dem auf
dem Domhofe bei der Kirche St. Johann gelegenen beschränkten Gerichtsgebäude gehalten [6]). An dieses Gericht gehörten die höheren Criminalsachen; ferner von
Civilsachen alle Personalklagen innerhalb der Stadt, und
die Real- und gemischten Klagen innerhalb des Gebietes
der alten Stadt, mit einigen Einschränkungen, wovon
unten bei der Reichsstadt Cöln die Rede sein wird. Dann
war es auch Appellationsinstanz, und zwar seit 1766 ausdrücklich für das gesammte Niederstift [7]).

d) Das geistliche Hofgericht in Cöln oder das Officialat [1]).

79. Der kirchlichen Verfassung gemäss bestellte der
Erzbischof zur Handhabung der geistlichen Gerichtsbarkeit einen Official, welcher zu Cöln „in dem Sale" [2]) an
seiner Statt Recht sprach. Die Competenz desselben
erstreckte sich den gemeinen Rechten gemäss auf alle
Klagen gegen einen Geistlichen, dann auf alle Sachen,

6) Das Nähere darüber unten bei der Reichsstadt Cöln.
7) Man sehe oben §. 77. Note 6.
1) Davon handelt der Tractatus absolutissimus p. 3—25.
2) So heisst es in der Erblandsvereinigung von 1463. Art. 2.,
und in der unten anzuführenden Reformation von 1539. Von dem
„Sale" wird noch unten (§. 82. Note 1) die Rede sein.

welche ihrer Natur nach als geistliche betrachtet wurden,
namentlich die Streitfragen über die Ehe und anderen
Sacramente, daher auch über die eheliche Abstammung,
über die Beneficialsachen und das Patronatrecht, über die
geistlichen Zehnten, Zinsen, und die einer Kirche gehörenden Zinsgüter, über die „Testament so zu der ehr
Gottes und der selen seligkeyt uffgericht seyn", über
Begräbniss, Wucher, Ketzerei und geistliche Bestrafung
begangener Laster und Sünde. In gemischten Sachen entschied zwischen dem geistlichen und weltlichen Gerichte
die Prävention [3]. Ausserdem hatte aber das Officialat
merkwürdiger Weise auch in reinen Civilsachen eine aus-
gedehnte Competenz erhalten. Kraft der der Kirche inne
wohnenden Aufgabe, für die Aufrechthaltung der moralischen Ordnung möglichst mit zu sorgen, hatte das gemeine canonische Recht des Mittelalters den geistlichen
Gerichten die Pflicht und das Recht beigelegt, die Mängel der weltlichen Rechtspflege nach Kräften zu ergänzen. Die Gebrechen der Schöffenverfassung und die Nachlässigkeit der weltlichen Gerichtsherren hatte unstreitig
den geistlichen Gerichten oft genug Veranlassung zur Ausübung dieser Pflicht gegeben, und die Untergebenen selbst
gaben gewiss der Rechtssprechung durch wissenschaft-
lich gebildete Geistliche vor der durch ungebildete Leute
ihres Gleichen den Vorzug. So hatte sich unter der Begünstigung durch einen geistlichen Landesfürsten die Praxis entwickelt, dass das Officialat mit allen weltlichen
Gerichten des Erzstiftes, ausserhalb der Stadt Cöln, auch
den unterherrlichen, in erster Instanz concurriren konnte.

80. Die grosse Wichtigkeit dieser Rechtspflege bewog schon 1463 die Stände zu dem Verlangen, „dat dat-
selbe gerychte bestalt werde mit eirbar officialen, Sege-

---

3) Alles dieses sagt die Reformation von 1537, Vollst. Samml.
I. 421. 422.

lern, Advocaten, notarien und procuratoren, dat mallich
arm und ryche unvertzoglich recht gedyen und widderfaren moige" [1]). Demgemäss erschien 1529 eine wahrscheinlich lateinisch abgefasste, die Gerichtsverfassung,
die Procedur und die Execution genau normirende Reformation der geistlichen Gerichte, wovon aber nur ein offi-
cieller Auszug in deutscher Sprache erhalten ist [2]). Eine
neue durch viele Missbräuche nöthig gewordene Reformation der geistlichen Gerichtsbarkeit in lateinischer Sprache erliess der Erzbischof Ernst 1593 in zwei Theilen [3]).
Der erste Theil handelt sehr ausführlich, wie schon in
der Reformation von 1529 geschah, von dem Gerichtsper-
sonale, dem Officialen und dessen Pflichten, namentlich
dem sparsamen und behutsamen Gebrauche der Excommunication, von dem Siegeler und Untersiegeler, dem
Fiscal-Advocaten und seinen Fiscalen oder Gehülfen, von
den Advocaten, Procuratoren und Notarien, ihren Verrichtungen und Eiden; von dem geschworenen Cursor,
den vier geschworenen „Briefträgern" (literarum latores)
und ihrem Magister oder Director; von der Competenz
des Officialen; von den Gerichtsferien und den Taxen.
Der zweite Theil handelt von dem Verfahren, wobei den
Procuratoren möglichst mündlicher Vortrag anempfohlen
wird, und von der Execution durch die weltlichen Gerichte. Die Beobachtung dieser Reformation und die Will-
fährigkeit gegen die Gerichtsboten und Briefträger wurde
dann den oft widerspänstigen Untergerichten auf das
Strengste eingeschärft und Jenen ihr Verhalten genau
vorgezeichnet [4]). Dann folgten unter Clemens August eine

1) Erblandsvereinigung von 1463. Art. 2., von 1550. Art. 2.
2) Dieser erschien gedruckt 1538, und danach der Abdruck in
Scotti Sammlung I. 7.
3) Sie erschien im Druck zu Münster 1593, und zu Cöln 1722,
Scotti Sammlung I. 36., Vollst. Samml. I. 560—600.
4) Verordnung vom 1. Oct. 1602, vom 1. Juni 1607, Scotti
Sammlung I. 43., Vollst. Samml. I. 601—606.

Reihe von dem Official Tilmann Joseph Godesberg in
lateinischer Sprache erlassenen verbessernder Zusätze [5]),
mit der ausgesprochenen Absicht, dieses Gericht zu einem
Muster für die Anderen zu machen [6]).

81. Die Competenz dieses Gerichts war jedoch nach
dem Zweck, durch dasselbe eine einfache und rasche
Rechtspflege zu sichern, etwas beschränkt. Schon nach
der Reformation von 1529 sollte der Official unter Laien
geringfügige Klagen aus Delicten und Verträgen von
nicht über zwei Gulden Werth, wenn die Partheien über
eine Meile von Cöln wohnten, nicht annehmen. Nach
der Reformation von 1593 erstreckte sich seine Competenz nicht auf Streitigkeiten unter Laien nicht über zehn
Gulden werth, wenn die Partheien weiter als fünf Meilen
von Cöln wohnten, und bei Lehn-, Hof- und Latengütern
nur auf Streitigkeiten über den Besitz. Später wurden
ihm alle den Werth von zehn Reichsthalern nicht über-
steigenden Bagatell- und Injuriensachen, wenn die Partheien über fünf Stunden weit von Cöln wohnten, entzogen [1]). Zur Execution des Erkenntnisses war in der Reformation von 1529 dem Ungehorsamen zunächst die Excommunication gedroht, worauf der Zwang durch den
weltlichen Arm folgte [2]). Nach der Reformation von 1593
sollte aber in reinen Civilklagen unter Laien gegen den
Ungehorsamen die Excommunication gar nicht mehr angewendet, sondern gleich das weltliche Gericht um Un-

5) Der erste Zusatz ist vom 4. Sept. 1744; dazu kamen vier
Additionen vom 25. August 1745, vom 4. Nov. 1746, vom 30. April
und vom 27. August 1749, Scotti Sammlung I. 479., Vollst. Samml.
I. 615—626.

6) Ut iudicia reliqua, dum in illud velut speculum oculos con-
jiciunt, inde sumere possint, quod imitentur.

1) Verordnung vom 7. Juni 1783, Scotti Sammlung I. 769.

2) Reformation von 1529, Scotti Sammlung I. S. 31—33.

terstützung der Execution requirirt werden[3]). Diese geschah zunächst gegen die Mobilien, in deren Ermanglung
gegen die Grundstücke, zuletzt durch persönliche Haft.
Das Verfahren war mit grosser Umsicht und Schonung
geordnet[4]), und den weltlichen Gerichten die Unterstüz-
zung der Briefträger, um unnöthige Kosten durch deren
Aufenthalt zu verhindern, vielfach eingeschärft[5]). Dennoch ergaben sich aus der Prävention und ausgedehnten
Concurrenz dieses Gerichts Conflicte und andere Uebel-
stände, welche selbst Gegenstand landständischer Beschwerden wurden[6]). Denen zufolge wurde in allen Civilsachen statt der lateinischen Sprache die deutsche eingeführt[7]), den Gerichten und Unterherren über einen
entstandenen Competenzconflict die Appellation oder der
Recurs an den Hofrath gestattet[8]), das Vorzugsrecht der
bei dem Officialat erkannt werdenden prätorischen Pfand-
rechte modificirt[9]), und die Frist der Vergantung der
Grundstücke auf ein Jahr und sechs Wochen nach ge-
schehener Immission verlängert[10]). Insbesondere wurde
der Willkür und Habsucht der Unterbeamten schon von

3) Reformation von 1593., Vollst. Samml. I. 589—591.

4) Reformation von 1529 (Scotti Sammlung I. S. 32. 33), Verordnung vom 24. August 1592 (Vollst. Samml. I. 496—501), Reformation von 1593 (Vollst. Samml. I. 595—598).

5) Verordnung vom 24. August 1592, vom 1. Oct. 1602, vom
1. Juni 1607, vom 25. Mai 1746, vom 24. Nov. 1749, Scotti Sammlung I. 35. 43. 499. 519., Vollst. Samml. I. 494. 601. 602. 611. 612.

6) Auszüge der Landtags - Verhandlungen darüber sind in dem
Tractatus absolutissimus mitgetheilt.

7) Verordnung vom 25. Mai 1729, vom 17. Febr. 1786, Scotti
Sammlung I. 393. 826., Vollst. Samml. I. 607.

8) Verordnung vom 18. Sept. 1743, vom 20. Mai 1789, Scotti
Sammlung I. 467. 897., Vollst. Samml. I. 608.

9) Verordnung vom 7. April 1783, Scotti Sammlung I. 766.

10) Verordnung vom 30. März 1784, Scotti Sammlung I. 779.

frühe her [11]) durch oft erneuerte Taxordnungen gesteuert.
Solche Taxen gab es für die Gebühren des Officiales, der
Assessoren, der beiden Siegeler, der Procuratoren und
Notarien [12]); für die die Monitorien publicirenden Pasto-
ren [13]); für die Executionshandlungen der weltlichen Gerichte [14]); und für die Zufertigungen der vier Boten oder
Briefträger [15]). Für diese war das rheinische Erzstift in
vier Bezirke, Quartiere [16]), profectiones oder rheisac eingetheilt, die aber unter ihnen jährlich wechselten, und
die zu jedem Bezirke gehörenden Ortschaften waren genau verzeichnet [17]).

82. Das Gericht bestand aus dem Officialen, dem
Ober- und Unter-Siegler, dem Advocaten des Fiscus und
den Assessoren. Der Official war einer der Priester-Her-
ren des Domkapitels; der Letzte war seit 1793 Peter
Joseph von Cramer zu Clauspruck. Die Assessoren waren wohl bemerkt theils Geistliche theils Laien wegen
der vorkommenden weltlichen Sachen. Sie wurden aus
anderen Beamten und Rechtsgelehrten genommen, und
konnten bei dem Gerichte selbst Advocaten sein. Ihre

---

11) Schon der Auszug von 1529 sagt, man würde davon „im
Erzbischöfflichen Sael zu Cöllen, dessgleichen in der Reformation davon eyn tafell finden, darinne sollchs alles eygentlich und under-
schidlich angezeigt." Scotti Sammlung I. S. 33.

12) Reformation von 1593, Verordnung vom 30. Nov. 1750, publicirt unter dem 8. Jan. 1751, Vollst. Samml. I. 584—586. 629—
636., Scotti Sammlung I. 479. Anm.

13) Verordnung vom 24. August 1592, Vollst. Samml. I. 495.

14) Verordnung vom 24. August 1592, vom 30. Nov. 1750, Vollst.
Samml. I. 498—501. 613—615., Scotti Sammlung I. 519. Anm.

15) Reformation von 1593, Vollst. Samml. I. 587.

16) So sagt schon die Verordnung vom 1. Juli 1607, Vollst.
Samml I. 603.

17) Publication des Officials vom 27. August 1749, Vollst. Samml.
I. 625—629. Hieraus ist das Verzeichniss bei Eichhof Erzstift Cöln
S. 157—166., der aber wie gewöhnlich seine Quelle nicht nennt.

Zahl war gegen zwanzig, bald mehr bald weniger. Die
Procuratoren wurden nach bestandenem Examen von dem
Erzbischof bestellt. Die Audienzen waren, im erzbischöf-
lichen Palast auf dem Domhofe[1]), regelmässig am Montag

---

1) Ennen Cöln II. 442. Ueber den frühern Ort des Officialates
ist Folgendes zu bemerken. Auf dem nördlichen Theile des Domhofes vor der Domkirche lag das antiquum palatium dicht an der
St. Johannes-Kapelle, vor welcher die sedes archiepiscopalis stand.
Dieses von einem Domherrn bewohnte Haus schenkte der Erzbischof
Heinrich 1237 dem Kapitel zu Canonicalwohnungen, indem er sich
nur die Kapelle und die sedes vor derselben vorbehielt, Ennen Quellen II. 173., Ennen Köln I. 7. 2. II. 75. An diesem Orte lag ursprünglich das hohe geistliche Gericht, worin der Official auf dem
steinernen Stuhl, der in dem Bogen stand, zu Gericht sass, so wie
auch bis zuletzt das hohe weltliche Gericht. Dieses wird deutlich
durch die lehrreiche Beschreibung des feierlichen Einrittes von 1488
in der Securis. Append. n. 58. 59. Danach gieng der Erzbischof nach
der Hochmesse „zom Doim auss, end durch das Hohe-Gericht in
Sanct Dionislus Capell allda setzen, end die Doim-Herrn auff den
Steinen Stoill; Item van dannen vortan up den Sale." Noch genauer
lautet der zweite Bericht. Danach zog der Erzbischof nach vollen-
detem Gottesdienst „zu der Doim Thür hinauss, da die Fündeling
liegen, und traten da heraff an dat Hohe Gericht; allda stunden die
Scheffen und hiessen Se. Gnaden willkommen sin, und entboden sich
zu denselben Sr. Gnaden. Und do vort an trat myn Herr mit den
anderen Fürsten und mit synem Capittel, Prälaten und Edlen synes
Stifts uff an dat Gericht stain, da der Greve zu sitzen pflegt, neh-
mende allda Possessie van dem Gericht. Und dieweil dit geschahe,
hielten die Burgermeistere und die andere Herrn dess Raits mit den
Burgeren rant umb den Domhove, und der gantze Rath stunde bo-
ven uff dem Sale. Item als myn gnädiger Herr sust eine Wyle ahn
dem Gericht gesessen hatte, und Sr. Gnaden Capittels Herrn by ime,
gingen syne Gnaden von dannen in dess Officials Hüyss, dat man
jetzt nennet mynes gnedigen Herrn von Münsters Hoff, sitzen, und
die drey Herren uff den Steinen Stoil, der da in dem Bogen stelt;
und da giengen die andere Fürsten alles mit zusiende. Item als
Sr. Gnaden umb trent zwey Pater noster lanck uff dem vurschr. Stull
gesessen hadden, giengen Se. Gnaden mit den Herren und Fürsten,

und Freitag. Der Official sass in der Mitte auf dem Gerichtsstuhl; rechts von ihm auf Subsellien die beiden
Siegler und die geistlichen Assessoren; links die weltlichen Assessoren[2]). Zur Gewinnung zweier Instanzen
committirte der Official die reinweltlichen Sachen auf den
Antrag der Procuratoren, nach der Verordnung von 1766
regelmässig auch ohne diesen, in erster Instanz den Assessoren, so dass er dann die zweite Instanz, und von
ihm in dritter Instanz an den Hofrath zu appelliren war[3]).
Nach der 1786 geschehenen Errichtung eines Ober-Appellationsgerichts wurde, wenn der Official in erster Instanz selbst gesprochen hatte, der Hofrath zur zweiten
und das neue Gericht zur dritten Instanz gemacht[4]).

83. Eine neue ausführliche Verordnung über das
Officialgericht erschien von Max Franz unter dem 23.
November 1787 [1]). Dieselbe ordnete für die Assessoren
eine genaue Prüfung und Vereidung an. Die Notarial-
stellen hob sie auf, und führte statt derselben eine or-

vort mit synes Capittels Herren Prälaten und Edlen vurschr. durch
des Officials Hauss vurschr. (dat nu mynes Herrn von Münsters Hoff
beischt) beraff over den Doim-Hoff biss vür den Saal. Dar gienge
myn gnediger Herr uff mit anderen Fürsten und Herren, die mit
syner Gnaden kommen waren, und vort die syn Gnaden von Capittel
und Prälaten und Edlen darzu hatto. Item, aes myn Gnädiger Herr
uff der Styge tratt, stunde der elteste Bürgermester aff von sinem
Peerde ꝛc." Der Saal, wozu die Stiege hinaufführte, ist der neue
erzbischöfliche Palast auf der Südseite des Domhofes, und hier war
nun auch das Officialat (§. 79. Note 2).

2) Imhove Dissertatio de advocatis et assessoribus curiae Archiepiscopalis Coloniensis p. 73.

3) Reformation von 1593 (Vollst. Samml. I. 594. 595), Tractatus
absolutissimus §. 12, Verordnung vom 4. April 1766 (Vollst. Samml.
I. 557), Imhove Dissertatio p. 27. 28.

4) Verordnung vom 8. Juli 1786, Scotti Sammlung I. 838.

1) Verordnung vom 23. Nov. 1787. Einige Nachträge machte
das Rescript vom 6. April 1790, Scotti Sammlung I. 868.

dentliche Kanzlei ein, bestehend aus zwei Secretarien, einem Registrator und drei Kanzlisten. Hinsichtlich der ersten Instanz blieb es bei den alten Vorschriften. Für die zweite Instanz aber wurde ein formirtes Judicium eingesetzt, welches aus dem Officialen, dem Obersiegler, zwei geistlichen und drei weltlichen Assessoren bestand. Die Sitzungen desselben wurden wöchentlich zweimal, Montags und Donnerstags von neun bis zwölf Uhr, gehalten.

84. Die Gerichtsbarkeit des Officials in weltlichen Sachen war jedoch von der Stadt Cöln über ihr Gebiet nicht anerkannt, sondern auch in ihre Streitigkeiten mit dem Erzbischof gezogen[1]. Dieses sollte durch den Schiedsspruch zwischen dem Erzbischof Hermann IV. und der Stadt von 1506 uff Marcustag geschlichtet werden[2], über dessen Auslegung aber wieder Streit entstand[3]. Die Execution wurde dadurch schwierig, dass die Stadt dem Official in weltlichen Sachen gar keine Cognition oder Execution zustehen wollte, und in dem Vergleich zu Kenterich vom 2. Januar 1672 wurde provisorisch festgesetzt, dass zu den Executionen, wo sie gegen Bürger Statt fänden, der Magistrat auf Requisition des kurfürstlichen Greven seine Gewaltrichter delegiren würde.

e) Das weltliche Hofgericht in Cöln.

85. Die Sachen, worin der Landesherr selbst um Rechtshülfe anzurufen war, wurden an denselben persönlich „in die Kammer"[1], das heisst in das Kabinet, ge-

---

1) Davon handelt der Tractatus absolutissimus p. 12—15.

2) Dieser ist gedruckt unter andern in der Securis. Append. n. 164.

3) Die Auslegung von Seiten des Erzbischofs giebt die Securis cap. 9.

1) Urk. von 1375 (Lacomblet III. 775). In causis appellationum interponendarum ad Archiepiscopum Coloniensem pro tempore aut cameram ejus a sententiis scabinorum Coloniensium — Von der Be-

bracht, wo er sie entweder mit dem im Erzstift wie in den meisten Territorien vorkommenden Hofrichter abmachte, oder, wenn es eigentliche Partheisachen waren, sie an den gesetzten Rechtstagen vor das Hofgericht brachte, wozu er Personen aus der Ritterschaft als Urtheiler zuzog. Dieses Hofgericht wurde auch nach dem Orte, wo es in Cöln gehalten wurde, das Saalgericht genannt[2]). Durch die Entfernung der Residenz des Kurfürsten aus Cöln entstand das Bedürfniss, ein Hofgericht auch an dem neuen Hofe einzurichten, und es wurde, wie oben bemerkt[3]), den vier Räthen ausdrücklich zur Pflicht gemacht, an den Rechtstagen für dessen Besetzung mit „eirber reete" zu sorgen[4]). Die Kammer oder das Hofgericht bildeten also nun die allgemeine Appellationsinstanz als unmittelbare Stellvertreter des Kurfürsten[5]). Nach der Einsetzung des ständigen Hofrathes in Bonn 1597 wurde das Hofgericht daselbst mit demselben vereinigt[6]). Das in Cöln zurückgebliebene alte Hofgericht war während jener neuen Einrichtungen daneben, offenbar aus Rücksicht auf die Stadt, in Form einer Com-

---

rufung „vor meinen Gnedigen Herrn den Ertzbischoff von Cöllen und seine Edelmanne inn der Cammer stand an der (H)achtpforten" sprechen auch die alten Cülnischen Statuten Art. 1. S. 11.

2) Urk. von 1449. In myns gnedigen heren hoeve in der drancgassen geleigen unden in dem groissen saile. — Urk. von 1453. Vur unse hoffrichter ind manne zu Colne In unsen hoff in die dranckgasse bescheyden. — Beide Urkunden sind mitgetheilt von Ennen Köln II. 443.

3) Man sehe §. 38.

4) Hofordnung Ruprechts von 1469. Art. 9.

5) Conferenz von 1537. §. 5 (§. 64. Note 3). Die Gericht, so unsers gnedigsten Herrn Chamer als das oberst Oberheupt erkennen. — Reformation der Weltlichen Gerichter von 1537 (Vollst. Samml. I. 443). Alle appellationsachen, so — in unser Camer adir an unsern Hoff nunmehr gehören. — p. 444. Für unser Camer adir Hoffgericht fürzukommen.

6) Man sehe oben §. 42.

mission gelassen worden [7]), wurde jedoch bei der Reformation der Gerichte durch den Erzbischof Hermann 1537 nur auf die in und aus Cöln an den Kurfürsten gerichteten Appellationen beschränkt[8]). Maximilian Heinrich hob 1653 das Erforderniss einer jedesmaligen Specialcommission auf, und machte das Hofgericht zum selbstständigen Appellations-Gericht für das ganze Erzstift[9]). Der Hofrath wurde dadurch zur Revisionsinstanz für dasselbe [10]). Es bestand aus dem Director, später Präsident genannt, welcher immer einer der Domherren, zuletzt Clemens August von Merle, war, und den Räthen, 1754 neun, zuletzt zwölf, die noch immer Appellations - Commissarien genannt wurden. Die Procuratoren waren dieselben, die beim Officialat und beim hohen weltlichen Gericht zu Cöln bestellt waren. Die Sporteln in den Sachen, worin referirt worden, wurden zu zwei Drittheil den beiden Referenten, zu einem Drittheil den anwesenden Commissarien vertheilt. Ueber sämmtliche Gebühren erschien von Maximilian

---

7) Diese scheinbare Eigenthümlichkeit ist so sehr natürlich erklärt.

8) Reformation der Weltlichen Gerichter von 1537 (Vollst. Samml. I. 443). Item ist zu wissen, das alle appellation sachen, so von Bonn und andern unsern weltlichen Heuptstetten und Gogerichten, an uns on mittell zu beschehen pflegen, in unser Camer adir an unsern Hoff numehe gehören, und daselbst geortert werden sollen. Abir die appellation sachen von unsern Greven, Schultissen, Scheffen, und andern Richtern, so in und auss unser stat Cöln an uns beschehen, sollen, wie von alters, dahin widderumb unsern Commissarien bevohlen werden.

9) Appellations-Gerichts-Ordnung des Maximilian Heinrich vom 10. Sept. 1653 (Vollst. Samml. I. 502). Wollen Wir, dass hinfüran die Partheyen, wan sie sich durch die Urtheil erster Instanz gravirt befunden, und davon an unser Hof-Gericht zu appelliren nöthig erachten, bey Uns keine special Commission an unser Cöllnisch weltlich Hof-Gericht auszubringen schuldig seyn sollen, sondern recta an ermeltes unser Hof-Gericht provociren mögen.

10) Man sehe unten §. 90.

Friedrich 1773 eine genaue „vollkommene" Tax - Ordnung[11]). Die Sitzungen wurden bis zuletzt noch in dem erzbischöflichen Hofe in der Trankgasse gehalten[12]).

f) Der Hofrath.

86. Der Hofrath war auch eine Justizbehörde dadurch geworden, dass bei seiner Errichtung in Bonn 1597 die Functionen des dortigen Hofgerichtes mit ihm vereinigt wurden[1]). Darauf wurde nun auch in den seitdem erlassenen Hofkanzlei - Ordnungen Rücksicht genommen, und über die Behandlung dieser Geschäfte genaue Vorschriften gegeben[2]). Er trat für die rechtshängigen Sachen in die Stelle ein, die bis dahin die Kammer oder das Hofgericht dafür gehabt hatte. Er wurde also die allgemeine Appellationsinstanz, nur mit Ausnahme der in und aus Cöln erhobenen Appellationen[3]); dann aber unstreitig auch die erste Instanz in den Fällen, wo Jene es gewesen waren[4]). Später 1653 wurden auch eine Reihe

---

11) Scotti Sammlung I. 674., Vollst. Samml. II. 478—480.

12) Zur französischen Zeit kam in das Gebäude das Tribunal erster Instanz; dann 1827 die Wallraffischen Sammlungen. Nach deren Ueberbringung in das neue Museum, wurde es vom Commerzienrath Delchmann angekauft, und an der Stelle ein neues Prachtgebäude errichtet. Ennen Köln II. 443.

1) Man sehe §. 42. 85.

2) Man sehe §. 42. 43. 52.

3) Man sehe §. 85. Note 8.

4) Reformation der Weltlichen Gerichter von 1537 (Vollst. Samml. I. 443). Item die sachen, so sich zwischen den unsern von der Ritterschafft enthalten, dere sie sich zu beiden seiten, oder zum wenigsten der beklagter vür uns thüt erplothen, adir abir der wegen sie zu verhör vür uns kommen und gütlich nit entscheiden werden mögen. Item die sachen zwischen den unsern von der Ritterschafft, welcher sachen halber der beklagter parthey vür unsen Officialen zu Cölln adir Arnsberg, adir an andern unsern Undergerichten, nit fuglich kan fürgenommen, adir zu recht bracht werden. Und sunst alle

von Fällen namentlich aufgezählt, in welchen dem beschwerten Theil sich bei dem Kurfürsten und seiner Kanzlei mit seiner Klag anzugeben unverwehrt sein sollte [5]).
Dann wurden 1744 auf die Beschwerden der Landstände
auch alle contentiösen Brüchten- und Kameralsachen von
der Hofkammer ab an den Hofrath gewiesen [6]). Von dem
Hofrath gieng die Berufung an die Reichsgerichte, das
Reichskammergericht oder den Reichshofrath, wofür das
gleich zu erwähnende Privilegium von Maximilian II. 1570
die Beobachtung des ordentlichen Appellations - Verfahrens und die Frist von sechs Monaten vom ergangenen
Urtheil an vorgeschrieben hatte.

87. Im siebzehnten Jahrhundert traten hierin einige
Veränderungen ein. Die Goldene Bulle von 1356 hatte
den Kurfürsten das Privilegium ertheilt, dass „kein per-
sone in wilchim wesins ardis adir wirdekeit die (denselben) undirdenig sint" vor ein auswärtiges Gericht gezogen, auch von deren Gerichten, den Fall der verweigerten
Justiz ausgenommen, nicht an auswärtige Gerichte, und
auch dann nur an den Kaiser oder den dann im kaiserlichen Hofe sitzenden Richter, also nicht an andere im
Reiche sitzende kaiserliche Gerichte, wie das Hofgericht
zu Rotweil, appellirt werden könnte [1]). Von dieser Freiheit wurde jedoch lange Zeit, wohl wegen der mangelhaften Besetzung des kurfürstlichen Hofgerichts, kein
Gebrauch gemacht. Erst nach der festeren Einrichtung

---

andere sachen, dere sich unsere underthanen vür unser Camer adir
Hoffgerioht fürzukommen gütwilliglich begeben. Desgleichen, so dem
klaeger an unsern Heuptgerichten kundtlich recht geweigert wurde,
soll jme dem klaeger an Unser Churfürstlichen Camer zu recht ver-
holffen werden.

5) Man sehe oben §. 73.

6) Verordnung vom 10. März 1744, vom 28. April 1744, Vollst.
Samml. I. 257. 258., Scotti Sammlung I. 474.

1) Goldene Bulle von 1356. Cap. XI.

desselben im fünfzehnten Jahrhundert[2]) erliess Maximilian I. 1495 an den Hofrichter zu Rotweil das Gebot, keine kölnische Unterthanen an das dortige Hofgericht zu verabladen[3]). Dann erliess Karl V. 1534 mit Berufung auf die Goldene Bulle ein geschärftes Mandat, Unterthanen des Erzstifts „in erster Instantz, umb kainerlay weltlich oder geistlich sachen, nicht furzunemen, noch Sy, Ir ainen oder mer, ausserhalb Irer ordentlichen Gerichten, an ainich andre ort, fur weltlich, geistlich auch Päbstliche Richter oder einich ausslendische Gericht, zu haischen, zu ziehen, oder zu laden", den Fall der verweigerten Justiz ausgenommen[4]). Hierauf folgte auf Anrufen des Erzbischofes Salentin, da das Citiren an das Hofgericht zu Rotweil noch immer fortdauere, von Maximilian II. das Privilegium, wodurch Appellationen nach Aussen in possessorischen Klagen gar nicht, in petitorischen nur bei einem Werthe über 500 Gulden rheinisch, und auch dann nur an den Kaiser in seinen Hof, oder an das Kammergericht, gestattet wurden[5]). Vom Kaiser Matthias 1613 war die appellable Summe auf 1000 Goldgulden erhöht[6]).

88. Endlich gedachte Maximilian Heinrich nach dem Wortlaut der Goldenen Bulle die Appellationen an die Reichsgerichte ganz abzuschneiden. Zu diesem Zwecke ordnete er für die geringeren, nicht an das Kammergericht appellablen Sachen, nach dem Deputationsschluss von Speier[1]), die Zulässigkeit einer Revision beim Hof-

---

2) Man sehe oben §. 85.

3) Scotti Sammlung I. 12. Anmerk.

4) Die Urkunde ist zuerst gedruckt in Scotti Sammlung I. 12.

5) Scotti Sammlung I. 26. Das Privilegium ist gedruckt in Lünig Reichsarchiv. Pars Specialis. Contin. I. Dritte Fortsetzung p. 100.

6) Scotti Sammlung I. 53.

1) Deputationstag zu Speier von 1600. §. 16.

rath²) und die Erlassung einer darauf bezüglichen Revisions-Ordnung an³). Gleichzeitig erwirkte er vom Kaiser
Ferdinand III. 1653 ein Privilegium, kraft dessen jede
Berufung aus dem Erzstift an die Reichsgerichte, nur
den Fall der verweigerten Justiz ausgenommen, verboten
wurde, unter der Bedingung, „dero Under- und Ober-
und Hoff, wie auch das Official-Gericht notthürfftiglich
zu bestellen, und ein judicium revisorium ahnzuordnen"⁴).
Wegen des Einspruchs der Landstände wurde dieses jedoch vom Kurfürsten auf dem Landtag vom 15. Mai 1655
zurückgenommen, und die Appellationen nach Massgabe
des Kaisers Matthias wieder gestattet⁵). So concurrirten
die Appellation an die Reichsgerichte und die Revision
beim Hofrath mit einander.

g) Der Appellationszug.

89. Der Gang der Appellationen war nach der Beschaffenheit des Gerichtswesens¹) unregelmässig und un-
zusammenhängend, und es wurde darin nur nach und
nach Plan und Ordnung gebracht. Von den „heupt und

---

2) Hofkanzlei-Ordnung von 1620. Art. 29 (ungedruckt). Weiters
da bey der Cantzley vermöge dess in Ao 1600 zu Speyr publicirten
Deputationsabscheidts von unsern Geist- oder Weltlichen Hoffgericht
eine Revision gesucht würde, soll dieselbe angenommen und darauf
Inhalt derer in spe begreifender ordnung, inmassen Sie Unsere Präsident Cantzler und Räthe fürderlichst auch darauff Bedacht zu sein
verfahren werden.

3) Appellation- und Revisions-Gerichts-Ordnung vom 10. Sept.
1653, Scotti Sammlung I. 87, Vollst. Samml. I. 503.

4) Privilegium Ferdinand III. vom 20. April 1653. Es steht bei
Lünig Reichsarchiv. Pars Generalis. Contin. II. p. 1555. Erwähnt ist
es in Scotti Sammlung I. 86., der es aber vom 29. April datirt.

5) Scotti Sammlung I. 86. Anmerk. Gedruckt ist die Erklärung
bei Lünig p. 1557.

1) Man sehe oben §. 65.

andern niddern weltlichen undergerichten" [2]) konnte bis 1766 von einem zum andern appellirt werden [3]), was unstreitig hauptsächlich von den Gerichten auf dem platten Lande an die Schöffenstühle in den Städten geschah [4]). Wenn das Untergericht „kein ander geburlich heupt in dem Erzstift gelegen hette", so gieng die Appellation an die fürstliche Kammer [5]). „Von Bonn und andern weltlichen Heuptstetten", wenn sie in erster oder zweiter Instanz gesprochen hatten [6]), gieng die Appellation unmittelbar an die Kammer oder das Hofgericht [7]), und daher später an den Hofrath [8]); die aus Cöln [9]) aber an das dortige kurfürstliche Commissariat oder Weltliche Hofgericht [10]). Bei den Laten- oder Hofsgerichten [11]) wurde an den Oberhof, häufig aber auch von einem Hofgericht an das andere appellirt [12]). Später 1688 wurde zum Zweck einer verbesserten Gerichtsordnung ein Bericht darüber eingefordert, an welche Obergerichte die Hoffs - Laten- und Bankgerichte herkömmlich appellirten [13]), was aber zur Zeit keine Folgen hatte. Von den Entscheidungen der Amtleute und Amtsverwalter, deren Anrufung mehr freiwilliger Art war [14]), wurde unstreitig an den Hofrath

---

2) So werden sie 1538 zusammengefasst, Scotti Sammlung I. 15.

3) So sagt die Verordnung von 1766, Vollst. Samml. I. 556.

4) Man sehe §. 77.

5) Reformation der Weltlichen Gerichter von 1537, Vollst. Samml. I. 436. 437.

6) Man sehe §. 77.

7) Reformation der Weltlichen Gerichter von 1537 (§. 85 Note 8).

8) Man sehe §. 86.

9) Man sehe §. 78.

10) Man sehe §. 85.

11) Man sehe §. 64.

12) Conferenz von 1537. §. 3 (§. 64. Note 3).

13. Scotti Sammlung I. 192.

14) Man sehe §. 70.

158

recurrirt [15]). Alles wurde aber dadurch verworren, dass
die klagenden Partheien sich an die Unterordnung nicht
banden, sondern häufig ihre streitigen Sachen unmittelbar bei der Hofcanzlei einführten [16]).

90. In diesen Einrichtungen machte Maximilian Heinrich 1653 einige wesentliche Verbesserungen. Er erhob
das weltliche Hofgericht zu Cöln zum eigentlichen Appellationsgericht für das ganze Stift anstatt des Hofraths [1]);
also auch für das hohe weltliche Gericht zu Bonn und
die anderen „Heuptgerichte." Er untersagte die Einführung der Streitsachen bei der Hofcanzlei mit Umgebung
der unteren Instanzen [2]), und bezeichnete bestimmte Sachen, die ausnahmsweise zur unmittelbaren Competenz
des Hofraths gehörten [3]). Er machte den Hofrath zu einer
Revisions-Instanz [4]) für diejenigen, die sich durch die Urtheile des weltlichen Hofgerichts beschwert hielten [5]),
worauf es in den Willen der Partheien gestellt war, ob
sie bei demselben Revision nachsuchen, oder bei einem
Betrage über 1000 Goldgulden an die Reichsgerichte appelliren wollten. Von den Bescheiden der Amtleute und
Amtsverwalter gieng aber die Berufung unmittelbar an
den Hofrath [6]), bei welchem dann auch Revision nachgesucht werden konnte [7]). Dasselbe konnte in den Sachen
geschehen, wofür der Hofrath die erste Instanz war [8]).

15) Man sehe §. 90. Note 6.
16) Darüber klagt die Verordnung von 1653, Vollst. Samml. I. 504.
1) Man sehe §. 85.
2) Man sehe §. 89. Note 16.
3) Man sehe §. 66. Note 3. §. 73. 86.
4) Man sehe §. 88.
5) Hofcanzlei-Ordnung von 1724. Tit. IV. Art. 1., Vollst. Samml. I. 533.
6) Verordnung von 1653, von 1657, Hofcanzlei-Ordnung von 1754. Tit. I. Art. 27. 28., Vollst. Samml. I. 505. 638. 640. 517. 523.
7) Hofcanzlei-Ordnung von 1724. Tit. I. Art. 5., Vollst. Samml. I. 517.
8) Hofcanzlei-Ordnung von 1724. Tit. I. Art. 5., Vollst. Samml. I. 516.

91. Noch tiefer griffen die Verbesserungen, welche Maximilian Friedrich 1766 einführte [1] Auf den Grund des Reichsabschiedes von 1654, wonach den Partheien nicht mehr als drei Instanzen verstattet werden sollen, hob er die Appellationen von einem Untergerichte an das andere, „wodurch eine Sach öfters durch vier, fünf ja sechs Instanzien herumgetrieben werde", auf. Er bezeichnete als die zweite Instanz für das Oberstift blos das hohe weltliche Gericht in Bonn, für das Niederstift das hohe weltliche Gericht in Cöln, und erklärte „alle dazwischen bishin gewesene Instanzien und gradus appellationis, es mögen sich diese auf besondere Privilegia oder altes Herkommen gründen, für abgeschaffet." Die dritte Instanz dafür war das weltliche Hofgericht zu Cöln. In den Unterherrschaften, „wo die Unterherren ein förmliches Gericht zu bestellen berechtigt seynd", sollte davon eben so in der zweiten Instanz nach Bonn oder Cöln, in der dritten Instanz an das weltliche Hofgericht in Cöln appellirt werden. „In Fällen aber, wo der Unterherr selbsten gesprochen und die Urtheil unterschrieben hat" [2], wurde unmittelbar an den Hofrath appellirt. Dasselbe sollte, wie bisher [3], geschehen bei der Berufung von den Bescheiden der Amtleute und Amtsverwalter, und „vom Bürgermeister und Rath in denen Städten, in denen zu ihrer Gerichtsbarkeit gehörenden Sachen" [4]. „Von den Hobs-Lathen- oder Churmuths-Gerichteren" war es der Parthei im Ober- und Niederstift freigestellt, in zweiter Instanz an das weltliche Gericht in Bonn oder Cöln, in dritter Instanz an das weltliche Hofgericht in Cöln zu ap-

---

1) Verordnung vom 4. April 1766, Scotti Sammlung I. 612., Vollst. Samml. I. 556.

2) Man sehe oben §. 76.

3) Man sehe oben §. 90. Note 6.

4) Man sehe oben §. 58. Note 5. 6. §. 73

pelliren. Für die weltlichen Sachen, die beim Officialat anhängig gemacht waren, bildeten die vom Official committirten Assessoren die erste Instanz, es selbst die zweite, der Hofrath die dritte[5]). Es sollte aber der ordentliche Lauf der Rechtsmittel durch keinerlei Rescripte von oben gestört[6]), und in anhängigen Rechtsstreitigkeiten keine Bittschriften, die nicht von dem die Rechtssache führenden Procurator unterzeichnet wären, eingereicht werden[7]).

92. Von dem Verfahren bei Appellationen wurde in der Gerichtsordnung von 1537[1]), von dem bei Revisionen mit deren ersten Anordnung 1653[2]), und von Beiden in der Hofcanzlei-Ordnung von 1724 gehandelt[3]). Es war in der Hauptsache nach der gangbaren Processtheorie eingerichtet. Die Erklärung, appelliren oder die Revision nachsuchen zu wollen, musste gleich oder binnen zehn Tagen nach gesprochenem Urtheil abgegeben werden. Hierauf hatte der Appellant binnen der ihm vom unteren Gericht gesetzten Zeit von wenigstens ein, gewöhnlich zwei Monaten, oder, wenn ihm keine Frist gesetzt war, binnen einem Jahr, seine Appellation beim Obergericht einzuführen. Bei Revisionen wurden dazu drei Monate bestimmt, diese Frist auch auf die Appellationen bei der Hofcanzlei ausgedehnt, deren strengste Beobachtung befohlen[4]), und 1758 bei allen geistlichen und weltlichen Hof- und anderen Appellations-Gerichten statt der seitherigen Frist von einem Jahre und sechs Wochen einge-

---

5) Man sehe oben §. 81. 82.

6) Hofcanzlei-Ordnung von 1724. Tit. I. §. 13.

7) Verordnung vom 5. Juli 1734, Scotti Sammlung I. 4n3.

1) Reformation der Weltlichen Gerichter von 1537, Vollst. Samml. I. 436—440.

2) Appellation- und Revisions-Ordnung von 1653, Vollst. Samml. I. 503. 504.

3) Hofcanzlei-Ordnung von 1724, Vollst Samml. I. 531—534.

4) Verordnung vom 15. Juli 1756, Vollst. Samml. I. 510.

führt[5]). Zu jenem Zwecke hatte das untere Gericht der Appellation auf den Antrag des Appellanten mit den Worten zu deferiren: „Unserm gnedigsten Herrn und Churfürsten zu Cölln, zu underthenigen ehren, adir so an ein Heuptgericht appellirt ist, dem Heuptgericht zu ehren, gibt das Gericht der appellation stat, und reverential Apostell." Hierauf mussten die Acten der ersten Instanz geschlossen mit den Entscheidungsgründen eingeschickt[6]) auch bei der Einführung alle früher gefällten Urtheile in Abschrift beigefügt werden[7]). Zu den Verhandlungen in der Appellations-Instanz wurde bei dem Hofrath jedem Theil nur ein dreifacher Schriftwechsel bis zur Quatruplik gestattet[8]), was 1743 auf alle Gerichte ausgedehnt wurde[9]); bei Revisionen regelmässig nur einer[10]).

93. Die Relationen über die Appellationen geschahen im Hofrath an den Relationstagen Dienstags und Samstags[1]). Zu der Instruirung der Revisionssachen wurden 1653 der Dienstag und Freitag bestimmt, wo einige dazu verordnete Räthe die Sache bis zum Schlusse der Acten zu instruiren hatten, worauf zwei Referenten ernannt wurden, die im Plenum und zwar schriftlich referiren sollten[2]). Später 1724 wurde dazu nur der Dien-

---

5) Scotti Sammlung I. 556.

6) Verordnungen von 1721 und 1739, Vollst. Samml. I. 508., Scotti Sammlung I. 345. Noch wiederholt durch die Verordnung vom 27. Mai 1789, Scotti Sammlung I. 899.

7) Verordnung vom 3. März 1777, Scotti Sammlung I. 713.

8) Hofcanzlei-Ordnung von 1724. Tit. III. Art. 1., Vollst. Samml. I. 531.

9) Verordnung vom 2. Juli 1743, Vollst. Samml. I. 658., Scotti Sammlung I. 463.

10) Hofcanzlei-Ordnung von 1724. Tit. III. Art. 2. Tit. IV. Art. 4., Vollst. Samml. I. 532. 534.

1) Man sehe §. 52.

2) Appellation- und Revisions-Gerichtsordnung von 1653, Vollst. Samml. I. 504.

stag, und als Sitzungslocal ein besonderes Zimmer in der
Nähe der Kanzlei bezeichnet, wo einer der Hofräthe, die
darin alternirten, mit einem Actuar die Instruction be-
sorgte[3]). Der leidige Gebrauch, nichts ohne einen Trunk
Wein abzumachen, zeigte sich selbst in der Hofcanzlei
in den „bey Publicirung deren Urtheilen pro bibalibus
zu zahlenden jura“, und in der Taxordnung von 1743
werden noch pro vino sententiae 26 Albus 8 Heller aufgeführt [4]). Doch wurde 1724 verordnet, dass „Wan jemand etwa einen Trunck Wein zur Cantzley hinbringen
lassen wolte“, solcher sowohl als die besagten jura
„nicht bey der Cantzleyen selbst, sondern in einem anderen zur Aufwartung deren Partheyen designirtem Zimmer genossen und erhoben werden sollten“[5]). Uebrigens
konnte in den Sachen, wo der Hofrath als erste Instanz
gesprochen hatte, oder wo von den Amtleuten an ihn
appellirt war, von den Partheien statt der zweiten Instanz
die Actenversendung an ein auswärtiges Spruchcollegium
verlangt werden. Wenn dieses jedoch nicht geschehen
war, so konnte es statt der Revisions-Instanz nicht geschehen, sondern diese blieb beim Hofrath[6]).

94. Das Verhältniss zu den Reichsgerichten war folgendes. Betrug das Streitobject 1000 Goldgulden und
mehr, so konnte auch nach dem von Maximilian Heinrich 1653 erwirkten kaiserlichen Privilegium doch noch
statt der Revision an die Reichsgerichte appellirt werden[1]).
Den Gerichten war daher vor wie nach aufgegeben, auf
die insinuirte Aufforderung des kaiserlichen Gerichts die

---

3) Hofcanzlei-Ordnung von 1724. Tit. I. Art. 46. Tit. IV. Art. 6.,
Vollst. Samml. I. 525. 534.

4) Vollst. Samml I. 543.

5) Hofcanzlei-Ordnung von 1724. Tit. II. Art. 40, Vollst. Samml.
I. 531.

6) Hofcanzlei-Ordnung von 1724. Tit. I. Art. 5., Vollst. Samml. I. 516.

1) Man sehe oben §. 88.

vollständige Abschrift der Acten dahin einzuschicken [2]).
Die Appellation dahin musste jedoch im ersten Termin
der Revisions-Instanz eingelegt sein [3]). Appellationen gegen die erfolgten Revisionsurtheile waren auf das Schärfste
verboten [4]). Die Appellationen an die Reichsgerichte wurden 1785 auch noch durch die den Appellanten aufer-
legten strengsten Cautionsleistungen erschwert [5]).

h) Das Ober-Appellations-Gericht.

95. Das Bestreben, sich von den Reichsgerichten
möglichst unabhängig zu machen und doch den Unterthanen eine unpartheiische Rechtspflege zu sichern, führte
den Erzbischof Maximilian Franz 1786 zur Einsetzung
eines besondern Revisions- oder Appellations-Gerichts [1]).
Näher motivirt war dieses auch dadurch, dass in den Sachen, wofür der Hofrath die erste Instanz war, alle drei
Instanzen bei einem und demselben Gerichtshof waren.
Das Gericht bestand „aus einem Präsidenten, acht wirklichen Räthen, einem Secretär, einem Registrator, einem
Expeditor, einem Kanzlisten, einem Kanzleydiener und
einem Gerichtsbothen." Die Advocaten und Procuratoren
waren dieselben wie beim Hofrath. Der erste Präsident
war Johann Ignaz Graf von Wolff-Metternich zu Burgau
und Gracht, Conferenz-Minister und Amtmann zu Lesche-

---

2) Hofcanzlei-Ordnung von 1724. Tit. I. Art. 44., Vollst. Samml.
I. 525. Die Stelle ist eine wörtliche Wiederholung der ungedruckten
Kanzlei-Ordnung von 1652. Art. 48.

3) Tractatus absolutissimus p. 58.

4) Decretum vom 6. May 1737, Vollst. Samml. I. 514., Scotti
Sammlung I. 436.

5) Verordnung vom 11. Juni 1785, Scotti Sammlung I. 807.

1) Revisions-Ordnung für das Kurfürstl. Kölnische Ober-Appella-
tions-Gericht vom 3. Junius 1786, Scotti Sammlung I. 834. Diese
Ordnung ist auch aus der Hofbuchdruckerei gedruckt erschienen. Sie
enthält in zwölf Titeln 56 Paragraphen.

nich; seit 1792 war es Clemens August Freiherr von
Lombeck-Goudenau, Conferenzminister und Amtmann zu
Mehlem, Godesberg und Rheinberg. Neben ihnen wird
aber noch ein Director erwähnt. Die anzustellenden Räthe
mussten von dem Gericht, wobei sie bis dahin fungirt, ein
nach der Mehrheit der Stimmen zu bildendes Zeugniss
beibringen, eine Proberelation aus wichtigen Revisions-
acten verfertigen, in Gegenwart des Präsidenten und
sämmtlicher Revisionsräthe ein sich weit ausdehnendes
Examen bestehen, darüber von zwei Referenten Vortrag
gehalten, und die Beurtheilung dem Kurfürsen berichtet
werden. Die Sitzungen waren wöchentlich zweimal, Dienstag und Freitag, von 9 bis 12 Uhr.

96. Das Rechtsmittel der Revision musste binnen
zehn Tagen vom gesprochenen Urtheil an beim Obergericht eingelegt werden, worauf dieses das Untergericht
zur Einsendung der Acten binnen sechs Wochen auffor-
derte. Zur Verfolgung der Revision blieb der peremto-
rische Termin von drei Monaten. Wurde der Revisions-
process abgeschlagen, so konnte dawider binnen drei
Wochen eine weitere Vorstellung überreicht werden;
dann aber nicht mehr. Es war jedem Theile regelmässig
nur eine schriftliche Handlung zugelassen. Nach geschlossenen Acten wurde vom Präsidenten ein Referent und
Correferent ernannt, und das Urtheil durch Stimmenmehrheit gebildet. Die Räthe sollten „bei Beurtheilung der
Sache die Gesätzen und löblichen Landesgewohnheiten,
nicht die Meinungen der Rechtsgelehrten, zum Grunde
legen." Die Actenversendung war nur noch in dem einzigen Falle gestattet, wenn etwa nicht fünf Räthe übrig
waren, die zu dem vorigen Urtheil nicht mitgewirkt hatten; auch jedenfalls nur einmal [1]). Die für den Hofrath

---

[1]) So sagt die Verordnung vom 2. März 1789, Scotti Sammlung I. 893.

geltende Taxordnung von 1743 wurde auch für das Revisorium vorgeschrieben. Uebrigens wurden auf den Antrag der Landstände 1790 noch einzelne Bestimmungen abgeändert und erläutert [2]).

97. Die Nachsuchung der Revision war nur gegen die dem Revisorium unmittelbar untergeordneten Gerichtsstellen zulässig, nämlich den Hofrath, den Official zu Cöln, und das dortige Commissariat. Beim Hofrath war auch nun noch Actenversendung gestattet, jedoch nur in zwei Fällen: in den Sachen, wofür er in erster Instanz gesprochen hatte, wo die Partheien als zweite Instanz entweder den Hofrath mit anderen Referenten oder Actenversendung wählen konnten [1]); oder wo der Hofrath aus ganz besonderen Gründen perhorrescirt worden [2]). Eine Appellation an die Reichsgerichte gegen ein im Revisorium gefälltes Urtheil war schlechthin unzulässig. Auch eine solche Appellation statt der Revision war es nur noch in dem Falle, wenn die Sache den Landesherrn selbst betraf und petitorisch oder doch im possessorium ordinarium wenigstens 1000 Goldgulden betrug; eine Bestimmung, die man in unsern heutigen Einrichtungen ungern vermisst. In den anderen Fällen konnte der Landesherr nur beim Hofrathe belangt und von diesem nur an das Revisorium appellirt werden [3]). So war Alles zur Sicherung einer vollständigen und unpartheiischen Rechtspflege in einer Weise geordnet, die sich dem Besten, was der Art in den deutschen Territorien vorkam, an die Seite stellen durfte.

2) Das Kameralwesen. a) Die Behörden.

98. Im Mittelalter waren, wie im historischen Theile

---

2) Erlass vom 20. März 1790, Scotti Sammlung I. 917.
1) Verordnung vom 16. März 1787, Scotti Sammlung I. 852.
2) Verordnung vom 2. März 1789, Scotti Sammlung I. 893.
3) Revisions-Ordnung Tit. II. §. 8—11., Scotti Sammlung I. 834.

vorkommen wird, die Einkünfte aus den bischöflich⸗
Tafelgütern unter den Vogt, der Zoll und die Mü⸗ ⸱
unter den Kämmerer gestellt. Durch die mit diesen Aem⸗
tern eintretenden Veränderungen kamen diese Verrich⸗
tungen an den Reddituarius oder Rentmeister [1]. Bei der

---

1) Den Beweis für das Erzstift Cöln geben drei merkwürdige
lateinisch geschriebene Verzeichnisse der Einnahmen und Ausgaben
unter Dietrich II. von dessen Reddituarius Johannes up dem Grave
vom 1. Oct. 1418 bis 1. Juni 1419, vom 1. Juni 1419 bis 1. März
1420, und vom 1. Februar 1421 bis 1. März 1422, in dem Archiv
für die Geschichte des Vaterlandes Band I. S. 243—258. 178—207.
207—235. Davon mehr im historischen Theile. Die deutliche Beschreibung des Amtes in den rheinischen Erzstiften giebt das zu
Frankfurt 1545 gedruckte New Formular fol. 70 b. Bestellung des
Rentmeysters. Wir Uriel ꝛc. Fügen allen und jeglichen unsern Commissarien, Schultheyssen, Richtern, Rentmeystern, Zollschreibern, Kel-
nern, Zollnern, Landtschreibern, und sunst allen und yeglichen Ein-
wonneren oder auffhebern unser und unseres Stiffts Renthen, Zinss,
gülte oder gefelle, wie die namen haben mögen, nichts ausgenommen, zuwissen, dasz wir aus redlichen und dapferen ursachen unser
gemüt bewegend, den Ersamen unseren lieben getrewen N. zu unserm
und unsers Stiffts obersten Renthmeyster uffgenommen und bestalt
haben, also dass er in alle unnd jede unsere Zollschreibere Ampt,
Kellereien, und andere unsers Stiffts Renthcampt eyn gemein in und
auffsehens haben, die reformiren, ordnen unnd setzen soll, nach seiner höchsten verstendnusz zu unserem und unsers Stiffts besten nutz:
heyssen und gepieten euch alle, unnd yeglichen innsonderheit bei
den pflichten, damit ir uns verbunden seit, oder künfftiglich verbunden werdet, dasz ihr ihnen als unseren öbersten Rentmeyster anse-
het, unnd haltet, ihme mit sampt seinen Knechten unnd Pferden, so
er bei euch kumpt, von unserem wegen kost, futer unnd rathe, so
lang er bei ewer yeglichem sein wirdet, thut unnd gebet, ihme auch
auff sein gesinnen, aller unnd yeglicher ewer Ampt, Renthe, Zinss,
gült und gefelle, bestendiger und zufelliger, unverborgen, uffrichtig,
redliche anzeyge und bericht gebet, und thut, jm auch ewer Register,
verzeychnusz, urkund und anders, so jr darüber habt, darlegt, wei-
set, der notturfft erlesen, besichtigen und ermessen lasset, und was
er daruff ewer yeglichen heysset, gepeutet, unnd wie er euch von

Einsetzung eines ständigen Rathes von vier Räthen durch
Ruprecht 1469 wurde diesem auch der ganze öffentliche
Haushalt untergeben [2]). Er sollte die jährlichen Erträge
aus den Zöllen, Schlössern und Aemtern und die daraus
zu bestreitenden Kosten in ein festes Verzeichniss bringen, die Ueberschüsse an Geld, Wein, Früchten oder
anderen „provande" an den Rentmeister zur Verwendung
und Vernehmung für das Regierungswesen abliefern lassen [3]), und für die gute Besetzung des Rentmeister-Amtes
Sorge tragen, der am Meisten um den Kurfürsten und
am Hofe sei, um alle Einnahmen und Ausgaben zu thun,
diese jedoch nicht anders als auf ein vom Kurfürsten unterschriebenes Mandat [4]). Von dem Erzbischof Ernst wurde
dann, wie oben bemerkt, für das Kameralwesen eine
eigene Behörde bestehend aus dem Landrentmeister und
einigen Kammerräthen errichtet [5]), und diese durch die
grösstentheils wörtlich übereinstimmenden Hofkammer-
Ordnungen von 1610, 1652 und 1692 so organisirt, dass
Alles, was die Einnahmen und Ausgaben sowohl des Erzstiftes als des Landesherrn persönlich betraf, in der Hofkammer centralisirt war [6]). Aller und jeder des Erzstifts
Empfang und Ausgab gieng aber durch die Hand des
Landrentmeisters, der darüber einen specificirten Status
zu halten hatte [7]).

unsern wegen solicher Renthe, Zinsz, gülte und gefelle auch ewer
yegliches kosten, vihe, hauszrath oder anders halber ordent und set-
zet, dem gehorsamlich, on alle widerrede gelebet, und stracks unge-
weygert nackommet, als lieb euch und ewer yeglichem sei, unsere
schwere ungenade und straff sc.

2) Man sehe §. 38.
3) Hofordnung Ruprechts Art. 22.
4) Hofordnung Ruprechts Art. 23.
5) Man sehe oben §. 41.
6) Man sehe §. 44.
7) Hofkammer-Ordnung von 1610. Art. 63., von 1652. Art. 64.,
und etwas verändert in der von 1692. Art. 61.

99. Nach ihrer letzten Organisation von 1692 bestand die Hofkammer aus einem Präsidenten, einem Director mit einigen Räthen, einem advocatus camerae et fisci, zwei Secretären, einem Registrator und Calculator, zwei Kanzlisten und einem Kammerboten. Zu den Sitzungen waren fünf Wochentage von 8 bis 11 Uhr bestimmt, und die Geschäftsführung und Disciplin wie beim Hofrath umständlich vorgezeichnet [1]). Der letzte Präsident war der Freiherr Franz Wilhelm von Spiegel zum Diesenberg, Domkapitular zu Hildesheim und Münster. Die Zahl der wirklichen Hofkammerräthe betrug im achtzehnten Jahrhundert bis zuletzt über 20. Zu der Hofkammer gehörte für die Kassenführung wie von Alters her [2]) das Amt des Landrentmeisters (trésorier), welches in den Hofkalendern bis 1767 als mit dem des Vicedirectors oder Directors verbunden, seit 1782 aber als von der Hofkammer etwas geschieden und mit eigenen Calculatoren aufgeführt wird. Der Hofkammer wurden bei ihrer Einsezzung „all des Erzstifts völlig einkommen, Intrada und aussgab" dergestalt übergeben und anvertraut, dass sie im ganzen Erzstift damit „ein vollkommene Administration und Verwaltung habe" [3]), und ihr daher auch „alle Zollner, Zoll Beambte, Renntmeister, Kellner, und also alle des Erzstifts Beambte und Diener, die Officia unnd Rechnungen haben", auf das Strengste untergeordnet [4]).

100. Die Erhebung der landesherrlichen Einkünfte

---

1) Hofkammer-Ordnung von 1692. Art. 1—15. Aehnliche Vorschriften enthielten schon die Hofkammer-Ordnung von 1610. Art. 1—14., von 1652. Art. 1—14.

2) Man sehe §. 97.

3) Hofkammer-Ordnung von 1610. Art. 15., von 1652. Art. 15, von 1692. Art. 16.

4) Hofkammer-Ordnung von 1610. Art. 22., von 1652. Art. 21., von 1692. Art. 21., Verordnung vom 10. März 1744, Scotti Sammlung I. 48. 219. 474., Vollst. Samml. I. 257.

in jedem Amte hatte der dazu vom Landesherrn angestellte Kellner oder Rentmeister [1]), unter der Aufsicht
und Beihülfe des Amtmanns [2]). Durch die Organisation
des Kammerwesens waren aber die Kellner und Rentmeister unmittelbar unter die Hofkammer gekommen.
Ihr Amt war sehr wichtig und mannigfaltig. Doch gab
es keineswegs in jedem Amt einen Kellner, was wohl
von dem Maass der dortigen landesherrlichen Gefälle ab-
hieng. In den Aemtern Altenwied, Bonn, Brühl, Lechenich und Linn wird ein Oberkellner (grand receveur) angeführt [3]). Zu jeder Kellnerei gehörte ein gewisses Inventar, das jährlich im Auftrage der Hofkammer revidirt
werden musste [4]). Von den Beamten bei den Zollstätten
wird unten die Rede sein.

b) Das Rechnungswesen und die Controle.

101. Nach der Natur der Sache hatten die Zöllner
und anderen Einnehmer von Kameralgefällen von jeher die
Verpflichtung, über ihre Einnahmen und Ausgaben genaue Verzeichnisse zu führen, welche von dem obersten
Rentmeister bei seiner Rundreise geprüft und revidirt
wurden [1]). Da dabei mancherlei Lässigkeit und Unregel-
mässigkeiten vorkamen, so war der Erzbischof Ruprecht
bei seiner Anordnung eines ständigen Rathes von vier
Räthen auch darauf bedacht. Diese sollten bei jedem
Zoll- und Renteamt den jährlichen Ertrag und die Ko-

---

1) Ein Rentmeister wird nur bei Hülsdonck und Neersen genannt, womit es eine eigene Bewandniss hatte (§. 55. Nr. 18. 26).

2) Man sehe §. 54. Note 1.

3) Man sehe das im §. 55. gegebene Verzeichniss. Sie werden
auch genannt in der Verordnung vom 7. Dec. 1787, Scotti Sammlung
I. 865. Doch scheint dieses nur eine höhere Titulatur zu sein.

4) Hofkammer-Ordnung von 1610. Art. 44., von 1652. Art. 43.,
von 1692. Art. 45.

1) New Formular von 1545. fol. 70 b (§. 98. Note 1).

sten in einen ungefähren Ueberschlag bringen, und für
die Ablieferung des Ueberschusses an den Rentmeister
am Hofe Sorge haben[2]). Es sollten auf jedem Amte mit
Bezeichnung der darunter gehörenden Zoll- und Rentämtern zwei Register der dabei sich ergebenden Einnahmen und Ausgaben gehalten werden, das Eine für dort,
das Andere auf die Kanzlei für die vier Räthe, um danach die Einnahmen aus den Aemtern zu bemessen[3]).
Diese sollten eine Commission verordnen, worunter wenigstens Einer von ihnen und ein Rentmeister, um jährlich alle Rechnungen, gross und klein, zu prüfen und
einzureden, darauf Decharge zu ertheilen, und was die
Amtleute darauf schuldig bleiben, dem Rentmeister am
Hofe zu überantworten[4]). An der Aufnahme der Rechnungen nahmen nach Massgabe der Wahlcapitulation zwei
Deputirte des Domkapitels Theil[5]). Auch die geistlichen
Beamten, der Siegler, der Official, der Fiscal, wurden
eidlich verpflichtet, die bei ihnen sich ergebenden Gefälle
genau zu registriren und davon jährlich Rechnung abzulegen[6]).

102. Mit der Einsetzung einer eigenen Hofkammer
durch den Erzbischof Ernst 1587 trat diese für das Kameralwesen an die Stelle jener vier Räthe[1]). Dadurch und
durch die Hofkammer-Ordnungen von 1610, 1652 und
1692 wurde das Verhältniss folgendes. „Alle und jede
des Erzstifts verrechnete Diener" mussten ihre Jahres-
Rechnungen, nach altem Brauch vom ersten März bis
zum letzten Februar des folgenden Jahres lautend, vor
dem Sonntag Oculi zur Hofkammer in zwei Exemplaren

---

2) Hofordnung Ruprechts von 1469. Art. 22 (§. 93. Note 3).
3) Hofordnung Ruprechts Art. 40.
4) Hofordnung Ruprechts Art. 26. 40.
5) Dieses bezeugt die Hofkammer-Ordnung von 1610. Art. 65.
6) Hofordnung Ruprechts Art. 44.
1) Instruction von 1587 (§. 41).

einsenden, wovon früher das Eine nach Massgabe der Wahlcapitulation dem Domkapitel überschickt[2]), später aber Beide bei der Hofkammer aufbewahrt wurden[3]). Statt der Anwesenheit zweier Deputirten des Domkapitels wurden demselben von jedem berechneten Diener eine Jahresrechnung zu etwaigen Erinnerungen zugestellt[4]), später aber auch dieses unterlassen[5]). Bei der Verhörung der Rechnungen war früher hauptsächlich der Landrentmeister als der Vorsitzende thätig[6]); später gieng es den Präsidenten oder Director an[7]). Die Aufnahme der Rechnungen geschah an einem dazu bestimmten Wochentage des Nachmittags, eine nach der andern, mit genauer Vergleichung der vorigen Rechnung und Prüfung der Anlagen[8]). Wenn so alle Rechnungen abgehört, die dubia erledigt, die Rückstände eingezahlt waren, wurde Alles dem Kurfürsten referirt, und nach dessen Genehmigung den Beamten der Recess ertheilt[9]). Was insbesondere bei den Kellnereien den Vorrath von Weinen und Früchten betrifft, so sollte derselbe von der Hofkammer fleissig visitirt, rechtzeitig verkauft und von den Kellnern darüber in ihren Jahres-Rechnungen berichtet werden[10]). Die

---

2) Hofkammer-Ordnung von 1610. Art. 64., von 1652. Art. 67.

3) Hofkammer-Ordnung von 1692. Art. 63. 64.

4) Hofkammer-Ordnung von 1610. Art. 65., von 1652. Art. 68.

5) In der Hofkammer-Ordnung von 1692 ist davon nicht mehr die Rede.

6) Hofkammer-Ordnung von 1610. Art. 65. 66· 67.

7) Hofkammer-Ordnung von 1692. Art. 66. 67. 68. In der Hofkammer-Ordnung von 1652. Art. 68. 69. 70. werden bald der Landrentmeister bald der Präsident genannt.

8) Hofkammer-Ordnung von 1692. Art. 65—71. 75. 77. Im Wesentlichen gleichlautend sind die Hofkammer-Ordnung von 1610. Art. 65—72. 75. 77., von 1652. Art. 68—73. 76. 78.

9) Hofkammer-Ordnung von 1610. Art. 73., von 1652. Art. 74., von 1692. Art. 72.

10) Hofkammer-Ordnung von 1610. Art. 40. 78., von 1652. Art. 39. 79., von 1692. Art. 41· 78.

Gewährleistung für die Güte des Rechnungswesens wurde
jedoch in den Gehorsam und die Tauglichkeit der Beamten gesetzt, weshalb bei deren Auswahl die grösste Sorgfalt zur Pflicht gemacht wurde [11]). Desgleichen waren für
den Fall des Todes eines „berechneten Dieners" die geeigneten Massregeln zur Sicherung des öffentlichen Dienstes vorgeschrieben [12]).

103. An diesen Einrichtungen wurde noch fortwährend gebessert. Unter dem Erzbischof Maximilian Franz
1786 wurde den Kellnern bis zur ersten Hälfte jedes Monats die Einsendung einer nach einem mitgetheilten Muster angefertigten Rechnungstabelle und des Geldvorra-
thes vorgeschrieben [1]). Dann erliess derselbe 1789 über
das Rechnungswesen eine neue sehr eingehende Instruction [2]). Darin wurde für die Verwaltung der Kammergüter die Anlegung von Grundbüchern verordnet, wovon
unten. Zur Rechnungsführung über die Einnahmen und
Ausgaben mussten zwei Bücher gehalten werden: das
Journal, wozu der Beamte von der Hofkammer gedruckte,
paginirte und gestempelte Bogen erhielt; und das nach
dem vorgeschriebene Muster zu führende Hauptbuch,
worin die Posten aus dem Journal übertragen wurden.
Zur jährlichen Revision mussten beide Bücher sammt den
gehörig geordneten Belegen eingeschickt werden. Zum
Abschluss der Jahresrechnung wurde der letzte Juni, die
Einschickung der Bücher bis Ende Juli festgesetzt. Für
jede Kellnerei sollte in der Registratur ein besonderes

---

11) Hofkammer-Ordnung von 1610. Art. 22. 23. 24., von 1652.
Art. 21. 22. 23., von 1692. Art. 21. 22. 23.

12) Hofkammer-Ordnung von 1610. Art. 45., von 1652. Art. 44.,
von 1692. Art. 46.

1) Verordnung vom 13. Sept. 1786, Scotti Sammlung I. 844.

2) Kammeral-Ordnung vom 13. Juli 1789, Scotti Sammlung I.
905. Diese zerfällt in vier Kapitel, jedes mit mehreren Abschnitten.
Sie ist auch im Druck erschienen.

Behältniss eingerichtet sein. Die Ueberschickung des Geldes geschah baar unmittelbar an den Landrentmeister. Zur Revision hatte der Präsident zwei Räthe als Revisoren zu ernennen, worunter bei Rechnungen von bestimmten technischen Fächern der Eine ein Mann des betreffenden Faches. Die Monita mussten sich theils über das Allgemeine der Rechnungsführung überhaupt, theils über die einzelnen Posten und ihre Belege verbreiten, „ohne harte und beissende Ausdrücke." Sie wurden in dem Kammer-Collegium vorgetragen, und dann unverzüglich dem Calculator zugestellt, der aber keine Monita zu machen, sondern nur die Richtigkeit der Zahlen zu prüfen hatte. Bis zum letzten November mussten bei der Kammer „alle eingesandten Rechnungen revidirt und die Absolutoria darüber den Beamten zugegangen sein."

104. Die Ausgaben aus oder für Rechnung der Landescasse giengen von jeher durch die Hand des Landrentmeisters, der jedoch nach der Anordnung Ruprechts 1469 nichts auszahlen durfte, ohne ein besonderes vom Kurfürsten unterschriebenes Mandat [1]). Nach den Kanzleiordnungen des sechzehnten Jahrhunderts wurde zu allen von der Hofkanzlei ausgehenden Geldsachen betreffenden Schreiben des Kurfürsten eigenhändige Unterschrift verlangt [2]). Nach der Instruction von 1587 musste jede vier Kronen übersteigende Zahlungsanweisung ausser vom Landrentmeister von dem Director und den beiden Kammerräthen unterzeichnet sein [3]). Die späteren Hofkammer-Ordnungen wiederholen, dass der Landrentmeister des Erzstifts eingenommenes Geld der Ordnung gemäss mit des Kurfürsten Vorwissen und mit Rath anderer Kammerräthe ausgeben solle [4]). Ueber seinen Empfang und

1) Hofordnung Ruprechts von 1469. Art. 23 (§. 98. Note 4).
2) Man sehe oben §. 40.
3) Man sehe oben §. 41.
4) Hofkammer-Ordnung von 1610. Art. 63., von 1652. Art. 65.

Ausgabe musste er „alle Jahre seine Rechnung schliessen und davon Duplicat anfertigen, damit dieselbe nach Massgabe der Wahlcapitulation dem Domkapitel überschickt, alsbald abgehört und gebührlich recessirt werde"[5]. Später aber heisst es: „ein Landrentmeister solle darüber nicht allein von Monat zu Monat einen Statum specificum alles Empfangs und Ausgab, sondern auch alle Jahr seine Rechnung schliessen, selbige zu unsern gnädigsten Händen präsentiren oder einschicken, damit sie nach unserer gnädigsten Verordnung abgehört und recessirt werde"[6].

c) Das Gleichgewicht der Einnahmen und Ausgaben.

105. Die Verwicklungen der Erzbischöfe in die Reichs- und Territorial-Angelegenheiten, die mangelhafte Finanzverwaltung und mancherlei Unfälle führten zu grossen Auslagen und Schulden, wofür sie nur zu oft genöthigt waren, ihre Einnahmen aus den Zollstätten und Aemtern, selbst ihr Silbergeschirr und Kleinodien[1], in Pfandbesitz zu geben, wie im historischen Theile vorkommen wird. Sie mussten deshalb darauf bedacht sein, dieses Wesen möglichst zu bessern, die Pfandschaften einzulösen und die Ausgaben mit den Einnahmen in Gleichgewicht zu stellen. Schon durch die Erblandesvereinigung wurden Verpfändungen von Landestheilen untersagt, die Eingehung von Schulden nur mit Bewilligung des Kapitels gestattet[2], und die möglichste Wiedererwerbung ver-

---

In der Hofkammer-Ordnung von 1692. Art. 61. ist der Beirath der Kammerräthe weggelassen.

5) Hofkammer-Ordnung von 1610. Art. 63., von 1652. Art. 65.

6) Hofkammer-Ordnung von 1692. Art. 61.

1) Dieses zeigt das merkwürdige Verzeichniss unter Dietrich II. In dem Archiv für die Geschichte des Vaterlandes Bd. I. S. 236—243.

2) Erblandesvereinigung von 1463. Art. 7. 12, von 1550. Art. 7. 12.

pfändeter Landestheile bedungen[3]). Darauf wurden auch
in der Hofordnung Ruprechts 1469 die vier Räthe ausdrücklich verwiesen[4]), die Verpfändung von Zöllen ver-
lobt[5]), den Vier die Einlösung der versetzten Zölle aus
der neuen Steuer eingeschärft[6]), und das Kapitel und
die Landschaft um ihre thätige Mitwirkung zur Hebung
der grossen Lasten dringend angerufen[7]). Bei der Einrichtung der Hofkammer wurde daher auch das Schulden-
wesen zu einem hauptsächlichen Gegenstand ihrer Aufgabe gemacht. Schon die Instruction von 1587 schrieb
ihr ein möglichstes Abkommen mit den Gläubigern vor[8]),
und die folgenden Hofkammer-Ordnungen weisen sie
nachdrücklich an, auf die Verminderung der Schulden-
last nach Kräften bedacht zu sein[9]). Namentlich sollten
von allen Schulden und Verschreibungen eine genaue und
gründliche Revision vorgenommen[10]), auch bei den ver-
pfändeten Aemtern und Kellnereien Urbare oder Hebe-
register aufgerichtet werden, um danach deren Erträge
und den Nutzen der Ablösung zu bemessen[11]). Jedenfalls mussten aber die laufenden Onera pünktlich abge-
zahlt, und daher alle Einnahmen jedes Quartal bei der
Hofkammer zusammengebracht, daraus zuerst der Beitrag
zum Unterhalt des Reichs-Kammergerichts, dann die Ge-

---

3) Erblandesvereinigung von 1550. Art. 11.

4) Man sehe oben §. 36. Note 14.

5) Hofordnung Ruprechts von 1469. Art. 15.

6) Hofordnung Ruprechts Art 52. 54.

7) Hofordnung Ruprechts Art. 55.

8) Man sehe oben §. 41.

9) Hofkammer-Ordnung von 1610. Art. 21., von 1652. Art. 20.,
von 1692. Art. 20.

10) Hofkammer-Ordnung von 1610. Art. 80. 81., von 1652. Art.
81. 82., von 1692. Art. 81. 82.

11) Hofkammer-Ordnung von 1610. Art. 47., von 1652. Art. 47.,
von 1692. Art. 48.

hälter der Beamten, ferner die auf den Zöllen stehenden Pensionen des Domkapitels, dann weiter die anderen fälligen Pensionen berichtigt, und der Ueberschuss für die anderen Creditoren verwendet werden [12]).

106. Hiemit in Verbindung stand das Bestreben zu möglichsten Ersparungen. Die Hofkammer wurde daher schon in der Instruction von 1587 auf die grösste Sparsamkeit angewiesen, wozu auch der Erzbischof durch die Unterlassung aller particulären Ausgaben mitzuwirken ihr „bei Wort und Glauben" gelobte [1]). Ihr wurde die Herstellung des Gleichgewichts der Ausgaben mit den Einnahmen als das zur Wohlfahrt des Erzstifts unerlässliche Ziel vorgezeichnet [2]), zu dessen Erreichung der Erzbischof alle vornehmen Geldsachen mit ihr zu berathen versprach [3]). Damit nicht genug, wurden auch die Ausgaben, wobei gespart werden konnte, einzeln durchgangen. Ueber die einzuschränkenden Gnadengehälter sollte dem Erzbischof besonders berichtet [4]), von den angestellten Beamten und deren Unterhalt jährlich ein „richtig Dienerbuch" gemacht, und ihnen über das Bewilligte nicht das geringste passirt werden [5]). Beim Bauwesen am Hofe und in den Kellnereien wurde der Hofkammer gute Aufsicht, die sorgfältige Anfertigung der Contracte und die Auswahl red-

---

12) Hofkammer-Ordnung von 1610. Art. 52., von 1652. Art. 53., von 1692. Art. 52.

1) Man sehe §. 41.

2) Hofkammer-Ordnung von 1610 Art. 83., von 1652. Art. 84., von 1692. Art. 85.

3) Hofkammer-Ordnung von 1610. Art. 15., von 1652. Art. 15., von 1692 Art. 16.

4) Hofkammer-Ordnung von 1610. Art. 21., von 1652. Art 20., von 1692. Art. 20.

5) Hofkammer-Ordnung von 1610. Art. 24. 25., von 1652. Art. 23. 24., von 1692. Art. 23.

licher und getreuer Werkleute eingeschärft[6]). Auch sollte
sie den übermässigen Liquidationen bei Amtsreisen der
Beamten[7]), und den ungebührlichen Rechnungen der
Wirthe über die bei ihnen vom Hofe einquartirten Fremden und Gesandten[8]) Einsprache thun. Diese Einrichtungen und die Ersparnisse an seinen eigenen Einkünften
machten es dem Erzbischof Maximilian Heinrich möglich,
570000 Reichsthaler aus seinem Schatz zur Einlösung
verschiedener Kameralgüter zu verwenden[9]), aus seinen
Tafelgefällen zu dringenden Landesbedürfnissen einen
Vorschuss zu leisten, auf dessen Ablösung mit Beihilfe
der Landstände sein Nachfolger Joseph Clemens bedacht
war[10]), und einen Schatz von 6,679200 Reichsthaler in
gemünztem und ungemünztem Golde und Silber zu hinterlassen, wovon aber bei den nachfolgenden Unruhen
manches verloren gieng[11]). Gleichen Ersparnissen, die
der letzte Kurfürst Maximilian Franz zu machen verstanden und für die Zeiten der Noth zurückgelegt hatte, ver-
dankte das Erzstift, dass es in dem Laufe des Revolutionskrieges, in den drangvollen Jahren 1793 und 1794,
statt 50 Steuer-Simpeln, wie das benachbarte Trier, nur
26 aufzubringen hatte[12]). Doch musste zuletzt noch 1794

---

6) Hofkammer-Ordnung von 1610. Art. 55 –58., von 1652. Art.
55 58., von 1692. Art. 53—57.

7) Hofkammer-Ordnung von 1610. Art. 61., von 1652. Art. 62.,
von 1692. Art. 59.

8) Hofkammer-Ordnung von 1610. Art. 62., von 1652. Art. 63.,
von 1692. Art. 60.

9) So berichtet der Hofkammerrath Vogel im Kurkölnischen Hofkalender von 1770, Bönnische Chorographie IV. 172.

10) Hofkammer-Ordnung von 1692. Art. 83.

11) Theatrum Europaeum XIII. 376., Bönnische Chorographie
IV. 174.

12) So bezeugt Stramberg (§. 3. unter B) in Ersch Encyclopädie
Th. XVIII. S. 180.

Walter, Erzstift Cöln.   12

behufs Stellung des Reichs-Contingentes von den Landständen eine Anleihe eröffnet [13]), und eine Steuer nach
dem strengsten, keine Exemtionen zulassenden Modus
ausgeschrieben werden [14]).

d) Von den Einnahmequellen. α) Die Kammergüter und Kammergefälle.

107. Die Einkünfte der Kammer bestanden zunächst
in dem Ertrage der Kammergüter. Diese waren der Theil
des Bisthumsvermögens, der nach Ausscheidung des dem
Domkapitel zugewiesenen oder zur Dotirung der Kirchen
und geistlichen Anstalten vor und nach verwendeten Kir-
chengutes als bischöfliches Kammer- oder Tafelgut übrig
geblieben war. Diese Kammergüter waren entweder Zeit-
Erbpächtige- und Hobs-Güter, die eine den Früchten
mehr oder weniger entsprechende Abgabe entrichteten,
welche bei den an Halfmänner verpachteten Höfen, Weingärten, Mühlen, nach Ablauf der Pachtzeit noch gestei-
gert werden konnte [1]). Oder sie waren Zins- und Kur-
mods-Güter, deren Abgaben nur gering waren [2]). Zur
ersten Klasse gehörten auch die Meyergüter in der Meye-
rei Bonn, die der Kammer mit gewissem Weizen Pacht
verhaftet waren [3]). Die Prästationen bestanden nicht blos
in Grundpflichten, sondern auch in Naturalien, Kapaunen,
Hühnern, Pfennings-Geldern, Fahrhellern, Curmöde [4]);

---

13) Scotti Sammlung I. 989.
14) Scotti Sammlung I. 998.
1) Hofkammer-Ordnung von 1610. Art. 36., von 1652. Art. 35., von 1692. Art. 37.
2) Diese Unterscheidung macht die Instruction von 1789 (§. 103). Man vergleiche dazu oben §. 62. 63.
3) Verordnung vom 15. Dec. 1662, Scotti Sammlung I. 106., Vollst. Samml. I. 405.
4) Verordnung vom 20. Dec. 1758, Scotti Sammlung I. 557.

manchmal auch in Frohnden oder Diensten[5]). Nach der
unten anzuführenden Description von 1669 betrugen die
Tafelgüter zusammen 5030 Morgen, etwas mehr als der
69ste Theil aller Ländereien.

108. Die Sorgfalt für die Kammergüter und deren
Erträge lag den Kellnern ob. Demgemäss war ihnen die
Anfertigung und Einlieferung von Hebe-Registern auferlegt, dergestalt, „dass darinnen mit Namen und sonsten
umständlich eingeschrieben werde, wer einige Zinnse oder
Pfacht, es seye an Vieh, Geflügel, oder sonsten an andern Gefällen zu zahlen schuldig, wie viel, zu welcher
Zeit und von welchen Stücken, ob es Fahrzinns, Erb-
oder Grundpfacht?; weniger nicht in selbigen Hebe-Registern alle des Erzstifts Weingärten, Ländereyen, Benden und Büschen von Stück zu Stück, wer es unter
Handen, wie lang es in Pfachtung angenommen, wie viel
er jährlichs an Pfacht darvon gebe, dessgleichen auch
alle und jede des Erzstifts Recht und Gerechtigkeit mit
Churmuden, Leibgewinn, und andern, auch mit Anführung, was man hingegen von des Erzstifts Gütern, und
von welchen jährlichs auszugeben schuldig, auch mit dem
Unterschied an Fahr- und Erbzinns, eingebracht werde" [1]).
Auch sollten bei den die Leibgeding- oder Leibgewinns-,
wie auch die Churmüttigen- und Leibeigenschafts-Güter
betreffenden Handlungen, Ein- und Abwechslungen, und
Erbtheilungen, des Erzstifts bester Nutz wahrgenommen,
und zu diesem Ende die Register längstens von zwölf zu
zwölf Jahren renovirt werden[2]). Nach einer spätern Ver-

---

5) Hofkammer-Ordnung von 1610. Art. 48., von 1652. Art. 48.,
von 1692. Art. 49.

1) Hofkammer-Ordnung von 1610. Art. 46., von 1652. Art. 45. 46.,
von 1692. Art. 47.

2) Hofkammer-Ordnung von 1610. Art. 35., von 1652. Art. 34.,
von 1692. Art. 36.

ordnung durften alle dem Aerarium mit irgend einer Abgabe verpflichteten Grundstücke ohne den durch die Hofkammer zu gesinnenden landesherrlichen Consens und
ohne vorherige Umschreibung der Besitzer in den Lagerbüchern und Entrichtung des Laudemiums, bei Strafe
sofortiger Caducirung, weder versplissen, verkauft noch
vertauscht werden [3]). Zur besseren Uebersicht der Verwaltung wurde dann durch die Instruction von 1789 auf
den Rentämtern die Anlegung zweier Grundbücher geboten: das Eine für die Kammergüter der ersten, das
Andere für die der zweiten Art, in welche mit den Abgaben auch alle eintretenden Besitzveränderungen, auf
die vom alten und neuen Besitzer beim Amtskellner zu
machende Anmeldung [4]), zu verzeichnen wären. Auch
sollte bei den Ersteren, weil bei den Zweiten die Ver-
messungskosten sich nicht lohnen würden, eine neue Vermessung, bei den Anderen eine Verzeichnung der Grösse
nach dem Rufe, bei Beiden eine Versteinung vorgenommen und davon Rustical-Karten angelegt werden. Durch
dieselbe Instruction wurde den Beamten auch über die
mögliche Verbesserung der ihnen untergebenen Kammergüter jährlich am 1. September die Einsendung eines
Verwaltungs-Berichtes zur Pflicht gemacht.

109. Andere Kameral-Einkünfte, deren gute Obsorge
der Kammer auferlegt war, waren folgende. Die Zehnten wurden im Beisein eines der Hofkammerräthe verpachtet [1]). An Wein-Gewächs-Einkommen hatte das Erzstift eine alterthümliche Gerechtsame an den sogenannten
Kührweinen. Solche gab es bis in die letzten Zeiten in

---

3) So sagt die oben (§. 107. Note 4) angeführte Verordnung vom
20. Dec. 1758.

4) Darüber erschien unter demselben Datum die Verordnung vom
13. Juli 1789, Scotti Sammlung I. 906.

1) Hofkammer-Ordnung von 1610. Art. 87., von 1652. Art. 36.,
von 1692. Art. 38.

den Dingstühlen im Amte Bonn[2]), wo sie schon 1391 erwähnt werden[3]), und in dem Amte Godesberg und Mehlem[4]). Die Kührweine in Ahrweiler[5]) waren nicht mehr bei dem Erzstifte[6]). „Der Verzeichnung und „Aufritzung" der Kühr sollte zu Herbstzeiten einer aus der Kammer zugeordnet, sonnsten aber die Kühr bei der Kammer mit des Kurfürsten Vorwissen verthätiget werden"[7]). Diese Kühr bestand in einem Vorkaufsrecht des Kurfürsten, wozu Contribuenten an den Orten selbst die Zahlung leisten mussten, widrigenfalls sie dazu ungesäumt durch den Oberkellner zu Bonn angehalten wurden[8]). Bevor dieser Kührwein „geritzt" war, durften die Eingesessenen bei Strafe „ihr Wachsthumb in Trauben, Most oder Wirtz, und Wein" nirgendshin verstecken, verschleppen oder ausführen[9]). Ferner hatte das Erzstift eigenen

---

2) Hofkammer-Ordnung von 1610. Art. 38., von 1652. Art. 37 Ueber diese Dingstühle sehe man §. 59. Note 11.

3) Urk. von 1391, Lacomblet Urkundenbuch III. 956. Nach dieser hat Rikald Herr vom Rath und zu Frenz vom Erzbischof „eyn manleenn van dryn voderen wyns uyss den kurwynen des amptz van Bunne."

4) Hofkammer-Ordnung von 1692. Art. 39. Die früheren erwähnen die Kührweine aus diesem Amte nicht; sie müssen also damals in anderen Händen gewesen sein.

5) Urk. von 1349, Lacomblet Urkundenbuch III. 465. Hier verkauft der Markgraf Wilhelm von Jülich „redditus decem carratarum vini in Arwylre nobis ibidem de vinis electionum ecclesie Coloniensis, que vulgariter „kurwine" vocantur, in autumpno annis singulis competentes."

6) Die Hofkammer - Ordnungen nennen sie unter den Einkünften der Kammer nicht mehr. Man sehe über sie Pütter Auserlesene Rechtsfälle Th. III. S. 777.

7) So sagen die Stellen in der Note 2. 4.

8) Dieses ergiebt sich aus der Verordnung vom 17. Dec. 1748, Scotti Sammlung I. 258. Anmerk., Vollst. Samml. I. 405.

9) Verordnung vom 8. October 1699, vom 7. Dec. 1750, Scotti

Weinwachs in dem Amte Brühl; auch im Amte Zeltingen und Rachtig, der jedoch damals theils dem Domkapitel zu Trier theils dem Badischen Landhofmeister verpfändet war [10]). Zur Erhaltung und guten Benutzung der
Kammerforsten wurde die genaue Beobachtung der Wald-
und Buschordnung eingeschärft [11]), und später zur Aufstellung eines General-Forstetats von den Kameral-Forst-
beamten eine Special-Nachweisung der in jedem Amte
oder in jeder Kellnerei gelegenen Waldungen erfordert [12]).
Für die Zulassung fremder Schweine zur Eichelmast nach
Massgabe des jährlichen Eggers wurde ein Thanngeld
oder Diengeld erhoben [13]). Endlich warf auch die Fische-
rei bei den Kellnereien zu Brühl und Lechenich Nutzen
ab [14]).

β) Die Steuern [1]). 𝔄) Geschichte der Besteuerung.

110. Im Mittelalter war die Besteuerung im Erzstift

Sammlung I. 258., Vollst. Samml. I. 404. 406. Das Wort „ritzen"
heisst bezeichnen, schreiben, woher unser „kritzeln", das Englische
„write"; vielleicht war es ein Bezeichnen der Fässer. Dieses giebt
einen willkommenen Beitrag zu Wachter Glossarium Germanicum
v. Ritz, Müller Mittelhochdeutsches Wörterbuch Bd. II. v. Rîze n. 2.

10) Hofkammer-Ordnung von 1610. Art 38. 39., von 1652. Art.
37. 38., von 1692. Art. 39. 40.

11) Hofkammer-Ordnung von 1610. Art. 41., von 1652. Art. 40.,
von 1692. Art. 42.

12) Verordnung vom 9. Febr. 1788, Scotti Sammlung I. 870.

13) Hofkammer-Ordnung von 1610. Art. 42., von 1652. Art. 41.,
von 1692. Art. 43.

14) Hofkammer-Ordnung von 1610. Art. 43., von 1652. Art. 42.,
von 1692. Art. 44.

1) Das hauptsächliche Hülfsmittel für die Geschichte des Steuerwesens im Erzstift ist der unten (§. 114. Note 6) angeführte Gegenbericht des Thumb-Capituls, wo die einschlagenden Landtags-Abschiede
abgedruckt sind. Daraus ist wörtlich: Lomberg Versuch einer Geschichte des Steuerwesens im Erzstifte Köln (Materialien I. 9, 242—
275). Aus ihm schöpfte Eichhof Erzstift Cöln S. 21—23.

wie in den anderen Territorien wenig geordnet, und bestand hauptsächlich nur in vorübergehenden Bewilligungen, worüber sich bei eingetretenen gemeinen Nothfällen jeder der vier Landstände für sich mit dem Landesherrn verglich [2]). Die steigenden Bedürfnisse nöthigten aber auf eine bleibende Besteuerung bedacht zu sein. Daher wurde schon bei der Einsetzung des ständigen Rathes 1469 den vier Räthen aufgegeben, „zo raidt slagen, wie eyn stuer durch den gantzen stifft und der lantschafft vorgenommen werde zom allernutzlichsten" [3]). Andererseits fanden es auch die Landstände, da die abgesonderte Vereinbarung über ein gewisses Quantum oft Ungleichheiten bewirkte, für angemessener, dem Landesherrn auf den Landtagen eine gewisse Geldsumme zu bewilligen, und diese durch einen gemeinsam beliebten Modus beizubringen. Auf diese Weise wurde 1544 zum Behuf der Türkensteuer und anderer Nothwendigkeiten die bewilligte Summe von 80000 Goldgulden durch eine Umlage auf den gemeinen Pfennig dergestalt eingerichtet, dass eines Jeden unbewegliche und bewegliche Güter, Stück für Stück (Geschütz, Harnisch und Gewehr, Hausgeräthe und Silbergeschirr ausgenommen), ferner eines Jeden Renten in Geld oder Naturalien, fünf Goldgulden jährlich zu hundert Hauptgeld angesetzt, desgleichen des Kaufmanns, Handwerkers und gemeinen Hausmanns Handthierung, Gewinn und Gewerb, in Geld angeschlagen, und von jedem hundert Goldgulden so viel, als zur Aufbringung der 80000 nöthig wäre, erhoben würde [4]). Im Jahr 1557 bewilligte der Landtag für jedes der nächsten sechs Jahre eine gewisse nach einer gemeinschaftlich zu veranstal-

---

2) Man sehe oben §. 34.

3) Hofordnung Ruprechts von 1469. Art. 47—52.

4) Dieser Landtagsabschied von 1544 ist mitgetheilt in dem angeführten Gegenbericht. Adjuncta p. 6., und daraus von Lomberg in den Materialien I. 9,243. Er folgt unten im Anhang Nr. V.

tenden Description aufzubringende Summe [5]). Eine neue
Decription wurde unter Salentin 1575 gemacht [6]). Der
Landtag von 1587 bewilligte eine auf jeden Morgen aus-
zuschreibende Collecte [7]), und dieser Modus wurde auch
1589 und 1592 beibehalten [8]). Um denselben genau durch-
zuführen, wurde vom Erzbischof Ernst 1599 auf Begehren der Landstände im Erzstift, auch in den Städten und
Unterherrschaften, eine neue Description angeordnet, wodurch eines Jeden Einkommen, oder wo solches nicht in
certis bestimmt, sein Vermögen, Commerz, Gewinn und
Gewerb nach ihrem Capitalwerthe geschätzt, und von
dem Hundert Einkommen fünf, von dem Hundert Werth
ein halber Thaler entrichtet würde [9]). An diesen Modus
schloss sich der sogenannte Simpelfuss, das heisst die
Umlegung der Steuer nach dem Gesichtspunkt, wieviel,
ein gewisses Steuermaass als Simplum angenommen, ein
Jeder nach seinem abgeschätzten Vermögen und Einkommen dazu beizusteuern hätte. Schwierigkeiten wegen der
adligen Sitze und andere Gründe führten den Erzbischof
Ferdinand 1648 [10]) mit nachfolgender sehr verclausurirter

---

5) Landtags-Abschied vom 14. Oct. 1557; gedruckt im Gegenbericht. Adjuncta p. 8.

6) Dieses berichtet aus eigener Einsicht der Hofkammerrath Vogel (§. 106. Note 9) in der Bönnischen Chorographie IV. 141.

7) Landtags-Abschied vom 6. März 1587, Gegenbericht. Adjuncta p. 10.

8) Dieses besagt der Landtags-Abschied vom 4. August 1592,
Gegenbericht. Adjuncta p. 11.

9) Ordnung des Kurfürsten Ernest über die Description und Collectation verkündigt im Landtags-Abschied vom 15. Sept. 1599, Gegenbericht. Adjuncta p. 13. Ein Auszug steht in Scotti Sammlung
I. 42. Von dieser Description spricht auch der in diesen Dingen
unterrichtete Hofkammerrath Vogel S. 139.

10) Verordnung vom 2. Jan. 1648, Scotti Sammlung I. 74. Nicht
ganz richtig lautet der Gegenbericht p. 8. 9.

Zustimmung der Landstände [11]) zur Ausschreibung einer Consumtionssteuer nach einem beigefügten Tarif auf zwei Jahre, worauf aber 1651 der Simpelfuss wieder aufgenommen [12]), und 1659 und 1662 mit schweren Kosten neue Descriptionen aufgerichtet und vom Erzbischof Maximilian Heinrich bekannt gemacht wurden [13]). Endlich kam 1669 nach mancherlei Contestationen mit der Ritterschaft eine neue Description zu Stande [14]), welche mit einigen 1670 gemachten Rectificationen die Grundlage geblieben ist [15]).

111. Während dessen hielten die Landstände an dem überlieferten Grundsatze fest, dass die Bewilligung von Steuern etwas ganz Freiwilliges, nicht für die Zukunft Bindendes sei, und die Kurfürsten gaben darüber sehr überschwänglich lautende Reversalien. So erklärte der Kurfürst Ernst mit dem Coadjutor Ferdinand unter dem 20. März 1605: „So geloben und gereden Wir für uns, unsere Nachkommende am Stifft übermitz dieses Brieff's zu guten trewen bey unseren Chur- und fürstlichen Ehren und wahren Worten: Dasz wir angedeutete Contributionen anderst nicht als voluntaria charitativa Subsidia, wie gleichfalls die bedachte und eingegangene Descriptiones, und auff dieselbe gemachte Exactiones zu keiner Schuldigkeit noch Gewohnheit und Gebührlichkeit, sondern allein zu einer freiwilligen Liberalitaet, Gunst und Freundschafft auff- und angenommen haben. Wir sollen

---

11) Landtags - Abschied vom 14. Mai 1648, Gegenbericht. Adjuncta p. 129.

12) Landtags-Abschied vom 17. August 1651, Gegenbericht. Adjuncta p. 133.

13) Verordnung vom 15. Sept. 1659, vom 26. Juni 1662, Scotti Sammlung I. 101. 108.

14) Gegenbericht p. 9—11.

15) Ausführliche, unten zu benutzende Notizen giebt darüber Scotti Sammlung I. 119.

und wollen auch solche Steur und Description nimmermehr von Rechts- und Schuldigkeit halben anziehen, oder deren einig Recht noch Besitz vel quasi uns annehmen, rühmen oder vorwenden, noch unsere Nachkommen solches zu practendiren haben sollen noch wollen in keinerley Weiss; vielmehr sollen sie sämbtlich und besonders hinführo solcher Bürden, Steuren und Hülffen gnaedig erlassen, frey und ohngezwungen, gleichfals an die Descriptiones durchausz ohnverbunden seyn, wie weiters obgedeutet; und zu solchem End, wie die Descriptiones und Collectation durch die Ständ auffgehebt, einem jeden Stand ihre Description alsdann ausz der Cantzley getreulich wiederumb eingelieffert werden, und gäntzlich getödtet seyn sollen" [1]). Diese Versicherung wurde wörtlich übereinstimmend von Joseph Clemens unter dem 19. November 1694 wiederholt [2]), wogegen aber die Kurfürsten, wider unbegründete und zeitraubende Einsprüche einzelner Stände, doch auch ihre Stellung zu wahren bedacht waren [3]). Das Ansinnen an den Landtag auf Bewilligung einer Subsidie musste natürlich durch das bestimmte Bedürfniss motivirt sein. Eine Vorlage des gan-

---

1) Diese Reversalien stehen mit vielen Druckfehlern in der Gegenschrift Adjuncta p. 1.

2) Gegenschrift. Adjuncta p. 4. Der Druck ist hier correcter. Der Revers steht auch in der Vollst. Samml. I. 17., Scotti Sammlung I. 233.

3) So erklärte Maximilian Heinrich unter dem 2. Sept. 1680 den weltlichen Landständen auf deren unberechtigte Ansprüche gegen den Klerus: „Und dan Wir keineswegs gemeint seynd, Uns nach eines oder anderer Unserer Unterthanen äigenen Sinn richten zu lassen, bevorab dahe Uns, als dem Land-Fürsten allein zustehet, den Modum collectandi der Billigkeit nach zu praescribiren; und dasz Wir Unserer Löblicher Land-Staenden einige Deputirte in diesem Fall anjetzo mit adhibiren, nur ihnen zur Gnad und Gefallen, keineswegs aber Uns und Unseren Nachkommen dadurch einig Nachtheil zu causiren geschehen ist." Die Erklärung steht im Gegenbericht. Adjuncta p. 51.

zen Einnahmen- und Ausgaben - Etats an denselben fand
aber nicht Statt, sondern nur eine allgemeine Rechnungs-
Ablage durch den Landrentmeister beim Domkapitel, aber
nicht als Landstand sondern als Kapitel kraft der Wahlcapitulation; und auch diese kam allmählig ab[4]). Zuletzt
giengen auch die landschaftlichen Subsidien in ein bleibendes Herkommen über, und der Kurfürst hatte in deren
Verwendung völlig freie Hand.

B) Von den Steuerbefreiungen.

112. Nach dem Recht des Mittelalters war der Klerus, in Betracht der ihm vom Kirchengut obliegenden
kirchlichen und moralischen Verpflichtungen, steuerfrei,
jedoch von dem canonischen Recht angewiesen, wie in
jeder gemeinen Noth, so auch der weltlichen Obrigkeit
in ihren Bedrängnissen, willig beizustehen[1]). Dem gemäss wurden bei der 1544 ausgeschriebenen Türken- und
anderweitigen Nothsteuer auch die Geistlichen, blos mit
Ausnahme des Domkapitels für seine Renten und Nutzungen, mit besteuert[2]). Allein der gewöhnlichen Description und Veranschlagung der Landstände unterwarf sich
der Klerus nicht, und wurde darin auch durch die Proteste des Domkapitels und durch den Landesherrn un-
terstützt, indem dieser zur Vermittlung auf die abgesonderte Heranziehung der Geistlichkeit zu Subsidia charitativa hinwies, die auch oft geschah. Die alleinige regelmässige Steuer war, dass die Halbwinner des Klerus
wegen Gewinn und Gewerb nach altem Herkommen die
Quarta dessen, was die Weltlichen von ihren Höfen zahlten, contribuirten. Da jedoch die weltlichen Stände den
Klerus stärker heranzogen, so wurde es fast zur stehen-

---

4) Man sehe §. 11. 101. 102.
1) Man sehe mein Kirchenrecht §. 197. 215. 256.
2) Man sehe §. 110. Note 4.

den Form, dass dieselben auf dem Landtage in diesem
Sinne decretirten, der Kurfürst aber im Landtags - Abschied die Proposition verwarf [3]). Endlich erliess Maximilian Heinrich 1676 nach eingeholtem Bericht des Hofrathes eine landesherrliche Entscheidung [4]), welche, obwohl 1680 nachdrücklich wiederholt [5]), dem Verfahren
der weltlichen Stände doch nicht ein Ziel setzte. Schon
1694 wurde wieder vom Landtag auf jene Halbwinner das
volle Maass ohne kurfürstliche Bewilligung ausgeschrieben, aber von der Geistlichkeit wie gewöhnlich bestritten [6]). Mittlerweile fuhr aber dieselbe fort, der gemeinen
Noth auf Ansinnen des Erzbischofes durch mehr und
weniger bedeutende Charitativ - Subsidien zu Hülfe zu
kommen, so dass das Kirchengut doch, wie in Frankreich
und Spanien, unter der Form freiwilliger Leistungen zu

3) Dieses zeigen die Landtags-Abschiede von 1599, 1605, 1636,
1637, 1638, 1640, 1642, 1656, 1657, 1659, 1662, 1663, 1669, 1678,
1690. Sie stehen in dem Gegenbericht. Adjuncta p. 19. 35—48., und
daraus in den Materialien I. 9, 258—271. Im Landtags - Abschied
vom 8. April 1605 heisst es: „Dass auch Ihro fürstliche Durchlaucht
also, solten verbunden seyn, einen armen verderbten Closter, Pa-
storen, oder anderen Geistlichen, welche mit guter beständiger Nachrichtung ihre Landkündige Armuth und Unvermögen vorbringen, umb
Remission demüthigst suchen, mit der bedachter Execution zu über-
fallen, das Brod ausser dem Mund zu nehmen, und also zu verur-
sachen, dass dieselbe die Gottes-Häuser, Clöste und Pfahr - Kirchen
verlassen, sich ins Elend, contra Votum et Professionem, begeben,
oder ihren Elteren und Freunden wiederumb heimziehen, und also
betrübte Unterthanen, ihrer Seelen-Trost, und Sacramenten berauben
sollen, darin befinden sich Ihro Fürstliche Durchleucht, Ihres Christlichen Gewissens halber, fast beschwert, wissens auch vor hoher
Obrigkeit nicht zu verantworten."
4) Sie steht in dem Gegenbericht. Adjuncta p. 49., Materialien
I. 9, 271.
5) Diese steht in dem Gegenbericht. Adjuncta p. 273., Materialien I. 9, 273. Daraus ist oben §. 111. Note 3.
6) So berichtet Scotti Sammlung I. 229. Anmerk.

den öffentlichen Lasten redlich beitrug. Solches geschah
unter Anderen 1675, wo zu den wegen der damaligen
Kriegsläuften aufzubringenden Summen das Domkapitel
und der Klerus, und selbst der Erzbischof für seine Tafelgüter freiwillig den vollen Anschlag ihrer Höfe und
Güter gestatteten [7]). Desgleichen wurden vom Klerus
1694, wo er die auf ihn ausgeschriebene Besteuerung bestritt, mehrere Beiträge freiwillig übernommen [8]), und
noch 1777 kam ein bedeutendes Charitativ-Subsidium vor [9]).
Die Ausschreibung solcher Subsidien auf den Klerus geschah durch dessen Receptor in Cöln nach decimae [10]),
und die Localbehörden leisteten demselben auf Befehl
des Erzbischofes zur Beibringung der von ihm beglau-
bigten Rückstände den nöthigen Beistand [11]).

113. Eine andere Steuerbefreiung galt für die Ritterschaft. Da diese von ihren Rittergütern Kriegsdienste
und Anderes zu leisten hatte, wovon die Städte und der
Bauernstand verschont waren, so war dieses bei den von
den Ständen abgesondert gemachten Bewilligungen in
Anschlag gebracht. Demgemäss wurde auch bei der 1544
umgelegten gemeinen Steuer [1]) den Grafen und der Ritterschaft für ihre Lehngüter, desgleichen für „eines Jeden Häusliche Wohnung oder Säss, da er gewöhnlich
Hauss zu halten pflegt“, sammt den dazu gehörenden
allernächst um den Säss gelegenen Ländereien jeder Art
eine Befreiung ertheilt. In diesem Geiste erhielten auch
bei der Einführung der auf die Morgen auszuschreiben-
den Steuer durch die Landtagsabschiede von 1587 und

---

7) Gegenbericht p. 17. Adjuncta p. 144.
8) Scotti Sammlung I. 229. Anmerk.
9) Scotti Sammlung I. 718.
10) Scotti Sammlung I. 229. Anmerk.
11) Verordnung vom 14. Januar 1754, vom 17. Juni 1778, Vollst.
Samml. I. 78., Scotti Sammlung I. 541. 718.
1) Man sehe §. 110. Note 4.

1599 die gräflichen und adligen Säss, „so solches vor
hundert Jahren gewest", mit dem dazu von Alters her
Gebauten und Gebrauchten Befreiungen ²), welche auf
dem Brühler Landtage von 1603 dahin declarirt wurden,
dass, „da einer vom Adel in dem Erz-Stifft zwey oder
drey Adliche Sitz hat, demselben nur einer gefreyet seyn,
derselb aber so nur einen Sitz, und darbenebens keine
andere Adliche Höffe und Güter hat, von der halber
Einkombst desselben Sitzes contribuiren; da er aber auch
sonsten andere Höfe und Güter hat, so in jährlichen Pfach-
tungen so viel oder mehr als des halben Sitz Einkommens
aussbringen würde, derselb damit den gantzen Sitz freyen
solle" ³). Durch den in Folge von Erbtheilungen eintretenden Wechsel der Sässe und durch falsche Angaben
entstanden aber so grosse Verwirrungen ⁴), dass sich der
Landtag von 1669 gedrungen fand, Alles auf einen festen
unveränderlichen Fuss zu setzen. Er stellte zu diesem
Zwecke vier Listen auf. Die Erste begriff sechs Besiz-
zungen des Domkapitels und fünf gräfliche Sitze, die entweder gegen einen andern adligen Sitz oder rechtmässig
adäquirten Aequivalent in perpetuum völlig zu befreien.
Die Zweite bezeichnete 65 adlige Sitze, die mit der dazu
angezogenen Morgenzahl in perpetuum zu eximiren. Davon gehörten 41 ins Oberstift, 24 ins Niederstift. Die
Dritte nannte 124 adlige Sitze, die in perpetuum zur
Halbscheid anzuschlagen, im übrigen aber ihre Prärogativ
mit Landtagsbeschreibungen und sonsten behalten. Davon
waren 65 im Oberstift, 59 im Niederstift. Die vierte Liste
bezeichnete 4 gräfliche und 22 adlige Sitze, die in perpetuum anzuschlagen, aber doch ihre hergebrachten Prä-

2) Man sehe §. 110. Note 7. 9.
3) Landtags-Abschied vom 22. Sept. 1603, Gegenbericht. Adjuncta p. 18.
4) So meldet der Gegenbericht p. 8. 9. 10.

rogative und Landtagsfähigkeit behalten sollten. Von letzteren waren 18 im Oberstift, 4 im Niederstift [5]). Ob die
Rittergüter in den Aemtern oder in den Unterherrschaften lagen, war nicht auf deren Besteuerung, sondern nur
auf deren Description von Einfluss [6]). Der Uebergang
eines Rittergutes an einen bürgerlichen Besitzer hinderte
nur das Erscheinen am Landtage, änderte aber an dessen
sonstigen Rechten nichts [7]). Ueber die Form, ob ein solcher unritterbürtiger Besitzer ausser den gemeinen Simpeln auch zu den besonderen Ritter-Simpeln, die von
der Ritterschaft für den Gehalt ihres Syndicus und son-
stige Privatnothwendigkeit bewilligt wurden, verpflichtet
sei, war schon in der ersten Hälfte des siebzehnten Jahrhunderts Streit, zu dessen gütlichen Schlichtung der kurfürstliche Statthalter nach Cöln 1732 Commissarien ab-
ordnete [8]), der aber noch 1769 fortdauerte [9]). Die Kame-
ral-Güter waren theils steuerpflichtig theils steuerfrei,
und die Rentbeamten wurden 1793 darüber eine Nachweisung einzusenden aufgefordert [10]).

5) Die vier Listen stehen in dem Gegenbericht. Adjuncta p. 23
—34. Daraus haben sie die Materialien I. 9, 227—241., und aus
ihnen Eichhof Erzstift Köln S. 179—190. Ein Verzeichniss von 215
sedes et domus nobilium exemptae nach den Aemtern geordnet steht
in Strevesdorf Archidioecesis Colonionsis p. 54—61. Es weicht von
den Listen sehr ab, weil der Verfasser vor 1652 schrieb. Aus ihm
ist das Verzeichniss bei Eichhof Erzstift Cöln S. 170—178., der aber
dazu nichts zu sagen weiss.

6) Dieser Unterschied ist daher im Descriptionsbuche angemerkt,
Scotti Sammlung I. 119.

7) So bezeugt Correns Abhandlung S. 135. 136. Man vergleiche
dazu oben §. 31.

8) Scotti Sammlung I. 409.

9) Den Beweis giebt die 1769 wieder abgedruckte Repräsentation
der Ritterschaft, welche in der Vorrede sagt, dass sie „schon vor
mehr dann hundert Jahren in Druck und ad Acta gegeben", jetzt
aber zur Darstellung der wahren Sachlage wieder abgedruckt werde.

10) Scotti Sammlung I. 973.

114. Eine andere mit den Steuerbefreiungen zusammenhängende Streitfrage wurde durch den seit dem siebzehnten Jahrhundert häufig vorkommenden dauernden Aufenthalt der Reichs- und verbündeten Truppen im Erzstift veranlasst. Dieses verursachte Quartierlasten und Naturallieferungen, die aus der Landescasse zu bestreiten und dieser durch eine besondere Besteuerung zu ersetzen waren. Zur Umlage derselben gab es einen zwiefachen Modus: den Simpelfuss, und den Einquartirungs-, Fourage- oder Bilettirungs-Fuss. Nach dem Ersten mussten die gräflichen und adligen Sitze (mit Ausnahme der 1669 frei erklärten) zur Hälfte, etliche aber zum Vollen, die geistlichen Güter aber nur in so fern contribuiren, dass ihre Halbwinner den vierten Theil von dem der weltlichen beitrugen. Nach dem zweiten Modus blieben alle gräflichen und adligen Sässe ausser Anschlag und exemt; die geistlichen und adligen Güter und Höfe aber, die zur Qualität jener adligen Sässe nicht gehörten, trugen dann in den Aemtern und Gemeinden, worunter sie gehörten, die Bilettirungs-Lasten nach eines jeden Ortes Herkommen, wobei die Geistlichen durchgängig zu drei Viertel, zuweilen jedoch in etwa minder angeschlagen, nach beiden Systemen aber die Klöster, Pfarrer, Vicare, für die zu ihrem Amte gehörenden Güter nach altem Herkommen völlig verschont waren [1]). Im Laufe der Jahre war insgemein nach dem ersten Modus [2]), nur ausnahms-

---

1) So beschreibt das Verhältniss die unten (Note 7) anzuführende Widerlegung der Ritterschaft p. 5.

2) Dieses bewies der Gegenbericht des Thumb-Capituls. Adjuncta p. 57—157. durch viele Landtags-Abschiede, durch die seit 1599 vom General-Einnehmer vorgelegten Rechnungen über die Verwendung der zu diesem Zwecke bewilligten Simpeln, und selbst durch Aeusserungen der Kurfürsten. Noch andere Zeugnisse aus den Jahren 1634, 1677, 1678, 1689, 1696, 1705 finden sich in Scotti Sammlung I. 67. 148. 149. 201. 237. 286.

weise nach dem zweiten[3]), verfahren worden. Die durch
den Reichskrieg gegen Frankreich seit 1689 veranlasste
Cantonnirung der Reichstruppen im Erzstift bewog aber
die Landstände 1690 und 1691 die Einführung des Bilet-
tirungsfusses in Erwägung zu ziehen[4]), und in dem 1701
entstandenen spanischen Erbfolgekrieg wurden für die
preussischen Truppen die Winterquartier-Gelder für 1709
in 1710 von den Grafen und der Ritterschaft wirklich auf
dem Fouragefuss ausgeschrieben. Hiewider entstanden von
Seiten des Domkapitels und auch der Städte Proteste,
Conferenzen und Verhandlungen[5]), während welcher das
Domkapitel, nachdem es unter dem 29. December 1709
zu den Winterquartiergeldern sechs Simpeln ausgeschrieben hatte, im Jahre 1710 beim Reichshofrath einen Gegenbericht einreichte[6]), welchem aber die Ritterschaft im
März 1711 ihre Widerlegung entgegenstellte[7]). In der
That wurde vom Kaiser Joseph I. durch eine Specialver-
ordnung vom 16. Januar 1711 zur Aufbringung der damaligen Winterquartier-Gelder der Bilettirungsfuss vor-

---

3) So 1672, Scotti Sammlung I. 131.

4) Scotti Sammlung I. 206. Anmerk. 211. Anmerk.

5) Diese giebt der Gegenbericht. Adjuncta p. 177—196.

6) Das Ausschreiben der Simpeln erwähnt Scotti Sammlung I.
293. Der Gegenbericht hat den Titel: An die Römisch-Kayserliche-
auch zu Hungaren und Böheimb Königliche Mayestät ꝛc. ꝛc. Aller-
unterthänigster Gegen-bericht, sambt Beylagen à Num. 1. bisz Num.
82. inclusivè, in Sachen eines Administrirenden Hochwürdigen Thumb-
Capituls zu Cöllen, gegen des Erst-Süffts Graven- und Ritter-Standt.
(fol. Ohne Ort und Datum)

7) Kurtze und Summarische Widerlegung dess von einem Hochwürdigen Thumb-Capitul zu Cöllen in Druck aussgelassenen, und mit
Beylagen à Num. 1. bisz 82. einschliesslich bey Seiner Kaysorl. Majestät Reichs-Hoff-Rath exhibirten aller-unterthänigsten Gegen-Berich-
tes, in Sachen dosz Rheinischen Ertz-Stiffts Cüllen Graff- und Ritter-
Ständen Appellanten contra ante fatum Illustrissimum Capitulum.
(fol. Am Schlusse steht: Exhibit. in Martio 1711).

geschrieben und von der Ritterschaft zur Anwendung gebracht, während das Domkapitel unter Protest gleichzeitig
zu demselben Zwecke nach dem Simpelfuss ausschrieb [8]).
Endlich wurde durch Urtheil des Reichshofraths vom 18.
October 1712 für den Simpelfuss entschieden, und danach
fortan auch die Verpflegungskosten der eigenen und verbündeten Truppen aufgebracht [9]). Nach diesem ist auch
im siebenjährigen Kriege zur Verpflegung der französischen Truppen verfahren worden, und zwar so, dass die
Repartition der Naturallieferungen in die französischen
Magazine zuerst nur auf die steuerbaren, dann aber auch
zur Erleichterung derselben auf alle geistliche, adlige und
sogar die kurfürstlichen Kammergüter (in modo per totum) geschah. Es wurde also die gewöhnliche Description
tion mit dem Simpelanschlag zu Grunde gelegt, und auf
jeden darin aufgeführten Gülden 3 Rationen und $\frac{1}{2}$ Gülden Holzgeld repartirt. Die Gesammtsumme eines Simplums aus dem ganzen rheinischen Erzstifte war bei dem
modus per totum 42412 Gülden — Albus 6$\frac{1}{4}$ Heller [10]).
Die Vergütung an die einzelnen Lieferanten geschah so,
dass diese ihre mit den Quittungen der Empfänger be-

---

8) Scotti Sammlung I. 296. und Anmerk.

9) Bekanntmachung des Domkapitels vom 12. Januar 1713, Scotti
Sammlung I. 301 und Anmerk.

10) Man sehe Scotti Sammlung I. 554. Nach dem gewöhnlichen
Modus war der Ertrag eines Simplums um dieselbe Zeit weit geringer, wie sich unten (§. 123) zeigen wird. Der modus per totum
wurde zuletzt in der Noth von 1794 angewendet, Scotti Sammlung
I. 998. Zum Verständniss des Geldes ist zu bemerken: 12 Heller
= 1 Albus; 24 Albus = 1 Cölnischen Gülden; 78 Albus = 1 Reichsthaler = 60 Stüber; 1 Stüber = 2 Fettmenger oder Vettmenger =
4 Füchse; 78 Stüber = 1 Thaler preussisch = 30 Silbergroschen;
1 Gülden = 7^{11}/$_{100}$ oder ründer 7$\frac{1}{10}$ Silbergroschen; 1 Reichsthaler
= 23$\frac{1}{13}$ Silbergroschen.

legten Forderungen bei ihrer Ortsbehörde liquidirten und aus der Landeskasse bezahlt erhielten [11].

C) Die Descriptionen.

115. Der Zweck einer Description war, eines Jeden Liegenschaften, Einkünfte und Nahrungszweig zu verzeichnen, in Geld abzuschätzen und danach dessen Beitrag zu einem Steuersimplum zu bestimmen. Den Anfang machte, so viel man weiss, die Abschätzung von 1514, jedoch für ein anderes System von Besteuerung; dann folgten die Descriptionen von 1557, wovon weiter nichts bekannt ist, die von Salentin 1575, die von 1599, 1659, 1662, 1669, deren Jede zu verbessern fand [1]). Von der Description Salentins 1575 kennt man zur Zeit nicht mehr, als die Sätze, wie in der Gemeinde Bonn folgende Gegenstände geschätzt waren:

	Gülden.	Albus.
1 Morgen Lands und Broichs	100	—
1 Morgen Weingarten, Benden oder Wiesen, Baumgärten und Gärten . . .	200	—
1 Morgen gemeiner Weyden	50	—
Ferner die jährlichen Renten und Zehnten:		
von 1 Fuder Wein zu 60 Gülden . .	900	—
„ 1 Ahm	150	—
„ 1 Viertel Weins	37	12
„ 1 Malter Weizen	60	—·
„ 1 „ Korn	50	—
„ 1 „ Gersten	40	—
„ 1 „ Hafer	25	—
„ 1 Gulden	25	—
„ 1 Albus	1	—

---

11) So wurde vorgeschrieben 1745, 1785, Scotti Sammlung I. 452. 796.

1) Die Nachweisungen darüber stehen in den Noten zu §. 110.

	Gülden.	Albus.
von 1 Gans	9	—
„ 1 Capaun	6	—
„ 1 Huhn	3	—
„ 1 Pfund Wachs	8	—
„ 1 Pfund Oel	4	—

116. Bei der Description von 1599 war das Verfahren folgendes. Zur Anfertigung der Verzeichnisse dienten in den Aemtern die Amtleute mit Zuziehung der Gerichtspersonen; in den Städten die Magistrate im Beisein kurfürstlicher Beamten; in den Unterherrlichkeiten die Schultheissen und Schöffen mit Zuthun der Unterherren, oder, in den geistlichen Unterherrschaften, nach Anordnung des Erzbischofes. Vor diesen Behörden hatten alle Adligen, Bürger, Bauern und Unterthanen zu erscheinen, um auf Ehre und Treue und bei Strafe gegen Verschweigung ihr Vermögen gross und klein nichts ausgenommen aufrichtig und redlich zu bekennen. Die Schätzung der declarirten Häuser und Güter, insbesondere des Gewinnes und Gewerbes und der Handthierung, sollte eben so zunächst nach Angabe der Betheiligten, dann aber von den verordneten Beamten, jedoch nach billigem Ermessen, „wie sie solches vor Gott zu verantworten getrauen“, und nöthigenfalls mit Zuziehung von Sachverständigen, geschehen. Zunächst ist das Einkommen zu schätzen, wo solches in Geld zu bestimmen ist, also Gülten, Renten, verschriebene Pensionen (Zinsen). Ferner eines jeden Grundes jährliches Einkommen, es sei Land, Baumgarten, Benden, Garten, Busch, Broich, Weidengewächs, nach dem gemeinen Nachbarpreis, wobei Korn, Weizen, Gerste, Bohnen, Wicken, Linsen, durcheinander das Malter zwei Reichsthaler, Spelz, Buchweizen und Hafer einen Reichsthaler, Rübsamen drei Reichsthaler zu ästimiren sind. Von verpachteten Höfen soll „der Halffmann das fünfte Malder, über der Herrschafft gebührenden Antheil über

sich nehmen, was also zu verstehen, wann die Herrschaft
vierzig Malder auss einem Hoff einkommen hat, soll
er dieselbe, ohn einig des Halffmanns Zuthun, versteuren,
und von wegen dess gewöhnlichen Gewinn und Gewerbs
soll der Halffmann zehn Malder in die Collectation bringen, und darvon die Schuldigkeit leisten" [1]). Bei ver-
schuldeten Gütern kann der Eigenthümer dem Gläubi-
ger die Steuer, die auf die Zinsen fällt, abhalten. Zehnten, Mühlengefälle, Schaafftrifften, Eisen- und Bleihütten,
Kohlenwerke, sind auch bei dem Einkommen zu veran-
schlagen. Wo kein gewisses Einkommen zu finden, soll
der Sachwerth ästimirt werden; so bei den Häusern in
den Städten, wo es mit darauf ruhenden Schulden wie
oben zu halten ist, bei Weingärten wohl wegen des so
unsichern Ertrages, bei den Häusern in den Dörfern, die
nicht Halfmanns Höfe sind, bei Kaufhandel, Gewinn und
Gewerb, und Handthierung, wo überhaupt nach Ermessen
ab- und zu zu geben. Die Descriptionen mussten zu einem
bestimmten Termin zur Kanzlei geliefert sein. Von dem
Hundert Einkommen waren fünf, von dem Hundert Werth
ein halber Reichsthaler zu entrichten.

117. Eine neue Description wurde durch das Patent
vom 28. Juli 1659 angeordnet, und deren Modus unter
dem 15. September in folgender Weise erläutert. In jeder Land- und Stadtgemeinde wurde eine Vermessung
der ganzen Felder oder Pflegen vorgenommen, und zwar
durch jedes Orts Amtmann in Person oder dessen Sub-
stituten und zwei Schöffen, oder in den Städten zwei
Bürgermeister oder Rathspersonen, nebst einigen kundigen Gemeindemännern, mit Zuziehung eines Landmes-
sers und Gerichts- oder Stadtschreibers, gegen bestimmte
nach dem Unterschiede jener Personen abgemessene Tage-

---

1) Dieses ist also die Quarta, wovon bei der Besteuerung des
Klerus die Rede ist (§. 112).

gelder. Ausserdem sollte einem Jeden ohne Unterschied derselben beizuwohnen auf seine Kosten gestattet sein. Alle jene Personen wurden vereidet, und für jede Unterschlagung bei Erlegung des doppelten Werthes und einer arbiträren Strafe verantwortlich gemacht. Die Vermessung geschah von Stück zu Stück fortschreitend, wie sie neben einander in der Flur lagen, ohne Unterschied von adligem, geistlichem oder anderem Gute, mit Ruthen von sechzehn Markschuhen, deren hundert und fünfzig auf einen Morgen gerechnet waren. Die vermessenen Gründe wurden alsbald in drei Klassen, gute, mittelmässige und schlechte, verzeichnet; auch die Weingärten, und zwar so, dass auch dabei nur auf den Grund, nicht auf den Stock und Bau zu sehen war. Bei Streitigkeiten unter den Aemtern, Städten oder Dörfern hinsichtlich der Gränzen oder Marken sollte Alles ohne Präjudiz des einen oder andern Theils zu einer Flur abgemessen werden. Die Kosten der Vermessung waren aus jedem Amt, Stadt, Herrlichkeit, Kirchspiel, Dorf und Ort, nach Verhältniss ihres bisherigen Anschlags zu erheben.

118. Die Description von 1662 geschah in Folge eines von den Landständen gefassten Beschlusses, „das Steuerwesen in eine bessere und beständigere richtigkeit zu bringen." Zu dessen Ausführung traten die von den Landständen ernannten Deputirten mit den dazu verordneten kurfürstlichen Räthen am 1. Juni zu einer Conferenz zusammen, von welcher der Modus einer neuen Description festgesetzt, und zu deren Vornahme vom Kurfürsten für die Namens seiner und der Landstände umher ziehenden Commissarien unter dem 26. Juni folgende Instruction erlassen wurde. Sie sollten, wohin sie sich begeben wollten, den Beamten, Unterherren, Städten und Dorfvorstehern etliche Tage vorher zu wissen thun, und daselbst in den Städten einige aus dem Rath, in den Dörfern den Schultheissen mit einigen Schöffen und Meist-

beerbten zu sich fordern. Mit Beihülfe derselben und der Angaben der Eigenthümer wurden in jeder Flur, von Ort zu Ort fortschreitend die Aecker, Wiesen oder Benden, Weingärten und Gründen mit ihrem Landmaass verzeichnet, nach ihrer Güte in eine der drei Klassen gebracht, und der Ueberschlag gemacht. In die erste Klasse wurde das Land gesetzt, das für drei Sümmer Korn jährlich verpachtet werden konnte, und davon wurde jeder Sester Korn und Erbsen mit 1 Albus, Weizen 1½ Albus, Gersten und Spelz 9 Heller, Hafer und Buchweizen 6 Heller im Simplum versteuert, und wo die Pachtung auf Geld gerichtet, 2 Reichsthaler für ein Malter Korn gerechnet. Benden oder Wiesen, die sich jährlich zweimal mähen liessen, wurden zwei Morgen des besten Landes an dem Orte, mittelmässige und schlechte zwei Morgen mittelmässigen und schlechten gleich gerechnet. An den Häusern in den Dörfern, mit Ausnahme der Halfleute Höfe, wurden jedes Orts zwei Drittel, von Weingärten die Hälfte des Contributions - Anschlages der ersten Description nachgelassen. Kraut- Muess- Baum- und andere gebaute Gärten waren dem besten Lande jedes Ortes gleich geachtet. Von den Mühlen wurde jeder Sester hart Korn der jährlichen Pachtung zu 1 Albus im Simplum angesetzt, jedoch von der Pachtung ein Drittel wegen der aufgehenden Pachtkosten abgezogen. In den Zehnten, die zu geistlichem Anschlag mit contribuirten, sollte von jedem zehntbaren Morgen, der jährlich auf drei Sümmer verpachtet werden konnte, „6 Albus von Uebrigen nach Verfolg versteuert werden." Die Steuer von Höfen war dem Fundus anklebend erklärt, und musste nun vom Eigenthümer ganz, ohne Abzug der darauf haftenden Pacht bezahlt werden, wobei es ihm natürlich frei stand, seine Bedingungen der Verpachtung danach einzurichten. Die Halfleute von weltlichen Höfen hatten daher von Gewinn und Gewerb nichts zu geben.

Die der geistlichen Höfe aber, die steuerfrei waren, mussten zu gemeiner Nothdurft das fünfte Malter über der
Herrschaft gebührenden Antheil versteuern[1]). Wege und
Stege wurden abgezogen, und, wenn der Angränzende
so wollte, auf dessen Kosten neu vermessen. Bei Höfen,
die nicht nach Morgen sondern im Ganzen verpachtet
waren, wurde der Anschlag nach der Pachtung, in 1 Albus aufs Sester gerechnet, gemacht. Adlige Sitze wurden zwar wie die anderen vermessen, zu deren Anschlag
aber die Commissarien angewiesen, sich der ihnen von
den adligen Besitzern zugestellten Specification, auch des
alten dem Landtags-Abschied von 1599 einverleibten De-
scriptions-Modus zu bedienen. Wegen der in den Städten
und deren Ringmauern gelegenen Häuser, Weingärten
und Plätze wurden wegen der Schwierigkeit der Veranschlagung jeder Stadt eine runde Summe als Anschlag
im Simplum zugewiesen: Neuss 325 Reichsthaler, Bonn
400, Andernach 225, Linz 250, Arweiler 212, Zülpich 313,
Kempen 400, Lechenich 80, Rheinbach 150, Unkel 45,
Uerdingen 125, Zons 80, Bruell 124, Kayserswerth 50,
Lynn 125, Meckenheim 50, Rheinberg 400 und Rens....
Bei Streitigkeiten an der Gränze verschiedener Steuer-
bezirke sollten die Steuern dem Orte, der bisher im Besitz der Erhebung gewesen, zugewiesen, oder sonst vorläufig nach Ermessen entschieden werden. Die Kosten
der Description betreffend, so fiel jedem Orte nur die
Verpflegung der Commissarien anheim; eine Remunera-
tion erhielten sie aus der landständischen Kasse. Uebrigens ergaben sich dennoch in den Local-Descriptionen
Unvollständigkeiten, wegen welcher die Ortsbehörden am
25. Februar und 30. April 1666 zur schleunigen Rectification
der eingesandten Anschlags-Rollen angewiesen wurden[2]).

1) Dieses ist wörtlich aus der Descriptions-Ordnung von 1599
(§. 116).
2) So schreibt Scotti Sammlung I. 103. Anmerk.

119. Die Description von 1669 war, wie oben bemerkt, die Folge der mit der Ritterschaft entstandenen Contestationen [1]), und wurde durch den Landtags-Abschied vom 16. Juni angenommen [2]). Nach dem darauf bezüglichen Ausschreiben der Landstände vom 23. December [3]) war darin eines Jeden Anschlag im Simplum ausgerechnet, und jeder Stadt, Amt, Kirchspiel, Dorfschaft oder Gemeinde ihr Contingent im Ganzen angesetzt. Dieses hatten die Beamten und Unterherren aller Orts mit Zuziehung der Schöffen, Gemeinde-Männern und Meistbeerbten unter die Eingesessenen und Beerbten nach Betrag und Proportion der Häuser, Ländereien, Benden und Wiesen zu repartiren, jedoch so, dass auch der beste Morgen sich nicht höher als drei Fetmenger, die übrigen nach Befinden zwei oder ein Fetmenger oder auch geringer in einem Simplum ertrügen. Diese Repartition und Subdivision sollte dergestalt vorgenommen werden, dass jenes Quantum daraus entstände, und dagegen die von Alters gewesene Steuer, sowohl bei den Höfen als Gemeinden gänzlich aufgehoben sein. Es ergaben sich aber auch hier Unrichtigkeiten, zu deren Rectification unter dem 16. März 1670 Maassregeln und provisorischer Aufschub angeordnet wurden. Doch wurde noch in demselben Jahre die befohlene Description und Steuermatrikel wirklich zu Stande gebracht, und 1672 und 1673 nochmals revidirt. Das darauf bezügliche Register enthält die Steuerquoten der einzelnen Contribuenten, und diese zusammenfassend den Status eines Simplums der einzelnen Stände. Dieses beträgt:

---

1) Man sehe §. 110. 113.

2) So berichtet Vogel (§. 106. Note 9) in der Bönnischen Chorographie IV. 138.

3) Scotti Sammlung I. 119.

Im Oberstift:

	Gülden.	Alb.	Hell.
Des Domkapitels eigene Güter . .	136	2	—
Der Grafenstand	132	15	5
Ritterschaft in Aemtern und Städten	1529	11	5
Ritterschaft in den Herrlichkeiten .	869	8	6
Die elf Städte, und zwar			
Als Gemeinden, worunter Bonn			
847 Gülden 19 Albus 1 Heller	4482	7	3
Für Gewinn und Gewerb, worunter Bonn 17 Gülden 1 Albus			
9 Heller	155	—	5
Die vierzehn Aemter, und zwar			
Als Gemeinden	5658	14	9
Für Gewinn und Gewerb . . .	503	11	6
Die 49 Herrlichkeiten, und zwar			
Als Gemeinden	3308	—	6
Für Gewinn und Gewerb . . .	263	1	11
Der Klerus, wofür der Kurfürst übernommen der Landschaftskasse zu			
ersetzen	1015	9	3
Summe eines Simplums im Oberstift	18053	10	11

Im Niederstift:

Des Domkapitels eigene Güter . .	263	10	9
Der Grafenstand	128	21	8
Die Ritterschaft in Aemtern und Städten	1619	1	1
Die Ritterschaft in den Herrlichkeiten	698	10	11
Die sieben Städte, und zwar			
Als Gemeinden	1537	3	—
Für Gewinn und Gewerb . . .	67	—	1
Die acht Aemter, und zwar			
Als Gemeinden	6453	16	—
Für Gewinn und Gewerb . . .	769	8	9

	Gülden.	Alb.	Hell.
Die 29 Herrlichkeiten, und zwar			
Als Gemeinden	1717	7	—
Für Gewinn und Gewerb . . .	633	—	—
Der Klerus, wofür der Kurfürst über-			
nommen der Landschaftskasse zu			
ersetzen	1001	3	—
Summe eines Simplums im Niederstift	14888	10	3
Im Oberstift	18053	10	11
Ertrag eines Simplums im ganzen			
rheinischen Erzstift	32941	21	2
Oder, wenn man die vom Kurfürsten			
für den Klerus übernommene Summe			
abzieht mit	2016	12	3
So fliessen wirklich von jedem Sim-			
plum in die landschaftliche Kasse .	30925	8	11

120. Zum Zwecke des jedem Einzelnen aufzuerle-
genden Steueranschlages musste in der Description auch
für jeden Ort der Werth der Grundstücke in Geld geschätzt sein. Davon sind folgende Schätzungen eines
Morgen Weingarten bekannt[1]):

	Flor.
Zu Hönningen	80
Namedy und Körnig	50
Oedenkoven	60
Bornheim	70
Alfter und Andernach	80

---

1) Diese sind mitgetheilt vom Hofkammerrath Vogel (§. 106.
Note 9) in der Bönnischen Chorographie IV. 140. Er giebt die Sätze
nach Florins, die er zu ²/₃ eines Reichsthalers, also zu 40 Stüber,
rechnet. Dieses ist bedenklich, da die Description von 1669 sonst
immer in Gülden und Albus anschlägt.

Flor.

Zu Blittersdorf, Cadorf, Dottendorf, Duis-
dorf, Friesdorf, Godesberg, Hemme-
rich, Lengsdorf, Lessenich, Messdorf,
Muffendorf, Runsdorf, Waldorf . .   90
Bonn unterhalb der Stadt, Erpel, Geis-
lahr, Kessenich, Linz, Urfel, und Unkel 100
Büsdorf und Endenich 120
Graven-Rheindorf 140
Schwarz-Rheindorf 150
Müllendorf und Vilich 160
Breidbach 180
Bonn oberhalb der Stadt 200
Arweiler nach Unterschied 150, 120, 100, 70,
60, 50, 40, 25 Flor.

Dazu ist aber zu bemerken, dass damals die meisten
Weingärten mit weissen Rebstöcken bepflanzt waren, und
der rothe Wein nicht geachtet und nur für die Bedien-
ten gebraucht wurde, mit Ausnahme des ächten Arblei-
chard und des oberhalb Bonn etwa tausend Schritte von
der Vinea Domini gezogenen sogenannten Leckbarths-
Bleichard.

121. Die Zusammenstellungen in dem Descriptions-
buch führten auch dazu, den Gesammtwerth der zu einer
Flur oder Gemeinde gehörenden Grundstücke kennen zu
lernen. So war der ganze sogenannte Bönner-Bahn damals geschätzt [1]):

Reichsthaler.

An Häusern zu 119027
An Weingärten 42039
An Gärten 3845
An Baumgärten 2175

---

1) Bönnische Chorographie IV. 139. Daraus sind entnommen die
Materialien I. 2, 169., Eichhof Erzstift Cöln S. 72.

Reichsthaler.

An Wiesen und Broichland . · . . 3426

Für 1293 Morgen Artland den Morgen

zu 200 Flor. 172400

Ausschliesslich jedoch aller unten zu erwähnenden geistlichen, gräflichen und adligen Güter.

122. Das Descriptions-Buch von 1669 stellte auch die Ländereien des ganzen Erzstiftes nach ihrer Morgenzahl zusammen. Danach betrugen[1]):

	Morgen.
Die kurfürstlichen Tafelgüter	5030³/₄
Die des Domkapitels	7570³/₄
Die des clerus in- et extraneus	90758
Die gräflichen und adligen Ländereien .	59875³/₄
Die Ländereien gräflicher und adliger Sitze	32516

Von diesen waren per totum ohne die quarta in den Höfen frei 21664³/₄.

Die städtischen und bürgerlichen Ländereien	21122
Hausmanns und Bauern-Ländereien . . .	131119

Summe . . 347992¹/₄

Also, in runden Zahlen ausgedrückt, betrugen die geistlichen Ländereien, die des Kurfürsten inbegriffen, ohngefähr ⁵/₁₆, die adligen ⁴/₁₆, die städtischen und bürgerlichen ¹/₁₆, die bäuerlichen ⁶/₁₆ des Ganzen. In dem Amte Bonn aber waren damals die Ländereien angesetzt:

	Morgen.
Kurfürstliche Tafelgüter	318
Des Domkapitels	367¹/₄
Des Klerus	3514
Gräfliche und adlige	1908¹/₄

---

1) Hünnische Chorographie IV. 138. Daraus sind, immer ohne ihre Quelle zu nennen, die Materialien I. 2, 168. 169., Eichhof Erzstift Cöln S. 4. 71., Stramberg in Ersch Encyclopädie Th. XVIII. S 181.

	Morgen.
Gräflicher und adliger Sitze	898³/₄
Städtische und bürgerliche	1262³/₄
Hausmanns- und bäuerliche	4478¹/₂

Summe . . 12747¹/₂

123. Die oben angeführte rectificirte Steuermatrikel von 1609 erlitt aber durch Gränzregulirungen und andere Ursachen noch mancherlei Abänderungen. Im Oberstifte wurden die Stadt Rhens und die Herrlichkeit Strasfeld, im Niederstift die Herrlichkeiten Lövenich und Nieder-budtberg jede auf ein Fixum gesetzt, die zusammen 832 Gülden 4 Albus ausmachten. Ferner kam im Niederstift die in der obigen Matrikel nicht aufgeführte Herrlichkeit Camp mit 128 Gülden 18 Albus 1 Heller hinzu, während dagegen die von Kurpfalz wieder eingelöste Pfand-schaft Kaiserswerth [1]) seit 1773 nicht mehr veranschlagt wurde. Auch wurde nun der Beitrag des Klerus ganz ausser Rechnung gelassen und zum Theil als unbeibring-lich unter die Rubrik: „Suspensum" gesetzt [2]). Ueber den wechselnden Betrag eines Simplums sind folgende Nachweisungen bekannt: die Landesrechnung von 1763 in 1764, wo 20 Simpeln erhoben wurden, die von 1765 in 1766 über ebenfalls 20 Simpeln [3]), die Summa Sum-marum des Status unius Simpli nach 1772 [4]), die Landes-rechnung von 1779 in 1780 über 18 Simpeln [5]), endlich ein Stück der Landesrechnung von 1790 in 1791 eben-falls über 18 Simpeln [6]). Danach betrug ein Simplum mit Ausschluss der Fixa und der Beiträge des Klerus:

1) Man sehe darüber oben §. 33.
2) Diese Einzelheiten giebt Scotti Sammlung I. 119. Anmerk.
3) Materialien I. 10, 366—372.
4) Scotti Sammlung I. 119. Anmerk. S. 485. 486.
5) Materialien I. 10, 373—376.
6) Scotti Sammlung I. 119. Anmerk. S. 486. 487.

	Gülden.	Alb.	Hell.
Im Jahr 1763 in 1764 . . .	26236	4	$10^3/_4$
Im Jahr 1765 in 1766 . . .	26230	2	$8^3/_4$
Bald nach dem Jahr 1772 . .	26741	19	$1^2/_5$
Im Jahr 1779 in 1780 . . .	26658	14	$6^1/_{10}$
Im Jahr 1790 in 1791 . . .	26776	19	—

In der Noth des Jahres 1794 wurde aber der weit höhere modus per totum zur Anwendung gebracht [7]).

124. Eine besondere Discussion entstand mit den siebzehn Städten des Erzstifts [1]). Diese waren in Folge unbekannter seit 1669 entstandener Verhandlungen, insgesammt wegen ihren Häusern zu 2911 Gülden im Simplum angeschlagen worden, was man das Quantum intra muros nannte. Im Jahr 1700 trafen die anderen Stände, wegen der damaligen betrübten Zeiten, mit ihnen die Vereinbarung, dass sie auf zwölf Jahre nur 800 Gülden im Simplum angesetzt werden, dann aber das obige Quantum wieder ganz entrichten sollten. Nach Ablauf dieser Frist entstanden jedoch, ohngeachtet des vom Hofrath gegen die Städte 1717 ergangenen Bescheides, Weigerungen, so dass dieselben bis 1773 nur 800 im Simplum beitrugen. Nun wurde ihnen aber von den anderen Ständen ein Vergleich angeboten, kraft dessen die Rückstände, die an zwei Millionen Gülden betrugen, erlassen sein, von 1773 an aber die Städte die Hälfte des alten Simplums, also $1455^1/_2$ Gülden, beizusteuern hätten. Dieses wurde auch nach einigen Zögerungen von den Meisten derselben durch Vergleich vom 14. April 1774 angenommen [2]).

---

7) Man sehe oben §. 114. Note 10.

1) Davon handeln die Materialien I. 8, 99—105. I. 10, 378—391. Daraus ist Elchhof Erzstift Cöln S. 20., Stramberg in Ersch Encyclopädie Th. XVIII. S. 180.

2) Diesen Vergleich erwähnt Scotti Sammlung I. 998.

125. Schwierigkeiten machten bei der Description auch die in ein benachbartes Gebiet überlaufenden Stücke. Nachdem die Localbehörden über deren Steuerverhältnisse 1673 zum Bericht aufgefordert worden waren [1]), wurde durch Vertrag mit Jülich und Berg 1681 festgesetzt, die überschlagenden Ländereien einstweilen nicht zu besteuern [2]), was jedoch, weil man sich jenseits daran nicht band, 1698 auch diesseits aufgehoben wurde [3]). Aehnliche Vergleiche mit anderen Gränznachbarn hatten auch keinen Erfolg [4]). Zuletzt machte man es einfach so, dass man die ausländischen Inhaber von im Inlande liegenden Absplissen band, die darauf fallende Steuer direct dem betreffenden Simpelserheber zuzubringen [5]).

D) Von der Bewilligung und Erhebung der Steuersimpeln.

126. Die zu den Landesbedürfnissen im Allgemeinen und zu einem neuen Bedürfnisse erforderliche Summe wurde den Landständen bei Eröffnung des Landtages, häufig in persönlicher Anwesenheit des Kurfürsten, durch dessen Commissarius in den Propositionspunkten mündlich und schriftlich mitgetheilt. Die Landstände verhandelten darüber theils jeder unter sich, theils miteinander durch Re- und Correlationen, und erstatteten am Schlusse dem Kurfürsten ihre Final-Relation, worin sie demselben die bewilligte Summe, gewöhnlich unter mehr oder weniger Bedingnissen, „offerirten", worauf der Kurfüst in dem Landtags-Abschied „das anerbotene Quantum mit gnädigstem danke auf- und anzunehmen, und behörend

---

1) Verordnung vom 23. Febr. 1673, Scotti Sammlung I. 136.

2) Scotti Sammlung I. 136. Anmerk.

3) Verordnung vom 17. Juni 1698, vom 16. Nov. 1743, Scotti Sammlung I. 251. 470.

4) Scotti Sammlung I. 470. Anmerk.

5) Verordnung vom 23. Juni 1714, vom 27. März 1756, Scotti Sammlung I. 304. 547., Vollst. Samml. I. 79.

zu verwenden" erklärte. Von der Gesammtsumme fielen zwei Fünftheile auf den Westphälischen und Vestischen Theil des Erzstiftes, der deshalb jährlich Deputirte ad audiendum et referendum nach Bonn schickte, welchen der Landtags-Abschied durch ein kurfürstliches Rescript, um ihn nach Hause zu hinterbringen, mitgetheilt wurde [1]).

127. Die bewilligte Summe ergab, wie viele Simpeln in dem Jahre zu deren Beibringung zu erheben nöthig seien. Das Ausschreiben derselben geschah entweder gleich auf dem Landtage selbst [1]), oder durch die ständische Deputation zu Cöln [2]), oder durch den ständischen General-Einnehmer im Auftrag [3]), oder vom Landesherrn selbst [4]). Zur Erhebung der Simpeln waren die Local-Einnehmer angestellt [5]). Jedes steuerbare Gut hatte seinen Simpelanschlag [6]), und der Besitzer war verpflichtet denselben vierzehn Tage nach dem Zahlungstermin [7]), gegen Quittung des Empfängers [8]), zu entrichten. Die Besitzer von Absplissen mussten die diesen anklebige Simpelgebühr dem Inhaber des Hauptstockes unaufgefordert

---

1) Alles dieses ergiebt sich klar aus dem Landtags-Abschied von 1744 in den Materialien I. 9, 276—287. Daraus ist Eichhof Erzstift Cöln S. 20. Hinsichtlich der Vestischen Deputirten sehe man Rive Bauerngüterwesen I. 216.

1) So 1718, 1719, 1720, Scotti Sammlung I. 299. Anmerk. I. 343.

2) So 1636 und öfters, Scotti Sammlung I. 67. Anmerk. I. 122. Anmerk. I. 133.

3) So 1712, Scotti Sammlung I. 299.

4) So 1696 und mehrmals, Scotti Sammlung I. 237. 286. 293. 301.

5) Landtags-Abschied von 1557, Gegenbericht des Thumb-Capituls. Adjuncta p. 9.

6) Scotti Sammlung I. 973.

7) Verordnung vom 2. Nov. 1615, vom 4. Sept. 1623, Scotti Sammlung I. 55. 64.

8) Verordnung vom 2. Juni 1677, Scotti Sammlung I. 147.

zubringen[9]). Zur Erhaltung der Ordnung in den Steuer-
(Simpeln-) Heberollen mussten jährlich alle während des
Jahres vorgegangenen Grundeigenthums-Veränderungen
bei der Ortsbehörde declarirt werden[10]). Die mit der
Zahlung Säumigen traf eine Geldstrafe von 10 Procent
der Steuerquote[11]), später Einlegung von Militärexecu-
tion[12]), und nach acht Tagen Pfändung und Verkauf nach
der dafür 1760 erlassenen rücksichtvoll gehaltenen Executionsordnung[13]). Die Vorrechte der Steuer-Rückstände
im Concurse wurden 1780 moderirt[14]). Brandbeschädigte
erhielten gegen gehörige Bescheinigung einen Steuer-
nachlass[15]). Von öde liegenden Höfen und Grundstücken
musste die Gemeinde vorläufig die Steuerquote entrichten, dann aber konnten sie nach gewissen Fristen von
den hypothekarischen Gläubigern oder von dem Ober-
eigenthümer an sich genommen und zuletzt meistbietend
verkauft werden[16]).

---

9) Verordnung vom 27. März 1756, Scotti Sammlung I. 547.,
Vollst. Samml. I. 79.

10) Verordnung vom 3. Febr. 1777, Scotti Sammlung I. 710.

11) Verordnung vom 2. Nov. 1615, Scotti Sammlung I. 55., Vollst.
Samml. I. 73.

12) Verordnung vom 1. Juli 1749, vom 25. Juni und 24. Juli
1751, vom 2. Mai 1760, vom 3. April 1770, vom 11. März 1771, vom
17. Februar 1786, vom 2. März 1787, Scotti Sammlung I. 516. Anmerk. I. 567. Anmerk. I. 657. 825. 850., Vollst. Samml. I. 76. 77.
83. 698.

13) Verordnung vom 25. Juni und 24. Juli 1751. vom 2. Mai
1760, vom 26. April 1762, vom 29. März 1768, vom 3. April 1770,
vom 11. März 1771, vom 17. Februar 1786, Scotti Sammlung I. 516.
Anmerk. I. 567. Anmerk. I. 657. Anmerk. I. 825., Vollst. Samml. I.
77. 80. 82. 83. 698. -

14) Verordnung vom 25. April 1788, Scotti Sammlung I. 878.

15) Verordnung vom 12. März 1779, Scotti Sammlung I. 727.

16) Verordnung vom 26. April 1681, Scotti Sammlung I. 160.,
Vollst. Samml. I. 75.

128. Alle Simpelsheber mussten jährlich bis Mai ihre Jahresrechnung über Empfang und Ausgabe vor dem Amtmann, Amtsverwalter oder Unterherrn und vor versammelter Gemeinde oder doch den Meistbeerbten mit beigelegten Quittungen über die abgelieferten Gelder ablegen und bescheinigen lassen [1]). Die Ablieferung geschah nicht an den kurfürstlichen Landrentmeister, sondern unmittelbar und ohne Zwischen-Empfänger an den landständischen General-Einnehmer [2]), oder auch, wenn die Simpeln wegen des Militärs erhoben waren, direct an den Oberkriegs-Commissar [3]). Die landständische Cista befand sich früher in Cöln [4]), wurde aber 1686 nach Bonn verlegt [5]). Aus dieser landständischen Kasse zahlte der General-Einnehmer das, wofür die Simpeln bewilligt waren, und die die Landstände betreffenden Auslagen unmittelbar, und legte darüber in der letzten der landständischen Quartal - Conventionen zu Cöln die Landesrechnung zur Revision vor [6]). Diese Rechnungen waren früher schlicht und kunstlos eingerichtet [7]), und giengen sehr ins Einzelne [8]). Später war die Landesrechnung mehr metho-

---

1) Verordnung vom 11. März 1771, Scotti Sammlung I. 657., Vollst. Samml. I. 697.

2) Verordnung vom 30. Mai 1670, vom 8. Juni 1686, vom 25. Sept. 1689, vom 11. Januar 1717, Scotti Sammlung I. 120. 183. 201. 331., Vollst. Samml. I. 74.

3) Verordnung vom 2. April 1696, Scotti Sammlung I. 237.

4) Ausschreiben vom 23. Dec. 1669, Scotti Sammlung I. 119. S. 474.

5) Verordnung vom 8. Juni 1686, Scotti Sammlung I. 183.

6) Man sehe oben §. 28.

7) Es liegen Rechnungen vor aus 1599, 1601, 1607, 1642, 1643, 1645, 1647, 1677, 1692. Gegenbericht des Thumb-Capituls. Adjuncta p. 57—66. 67—72. 73—96. 99—101. 103. 106—117. 118—126. 151 —154. 170.

8) In der Rechnung von 1599 p. 60. kommt zum Beispiel Folgendes vor:

disch geordnet [9]). Den Anfang machte die Benennung der Einnahme nach der Gesammtsumme der ausgeschriebenen Simpeln, den Fixa, dem Ueberschuss des vorigen Jahres und Anderem. Dann kamen die Ausgaben: das Subsidium des Kurfürsten, das ihm bewilligte Donativ zum Schlossbau, zur Berittenmachung der Leibgarde, die Landtagsverpflegung, Pensionen (Zinsen), Salarien, extraordinäre Ausgaben des Rheinbaues, der erzstiftischen Husaren, des Kaiserswerther und Bonner Stockhauses, und Anderes. Die Landesrechnungen ergaben:

Ist ausz Befehl unseres gnädigsten Herrn Coadjutoren der Herr Marschalk Frenz sambt dem Einnehmer Lutzen hinab gefahren, umb mit dem Thumb-Capitul sich solchen angezogenen Streits zu vergleichen, und allen Bericht zu geben. Am 15. Sept. mit einem eygenen Schiff hinab gezogen, und zahlt an Unkösten wie folgt:

	Flor.	Alb.	Hell.
Dem Schiffmann . . .	3	2	—
Den Armen auffm Rhein	—	3	6
Zehrung zu Deutz, zu Cülln in der Holz-Gassen bey Heinrich Müller laut Zettuls	9	2	—
Dem Gesinde daselbst	—	22	—
Ueberfahren nach Deutz und in der Wiederreysen	—	—	7
Daselbsten über Nacht in der Abtey geblieben in die Kuch verehrt . . .	—	18	—
Einen Fuhrman von Deutz so den Hn. Marschalck und Einnehmer nach Bonn geführt	4	8	—
Den Armen auff dem Wege . . .	—	—	7
Ueberfahren an der Sieg zu Berchem .	—	1	9
Ueberfahren zu Bonn	—	1	9
Am 25. Novembris für Papier und Tinten-Stoff	—	20	—

9) Nachweisungen giebt §. 123. Note 3. 5. 6. Daraus ist Eichhof Erzstift Cöln S. 24—26.

	Reichsth.	Alb.	Hell.
Im Jahr 1763 in 1764 General-Empfang	358309	36	$9^{1}/_{2}$
Ueberschuss	145656	1	$3^{11}/_{20}$
Im Jahr 1765 in 1766 General-Empfang	361385	64	$3^{9}/_{10}$
Ueberschuss	19559	16	$4^{3}/_{10}$
Im Jahr 1779 in 1780 General-Empfang	209018	57	$7^{1}/_{40}$
Ueberschuss	9752	75	$7^{33}/_{60}$
Im Jahr 1790 in 1791 aus den 18 Simpeln	160752	—	—

General-Empfang und Ueberschuss unbekannt.
Diese Landesrechnungen umfassten aber nur die Einnahmen und Ausgaben, welche die landständische Kasse angiengen. Daneben standen die der Hofkammer, worüber der Landrentmeister Rechnung abzulegen hatte [10]). Dazu gehörten namentlich die Salarien der Beamten und Hofdienerschaft, welche 1760 79357 Reichsthaler 34 Albus 8 Heller ausmachten [11]), und ausserdem 1933 Reichsthaler 26 Albus, welche in den Landesrechnungen zu ordinairen Gehältern angesetzt sind. Den Gesammt-Status der Einnahmen und Ausgaben des Erzstiftes hat man also erst durch die Vereinigung beider Rechnungen, wofür aber zur Zeit die Hülfsmittel fehlen.

C) Andere Steuern.

129. Neben der regulairen Besteuerung nach Simpeln kamen aber mit dem steigenden Bedürfniss noch andere Formen auf. Zu der Verpflegung der Reichstruppen in Kriegszeiten wurde nach Bewilligung der Land-

---

10) Man sehe oben §. 104.

11) Dieses zeigt der Status in den Materialien I. 8, 106 — 120. Daraus ist die Notiz bei Eichhof Erzstift Cöln S. 20.

stände eine Naturalienlieferung nach dem Simpelfuss ausgeschrieben, so dass für jeden Gülden ein gewisses Maass
von Korn gerechnet wurde[1]). Zu demselben Zwecke griff
man vorübergehend auch zur landständischen Bewilligung
einer Kopfsteuer, welche den einzelnen Personen nach
einem durchschnittlichen Tarif ihrer Beitragsfähigkeit auferlegt wurde. So geschah 1649 zur Abdankung der schwe-
dischen und hessischen Truppen[2]), 1664 behufs der auf
dem Reichstage zu Regensburg bewilligten Türkensteuer[3]),
1678 zur Deckung dringender Landesnothwendigkeiten[4]),
1717 behufs der Entrichtung der vom Reiche dem Kaiser
zur Fortsetzung des Türkenkriegs bewilligten 50 Römermonate[5]), 1738 zu demselben Zwecke[6]). Nach dem Tarif
von 1664 zahlte unter Andern jeder Graf 30 Reichsthaler, die Gemahlin die Halbscheid, jeder Sohn ein Viertel
des Vaters, jede Tochter ein Viertel der Mutter, jeder
bestallte Schultheiss, Rentmeister, Kellner 4, die Ehefrau die Hälfte, Söhne und Töchter über 14 Jahre wie
oben, Dienstboten den zehnten Pfennig ihres Lohnes,
adlige oder unritterbürtige Besitzer von adligen Sitzen
oder Herrlichkeiten 16, adlige Eingesessene ohne land-
tagsfähige Güter 14, Ehefrau und Kinder wie oben, der
General-Einnehmer 15, in den neun begütertsten Städten
die Vermögendsten 8, Rechtsgelehrte und Advocaten 4,
Schulmeister, Offermann und Küster 2, Krämer, Wirthe,
und dergleichen 4 bis 2, Handwerker nach den Mitteln

---

1) Ausschreiben vom 16. August 1634, Scotti Sammlung I. 67.
und Anmerk.

2) Verordnung vom 15. August 1649, Scotti Sammlung I. 75.

3) Ausschreiben vom 4. Juni 1664, Scotti Sammlung I. 109.

4) Erlass an die Landstände vom 22. März 1678, Gegenbericht
des Thumb-Capituls. Adjuncta p. 155. — Ausschreiben vom 6. Mai
1678, Scotti Sammlung I. 150.

5) Ausschreiben vom 11. Januar 1717, Scotti Sammlung I. 321.

6) Ausschreiben vom 29. Juli 1738, Scotti Sammlung I. 439.

4 oder 2, Wittwen, die im Handel oder Handwerk sitzen
bleiben, die Hälfte, Pörtzner, Trommelschläger, Spiel-
leute, Schweinehüter, Scharfrichter und Abdecker 1, in
den kleineren Städten alle jene Kategorien ein Viertel
weniger, auf dem Lande die Bauern auf ihrem Eigenthum
von jedem Pflug 4, Halbwinner die Hälfte, Offermann,
Schulmeister 1, Schöffen 1, Sauhirt ½, Ehefrau und Kinder überall wie oben. In dem Tarif von 1678 war Manches höher, jeder Graf 40, der Ritterstand mit oder ohne
adligen Sitz 21²/₃ oder 18²/₃, Kaufleute und Handwerker
in den Städten 10 bis 4. In dem Anschlag von 1738
waren die Sätze wieder viel niedriger als 1664. Im Jahr
1683 wurde auch eine vorübergehende Besteuerung von
1 Procent aller Zinsen von Capitalien bewilligt[7]).

130. Es wurden aber auch mit Bewilligung der Landstände bleibende neue Steuern eingeführt. Das Brennen
des Kornbrandweins wurde 1656 und noch 1682, weil
durch denselben „die Leuthe, wie es der Augenschein
giebt, Witz, Verstandt und Gesundheit versauffen", ganz
verboten[1]), dann aber in dem letzten Jahre mit Maass er-
laubt, und jedem Brandweinkessel jährlich 3 Reichsthaler
Accise auferlegt[2]). Die gleiche Abgabe traf die Schenk-
wirthe, die ausländischen Brandwein verzapften[3]), später
die doppelte[4]). Um dieselbe Zeit wurde eine Consum-
tionsaccise eingeführt, die aber in der Ausführung auf
manche Schwierigkeiten stiess: von jedem Pfund Fleisch
6 Heller, von jeder Ahm Wein zum Verzapfen ½ Reichs-

---

7) Erlass vom 8. April 1683, Scotti Sammlung I. 165.

1) Verordnung vom 26. Mai 1656, vom 21. März 1682, Scotti
Sammlung I. 95. und Anmerk.

2) Verordnung vom 1. Dec. 1682, vom 22. Oct. 1700, Scotti
Sammlung I. 95. Anmerk. und I. 264.

3) Verordnung vom 15. Febr. 1683, vom 22. Oct. 1700, vom 2.
Mai 1718, Scotti Sammlung I. 164. 264., Vollst. Samml. II. 242.

4) Verordnung vom 30. Juni 1789, Scotti Sammlung I. 903.

thaler, von jedem zum Verbrauch zur Mühle gebrachten
Malter Weizen, Roggen und Hafer 6, 4 oder 2 Albus,
von jedem Hut Salz ½ Reichsthaler, von jeder Maass
verkauften Brandwein 2, vom Pfunde Taback 4 Albus [5]).
Mit jedem der betreffenden Gewerbetreibenden hatten die
Localbehörden über sein Beitrags-Quantum zu unterhan-
deln. Die ausserhalb der Städte wohnenden Consumenten
wurden individuell angeschlagen [6]). Die Accise-Einnahme
wurde an Speculanten verpachtet, durch den erzstiftischen
Accise-Einnehmer zu Cöln, an welchen die Pächter, oder,
wo nicht verpachtet war, die Localbehörden abzuliefern
hatten [7]). Geistliche waren beim Verkauf des von ihrem
eigenen Wachsthum und ihren Zehnten gezogenen Weines abgabenfrei; nicht aber von dem eingekauften und
verkauften; um so weniger die in einer geistlichen Immunität wohnenden Weltlichen, die Weinhandel trieben [8]).
Im Jahr 1683 wurde auch die Stempel-Auflage eingeführt [9]).

γ) Die Zölle [1]).

131. Als „die schöne und fast vornehmste Gefälle,
und nicht das geringste Einkommen des Erzstiftes" rühmte
man „die Rheinische Zölle, womit die Vorfahren im Erzstift von den Römischen Kaisern und Königen glorwür-

---

5) Verordnung vom 17. Mai 1684, Scotti Sammlung I. 174.

6) Verordnung vom 6. Dec. 1684, Scotti Sammlung I. 176.

7) Verordnung vom 17. Mai und 17. Dec. 1684, Scotti Sammlung
I. 174. 176.

8) Verordnung vom 10. April 1684, vom 7. April 1783, Scotti
Sammlung I. 173. 765., Vollst. Samml. II. 29. 30.

9) Verordnung vom 23. Juni 1683, vom 6. Dec. 1684, Scotti
Sammlung I. 167. 176.

1) Genaue Nachrichten, wie es mit den rheinischen Zöllen in der
letzten Zeit war, giebt Simon Annalen der inneren Verwaltung der
Länder auf dem linken Ufer des Rheines I. 218—32.

digsten Gedächtniss mildiglich begnadigt worden"[2]. Sie rühren in der That, mit mancherlei Wandel, aus verliehenen alten Reichszöllen her, wovon im historischen Theile näher die Rede sein wird. Die Zollstätten der kurfürstlichen Zölle waren in der letzten Zeit Andernach, Bonn, Linz, Uerdingen. Der Zoll in Linz war aber nicht mehr der ursprüngliche[3]; dieser war nach Andernach verlegt worden, so dass hier zwei Zölle zu erlegen waren[4]. Es war der Zoll, welcher dem Landgrafen Hermann von Hessen, Gubernator von Cöln, 1478 auf Lebenszeit zuerkannt[5], dann von diesem 1479, seinem Bruder dem Landgrafen Heinrich eine Zeit verpfändet[6], hierauf vom Kaiser dem Landgrafen Hermann, nachdem er Erzbischof geworden, perpetuirt[7], auch von der Reichsstadt Cöln, und den beiden anderen geistlichen Kurfürsten anerkannt[8], und im Gange erhalten wurde[9]. Doch zog das Domkapitel seit dem Kurfürsten Ferdinand († 1650) den halben jährlichen Ertrag[10]. Ausserdem hatte das Domkapitel zwei Zölle, die ihm ganz zugehörten: einen in Zons, oder nach der Sprache der Urkunden in Fritzstrom, und einen in Uerdingen, so dass hier zwei Zölle bestanden.

---

2) Hofkammer-Ordnung von 1610. Art. 27., von 1652. Art. 26., von 1692. Art. 26.

3) Darauf beziehen sich die Urk. von 1366. 1372. 1385. 1416., Lacomblet Urkundenbuch III. 667. 729. Note 8. Nr. 897. IV. 100.

4) Dieses sagt ausdrücklich der Kaiser Friedrich III. in seiner Urk. von 1482, Lacomblet IV. 421.

5) Schiedsspruch von 1478, Lacomblet IV. 399.

6) Urk. von 1479, Lacomblet IV. 413 Note 1.

7) Urk. von 1481. 1482., Lacomblet IV. 418. 421.

8) Urk. von 1487. 1490., Lacomblet IV. 434. 449. und Note 1.

9) Dieses zeigen mehrere darauf gelegte Verschreibungen, Urk. von 1520. 1548., Lacomblet IV. 519. 554.

10) Eichhof Erzstift Cöln S. 26. 60., Stramberg in Ersch Encyclopädie Th. VIII. S. 180.

132. In älteren Zeiten waren die Zölle des Erzstifts in Andernach, Bonn, wo sie bis zuletzt geblieben sind; dann in Linz, von dessen Verlegung die Rede war; und in Neuss, Rheinberg und Kaiserswerth. Der Zoll zu Neuss gehörte schon seit dem zwölften Jahrhundert dem Erzstift, wie die von den Erzbischöfen davon ertheilten Befreiungen [1]) und darauf gelegten Zahlungen [2]) darthun. Es ergiengen darüber wiederholt die königlichen Bestätigungen [3]), auch mit dem ausdrücklichen Recht die Zölle zu verlegen und zurück zu verlegen [4]), was auch mit dem Zoll von Neuss nach Fritzstrom oder Zons geschah [5]). Hier wurde derselbe vom Erzbischof Friedrich III. 1392 dem Domkapitel [6]), dann wieder wegen der von diesem erlittenen grossen Verluste nach der 1463 beschlossenen Wahlcapitulation [7]) vom Erzbischof Ruprecht verpfändet [8]). Endlich wurden dem Kapitel, nachdem es 1561 abermals eine jährliche Summe von 1567 Gulden auf sich genommen, jene Pfandstücke vollständig zum Eigenthum abgetreten [9]). Der Zoll zu Rheinberg, Berg oder Berke, war noch bis zum Ende des dreizehnten Jahrhunderts beim Reiche [10]), und der dort vom Erzbischof eigenmächtig an-

---

1) Urk. von 1145. 1169. 1258., Lacomblet IV. 622. 639. II. 452. S. 248.

2) Urk. von 1243. 1244. 1348. 1349. 1364., Lacomblet II. 279. III. 405. 416. 457. 479. 654.

3) Urk. von 1298. 1302. 1308. 1310. 1314. 1346., Lacomblet II. 995. III. 21. 68. 90. 91 Note 1. 128. 139. 433. 438.

4) Urk. von 1355, Lacomblet III. 546.

5) Urk. von 1373. 1376. 1377. 1414. 1490., Lacomblet III. 738. 743. 783. 790. IV. 88. 449.

6) Urk. von 1392, Lacomblet III. 968. Note 3.

7) Urk. von 1463, Lacomblet IV. 324.

8) Hofordnung Ruprechts von 1469. Art. 54. Bestätigt wurde dieses durch den Vergleich von 1472, Scotti Sammlung I. 3.

9) Elchhof Erzstift Cöln S. 108. 109.

10) Urk. von 1298. 1301., Lacomblet II. 1298r III. 2.

gelegte Zoll wurde vom Könige bestritten [11]). Im Jahr
1298 wurde aber der Zoll dem Erzbischofe von den Königen auf Lebenszeit [12]), seit 1314, wie auch die darauf
folgenden Verfügungen der Erzbischöfe beweisen, für
immer concedirt [13]), und dieses durch wiederholte Bestätigungen der Könige bekräftigt [14]). So blieb Berke der
äusserste Zoll gegen die Niederlande [15]), wurde aber vom
Erzbischof 1558 dem Domkapitel wegen der den beiden
Vorgängern gemachten grossen Darlehn verpfändet [16]).
Endlich nöthigten theils die Kriegsläufte theils die am
Ausgang des siebzehnten Jahrhunderts eintretende grosse
Veränderung des Rheinbettes den Zoll kurz vor 1699 von
Rheinberg nach Kaiserswerth [17]), dann nach Uerdingen
zu verlegen, wo er bis zuletzt wegen der Pfandschaft für
das Domkapitel forterhoben wurde [18]). Was endlich den
Zoll zu Kaiserswerth betrifft, so hieng dieser an der dor-
tigen Reichsburg, und folgte ihr in ihren Schicksalen und
Verpfändungen [19]) bis in die Hand des Erzbischofes 1440,

---

11) Urk. von 1293. 1301. 1302, Lacomblet II. 937. III. 8. 21.

12) Urk. von 1298, Lacomblet II. 995.

13) Urk. von 1314. 1324. 1336. 1345. 1364., Lacomblet III. 128.
139. 188. 303. 422. 654. 656.

14) Urk. von 1346. 1355. 1376. 1414., Lacomblet III. 433. 438.
546. 783. IV. 88.

15) Urk. von 1492, Lacomblet IV. 454. S. 566.

16) Urk. von 1558, Lacomblet IV. 561.

17) Darauf bezieht sich der im Mai 1699 gehaltene General-Zoll-
Congress, Materialien II. 1, 40—42.

18) Eichhof Erzstift Cöln S. 26. 117. Derselbe und nach ihm
Skramberg in Ersch Encyclopädie Th. XVIII. S. 180. berichten', der
Kurfürst Maximilian Heinrich († 1688) habe den Zoll zu Rheinberg,
nachdem er schon nach Uerdingen verlegt worden, sammt dessen Administration dem Domkapitel abgetreten, jedoch so, dass dasjenige,
was über 4458½ Goldgulden eingienge, der erzbischöflichen Tafel
verbleibe.

19) Davon handelt oben §. 33.

der ihn aber im achtzehnten Jahrhundert, noch vor der Einlösung von Kaiserswerth durch Kurpfalz, nach Uerdingen verlegte, so dass seitdem dort ein doppelter Zoll erhoben wurde[20]).

133. Das gegenseitige Interesse veranlasste die drei geistlichen Kurfürsten und den Pfalzgrafen bei Rhein 1492 zu einer wichtigen Vereinigung auf acht Jahre, welche sie mit folgenden Worten einleiteten: „Bekennen und thun kund für uns und unser nachkommen und erben, als dutsche nation und sunderlich unser churfürstentumb mit dem Rinstrame begabt sind und zu notturft gemeins nutz merglich daruf gehandelt wurdt, und deshalb gemeinem nutz furderlich, das derselbig dem Kaufmann und menniglichem sicher und frie gelaissen, gehalten, geschutzt und geschirmet, darzu auch mit nuwer uffsatzung nit beswert oder ubersetzt, als dan des von unsern vorfarn und furalter mit loblichem geprauch herpracht wurden solichs angesehen wir churfursten uns nachgemelter maissen vereynigt und vertragen haben." Festgesetzt wurde: freier, sicherer Verkehr und Geleite „uf dem Rinstram und sin liupfad", Bestrafung derer, welche „solich geleit oder sicherheit uberfaren und verbrechen wurden", Leistung gegenseitiger schleuniger Hülfe wider Störung und Gewalt, unbedingter Verzicht auf die Einführung neuer Zölle oder Abgaben jeder Art so wie auf Erhöhung der alten über die herkömmlichen Zollrollen hinaus, Zollermässigung auf die nächsten acht Jahre für gewisse Artikel, Elsässer Weine, Genffer Gut, Englische Wollensäcke, Besetzung der Zollstätten mit „redlichen Zolschriebern und verstendigen beschern", Untersagung der Nebenstrassen zu Lande auf beiden Seiten des Rheins von Strassburg bis Rheinberg, Absendung bevollmächtigter Räthe auch der Zollschreiber und Bescher alle Jahre

20) Elohhof Erzstift Cöln S. 117., Simon Annalen I. 228.

auf St. Jacobstag nach Boppard zu einem Kapitel zur
Besprechung nöthiger Verbesserungen [1]).

134. Auf dieser Grundlage wurde nun fortgebaut.
Die Kapitels- und Probations-Tage sollten zweimal jährlich abwechselnd in Mainzer, Trierer, Cölner und Pfäl-
zischen Landen gehalten werden, und Kur-Cöln mit Kur-
Trier in dem Vorrang beim Unterschreiben und Unter-
siegeln (wie bei den Reichsconferenzen) alterniren [1]). An
jenen Tagen sollten namentlich die monatlichen Einnahme-
Register der sämmtlichen Zollstätten verglichen werden,
um daraus die vorgekommenen Versäumnisse und nöthigen Verbesserungen zu entnehmen [2]). Nach einiger Unterbrechung wurde die nützliche Einrichtung 1692 wieder in Erinnerung gebracht [3]), und auf einem am 20. November 1717 zu Bacharach gehaltenen Zoll-Kapitelstag
sehr zweckmässige und eingreifende Vorschriften verein-
bart, über die Unterhaltung der Leinpfade, die Anlegung
hinreichender Kranen, die Sicherstellung der Waaren
gegen die des Schiffmanns Person angehenden Klagen,
die Abschaffung zu grosser Schiffe wegen der allzu langen Dauer der Ladung und verzögerten Beförderung, über
die Art der Einladung zur Erleichterung der Besichtigung, über die Bildung guter Steuerleute, wider die miss-
bräuchliche Forderung von Accidenzien durch die Zollbeamten, über die Beschränkung der Nachengelder auf
den Fall, wo das Schiff nicht landen kann und der Beamte nachfahren muss, über die schleunige längstens binnen einer Stunde zu vollbringenden Abfertigung am Zoll-
amte, und über den Werth der Münzsorten [4]).

---

1) Urk. vom 2. Januar 1492, Lacomblet IV. 454.

1) Hofkammer-Ordnung von 1610. Art. 33., von 1652. Art. 32.,
von 1692. Art. 33.

2) Hofkammer-Ordnung von 1610. Art. 31., von 1652. Art. 30.,
von 1692. Art. 30. 31.

3) Hofkammer-Ordnung von 1692. Art. 34.

4) Die Vereinbarung ist gedruckt bei Simon Annalen I. 219—225.

135. Ausser den Zöllen entstanden auf dem Rheine die sogenannten Licente [1]). Sie wurden, wie die Zölle, für die Ein-, Durch- und Ausfuhr von Kaufmanns-Gütern entrichtet; sie hafteten jedoch nicht auf gewissen Zollstätten, und wurden in dem Staate, wo sie eingeführt waren, nur einmal als für die Licenz der Ein-, Durch- oder Ausfuhr gefordert. Zuerst geschah dieses im Aufstande der Niederlande gegen die spanische Herrschaft seit 1572 von einigen Provinzen, dann aus Geldmangel von den Generalstaaten für die Gesammtkasse, für die Licenz Waaren in das feindliche oder auch neutrale Gebiet aus- oder von dort einzuführen, und es wurde von den Territorialherren am Niederrhein als Retorsion, oder um sich wegen der Kriegsunruhen schadlos zu machen, bald nachgeahmt. Im Erzstifte geschah dieses wahrscheinlich 1582, und zwar mit dem Sitz in Rheinberg, den aber, da dieser Ort in den Händen des Gebhard Truchsess blieb, der Kurfürst Ernst einstweilen nach Kaiserswerth, dann nach wieder erlangtem Besitze seit 1593 nach Rheinberg zurück verlegte. Die zwischen Spanien und den Vereinigten Niederlanden im siebzehnten Jahrhundert fortdauernden Kriegsverhältnisse, welche auch auf die Stadt Rheinberg mannichfaltig einwirkten, dann der 1688 mit Frankreich entstandene Reichskrieg, nöthigten aber die Kurfürsten, die Licent abwechselnd in Kaiserswerth oder in Rheinberg, seit 1689 selbst in Deuz zu erheben; seit 1692 aber doch wieder in Kaiserswerth. Endlich gab der von Kurpfalz erhobene Streit auf die Wiedereinlösung von Kaiserswerth die Veranlassung, das Licent-Comptoir 1762 von da nach Uerdingen zu verlegen, wo es bis zuletzt geblieben ist [2]). Ueber den hier zu erhebenden Zoll

---

1) Von dessen Ursprung und Einführung im Erzstifte handeln gut die Materialien II. I, 1—43. Daraus ist Eichhof Erzstift Cöln S. 115—118., Simon I. 230.

2) Man sehe auch Büsching Erdbeschreibung Th. VI. S. 680. 681. der siebenten Ausgabe.

und Licent und deren Anschlag wurde noch 1790 eine ausführliche Instruction erlassen [3]).

136. Als Beamte an jeder Zollstätte waren nach der Vereinbarung der vier Kurfürsten ein Zöllner (commissaire) um den Zoll zu erheben, in welcher Eigenschaft in Linz 1760 (und vielleicht schon früher) bis 1773 die Frau Gräfin von Taufkirchen als Zöllner und die „Mlle Aloysia von Stieler" als Adjunct, dann Letztere seit 1774 bis 1792 als Zöllner und von 1775 bis 1780 die „Madame Charlotta von Uphoff" als Adjunct, immer aber mit einem Verwalter zur Seite aufgeführt werden; ferner ein Zollschreiber (secrétaire) um die Einnahme einzutragen; ein Bescher (reviseur) um die Fracht zu schätzen; und ein Nachgänger (controleur) um Beide zu controliren; zur Hülfeleistung dienten mehrere Zollknechte. Die Licentbeamten in Uerdingen waren der Licentmeister, der Licentschreiber, der Controleur, die Licentknechte und der Licentbote. Die Hofkammer war angewiesen dem Kurfürsten zu Zöllnern und Zollschreibern „desgleichen taugliche Personen fürzuschlagen, so Ehrbar, geschickt und ernsthafft seynd, Wie auch zu Uffnehmung der Bescher und Nachgänger solche Personen nambhafft zu machen, welche Catholisch und guten Vermögens seynd, lange uff dem Rhein mit grossen Schiffen gefahren, darauf Verstandt und auch ihr gewissen in acht haben" [1]). Auf jedem Zoll wurden die Register monatlich geschlossen, der Hofkammer eingeliefert, und dort gegen einander verglichen, um daraus die Uebereinstimmung derselben sowohl unter sich als mit den Zollrollen zu entnehmen [2]). Das eingenommene Zollgeld wurde alsbald, jedoch erst

---

3) Verordnung vom 20. Dec. 1790, Scotti Sammlung I. 924.

1) Hofkammer-Ordnung von 1610. Art. 27., von 1652. Art. 26., von 1692. Art. 26.

2) Hofkammer-Ordnung von 1610. Art. 28., von 1652. Art. 27., von 1692. Art. 27.

wenn es in das Zollbuch eingetragen worden[3]), in eine „Theke" mit zwei Schlössern geworfen, und der Schlüssel zu dem einen bei der Hofkammer verwahrt, welche jedes Vierteljahr durch einen Hofkammerrath „die Theken" aufschliessen, das Geld abzählen und zur Hofcassa nehmen liess[4]).

137. Die Erhebung des Zolles geschah nach den alten Zollrollen, worauf schon in der Vereinigung der Kurfürsten von 1492 Bezug genommen wird. Ueber den Anschlag der Waaren auf den Niederländischen Zöllen verglich sich der Erzbischof Adolf 1549 mit dem Herzoge zu Gülich, Cleve und Berg über einen neuen theilweise abändernden Tarif[1]). Die Zollsätze waren nach Massgabe des innern Werthes oder auch des Gewichtes bestimmt; allein die Zollbeamten verliessen sich meistens auf ihre Kenntnisse und Erfahrungen, auf die Erklärungen des Schiffes, auch wohl auf das Augenmass. Dadurch kamen die Zollgesetze der rheinischen Kurfürsten nach und nach ausser Acht, und es bestanden unter Zöllnern und Schiffern blos ein Geschäft auf Treu und Glauben[2]). Zolldefraudationen oder Versuche der Bestechung sollten mit Confiscation oder Geldbussen gestraft werden[3]). Auswärtige Potentaten, Kurfürsten und Fürsten, auch andere weltliche Personen hatten für ihre Weine Zollfreiheiten, die aber von den Kaufleuten bei ihren Weinsendungen

---

3) Sehr umständlich lautet darüber das New Formular von 1545. Fol. 72. Tit. Bestellung des Zollschreibers zu Lanstein.

4) Hofkammer-Ordnung von 1610. Art. 30., von 1652. Art. 29., von 1692. Art. 29.

1) Veröffentlichung vom 30. Sept. 1549, abgedruckt in Scotti Sammlung I. 19.

2) Simon Annalen I. 218. 219.

3) Verordnung vom 10. Juni 1791, vom 13. Dec. 1793, Scotti Sammlung I. 940. 977.

zu vielen falschen Angaben missbraucht wurden [4]). Die
Geistlichen und geistlichen Anstalten waren nach alten
Privilegien für ihre Güter, die nicht des Handels wegen
verführt wurden, von den Wasser- und Landzöllen befreit [5]). Die gleiche Freiheit war den Edelleuten und der
Ritterschaft grundgesetzlich bestätigt [6]). Dieses wurde
dahin declarirt, dass der landtagsfähigen aber ausser dem
Erzstift wohnenden Ritterschaft die völlige Zollfreiheit
ihrer inländischen Güterproducte, der im Inlande wohnenden Ritterschaft aber die Zollfreiheit für alle anders
woher zu ihrer Hausnothdurft eingeführt werdenden Artikel zustehen sollte [7]). Der Ursprung und die Bestimmung der zollfreien Gegenstände musste jedoch auf das
Genaueste certificirt sein [8]). Auch mussten die Freigüter
fahrenden Schiffer jedenfalls an den Zollstätten anlanden,
oder das herkömmliche Nachengeld entrichten [9]). Selbst
Nachen ohne Waaren hatten sich bei den Zollbeamten zu
melden, und wenn sie Passagiere führten, das übliche
Rudergeld zahlen [10]).

138. Ausser den Rheinzöllen hatte das Erzstift kraft
seiner Privilegien auch mancherlei Landzölle. Im Jahr
1455 verpfändete der von den Hussitenkriegen und der
Soester Fehde erschöpfte Erzbischof Dietrich auch seinen
Landzoll zu Königsdorf mit den dazu und ingehörenden

---

4) Hofkammer-Ordnung von 1610. Art. 31., von 1652. Art. 30.,
von 1692. Art. 31.

5) Verordnung vom 2. Mai 1718, Scotti Sammlung I. 3 0., Vollst.
Samml. I. 119.

6) Erblandes-Vereinigung von 1550. Art. 8.

7) Verordnung vom 8. Juni 1671, Scotti Sammlung I. 125., Vollst.
Samml. I. 99. und Anmerk.

8) Verordnung vom 20. Januar 1693, vom 4. Juli 1774, Scotti
Sammlung I. 225. 689.

9) Verordnung vom 5. Januar 1791, Scotti Sammlung I. 925.

10) Verordnung vom 22. Sept. 1780, Scotti Sammlung I. 737.

Walter, Erzstift Cöln.   15

Landzöllen zu Mülheim, Brüggen, Loevenich, Wedersdorf, Buchelmunt, Merheim und Blatzheim an den Grafen
Johann von Nassau für eine Forderung von 41050 Gulden
und beziehungsweise eine Jahresrente von 2052¹/₂ Gulden,
so dass dieser das dortige Zollhaus und die Zölle inne
haben und besetzen, und für Kost, Kleidung und Lohn
des Zollschreibers aus dem Zoll 220 Gulden erhoben werden sollten [1]). In der letzten Zeit waren Landzölle unter
Anderen in Zülpich, Brüggen, Königsdorf, Brauweiler,
Wedersdorf, Weilerswist, Herrenmülheim, Melaten, am
Eigelstein, Judenbüchel, an der Salzgasse, in Deutz [2]).
Diese wurden aber im Wege der öffentlichen Licitation
an den Meistbietenden auf bestimmte Jahre verpachtet [3]).
Die Pächter waren jedoch an die Zollrollen gebunden, die
1761 und 1764 revidirt und erneuert wurden [4]). Danach
zahlte unter Andern ein Fuder Rhein- oder Moselwein
4 Flor., Franzwein 5, Seidenwerk die Pferdetracht 3 Flor.,
Blei, Zinn vom Pferd 13 Albus, geschnizeltes Holzwerk
von jedem Pferd 8 Albus, ein Mühlenstein 2 Flor. 12
Albus, ein Tannenbord 3 Heller, frische Fische per 21
Pfund 2 Albus, ein Otter oder Bieber 1 Albus, „eines
Juden Person so nicht befreyet“ 5 Albus, „acht Hühner,
oder sechs Anten, vier Gänsen, drey Jungen unausge-
wachsenen Schrauten“ 4 Heller. Von Torf und Steinkoh-
len-Asche sollte nur von der ausser Lands geführt werdenden ein Landzoll entrichtet werden [5]). Die genaue

---

1) Urk. von 1455, Lacomblet Urkundenbuch IV. 307.

2) Diese Zollstätten sind genannt in einer die Zollpachtung betreffenden Processschrift von 1761, abgedruckt in den Materialien II.
1, 269—83. II. 2, 299—309.

3) Hofkammer-Ordnung von 1610. Art. 34., von 1652. Art. 33.,
von 1692. Art. 35.

4) Verordnung vom 12. Januar 1761, vom 7. Juli 1764, Scotti
Sammlung I. 569. 594., Vollst. Samml. I. 132.

5) Verordnung vom 12. März 1762, Scotti Sammlung I. 576.,
Vollst. Samml. I. 132.

Beobachtung der Zollrollen, namentlich nicht durch nie-
drigere Sätze von den gewöhnlichen Zollstätten abzuzie-
hen, wurde wiederholt bei Strafe eingeschärft [6]).

139. Diese waren folgende. Aus den Bergwerken,
deren besonders in den Aemtern Nürburg und Hardt [1]),
später auch in den Aemtern Altenwied und Schönenstein
erwähnt werden [2]), bezog die Kammer den bei der Belehnung mit den Gruben vorbehaltenen Bergzehnten. Ferner gehörten ihr die Lehn-Gefälle aus den Lehnschaften,
und die Hofkanzlei, in welcher die vom Hofrath als
Lehnshof ausgehenden Lehnbriefe ausgefertigt wurden,
war gehalten, die dafür bezogenen Gefälle der Hofkammer zu übergeben und zu verrechnen [3]). Dasselbe war
mit den Taxen für die Verleihung geistlicher Aemter der
Fall [4]). Eine ergiebige Quelle waren auch die Brüchten,
über deren richtige Erhebung und Ablieferung an die
Hofkammer daher die genauesten Verordnungen bestanden [5]), und die Beamten und Gerichte waren darin auf die
unmittelbare Dependenz von derselben angewiesen [6]). Die
Juden entrichteten für den ihnen gewährten Schutz oder
die sogenannte Vergleidung wie in allen deutschen Territorien an die Kammer einen jährlichen Tribut und ein
Geschenk „als absonderliche demüthigst gehorsamste Re-

---

6) Verordnung vom 18. Oct. 1694, vom 8. März 1696, vom 13.
Jan. 1777, Scotti Sammlung I. 231. 709., Vollst. Samml. I. 120. 131.

1) Hofkammer-Ordnung von 1610. Art. 26., von 1652. Art. 25.

2) Hofkammer-Ordnung von 1692. Art. 24. 25.

3) Hofkammer-Ordnung von 1610. Art. 49., von 1652. Art. 49.,
von 1692. Art. 50.

4) Man sehe oben §. 40. 46.

5) Man sehe oben §. 74. 75.

6) Verordnung vom 10. März und 18. April 1744, Scotti Sammlung I. 474., Vollst. Samml. I. 257.

cognition", auch beim Wegziehen aus dem Erzstift den
zehnten Pfennig ihres Vermögens, und waren daher unter die Hofkammer gestellt [7]). Im Jahr 1724 wurde auch
an gewissen von den Landständen angesetzten Barrieren
zum Unterhalt der Landstrassen ein Wegegeld nach einem
bestimmten Tarif eingeführt, diese Barrieren nach und
nach bis 1793 auch an vielen anderen Orten eingerichtet [8]), und das Befahren der Feldwege mit Frachtwagen
verboten [9]). Die Einnahme aus den Wegegeldern und
deren Verwendung gieng aber die landständische Casse
an und bildete in den Landesrechnungen einen besondern
Posten [10]).

8) Das Militärwesen.　a) Geschichtliche Einleitung.

140.　Im Mittelalter wurden der dem Erzbischof als
Reichsfürsten obliegende Reichsdienst und die zur Vertheidigung des Erzstifts nöthigen Kriege und Fehden mit
Hülfe der zahlreichen erzstiftischen Ministerialen und der
Ritterschaft nach den mit ihnen geschlossenen Lehnsver-
trägen bestritten.　Zur Landesvertheidigung dienten die
landesherrlichen Burgen, die entweder einem Burggrafen
unter den entsprechenden Verpflichtungen zu Lehn gegeben, oder von einem vom Landesherrn gesetzten Schloss-
amtmann mit den dazu in lehnähnlichen Formen gedun-
genen Burgmannen vertheidigt wurden [1]). Mit der durch
die Erfindung des Schiesspulvers herbeigeführten veränderten Kriegsführung und durch die Weichlichkeit der

7) Hofkammer-Ordnung von 1692. Art. 80.

8) Verordnung vom 10. Nov. 1724, Scotti Sammlung I. 371.,
Vollst. Samml. II. 108—122.

9) Verordnung vom 16. Sept. 1754, Scotti Sammlung I. 543.,
Vollst. Samml. II. 102.

10) Materialien I. 10, 369. 372. 377.

1) Man sehe darüber meine Deutsche Rechtsgeschichte I. §. 274.
276. 308. 309.

Sitten nahm aber der persönliche Kriegsdienst der Lehnsritterschaft immer mehr ab, und es bildeten sich Ueber-
gänge zu neuen Formen, um sich für den Fall des Bedürfnisses einer bereiten Kriegsmannschaft zu versichern.

141. Die eine Form war [1]), dass der Kurfürst einen
Ritters- und Kriegsmann, dergleichen sich noch immer
fanden, zu Seinem und des Stifts „Diener" auf gewisse
Jahre also aufnahm, „dass derselbe sich mit N. reysigen
Pferden, eynem Knaben unnd N. knechten rüstig und
beritten halten, und des Fürsten von Hauss auss, mit
seinem selbs leibe, und obbestimpten Pferden, Knaben
und Knechten wol gerüst wider meniglich gewarten, zu
yeder zeit, so er von des Fürsten Heuptleuten beschrieben unnd erfordert würdet, darin on alle weygerung unnd
ausszüge kommen, darin so lange er bescheyden würdt,
sein und pleiben, getrewlich dienen, reitten unnd thun
solle, alles das, dass eyn getrewer Diener seinem Herrn
schuldig unnd pflichtig ist zu thun." Während des Dienstes war „ihm, seinen Knaben, Knechten unnd Pferden,
kost, futer, Huffschlag" zugesagt, auch Ersatz des „Rey-
sichen schaden", wie solcher nöthigenfalls vom Hofmeister und Marschall eidlich geschätzt würde. „Und darmit der genant N. soliches dienst dester besser gewesen
unnd zukommen möge, sollten ihm die obgenannten jare
seiner Dienerschafft, yedes jars N. gulden zu rechtem
jarsoldt, auff sein gewönlich Quitantzien [2]), darzu järlich

---

1) Die Formel dafür giebt das New Formular von 1545 Fol. 75.
Tit. Dienerbrioff. Uebereinstimmend ist Fol. 89 b. Tit. Revers Diener
Brieff, auff etliche jar, dagegen der Herr denselben Diener unnd sein
Herrschaft schirmen soll. Dieser giebt die Formel des von dem Diener ausgestellten eidlichen Reverses, worin der Dienerbrief wörtlich
eingerückt ist. Demselben ist nur das Gelöbnis des Schutzes und
der Vertheidigung beigefügt. Die Formel des Reverses über einen
einfachen Dienerbrief steht Fol. 91. Tit. Revers über eyn Dienerbrieff.

2) Die Formel einer solchen Quitantzien steht Fol. 138. Tit. Qui-
tantz Dienstgelts.

zwey Kleyde, wie andern Dienern seines gleichen" verabreicht werden. Ein solcher Diener war dann im eintretenden Falle verpflichtet, sich auf das an ihn ergangene Gebot an dem bezeichneten Orte einzufinden [3]). Zur Besatzung in den Schlössern und Städten, die alle nothdürftig befestigt waren, hatte der dort sitzende adlige Amtmann die bestimmte Zahl von reisigen Pferden und Knaben oder Knechten, die ihre Verpflegung aus der dortigen Kellnerei erhielten, rüstig und beritten zu halten [4]). Auch nahmen die Bürger der Vertheidigung ihrer Mauern und Thore wahr. Ein Ueberrest davon und von der alten Heerbannpflicht waren in den Städten und Dörfern die Schützereien, die neben mancherlei Uebelständen doch auch ihren Nutzen hatten [5]).

142. Schon im Mittelalter und besonders in den Hussitenkriegen des fünfzehnten Jahrhunderts hatte das Bedürfniss dazu geführt, neben der Lehnsreiterei für die Dauer eines Krieges besoldete Reiter und Fussknechte anzuwerben und zu entlassen. Kaiser Maximilian I. hatte dann in seinen Erblanden eine besoldete stehende Miliz als einen Kern eingeführt, woran sich in einem Kriege die Lehnsritterschaft und die geworbenen Söldner anschlossen. Diese Einrichtung wurde wie in anderen Territorien so auch in den rheinischen Erzstiften nachge-

---

3) Die Formel des Aufgebots steht Fol. 52 b. Tit. Wie man eynem Diener oder Lehenman schreibet, um das Geleyt zu kommen, oder die seinen zu schicken, unnd dasselb helffen zu versehen. Lieber getrewer, Wir begern hiemit gütlich, du wollest selb vierd wolgerüst und erzeugt, ghen N. in unser Geleyt kommen oder schicken, Also, dass ihr auff N. zeit schierst künfftig zu Abent daselbst zu N. seit, gestalt, auff unsern Hauptmann zu warten, das nit lassen noch seumen, wollen wir uns zu dir versehen, und gnediglich erkennen. Geben zu N. auff N. tag Anno ꝛc.

4) Man sehe die Formel in dem §. 54. Note 1.

5) Man sehe darüber oben §. 60.

...annt [1]). Es wurde also Einer auf gewisse Jahre gegen
eine bestimmte jährliche Löhnung in Dienst genommen
und über fünf Pferde gesetzt, um mit denselben, „nach
unserer newen ordnung, als eyn Kürisser wol gerüst, von
Hauss ausz getrewlich zu dienen und warten" [2]). Zu einem
gegenwärtigen Kriege wurde dann weiter geworben, so
dass man einen tüchtigen Kriegsmann „mit zwölf gerü-
sten pferden, darunter er eyn Kürisser seyn, unnd deren
noch eynen zu jm haben sol, uff jedes pferdt den Monat
zehn guld. Rhein. für soldt und schaden" in Dienst nahm [3]).
In ähnlicher Weise wurde zu dem vom Reichstag zu Kost-
nitz beschlossenen Römerzuge das dem Erzstift obliegende
Contingent durch Söldner zusammengebracht, in deren
Bestallung es heisst: „dass wir demnach zu volnziehung
solches Abschiedtes, sovil uns antrifft, dise hernachge-
schriebene N. N. N. N. N. N. :c. zu unsern und unsers
Stiffts Dienern und Soldenern auffgenommen und bestalt
haben, Also das sie und ihr jeglicher mit seiner bestimp-
ten anzal Pferde wolgerüst unnd erzeugt, uns unnd unserm Stift sechs Monat lang bei unserm allergnedigsten
Herrn, dem Römischen König, oder seinem darzu verordneten Velthauptmann getrewlich dienen, reitten und
gehorsamlich thun sollen, alles das jn in solchem bevol-
hen und bescheyden wirt. Und sollen und wöllen wir jr
jeglichem uff eyn jedes pferdt den Monat zehn Rheinische
gulden an goldt wehrung, wie dann in obgerürtem Ab-
schiedt zu Costnitz gesetzt und geordnet ist, auff jhr ge-

---

1) Der Beweis ist, dass in dem New Formular von 1545 die
darauf bezüglichen Formeln Fol. 159. 160. mit „Wir Maximilian :c."
anfangen, also aus den wirklichen Bestallungsbriefen Maximilians entnommen sind.

2) New Formular von 1545 Fol. 159 b. Tit. Bestellbrieff, auff
etliche pferd von hauss auss.

3) New Formular von 1545 Fol. 160. Tit. Bestallbrief mit gerü-
sten pferden in eyn Krieg.

pürlich quitantzien thun, aussrichten und bezalen für solt,
kosten, schäden und alles anders" [4]). Zur Anwerbung solcher Söldner wurde ein Diener mit einem offenen Schreiben an alle Beamten, Bürger und Gemeinden ausgeschickt, ihm dazu förderlich zu sein [5]).

143. Während des langwierigen dreissigjährigen Krieges wurde die Kriegsführung mit geworbenen Söldnern fast die ausschliesslich herrschende. Die Werbungen wurden nun ein wichtiges Geschäft und erstreckten sich von Aussen auch über das Erzstift, wo sie aber sowohl gegen die eingeschlichenen Werber als gegen die Unterthanen wiederholt auf das strengste verboten wurden [1]). Auch nach Beendigung des Kriegs behielten die Reichsstände einen Theil ihrer Truppen nicht nur bei, sondern vermehrten diese selbst nach und nach durch neue Regimenter, so dass die ausländischen Werbungen im Erzstift und die strengen Verbote dawider fortdauerten [2]). Dagegen wurde nun die kurfürstliche Miliz selbst auch durch Werbung gebildet und vermehrt. Die Nothwendigkeit dazu brachten die von Frankreich her drohenden Verhältnisse, welche Maximilian Heinrich 1684 bestimmten, einen eigenen Landtag zu berufen, um die Mittel zur Vermehrung der Landestruppen zu berathen und zu beschliessen [3]). Dieses wiederholte sich auch unter Joseph Clemens [4]). Zu

---

4) New Formular von 1545 Fol. 71. Tit. Bestellung etlicher Soldener, eyn zeit lang.

5) Die Formel dazu steht in dem New Formular von 1545 Fol. 163. Tit. Passbrieff, Knecht füren und auffnemen zu lassen.

1) Verordnung vom 21. Juli 1637, Scotti Sammlung I. 69., vom 11. Oct. 1653, vom 3. Sept. 1667, vom 1. Febr. 1671, vom 14. März 1688, vom 18. April 1691, Scotti Sammlung I. 69 Anmerk. I. 191. 210.

2) Verordnung vom 26. Juni 1651.

3) Convocation vom 11. März 1684, Scotti Sammlung I. 171.

4) Ausschreiben vom 2. April und 25. Sept. 1696, Scotti Sammlung I. 237. 243.

den Werbungen wurden Werbeofficiere angestellt[5]). Diesen sollten auch von den Localbehörden die „im Erzstifte befindlichen nicht angesessenen Müssiggänger" überwiesen werden[6]). Auf Veranlassung des gegen Frankreich entstandenen Reichskrieges wurde 1691 auch eine Art Landwehr aus allen unverheiratheten zum Gewehr tauglichen jungen Leuten gebildet[7]), die sich jedoch nicht behauptete, in so fern sie nicht mit den Schützereien zusammenfiel[8]).

b) Bestand der kurfürstlichen Truppen.

144. Unter Joseph Clemens war bereits das ganze Kriegswesen in die neuen stehenden Formen gebracht. Nach der von ihm durchgeführten eigenthümlichen Eintheilung[1]) bildete dasselbe im gesammten Beamten-Schematismus den sechsten und siebenten Stab (état). Der sechste war der des Gouverneurs des Gardes du Corps von 3 Aemtern (offices) und 16 Partheyen (parties). Stabsherr (chef d'état) war der Gouverneur. Das erste Amt war die Hatschier Leib-Garden Compagnie (des Archers Gardes du Corps), unter dem Capitaine von Hatschiern als Amts-Herrn. Es enthielt 5 Partheyen: Hatschier Prima Plana[2]), Erste, Zweite, Dritte und Vierte Hatschier Brigade. Parthey-Herr war in Jeder der nach dem Capitaine

---

5) Verordnung vom 14. März 1688, vom 21. Juni 1701, Scotti Sammlung I. 191. 269.

6) Verordnung vom 21. Juni 1701, Scotti Sammlung I. 269.

7) Verordnung vom 19. Oct. 1691, Scotti Sammlung I. 216.

8) Man sehe oben §. 60.

1) Man sehe oben §. 17.

2) „Die Prima Plana bei einer Compagnie seynd diejenige Ober- und Unter-Officiers, auch andere Personen, welche eigentlich nicht in deren Gliedern stehen. Die kleine Prima Plana bestehet aus denen Personen, welche nach dem Fähnrich oder Cornet folgen." So Moser Staatsrecht Th. XXIX. S. 482., Teutsche Crayss-Verfassung S. 516.

erst-anwesende Ober-Officier von Hatschieren. Das zweite
Amt war die Carabinier Leib-Garden-Compagnie unter
dem Capitaine von Carabiniern als Amts-Herrn. Es enthielt auch fünf Partheyen: Carabinier Prima Plana, Erste,
Zweite, Dritte und Vierte Carabinier Brigade. Parthey-
Herr war in Jeder der nach dem Capitaine erst-anwesende Ober-Officier von Carabinieren. Das dritte Amt
war die Trabanten-Leib-Garden-Compagnie und Invaliden-
oder Gnaden-Compagnie, unter dem Capitaine von Trabanten als Amts-Herrn. Es enthielt sechs Partheyen:
Trabanten Prima Plana, Erste, Zweite, Dritte, Vierte Trabanten Brigade, und die Gnaden-Compagnie von Inva-
liden. Parthey-Herr war in Jeder der nach dem Capitaine
erst-anwesende Ober-Officier von Trabanten. Der siebente
Stab war der des General de la Maison Electorale mit
3 Aemtern und 29 Partheyen. Das erste Amt war das
Leibregiment zu Fuss, unter dem Obristen (colonel) desselben als Amts-Herrn. Es enthielt elf Partheyen: Leib-
Regiments zu Fuss Staab, Churf. Leib-Compagnie, Obri-
sten Leib-Compagnie, Obrist-Lieutenants Compagnie,
Obrist-Wachtmeisters Compagnie, Erste Hand-Granadier
Compagnie, Zweyte Hand-Granadier Compagnie, Erste,
Zweite, Dritte, Vierte Füsilier Compagnie. Parthey-Her-
ren waren in der ersten Parthey der commandirende Ober-
Officier des Regiments nach dem Obristen, und in der
zweiten bis elften Parthey der Commandant jeder Com-
pagnie. Das zweite Amt war das Leib-Regiment von der
Reutherey unter dem Obristen desselben als Amts-Herrn.
Es enthielt neun Partheyen: Leib-Regiments Reutherey
Staab, Churf. Leib-Compagnie, Obristen Leib-Compagnie,
Obrist-Lieutenants Compagnie, Obrist-Wachtmeisters Com-
pagnie, Ersten, Zweiten, Dritten, Vierten Rittmeisters
Compagnie. Parthey-Herren waren in der ersten Parthey
der commandirende Ober-Officier des Regiments nach
dem Obristen, und in der zweiten bis neunten Parthey

der Commandant jeder Compagnie. Das dritte Amt war das Leib-Regiment von Dragonern, unter dem Obristen desselben als Amts-Herrn. Es enthielt auch neun Partheyen : Leib-Regiments Dragoner Staab, Churf. Leib-Compagnie, Obristen Leib-Compagnie, Obrist-Lieutenants Compagnie, Obrist-Wachtmeisters Compagnie, Ersten, Zweiten, Dritten, Vierten Haubtmanns Compagnie. Parthey-Herren waren in der ersten Parthey der commandirende Ober-Officier des Regiments nach dem Obristen, und in der zweiten bis neunten Parthey der Commandant jeder Compagnie. Der Bestand der übrigen Truppen, die nicht Leibregimenter waren, unter Joseph Clemens ergiebt sich ohngefähr aus den Tabellen der Kreis-Association, wodurch sich auch die Höhe des damaligen Militär-Fusses erklärt[3]). In der Hoff-Aufwartungs-Instruction von 1717 ist den Generals-Personen und Brigadiers das Chur-Stuhl-Zimmer, den Obristen die Ante-Cammer, den Obrist-Lieutenants bis zu den Rittmeistern die Ritter-Stube, den Lieutenants bis zu den Auditors und Proviant-Meisters der Garde- oder Haubt-Saal angewiesen. Die von den Leibregimentern gehen immer eine Stufe höher.

145. Unter Clemens August wurden die Leibgarden auf zwei Compagnien reducirt: die der Hatschieren von 100, und die der Trabanten von 50 Mann, jede unter einem Hauptmann. Dafür errichtete er aber eine Husaren-Compagnie für den Dienst der öffentlichen Sicherheit[1]). Diese blieb bis zur letzten Zeit, so dass sie bei ihren Streifzügen Obdach und Lager unentgeltlich, Kost und Trank nur gegen baare Zahlung, Haber, Heu und Streu gegen gedruckte beim General-Einnehmeramt einzulösende Zettel erhielt. Maximilian Friedrich schaffte alsbald auch die Hatschierer ab, so dass seit 1762 nur eine Leib-

---

3) Man sehe unten §. 156.

1) Man sehe darüber oben §. 60. Note 12.

garden-Compagnie blieb, von 50 Mann unter einem Hauptmann. Im Jahr 1794 waren 36 Mann unter einem Hauptmann, dem Ersten und Zweiten Lieutenant, dem Cornette,
Wachtmeister, Quartiermeister, vier Brigadiers, drei Trom-
petter, einem Chirurgus. Unter Maximilian Franz wird
seit 1787 in dem Hofkalender nach der Hofkammer, statt
sonst blos des Kriegsrathes, der „Kurfürstl. Militairstand"
aufgeführt. Darunter gehört die Generalität nämlich zwei
bis drei General-Lieutenants und drei General-Majors, was
aber grösstentheils nur mit anderen hohen Würden verbundene Titel waren; der Kriegsrath, wovon unten; das
Gouvernement zu Bonn bestehend aus dem Gouverneur,
dem Commandanten, dem Platz-Major und Anderen; das
Kriegs-Kommissariat, wovon unten; endlich das Kurfürstl.
von Kleistische Infanterie-Regiment. Dieses bestand aus
zwei Grenadier-Compagnien, jede aus 78 Mann und zwölf
Füselier-Compagnien, jede von 65 Mann, vom Feldwebel
an. Davon lagen elf Compagnien zu Bonn in Garnison,
eine in Westphalen, und die letzte im Erzstift vertheilt [2]).
Die Officiere waren 1794: der Regiments-Inhaber, der
Oberst, der Oberst-Lieutenant, der Major, zwei Grenadier-
Capitains beide adlig, neun andere Capitains worunter
fünf adlige, vier Stabs-Capitains alle bürgerlich, zwölf
Ober-Lieutenants worunter nur ein adliger, zwei Unter-
Lieutenants beide bürgerlich, elf Fähndrichs worunter
zwei adlige. Regiments-Chirurgus war Christoph Zart-
mann, der auch Hofchirurgus war.

c) Die Militär-Behörden.

146. Die Kriegssachen wurden anfangs wie die anderen Regierungssachen im ständigen Rathe behandelt,
und in dessen Kanzlei ausgefertigt [1]). Später, man weiss

---

2) So berichten 1781 die Materialien I. 1, 88.
1) Den Beweis giebt die ungedruckte Raths- und Canzlei-Ordnung

nicht wann, wurde nach Art der Hofkammer der Kriegsrath als ein eigenes Collegium ausgeschieden. Nach den
Instructionen von Joseph Clemens von 1715 und 1717
über die Rangordnung in der Kapelle und bei Hofvor-
stellungen bestand es aus dem Präsidenten, dem Vice-
Präsidenten, dem Director und mehreren Kriegsräthen.
In dem Hofkalender von 1760 und den folgenden Jahren
wird das Kriegsraths-Collegium nach der Hofkammer mit
dem Präsidenten und fünf bis acht Kriegsräthen aufgeführt. Seit 1762 sind denselben zwei sogenannte Weltliche Räthe (conseillers ordinaires) bürgerlicher Abkunft
beigegeben, worauf wohl hauptsächlich die Geschäftsführung ruhte. Seit 1787 unter Max Franz wird der Kriegsrath nur mit vier Kriegsräthen genannt, wovon Zwei von
der Generalität, Zwei Bürgerliche waren. Für das Rechnungswesen, namentlich auch zum Empfang der für die
Miliz bewilligten Simpeln und der für Militär - Execution
zuständigen Gebühren [2]), diente das Kriegs-Commissariat,
welches aus einem Commissarius, einem Schreiber und
einem Kanzlisten bestand.

d) Die Verpflegung.

147. In der zweiten Hälfte des siebzehnten Jahrhunderts machten die Kriegsverhältnisse, erst gegen die Niederlande dann gegen Frankreich, den Unterhalt und die
Dislocirung einer vermehrten Miliz, und mit dieser eine
Reihe von Verordnungen über Einquartirung und Verpflegung nothwendig, die auch für die Folge in Kriegszeiten massgebend geblieben sind. Zuerst wurde 1671
bestimmt, dass der bequartirte Unterthan „über die nach

---

von 159˙ (§. 42. Note I), worin dem andern Secretär aufgetragen
wird, „die sachen, so zum Kriegswesen bei diesen Zeiten mehr als
gutt zu häufig bei uns vorfallen, gleichfalls zu expediren."

2) Verordnung vom 6. April 1696, vom 2. März 1787, Scotti
Sammlung I. 237. 850.

eines jeden Gelegenheit hergebende Hausmanns-Kost und
Trank nicht beschwert werden", und den Reitern für ein
Pferd täglich nicht mehr als ein Viertel Hafer und ein
Viertel Hecksel köln. und acht Pfund Heu oder Rauh-
futter fordern dürfe [1]). Für die Reiter folgte 1672 eine
nähere Verordnung. Nach dieser erhielten die Officiere
nichts als „das Quartier, Lagerstatt, nöthiges Liecht und
Feur"; die Corporale und gemeinen Reiter täglich ein
Viertel Haber, anderthalb Viertel Hecksel, acht Pfund
Heu und Rauhfutter, nebst wöchentlich zwei Bauschen
Stroh; zum Essen und Trinken neben dem ordinären Ge-
nuss anderthalb Pfund Brod, anderthalb Pfund grün oder
geräuchert Fleisch, wie es der Hausmann hat, und zwei
Mass gemeines Hausmanns Bier; wobei es jedoch in des
Wirthes Willen gestellt blieb, statt der Beköstigung dem
Reiter monatlich anderthalb Reichsthaler zu entrichten,
welche ihm an dem schuldigen Kirchspiels-Contingent der
Simpeln zu Gute kommen, oder wenn sich diese so hoch
nicht belaufen würden, aus der Kriegscasse monatlich
ersetzt werden sollten [2]). Bald darauf wurde dem Reiter
frei gestellt, sich mit seines Wirthes gemeinen Kost und
Trank mit Zugabe eines Blaumüsers oder halben Schil-
lings zu begnügen, oder sich über den Preis der Verpflegung überhaupt mit ihm zu einigen, hinsichtlich der
Fourage aber wurden die Kriegscommissäre jedes Orts
auf die Uebereinkunft mit den bequartirten Dörfern, oder
auf den Ankauf in den nächstgelegenen Städten angewiesen; immer aber gegen baare Zahlung, wobei das Malter
Hafer zu 1 Rthlr., Hecksel zu 1 Schilling, 100 Bauschen
Stroh zu 2 Rthlr. als Maximum angesetzt waren [3]). Auf

---

1) Verordnung vom 12. Dec. 1671, Scotti Sammlung I. 127.

2) Verordnung vom 15. Januar 1672, in dem Gegenbericht des
Thumb-Capituls. Adjuncta p. 142. Scotti hat diese Verordnung nicht.

3) Verordnung vom 14. Febr. 1672, Scotti Sammlung I. 127
Anmerk.

Märschen mussten die Officiere für ihr eigenes Geld zeh-
ren; die Unterofficiere und Soldaten aber ihren Wirthen
für anderthalb Pfund Brod nebst einem Stück Fleisch,
oder Butter und Käse und ein Mass Bier drei Stüber,
und die Reiter für Obiges und ein Viertel Hafer, zehn
Pfund Heu und ein Gebund Stroh sieben Stüber p. Tag
bezahlen[4]). Hinsichtlich des in die Städte verlegten Militärs bestand aber für die Stabsofficiere bis zu den Gemeinen abwärts die Vorschrift, dass sie von den bequartirten Bürgern, ausser dem blossen Obdach und Lagerstatt, kein Sauer, Pfeffer, Salz, Holz, Licht und Servis,
oder dafür einiges Geld begehren durften, sondern solches aus der monatlich zugelegten Besoldung sich selbst
anzuschaffen hatten[5]); ja bei vorfallenden Märschen oder
zum Transport der Munition von den Städten oder Bürgern nicht einmal unentgeltlich Wagen oder Vorspann
fordern konnten[6]). Auch die Abverlangung von Quartier-
geld, anstatt oder neben dem Naturalquartier, wurde auf
das Strengste untersagt[7]). Für die mit Fähndrichs- oder
Cadetten-Stellen „begnädigten Kinder" von Officieren,
dergleichen von kaum sechs Jahren vorkamen, durfte erst
dann, wenn sie ihre Stellen persönlich wahrnahmen, das
Quartier angeschafft werden[8]).

e) Die Ergänzung der Miliz.

148. Die Officiere wurden aus den freiwillig Ein-

---

4) Verordnung vom 16. Juni 1691, Scotti Sammlung I. 213.

5) Verordnung vom 20. August 1697, Scotti Sammlung I. 218.,
Vollst. Samml. II. 461.

6) Verordnung vom 15. April 1717, vom 13. Mai 1732, vom 22.
April 1752, Scotti Sammlung I. 248. Anmerk., Vollst. Samml. II. 261.

7) Verordnung vom 23. April 1714, Scotti Sammlung I. 477.,
Vollst. Samml. II. 462.

8) Verordnung vom 25. Mai 1750, Scotti Sammlung I. 521., Vollst.
Samml. II. 463.

tretenden genommen. Die Ergänzung der Gemeinen geschah durch Werbung vermittelst Handgeld. Die dazu aus freien Stücken sich Meldenden durften nicht abgehalten, andererseits aber auch bei Strafe der Cassation dazu weder Ueberlistung noch Zwang angewendet werden [1]. Die Ortsbehörden mussten den Officieren zur Abführung der freiwillig engagirten Rekruten hülfreiche Hand leisten [2]. Die Aufnahme der zur Entgehung einer Strafe sich Meldenden war untersagt [3]), jedoch die Einstellung der zum Polizeihause oder zu grossen Brüchten Verurtheilten auf drei oder sechs Jahre zugelassen [4]). Später griff man aber auch zu einer gezwungenen Aushebung durchs Loos aus den daheim entbehrlichen jungen Burschen, wovon in den Aemtern, Städten und Unterherrschaften die Listen angefertigt wurden [5]). Besonders geschah dieses mit grossem Nachdruck in dem letzten Reichskrieg gegen Frankreich [6]). Der Eintritt in fremde Kriegsdienste war mit schweren Strafen bis zur Vermögens-Confiscation bedroht [7]). Daher die steigenden Verbote wider die immer zudringlicher werdenden, selbst mit Gewalt in das Erzstift einfallenden auswärtigen Werber, mit der Erlaubniss, nöthigenfalls „auf dieselbe Feuer zu

1) Verordnung vom 26. Febr. 1734, vom 16. Febr. 1739, vom 14. Juli 1741, vom 20. Juni 1757, vom 11. Juli 1764, Scotti Sammlung I. 422. 444. und Anmerk., Vollst. Samml. II. 458—461.

2) Man sehe §. 60. Note 2.

3) Verordnung vom 25. April 1745, Scotti Sammlung I. 487., Vollst. Samml. II. 467.

4) Verordnung vom 25. Febr. 1793, Scotti Sammlung I. 964.

5) Verordnung vom 22. März 1759, Scotti Sammlung I. 562.

6) Aufruf vom 22. Febr., vom 17. März 1794, Scotti Sammlung I. 983. 984. 985.

7) Verordnung vom 16. März und 28. Dec. 1726, vom 24. März 1727, vom 16. Jan. 1734, vom 23. Mai 1760, vom 3. August 1761, Scotti Sammlung I. 379. und Anmerk., Vollst. Samml. II. 451.

geben, und sie ohne den geringsten Scheu als öffentliche
Friedens-Stöhrer übernhauffen zu schiessen" [8]). Wider
diesen unerträglichen Unfug wurden auch mit den deutschen und fremden Mächten auf bestimmte Jahre Cartelle
geschlossen [9]), die vom Kaiser erlassenen Mandate auch
im Erzstift publicirt [10]), und mit den Kurfürsten und Ständen des kurrheinischen Kreises ein gemeinschaftliches
Edict erlassen [11]). Das Ausführen der Pferde ohne die
besondere kurfürstliche Erlaubniss war, zunächst wegen
des eigenen Bedürfnisses der Kavallerie-Remonte [12]), um
so mehr aber zu deren Zuführung zum Reichsfeinde [13]),
scharf untersagt, und die durch die Türkenkriege veranlassten kaiserlichen Verbote der Ausfuhr der Pferde aus
dem Reiche wurden auch im Erzstift publicirt [14]).

f) Die militärische Disciplin.

149. Die Militärpersonen standen unter dem Militär-
gerichte, und von diesem war bei Excessen und Vergehen

---

8) Verordnung vom 2. März 1716, vom 19. Febr. 1723, vom
22. Jan. 1724, vom 19. Febr. 1728, vom 5. Jan. 1732, vom 31. Dec.
1738, vom 3 Oct. 1739, vom 29. März und 29. Mai 1747, vom 23.
April 1763, Scotti Sammlung I. 317. und Anmerk. I. 355. und Anmerk.
I. 442. und Anmerk. I. 448. und Anmerk. I. 583. und Anmerk., Vollst.
Samml. II. 445—450.

9) Publication vom 18. Mai 1724, Scotti Sammlung I. 363. und
Anmerk.

10) Publication vom 10. Nov. 1730, vom 8. Oct. 1733, Scotti
Sammlung I. 403. und Anmerk.

11) Publication vom 8. Jan. 1767, Scotti Sammlung I. 625.

12) Verordnung vom 26 Febr. 1684, vom 5. Febr. 1692, Scotti
Sammlung I. 170. 218.

13) Verordnung vom 18. Oct. und 10. Dec. 1704, vom 13. März
1713, Scotti Sammlung I. 283. und Anmerk.

14) Publication vom 19. Febr. 1718, vom 30. Sept. 1733, Scotti Sammlung I. 324. 416.

der Thäter zu verhaften und zu bestrafen. Wo kein Militär lag, sollte derselbe von der Ortsbehörde ergriffen und seinem Regiment zur Bestrafung abgeliefert werden [1]). Bei Irrungen und Excessen zwischen Militär- und Civil-Personen durfte der Civilist, den Fall der flagranten That abgerechnet [2]), nicht gleich von dem Militär verhaftet, noch weniger zur Bestrafung gezogen werden, sondern es war eine gemischte Commission aus Civilbeamten und Officieren zu bilden und der Schuldige an seine Behörde abzugeben [3]). Klagen von Civil- gegen Militär-Personen waren zunächst bei dem commandirenden Officier oder beim General selbst anzubringen; wann aber von diesen „wider Vermuthen nicht zulänglich Mittel geschafft", bei dem Kurfürsten oder Hofrath [4]).

150. Deserteure wurden nach Kriegsrecht behandelt, und es war den Localbehörden eingeschärft, zu deren Ermittlung und Ablieferung kräftig zu helfen [1]). Es wurden für deren Einbringung Geldprämien versprochen [2]), und über die Auslieferung der gegenseitigen Deserteure mit anderen Staaten vorübergehend Cartelle geschlossen [3]). Auswärtige im Erzstift plündernd umherziehende Deser-

---

1) Verordnung vom 28. Febr. 1746, Scotti Sammlung I. 493., Vollst. Samml. II. 466.

2) Verordnung vom 16. Mai 1736, Scotti Sammlung I. 428. Anmerk., Vollst. Samml. II. 461.

3) Verordnung vom 28. April 1736, Scotti Sammlung I. 428., Vollst. Samml. II. 464.

4) Verordnung vom 22. April 1745, Scotti Sammlung I. 486., Vollst. Samml. II. 467.

1) Verordnung vom 20. August 1701, vom 8. Juni 1742, vom 21. Dec. 1789, vom 28. Juli 1793, Scotti Sammlung I. 271. und Anmerk. I. 457. 914. 975., Vollst. Samml. II. 453.

2) Verordnung vom 16. Juli 1794, Scotti Sammlung I. 995.

3) Verordnung vom 18. Mai 1724, vom 15. Oct. 1793, Scotti Sammlung I. 363. und Anmerk. I. 976.

teure sollten wie Strassenräuber behandelt werden⁴). Häufig wurde aber ein General-Pardon verkündigt, zuweilen
unbedingt zur Rückkehr und Niederlassung⁵), gewöhnlich aber nur zur Rückkehr zu den Fahnen binnen sechs
Wochen⁶) unter dem Präjudiz, dass alsdann die Anhef-
tung des Namens am Galgen, die Confiscation des Vermögens, und bei künftiger Betretung die Strafe des Stran-
ges eintreten sollte⁷). Hinsichtlich des Duellirens stand
das Militär jeden Grades unter dem allgemeinen Duell-
Edict, wodurch, in Betracht „dass, obwohl in allen Gött-
„lichen, Natürlichen, Geist- und Weltlichen Rechten das
„Rauffen und Duelliren, nicht allein als ein der Aller-
„höchsten Göttlichen Majestät, und der Höchst-Landes-
„herrlichen Hoheit und derselben anklebenden Höchst-Rich-
„terlichen Ambt zuwider lauffender unverantwortlicher Ein-
„griff, sondern auch als eine zu kundbahren Leibes und
„Seelen Verderben abziehlende, muthwillige Raserey, nach-
„trücklich und höchst straffbahrlich verbotten, dergestal-
„ten, dass zu vermuthen, dass die Unterthanen sambt und
„sonders, von diesem abscheulichen Laster des Duellirens
„und Rauffens einen selbst eigenen Abscheu würden be-
„kommen haben : diesem allem unangesehen jedoch die
„tolle und rasende Duell-Sucht, unterm Schein einer gantz
„verkehrten Ehren-Rettung, sich bei den Unterthanen
„Civil- und Militairen-Stands annoch hervorthue," — das
Duelliren, auch wenn keiner getödtet worden, „mit dem
„Tod, und zwar die Rittermässige durch das Schwerd,
„übrige aber durch den Strang", ferner mit der Confiscation des Vermögens, und bei denen von Adel auch mit

---

4) Verordnung vom 4. Febr. 1709, Scotti Sammlung I. 289.

5) Verordnung vom 28. März 1715, Scotti Sammlung I. 309.

6) Verordnung vom 9. Mai 1673, vom 6. Oct. 1725, Scotti Sammlung I. 137. 377.

7) Verordnung vom 2. Juli 1705, vom 7. Juli 1751, vom 28. Juli
1793, Scotti Sammlung I. 284. 529. 975., Vollst. Samml. II. 456.

Zerbrechung des adligen Wappens gestraft, bei erfolgter
Entleibung aber „deren Leibere nicht begraben, sondern
„an einen Galgen, jedem zum abscheulichen Exempel
„aufgehenckt werden sollten" [8]). Zur Verhütung des Schul-
denmachens war das Vorschiessen von Geld an Unterofficiere und Gemeine schlechthin, an Officiere vom Ca-
pitain bis zum Fähndrich bei mehr als hundert Gulden
ohne Consens des Obristen, an commandirende Officiere
ohne ein Certificat des Kriegscommissariats, bei Verlust
des Geldes verboten, und die Beschlagnahme der Besoldung nur bis zum dritten Theil gestattet [9]), später aber
Beides bei den Officieren etwas modificirt [10]). Beurlaubten
Soldaten war der Handels- und Handwerks-Betrieb in
Städten, wo Zünfte waren, gar nicht, in den anderen
nur gegen ihren Beitrag zu den öffentlichen Lasten er-
laubt [11]).

g) Behandlung der Reichs- und anderen Truppen.

151. Die Verhältnisse des Erzstifts als Theil des deutschen Reiches und das den Reichsständen durch den Westphälischen Friedensschluss beigelegte Recht zu auswärtigen Allianzen veranlassten, dass zu Zeiten Reichs- und
andere befreundete oder auch feindliche Truppen darin
lagen. Die Behandlung richtete sich nach den Umständen. In dem dreissigjährigen Kriege erhielten die kaiserlichen und unirten Truppen im Erzstift unentgeltliche
Quartiere und Natural-Verpflegung, zu deren Ersatz aus

---

8) Edict vom 29. Mai 1742, Scotti Sammlung I. 456., Vollst.
Samml. II. 248.

9) Verordnung vom 18. August 1753, Scotti Sammlung I. 539.,
Vollst. Samml. II. 468.

10) Verordnung vom 29. Febr. 1788, vom 18. Sept. 1789, Scotti
Sammlung I. 874. 912.

11) Verordnung vom 23. März 1746, vom 30. Sept. 1754, vom 29.
Jan. 1768, Scotti Sammlung I. 498. und Anmerk., Vollst. Samml. II. 465.

der Landeskasse besondere Steuern ausgeschrieben wur
den [1]). In dem Kriege Frankreichs gegen die Niederlande 1672 waren zum Schutze der Neutralität des Erzstifts französische Truppen unter kurfürstlichem Befehl in
dessen Plätze aufgenommen [2]), wozu monatliche Natural-
Lieferungen nach dem Biletlirungsfuss zu leisten waren [3]).
In dem Reichskriege gegen Frankreich von 1674 nahm
der kaiserliche Ober-Kriegscommissär Gelderpressungen
und eigenmächtige Ausschreibung von Steuer-Simpeln
vor, wogegen beim Kaiser Klage erhoben wurde [4]). In
dem neuen Reichskrieg gegen Frankreich von 1688 wurden zur Verpflegung der vor Bonn angelangten kaiserlichen und alliirten Truppen drei schleunigst einzuzahlende
Simpeln ausgeschrieben [5]). Ueber die Verpflegung der
zur Deckung des Landes hinterlassenen brandenburgischen
Truppen erliess der Kurfürst zu Brandenburg nach dem
mit dem Kurfürsten von Cöln „aufgerichteten Concert"
ein aus Cöllen an der Spree den $\frac{4}{14}$ December 1689 da-
tirtes Reglement [6]), wodurch diese Verpflegung für den
Reiter, Dragoner und Musquetier, und für die Officiere
in ähnlicher Weise, wie oben bei den erzstiftischen Truppen festgesetzt wurde. Ueber die durch diese Truppen
vorher entstandenen Verpflegungskosten und Schäden, so
wie über die nachher gegen jenes Reglement vollführten
vielfachen Excesse wurden wiederholt Berichte der Localbehörden zum Zweck einer Liquidation mit Kurbranden-

---

1) Man sehe oben §. 114. Note 2. §. 129. Note 1.

2) Erlass vom 16. April 1672, Scotti Sammlung I. 128.

3) Verordnung vom 5. Nov. 1672, Scotti Sammlung I. 131.

4) Erlass vom 31. Juli 1677, vom 8. April 1678, Scotti Sammlung I. 148. 149.

5) Erlass vom 25. Sept. 1689, Scotti Sammlung I. 201.

6) Dieses steht in dem Gegenbericht des Thumb-Capituls. Adjuncta p. 161.

burg eingefordert[7]). Für die Verpflegungs - Bedürfnisse
zweier in das Erzstift zu dessen Schutz 1690 gelegten
kurbaierischen Infanterieregimenter wurden von dem kurfürstlichen Bevollmächtigten die Naturallieferungen repartirt, jedoch gegen diesen Modus vom Domkapitel pro-
testirt[8]). Zu den Durchmärschen der alliirten Truppen wurden zwei Marsch-Commissarien, der eine für das obere,
der andere für das niedere Erzstift ernannt[9]). Bei dem
darauf erfolgten Einrücken feindlicher französischer Truppen in das obere Erzstift mussten mit den französischen
Commissarien zur Verhütung grösserer Uebel Vergleiche
über Contributionen getroffen werden, bis dass diese durch
den mit dem französischen Intendanten geschlossenen Con-
tributions-Tractat untersagt wurden[10]).

152. In dem spanisch - österreichischen Successions-
kriege, wo der Kurfürst Joseph Clemens verblendeter
Weise gegen den Willen des Domkapitels und der Landstände zu Frankreich hielt, deshalb am 13. October 1702
aus seinem Lande flüchten musste und dessen Regierung
vom Domkapitel übernommen wurde[1]), waren im Sommer 1702 von den im Erzstift einquartierten, sowohl französischen als Reichstruppen Erpressungen vorgekommen[2]);
dann aber wurde für die Requisitionen und die Verpflegung der befreundeten preussischen Truppen in geordne-

---

7) Verordnung vom 17. Sept. 1689, Scotti Sammlung I. 200. und
Anmerk.

8) Verordnung vom 30. Jan. 1690, Protest vom 5. April 1690,
Scotti Sammlung I. 205. 206.

9) Verordnung vom 1. Juli 1690, Scotti Sammlung I. 207.

10) Verordnung vom 15. Nov. 1692, Scotti Sammlung I. 224. und
Anmerk.

1) Verkündigung des Domkapitels vom 25. Nov. 1702, Scotti
Sammlung I. 275.

2) Verordnung vom 31. März 1703, Scotti Sammlung I. 276.

ter Weise gesorgt [3]), wozu nachträglich zwei Simpeln ausgeschrieben wurden [4]). Die fortdauernden Kriegsverhältnisse machten zu deren Winterverpflegung von 1709 in
1710 und 1711, dann von 1713 wegen der vertragsmässi-
gen Verpflegungs-Gelder an die kaiserlichen und alliirten
Truppen fortwährend die Ausschreibung neuer Simpeln
nothwendig, über deren Modus die grossen Streitigkeiten
ausbrachen [5]). Gegen die Streifcorps von beiden Seiten
und Anderes suchte sich nun das Erzstift, wie es gieng,
zu schützen [6]). In dem mit Frankreich 1733 wegen der
Polnischen Königswahl ausgebrochenen Kriege wurde den
kaiserlichen und anderen Kriegsvölkern in den Marsch-
quartieren nur die vorgezeichnete Naturalverpflegung gegen etappenmässige Zahlung gereicht [7]). In dem nach
Karl des VI. Tode von Frankreich gegen Maria Theresia
von 1741 bis 1748 geführten Kriege wurden den französischen Truppen Vorspann und Natural-Lieferungen gegen
eine festgesetzte Vergütung [8]), den Oesterreich verbündeten englisch-hannöverischen Truppen, zufolge Vereinbarung Alles, ausser Obdach und Lagerstätte, nur gegen
baare Zahlung geleistet [9]); für die niederländischen Truppen gaben die kurfürstlichen Kassen Ersatz [10]), unstreitig

3) Verordnung vom 15. und 29. Oct. 1703, Scotti Samml. I. 278. 279.
4) Erlass vom 5. Dec. 1705, Scotti Sammlung I. 286.
5) Erlass vom 29. Dec. 1709, vom 5. Febr. 1711, vom 12. Jan.
1713, Scotti Sammlung I. 293 296. 301. Man vergleiche dazu oben
§. 114. Note 5 — 9.
6) Erlass vom 26. Jan. 1711, vom 28. Dec. 1712, vom 5. Mai
1713, Scotti Sammlung I. 295.
7) Verordnung vom 1. März 1735, vom 8. Jan. 1736, Scotti Sammlung I. 425. 427.
8) Verordnung vom 29. August und vom 12. Sept. 1741, Scotti
Sammlung I. 454. 455.
9) Verordnung vom 4. Dec. 1743, Scotti Sammlung I. 471.
10) Verordnung vom 4. Febr. 1745, Scotti Sammlung I. 482. Man
sehe dazu §. 114. Note 11.

mit späterem Regress; über die den kaiserlichen und anderen Truppen bei deren Durchmärschen gegen die Franzosen gemachten Leistungen wurden von den Localbehörden Nachweisungen eingefordert, um deren Ersatz zu erwirken [11]). Im siebenjährigen Kriege wurden für die zur Füllung der französischen Magazine 1758 zwangsweise gemachten Lieferungen von dem französischen Gouvernement Vergütungssätze versprochen, aber nicht erfüllt, so dass am Schlusse des Krieges die Beträge zur Befriedigung des Lieferanten in Geld auf alle Gemeindeglieder repartirt werden mussten [12]). Die anderen sich ergebenden Lieferungen wurden liquidirt [13]), und den durchpassirenden Truppen Quartier und Verpflegung nur gegen Vorzeigung einer Marschroute zu gewähren gestattet [14]). Die kaiserlich österreichischen Truppen bezahlten bei ihrem Durchzuge gegen die aufständigen Niederlande 1785 [15]) und gegen die Franzosen 1793 [16]) ihre Bedürfnisse nach einem conventionsmässigen Satze. Der Aufenthalt der unglücklichen französischen Emigranten wurde nur unter mancherlei durch die Vorsicht gebotenen Beschränkungen gestattet [17]).

b) Verhältniss zum Reiche [1]).

153. Das militärische Verhältniss des Erzstifts zum

11) Verordnung vom 11. März 1746, Scotti Sammlung I. 479.

12) Verordnung vom 6. und 27. April 1757, vom 5. Juni 1764, Scotti Sammlung I. 553. 554. und Anmerk. Man sehe dazu §. 114. Note 10.

13) Verordnung vom 3. April 1761, Scotti Sammlung I. 570.

14) Verordnung vom 1. Sept. 1764, Scotti Sammlung I. 597.

15) Verordnung vom 14 Jan. 1785, Scotti Sammlung I. 796 und Anmerk.

16) Verordnung vom 11. Jan. und vom 11. März 1793, vom 1. August 1794, Scotti Sammlung I. 960. 965. und Anmerk. I. 996.

17) Verordnung vom 11. April und 2. Nov. 1792, vom 30. März 1793, Scotti Sammlung I. 947. 956. 967.

1) Davon ist in folgenden Schriften die Rede: Allmers Grund-

Reiche bezog sich theils auf einen Reichskrieg, theils auf die Kreishülfe; Beides griff in einander. Für einen Reichskrieg ruhte auf dem Erzstift als Glied des Reichs die Pflicht, zu dem Reichsheer das ihm obliegende Contingent zu stellen. Die Grundlage davon blieb die Matrikel, welche nach vielfachem Wechsel auf dem Reichstage zu Worms 1521 für die Reichshülfe zu dem damals beabsichtigten Kriegs- und Römerzuge festgestellt worden war[2]). Diese bestimmte für Kur-Cöln, wie für Kur-Mainz, Pfalz, Sachsen und Brandenburg 60 Mann zu Ross und 277 zu Fuss, oder in Geld angeschlagen 1828 Flor., den Reiter zu zwölf, den Fussknecht zu vier Flor. gerechnet[3]). Eines jeden Reichsstandes Contingent wurde unter seinem Anführer zu dem kaiserlichen Feldhauptmann an dem angewiesenen Sammelplatz unmittelbar hin dirigirt. Die Kreishülfe gründete sich in ihrem Ursprung auf die vom Reichstag zu Augsburg 1555 zur Handhabung des Landfriedens beschlossene Executionsordnung. Nach dieser sollten zu dem besagten Zwecke in jedem Kreise jeder der zu demselben gehörenden Reichsstände seine Anzahl zu Ross und zu Fuss nach Massgabe der obigen Matrikel auf des erwählten Kreis-Obersten Erfordern an den be-

---

Seule der dem h. Röm. Reiche Teutscher Nation höchstzuträglichen Sicherheit erbauet aus der Reichs-Matricul. Franckfurt 1697. 4., J. J. Moser Teutsches Staats-Recht Th. XXVII. XXVIII. XXIX. XXX. XXXI. Leipzig 1746. 1747. 4., Derselbe Von denen Teutschen Reichs-Tags-Geschäften. Franckfurt 1768. 4., Derselbe Von der Teutschen Crays-Verfassung. Franckfurt 1773. 4., Häberlin Handbuch des Teutschen Staatsrechts. III. Band. Berlin 1797. 8.

2) Die Nachweisungen giebt meine Deutsche Rechtsgeschichte I. §. 356.

3) Die Matrikel ist sehr oft gedruckt, jedoch mit grossen Varianten. Man sehe darüber Moser Reichstags-Geschäfte IX. 1. §. 5. Der beste Abdruck ist in Gerstlacher Handbuch der teutschen Reichsgesetze VI. 814.

schiedenen Ort abzufertigen bereit sein, und danach in
jedem Kreise hinsichtlich der „Befehls-Leut" und der
Mannschaft die nöthige Veranstaltung getroffen werden[4]).
Die zu Wesel versammelten kurrheinischen Kreisstände
wollten damals 1555 den Kurfürsten von Cöln zum Kreis-
Obersten wählen; doch geschah es zuletzt nicht, sondern
sie wählten den Kurfürsten Friedrich von der Pfalz;
Kur-Mainz, Trier und Cöln aber als Zugeordnete[5]). So
waren die Stände jedes Kreises unter einander auch in
einen militärischen Verband gebracht.

154. Die Matrikel von 1521 wurde zwar im Laufe
der Zeit von einzelnen Reichsständen vielfach bestritten
und theilweise moderirt[1]), blieb jedoch für Kur-Cöln als
Simplum unverändert[2]). So ist dieses also auch in der
Matrikel von 1577[3]) und in der 1654 und 1665 gemachten Repartition der für den Herzog von Lothringen bewilligten Satisfactions-(Gelder, wozu 3½ Römermonate
oder Simpeln beizutragen waren, veranschlagt[4]). Mit Einzelnen der zum kurrheinischen Kreise gehörenden Stände
giengen jedoch Veränderungen vor, weshalb die Gesammtsumme des aus diesem Kreise sich ergebenden Beitrags
variirt. Im Jahr 1521 betrug sie 659 zu Ross und 1807
zu Fuss, also 15136 Flor.; im Jahr 1577 636 zu Ross, 1688
zu Fuss, also 14384 Flor.[5]). Nach der Matrikel von 1654

4) Reichsabschied zu Augspurg von 1555. Executions-Ordnung
§. 56—59. 80. 84. 85 (Koch Reichsabschiede III. 25. 29. 30).

5) Moser Crays-Verfassung XII. §. 21.

1) Die weitläufige Geschichte dieser Verhandlungen und der Versuche zur Anfertigung einer neuen Reichsmatrikel giebt Moser Reichstags-Geschäfte IX. 2.

2) So bezeugt Moser Reichstags-Geschäfte IX. 3. §. 19.

3) Diese steht in (Koch) Reichsabschiede Th. IV. Anhang S. 39.

4) Davon handelt Moser Reichstags-Geschäfte IX. 1. §. 14. 15.
Die Matrikel ist gedruckt bei Allmers S. 109. 122., (Koch) Reichsabschiede IV. 35.

5) (Koch) Reichsabschiede Th. IV. Anhang S. 39.

und 1665, wodurch wie bemerkt 3½ Simpeln umgelegt wurden, macht sie 201 zu Ross, 915½ zu Fuss oder 6074 Flor.[6]), nicht 6988 Flor.[7]), weil Kur-Pfalz vorläufig auf die Hälfte seines Simplums von 1828 angeschlagen worden war. Die 1698 zu Regensburg gedruckte Matrikel, welche sich jedoch nur noch auf Römermonate, auf die Truppen-Contingente blos nominell bezieht, setzt für das kurrheinische Erzstift 242 zu Ross, 1122 zu Fuss oder 7392 Flor., moderirt und verbessert zu 6912 Flor.[8]). Endlich die Usual-Matrikel von 1737[9]), woran sich der Reichs-Cassirer hielt, hat dafür 7242 Flor. 31 Kr.[10]).

155. Mittlerweile nahm die Stellung der Truppen andere Proportionen an. Im Jahr 1669 wurde nach mehreren ähnlichen Vorgängen das Reichsheer auf 10000 zu Ross und 20000 zu Fuss gesetzt, und von jedem Kreise freiwillig ein gewisses Quantum nach einem von der Reichsmatrikel abweichenden Massstabe, jedoch nur auf sechs Jahre, übernommen. Durch einen Reichsschluss von 1681 wurde die Reichsarmee im Simplum auf 12000 zu Ross und 28000 zu Fuss erhöht, und diese Zahl auf die zehn Kreise (in Nachahmung der Executions-Ordnung von 1555) nach dem Massstabe von 1669, nur so, dass jeder Kreis noch ein Viertel mehr zu übernehmen hatte, repartirt, die Subrepartition aber jedem Kreise überlassen[1]). Da jedoch der kurrheinische und der oberrheinische Kreis gegen eine Erhöhung sich wehrten, so übernahmen die anderen Kreise fürdas mahl deren zusätzlichen Antheil,

---

6) Allmers S. 109. 122.

7) So sagen Moser Reichstags-Geschäfte IX. 3. §. 7., (Koch) Reichs-abschiede IV. 35.

8) Moser Reichstags-Geschäfte IX. 1. §. 19. IX. 3. §. 7.

9) Die Nachweisung darüber giebt Moser Reichstags-Geschäfte IX. 1. §. 19.

10) Moser Reichstags-Geschäfte IX. 1. §. 19. IX. 3. §. 7.

1) Der Reichsschluss steht in Schmauss Corpus juris publici p. 1095.

und es kam durch den Reichsschluss desselben Jahres
1681 eine Repartition zu Stande, worin der kurrheinische
Kreis mit 600 zu Pferde und 2707 zu Fuss angesetzt ist[2]).
Davon kamen auf Kur-Cöln 192 zu Ross, 863$^{7}/_{9}$ zu Fuss[3]).
In dem Reichsschluss von 1681 war aber schon die Reichsarmee, und darnach auch die Vertheilung in die Kreise
auf 1$^{1}/_{2}$ Simpeln, also auf 60000 Mann, angeschlagen.
Während der Kriege von 1702 und 1735 gegen Frankreich
wurde sie auf das Triplum, also auf 120000 Mann, erhöht; eben so 1757 [4]); und im letzten Reichskriege gegen die französische Revolution sogar aufs Fünffache, wovon aber kaum das Doppelte zusammenkam [5]).

. 156. In diese Verhältnisse griff noch eine besondere
Einrichtung ein, die Association von Reichskreisen[1]). Schon
im sechzehnten Jahrhundert hatten einzelne Kreise unter
einander zu gemeinschaftlichen Interessen Verabredungen
getroffen. So vereinigten sich auch der kurrheinische und
der oberrheinische Kreis 1651 gegen die Belästigungen
von Frankreich her zur gemeinschaftlichen Defension eine
Mannschaft von 1$^{1}/_{0}$ Römermonat bereit zu halten[2]). Gegen die von Frankreich drohende grosse Gefahr schlossen
dann fünf Kreise, Kurrhein, Oberrhein, Franken, Schwaben und Westphalen, nachdem die von sechs Kreisen im
Januar 1697 keinen rechten Fortgang gehabt, im Juni
desselben Jahres eine andere, durch welche sie sich stete

---

2) So berichten Häberlin III. 236—239., Moser Reichstags-Geschäfte
IX. 3. § 2. 13. 14.

3) Moser Staatsrecht XXVIII. S. 37. 40., Crays-Verfassung VIII.
§. 30. S. 279. 281.

4) Moser Reichstags-Geschäfte VIII. 4. § 7. 8. 9.

5) Häberlin III. 239—241.

1) Davon handeln: Moser Staatsrecht XXVII. S. 470—560. XXVIII.
S. 1—44. XXX. S. 342—415., Crays-Verfassung S. 253—285., Häberlin III. 282—289.

2) Moser Staatsrecht XXVII. S. 476. XXIX. S. 382. XXX. S. 331.

wechselseitige Hülfeleistung, und zwar mit dem Triplum der nach dem Massstabe von 1681 auf Jeden fallenden Mannschaft, zusicherten [3]). Danach kamen also auf den kurrheinischen Kreis 1800 zu Pferd und 8121 zu Fuss, und auf Kur-Cöln insbesondere 576 zu Pferd und 2591$\frac{1}{3}$ zu Fuss. Allein auf erhobene Vorstellungen wurde jener Satz von dem Associations-Convent für den kurrheinischen und auch für den oberrheinischen Kreis auf 7000 Mann, zu $\frac{2}{3}$ Infanterie und $\frac{1}{3}$ Cavallerie gerechnet, moderirt [4]). Eine ähnliche Association wurde zu dem Kriege gegen Frankreich 1702 unter den Kreisen Kurrhein, welches dazu 6500 Mann stellte, Oberrhein, Oesterreich, Franken und Schwaben zu Nördlingen errichtet, welche bis zum Frieden zu Baden 1714 ihren Nutzen vielfach bewährte [5]). Es wurde daher auch nach dem Frieden deren Beibehaltung beschlossen, und das zu haltende Contingent in Friedenszeiten auf 1$\frac{1}{2}$ Simpeln des Massstabes von 1681 festgesetzt [6]), wodurch auf den kurrheinischen Kreis 900 zu Ross und 4060$\frac{1}{3}$ zu Fuss, und auf Kur-Cöln 288 zu Ross und 1295$\frac{2}{3}$ zu Fuss kamen. Im Jahr 1727 hielt aber der Kurkreis effectiv 500 zu Pferd, 8978 zu Fuss, und darunter Kur-Cöln 3400 zu Fuss; im Jahr 1733 unterhielt der Kurkreis effectiv 14 zu Pferd, 9168 zu Fuss, und darunter Kur-Cöln 2250, wo denn der Ausfall der Reiterei durch das Zuviel an Fussvolk, einen Reiter zu

---

3) Moser Staatsrecht XXVII. S. 494—502. XXIX. S. 382—384. XXX. 364—377., Crays-Verfassung S. 256—262. 579—589., Häberlin III. 283—286.

4) Moser Staatsrecht XXVIII. S. 32—35.

5) Moser Staatsrecht XXVII. S. 523—568. XXVIII. S. 35. 36. XXIX. S. 354. XXX. S. 381—389., Crays-Verfassung S. 263—265., Häberlin III. 286.

6) Moser Staatsrecht XXVIII. S. 1—11. XXX. S. 390-414., Crays-Verfassung S. 265—267.

drei zu Fuss gerechnet, mehr als compensirt wurde[7]). Die kleineren zum Kurkreise gehörenden Stände leisteten entweder gar nichts, oder ein Mässiges an Geld[8]). Die von Frankreich her 1733 drohende Kriegsgefahr brachte die Association wieder in Schwung, und es wurde während des Kriegs bis zum Frieden 1735, mit Ausnahme von Kur-Cöln und Kur-Pfalz, das Triplum gestellt[9]). Zur Aufstellung eines gemeinschaftlichen Kreis-Obristen brachte man es jedoch nicht[10]). Durch die seit 1741 eintretenden Verhältnisse Oesterreichs zum Kaiser Karl VII. aus dem baierischen Hause und durch Anderes kam jedoch die Association in Verwirrung und in Verfall[11]). Der kurrheinische Kreis beschloss daher 1745 allein für sich, zu Behauptung der Neutralität „die Crays-Armatur in dienstfertigem Stand ad Quadruplum zu vermehren"[12]), und beim Ausbruche des Krieges zwischen Oesterreich und Preussen resolvirte er, dass die bewaffneten Kreisstände ihr Contingent von 1681 dreifach aufstellen, die nicht bewaffneten Stände ihren Geldbeitrag ad Cassam verdoppeln sollten[13]).

157. Beim Ausbruch des französischen Revolutionskrieges hätte der Kaiser und selbst der preussische Hof es gern gesehen, wenn die Association wieder in Wirksamkeit gesetzt worden wäre, und sie liessen deshalb in

7) Moser Staatsrecht XXVIII. S. 36—40., Crays-Verfassung S. 279—282.

8) Moser Staatsrecht XXVIII. S. 40. XXIX. S. 475. XXXI. S. 2., Crays-Verfassung S. 282.

9) Moser Staatsrecht XXVIII. S. 11—13. XXX. S. 410—414., Crays-Verfassung S. 267.

10) Moser Staatsrecht XXVIII. S. 42.

11) Moser Staatsrecht XXVIII. 13—27. XXX. S. 415., Crays-Verfassung S. 267—275., Häberlin III. 287.

12) Moser Staatsrecht XXIX. S. 385.

13) Moser Crays-Verfassung S. 496.

den Kreisen auf das lebhafteste negociiren[1]). Allein es
kamen die schweren Zeiten, wo, wie überall in der Geschichte (was aber nur zu leicht vergessen wird), an den
Enkeln heimgesucht wurde, was die Väter verschuldet
hatten[2]). Der Kurfürst von Cöln kam jedoch möglichst
seinen Reichspflichten nach. Er ordnete nach dem 1793
wider Frankreich beschlossenen Reichskriege nach Berathung mit seinen Landständen[3]) dem Reichsschlusse entsprechend eine Aushebung zur Stellung des dreifachen
Contingentes an[4]), und forderte seine Unterthanen zur
kräftigsten Unterstützung der bedrängten Reichsarmee
auf[5]). Sein Contingent nahm auch mit Auszeichnung an
den Kriegsereignissen jener Gegenden Theil[6]). Ein Bataillon von 600 Mann wurde mit der münsterischen Artillerie 1793 vor Valenciennes geschickt, wo es zur Be-
lagerung und Uebergabe der Festung gute Dienste that,
aber zuletzt durch Dissenterie sehr litt, wobei sich der
Regimentsarzt Dr. Velten durch seine Thätigkeit auszeich-
nete[7]). Im Jahr 1794 errichtete der Kurfürst ein Regiment von zwei Bataillonen, wovon das erste oder das Leibbataillon auf Ehrenbreitstein, das letztere zur Besatzung
nach Mainz kam, und sich in den vielen am Oberrhein

----

1) Häberlin Staatsrecht III. 288. 289.

2) Schon 1746 schrieb der ehrliche Moser Staatsrecht XXVIII.
S. 27: „Und so stehet der Wagen noch am Berge."

. 3) Convocation vom Januar 1793, Scotti Sammlung I. 959.

4) Aufruf vom 22. Febr. 1794, Publicandum vom 17. März 1794,
Verordnung an die Localbehörden vom 17. März 1794, Scotti Sammlung
I. 983. 984. 985.

5) Publication vom 3. August 1794, Scotti Sammlung I. 997.

6) Davon handelt: Bleibtreu Denkwürdigkeiten aus den Kriegs-
begebenheiten bei Neuwied von 1792 bis 1767. Bonn 1834. 8.

7) Darüber berichtet das Tagebuch des damaligen Regiments-
auditors, späteren Oberbürgermeisters Windeck zu Bonn, bei Bleibtreu S. 186—207.

bis 1796 vorgekommenen Gefechten, namentlich bei der ruhmvollen Erstürmung der französischen Linien vor Mainz am 29. October 1795, durch seine Bravour das Lob der commandirenden Generale erwarb[8]). Auch das Leibbataillon verrichtete bei den wiederholten Blokaden von Ehrenbreitstein, und besonders durch den kühnen, vom Grenadierhauptmann Max Spiegel Freiherrn zum Desenberg ausgeführten Ueberfall von Boppard in der Nacht des 21. October 1796, glänzende Thaten der Tapferkeit, die eines bessern Ausganges würdig waren[9]).

4) Das Beamtenwesen.

158. Das Beamtenwesen hatte sich vor und nach aus dem stationairen Geleise des an Lehn, Ritterbürtigkeit und Ministerialität gebundenen Aemterwesen zu den freieren Formen des besoldeten Beamtenthums entwickelt. Das Ansehen und Erforderniss wissenschaftlicher Bildung hatte sich schon längst in den Landescollegien in der Beiordnung „Gelehrter Räthe", und in der Anstellung des Amtsverwalters neben dem Amtmann geltend gemacht. Nach Errichtung der Akademie, dann der Universität zu Bonn, wurde zur Anstellung das Zeugniss über den zweijährigen dortigen Besuch der juristischen Vorlesungen und eine Staatsprüfung, namentlich auch im Fache des deutschen Staatsrechts, vorgeschrieben[1]). Die Anstellungs-Patente mussten vom Kurfürsten eigenhändig unterschrie-

---

8) Auch dieses bezeugt das von Demselben von 1794 bis 1796 geführte Tagebuch bei Bleibtreu S. 208—241., und der Bericht des Obersten von Brixen S. 271—273.

9) Den Beweis geben die Journale und Berichte der Befehlshaber bei Bleibtreu S. 267—312. Dort stehen auch S. 313—321. die Notizen eines kurcölnischen Soldaten der dortigen Besatzung von 1796 bis 1797.

1) Verordnung vom 2 Dec. 1778, vom 11. Dec. 1789, Scotti Sammlung I. 722. 913.

ben werden²). Der Angestellte wurde bei der Hofkammer in den Dienst und in die ihm bewilligte Besoldung aufgenommen, vereidet, und ihm daselbst seine Bestallung und Instruction zugefertigt³). Für das Patent war die festgesetzte Kanzleitaxe zu entrichten⁴). Schon nach der Hofordnung Ruprechts sollte stets in der Kanzlei ein Register liegen, „darinne alle soldt und lone der amptlude und knecht in und usswendich des hoeffs und want yro jair uss und aen gaet geschribenn syn"⁵). So sollte nun auch die Hofkammer „alle Jahr ein richtig Diener-Buch machen", worin der Status der Beamten und Besoldungen genau zu übersehen war⁶). Nach einer Designation der Landrentmeisterei von 1760, worin aber das ganze Militär, die Minister und andere Aemter fehlen, wurden damals von derselben an Salarien ausgezahlt 79357 Rthlr. 34 Albus 8 Heller, worunter 10545 an Wittwen, Waisen,

---

2) Verordnung vom 23. Dec. 1714, Scotti Sammlung I. 307.

3) Hofkammer-Ordnung von 1610. Art. 24., von 1652. Art. 23., von 1692. Art. 23.

4) Es sind drei Taxordnungen bekannt: die Eine in der dritten Kanzleiordnung des sechzehnten Jahrhunderts (§. 39. Note 1); die Zweite vom Jahr 1698 (§. 46. Note 3); die Dritte vom Jahr 1743 (§. 52. Note 4). Nach der Ersten zahlen grosse und gute Aemter 8 bis 6, Zöllner, Kellner, Schultheissen 6 bis 4 Thaler. Nach der Zweiten zahlen die Amtmänner 12 Rthlr., die Abgesandten 12, die Envoyés 10, die Residenten 8, die Hof- und Kammer-Räthe 8, die Rentmeister, Oberkellner, Kellner, Zöllner und Licentmeister 12. Nach der Dritten zahlen die Hofräthe 18, die Amtmänner 12, der Präsident des weltlichen Hofgerichts in Cöln 24, dessen Räthe 18, der Greve des hohen weltlichen Gerichts in Cöln 24, der Vogt des hohen weltlichen Gerichts in Bonn 18, Vögte, Schultheissen 6 bis 18, Gerichtsschreiber 6 bis 18, Schöffen 3 bis 18.

5) Hofordnung Ruprechts von 1469. Art. 89.

6) Hofkammer-Ordnung von 1610. Art. 25., von 1652. Art. 24., von 1692. Art. 23.

Hauszins für Arme [7]). Im Jahr 1780 waren die Besoldungen theilweise niedriger, theilweise viel höher, jedoch
schon eine nach dem Ableben der Inhaber eintretende
kleine Reduction beschlossen [8]).

159. Die Beamten mussten ihrer Obliegenheiten pünktlich warten, und durften sich nicht ohne den von der Hof--
kanzlei erlangten Urlaub von ihrem Posten entfernen [1]);
auch waren die Localbeamten bei Geldstrafe gehalten, die

7) Dieser Status steht in den Materialien I. 8, 106—120. Darauf
beruht die Angabe bei Eichhof Erzstift Cöln S. 20. Nach jenem Status erhielt der Weihbischof 910 Rthlr, der Obrist-Hofmeister 2600,
der Obrist-Marschall 1950, die neun Kammerherren von 650 bis 195
zusammen 3960, ein Geheimerrath 487, der Präsident des Hofraths
und der der Hofkammer 975, ein Adliger Hofrath 585, ein Gelehrter
Hofrath und Hofkammerrath 325, die aber durch die ansehnlichen
Taxen und Gerichtsporteln vermehrt wurden, der Vogt des hohen
weltlichen Gerichts in Bonn 118, der Greve des hohen weltlichen
Gerichts in Cöln 737, ein Bergrath 303, ein Bergmeister 150, der
Hofmedicus 195, ein Kammerdiener 292, der Kammerzwerg 78, die
zwei Kehrweiber zu Bonn 93.

8) Dieses zeigt ein aus dem Düsseldorfer Archiv mitgetheilter
Status. Darin hat der Weihbischof 954 Rthlr., der Obrist-Hofmeister
nur 1363, der Obrist-Marschall 1333, der Obrist-Kammerherr der dort
fehlt 2000, die zwölf Kammerherrn von 266 bis 200, der Staatsminister 4090, der Präsident des Hofraths 2000, der der Hofkammer 1704
zu erhöhen auf 2000, ein Adliger wie ein Gelehrter Hofrath 340 zu
erhöhen auf 400, die Hofkammerräthe ungleich von 689 bis 204, zu
erniedrigen und zu erhöhen auf 600 und 400, der Vogt des hohen
weltlichen Gerichts in Bonn 124, der Greve des hohen weltlichen
Gerichts in Cöln 773, ein Bergrath 102, ein Bergmeister 150, der
Hofmedicus 195, jedes der zwei Kehrweiber 62. Besonders reichlich
sind die Gehälter bei der Chatouille: der Staatsminister von Waldenfels 6000 Flor., der Deutsch-Ordens-Minister von Forstmeister 1000,
der Hofkassirer 960, die Kammermusiker Ries, Andreas und Bernard
Romberg, Beethoven, jeder 600, Simrock 400 Flor.

1) Verordnung vom 26. April 1730, vom 28. April 1736, Scotti
Sammlung I. 398. und Anmerk., Vollst. Samml. I. 653. 662.

von ihnen geforderten Berichterstattungen binnen der gesetzten Frist einzusenden [2]). Dafür war ihnen die prompte Zahlung ihrer Besoldung zugesichert, und dieselbe durfte nur bis zu einem Drittel [3]), später gar nicht [4]), mit Beschlag belegt werden. Das Tragen einer Uniform war nur den wirklichen Mitgliedern der Dikasterien gestattet [5]). Die eintretenden Todesfälle der Beamten mussten sofort der Hofkanzlei angezeigt werden [6]). Competenz-Conflicte behielt sich der Landesherr zur Entscheidung vor [7]). Zur Einsicht in das gesammte Beamtenwesen waren sämmtliche Beamte aufgefordert worden, einen umständlichen Bericht über ihre gewöhnlichen Amtsverrichtungen, Nebenbeschäftigungen, Besoldungen und Amtserträge zu erstatten [8]).

F) Der Lehnhof. 1) Historische Einleitung [1]).

160. In dem Verhältniss, als die Erzbischöfe von Cöln durch die ihnen von den Kaisern verliehenen Hoheitsrechte oder Regalien und durch die Schenkungen von Reichs- und Privatgütern zu einer Reichsmacht emporstiegen, ent-

---

2) Verordnung vom 14. Juni 1723, vom 29. Sept. 1788, Scotti Sammlung I. 357. 684., Vollst. Samml. I. 661—663.

3) Verordnung vom 11. Sept. 1756, Scotti Sammlung I. 548., Vollst. Samml. I. 550.

4) Verordnung vom 29. Febr. 1788, Scotti Sammlung I. 874.

5) Verordnung vom 31. Jan. 1786, Scotti Sammlung I. 822.

6) Verordnung vom 23. Juni 1786, Scotti Sammlung I. 837.

7) Verordnung vom 2. Juni 1788, Scotti Sammlung I. 880.

8) Verordnung vom 4. Febr. und 11. April 1786, Scotti Sammlung I. 823. 832.

1) Licht brachte in diesen schwierigen Gegenstand erst die vortreffliche Abhandlung von Lacomblet in dessen Archiv IV. 331—414. V. 323—497. Ich schreibe dieses mit bewegtem Herzen in der Stunde nieder, wo mir die Nachricht von dem Hintritt des hochverdienten mir so hülfreichen Mannes zukommt. Er starb am 18. März 1866 eines erbaulichen christlichen Todes.

wickelte sich bei ihnen, wie allen bischöflichen Kirchen und Abteien, das Bedürfniss, eine kriegslustige und kriegsgeübte Mannschaft zur Bereitschaft zu haben, theils um damit den ihnen kraft der erhaltenen Regalien obliegenden Reichsheerdienst zu bestreiten, theils um sich in den immer drohenden und wiederkehrenden Fehden zu vertheidigen. Sie wählten dazu zwei Mittel, wovon im historischen Theil ausführlich die Rede sein wird. Das Eine war, dass sie sich aus ihren unfreien, durch Zuneigung und Geschicklichkeit dazu geeigneten Leuten und auch aus freien, welche sich diesem Dienste ergaben, eine stehende, dem Hofe enge verbundene Dienerschaft, Ministerialen oder Dienstleute genannt, bildeten, welche jeden Augenblick aufzusitzen und auszuziehen bereit waren, aus denen sie auch die höheren und niederen Hof- und Hausämter besetzten, die zu ihrem Unterhalt den Genuss von Grundstücken, Kleidung und andere Natural-Gefälle erhielten, oder zum Theil am Hofe selbst verpflegt wurden, und unter welchen sich, da Dienst und Amt vom Vater auf den Sohn übergieng, die erforderliche Uebung, die Kenntniss der Formen und Hofsitte, und ein eigenthümlicher Geist von Ergebenheit und wechselseitiger Zuneigung fortpflanzten [2]).

161. Das andere Mittel war, dass der Bischof an kriegstüchtige und kriegslustige Männer Kirchengüter und Zehnten als Beneficien, feoda oder Lehen auf Lebzeiten des Verleihers zum Genuss unter der eidlich gelobten Verpflichtung hingab, sich nach ergangenem Aufgebot mit der bedungenen Zahl bewaffneter Knechte zu stellen. Diese Form fand in der Gefühlsweise der Zeit eine reiche Nahrung und kräftige Unterstützung. Das als Beneficium angewiesene Besitzthum gab dem mit einem nur kargen oder vielleicht gar keinem Allodium versehenen Vasallen

---

[2]) Davon handelt meine Deutsche Rechtsgeschichte I. §. 220—229.

eine dem deutschen Freiheitsgeist entsprechende unabhängige Lage und ehrenvolle Beschäftigung durch eigenen Landbau; der Waffendienst entsprach dem Gefühl der germanischen Ehre, die überall mit Kriegslust und Waffenübung gemischt war; der freierkorene, durch Treue, Tapferkeit und gegenseitige Hingebung veredelte Dienst gewährte dem kräftigen deutschen Gemüthsleben reiche Befriedigung; die Theilnahme an einer dem Fürsten so nahe stehenden, wichtigen und dessen besonderen Schutzes und Wohlwollens gewürdigten Genossenschaft gleichgesinnter tapferer Männer erhob zu einer höheren Lebensstellung; und es gewährte dem Vater Lust und Freude, den Sohn vom Knabenalter an durch Waffenübung im Frieden und im Kriege dem Fürsten zu einem tüchtigen treuen Kriegsmanne in der Hoffnung zu erziehen, dass jener dereinst nach des bewährten Vaters Ableben dessen Beneficium und die daran geknüpften Vortheile und Pflichten auf den Sohn übergehen lassen würde, was auch so regelmässig geschah, dass die Erblichkeit der Lehen seit dem Anfang des zwölften Jahrhunderts als festes Herkommen galt [1]). So kamen auch im Erzstift, wie die Urkunden zeigen, eine Menge von Belehnungen vor, wodurch das Erzstift eine zahlreiche Ritterschaft gewann [2]). Nicht selten waren auch Ministerialen mit Lehen begabt [3]), und stiegen dadurch allmählig unter die Ritterschaft auf.

162. Dazu kam aber eine neue eigenthümliche Erscheinung, welche dem Erzstift eine grosse Zahl angesehener und mächtiger Vasallen zuführte, nämlich die, dass

---

1) Davon handelt meine Deutsche Rechtsgeschichte I. §. 215—219. II. §. 600—610.

2) So hatte der Erzbischof Friedrich I. viele Kirchengüter als Beneficien vergeben, was durch den Reichshof 1153 annullirt wurde, Urk. von 1153 in Lacomblet Urkundenbuch I. 375. Spätere Beispiele geben die Urkunden von 1366. 1588., Lacomblet III. 676. IV. 590.

3) Beispiele geben die Urk. von 1116. 1117., Lacomblet I. 280. 283.

freie unabhängige mit grossem Grundbesitz ansässige Männer ihr Besitzthum der Cölner Kirche hingaben, um es aus der Hand des Erzbischofes als feodum derselben mit den daran hängenden Rechten und Pflichten zurück zu empfangen. Es gieng also dadurch buchstäblich das „Allodium" an die Kirche über[1]), dem Tradirenden blieb aber die volle vererbliche Benutzung, die auch mit allen dazu gehörenden Gerechtsamen durch den Herrn und dessen Mannengericht oder Lehnhof geschützt wurde, so dass er an dem Genuss seines bisherigen Eigenthums nichts einbüsste. Schon Philipp von Heinsberg (1167 — 1191) hatte seiner Kirche eine grosse Zahl solcher Allodien erworben[2]), und diese wurden fortwährend vermehrt. Auf diese Weise wurden, gleichwie die schwachen Allodien durch Ergebung in die Vogtei in bäuerliche Zinsgüter, so die grösseren altfreien Sitze und Burgen in Lehen umgewandelt, aus deren Verzeichniss man daher jene mit Sicherheit erkennen kann[3]).

163. Die Beweggründe zu solchen Oblationen und Auflassungen zu Lehen waren gemischter Art. Ausser dem allgemeinen Antriebe der Devotion fühlten selbst mächtige Herren sich in dem Schutzverhältniss einer so angesehenen Kirche gehoben und geehrt[1]). Die Schwächeren fanden darin in jenen drohenden gewaltthätigen Zeiten prompte Hülfe und Beistand; die Umwandlung ihres Allods in Feod oder Lehngut verschaffte ihnen, da der Reichsheerdienst grösstentheils die Form von Feu-

---

1) So wird in den Verleihungs-Attesten ausdrücklich gesagt, Urk. von 1197. 1220. 1300., Lacomblet Urkundenbuch I. 554. II. 88. III. 1.

2) Dieses zeigt die lehrreiche alte Aufzeichnung in Lacomblet Archiv IV. 331. 356—60. Die Form zeigt die Urk. von 1176, Lacomblet Urkundenbuch I. 458.

3) So bemerkt sehr richtig Lacomblet Archiv IV. 332.

1) Beweise geben die Urk. von 1220. 1222. 1223., Lacomblet II. 88. 105. IV. 650.

daldienst angenommen hatte[2]), eine feste und geehrte
Stellung im Reichsheer; die aufsteigende Macht des Landesherrn schwächte das Gefühl für das Reich ab, und
drängte die Beziehung zum Landesfürsten in den Vorder-
grund; der Anblick einer durch dessen besondere Gunst
ausgezeichneten, in die wichtigsten Reichs- und Landes-
angelegenheiten durch Rath und That eingreifenden Genossenschaft übte eine immer stärkere Anziehungskraft
aus. So mehrten sich die Oblationen oder Auflassungen
zu Lehen, wodurch Einer sein befestigtes Haus, seine Burg
oder Schloss der Cölner Kirche zum rechten Lehn als
castrum ligium, als „vry los und ledig offenhus" auftrug,
und sich derselben als ihr homo ligius oder Ledigmann
zur Treue und zum Beistand gegen Jedermann, der nicht
namentlich ausgenommen war, eidlich verpflichtete[3]).
Aber auch den Erzbischöfen war der Besitz solcher zuverlässigen mächtigen mit gelegenen Burgen versehenen
Mannen für die Sicherheit und Vertheidigung ihres Gebietes von grosser Wichtigkeit[4]). Dieses führte sie zu
dem Gedanken, zu der Auftragung von Allodien zu Lehen durch eine Gegenleistung zu reizen, welche in einer
den jährlichen Einkünften des Gutes entsprechenden Capitalsumme bestand[5]). Das Erzstift verlor dadurch aller-

---

2) Wie dieses kam zeigt meine Deutsche Rechtsgeschichte I.
§. 216. 217. 273

3) Beispiele geben aus Lacomblet's Urkundenbuch die Urkunden
von 1247 (II 322) — 1249 (349. 352) — 1255 (424) — 1265 (560) —
1271 (617) — 1283 (787) — 1348 (III. 461) — 1349 (478) — 1354
(533. 586. 540) — 1360 (600) — 1361 (618) — 1376 (776) — 1378
(814. 815) — 1379 (837) — 1382 (867) — 1384 (884) — 1385 (889)
— 1387 (915) — 1389 (935. 939) — 1391 (954) — 1396 (1013) —
1397 (1037) — 1398 (1045) — 1398 (1051) — 1399 (1069. 1073) —
1400 (1074) — 1402 (IV. 10).

4) Hervorgehoben wird dieses auch in den Urk. von 1167. 1197.,
Lacomblet Urkundenbuch IV. 631. I. 551.

5) Beispiele aus Lacomblet geben die Urkunden von 1197 (I. 554)

dings die Zinsen der Summe; allein es gewann dafür
einen gewichtigen Lehnsmann und das Allodium das heisst
hier die Oberherrlichkeit am Gute; auch kam ihm die
ausgelegte Summe indirect dadurch zu Gute, dass sie zur
Verbesserung des Lehns aufgewendet wurde [6]). Es gewann also jedenfalls mehr, als wenn es durch die Hin-
gabe des Capitals sich den Vasallen hätte dingen wollen.
Dieses gieng auch schon aus dem Grunde nicht, weil
nach den Grundsätzen des Lehnrechts der Gegenstand
der Belehnung ein Grundstück oder doch eine fest fun-
dirte, jährliche Gefälle abwerfende Gerechtsame sein
musste, welche in äusserlich sichtbarer Weise den bestehenden Lehnsnexus kenntlich zu erhalten geeignet war [7]).
Statt der Kapitalsumme wurde häufig eine derselben entsprechende Jahresrente nach dem damaligen Zinsfuss von
zehn Procent mit dem als Lehn zurückverliehenen Allodium zu Lehn gegeben [8]). Nachdem man so auf die Ver-
werthung der Lehnsoblationen gekommen war, so wurde
dieses auch noch auf andere Fälle angewendet, als Bedingung eines geschlossenen Vergleichs [9]), gegen Gewährung noch eines andern Lehns [10]), als Bedingung der Frei-
gebung aus der Gefangenschaft, wo dann das zu erstat-

— 1286 (II. 816) — 1299 (1022) — 1300 (1050) — 1313 (III. 123)
— 1337 (309) — 1338 (320) — 1340 (356) — 1342 (377. 380. 381)
— 1348 (390. 394. 395) — 1347 (443) — 1354 (533) — 1361 (624)
1382 (866).

6) Dieses wird auch ausdrücklich hervorgehoben in den Urk. von
1342. 1361., Lacomblet III. 377. 380. 624.

7) Man sehe darüber meine Deutsche Rechtsgeschichte II. §. 603.

8) Beispiele zeigen aus Lacomblet die Urkunden von 1280 (IV.
674) — 1282 (II. 776) — 1299 (1028) — 1340 (III. 350) — 1364
(656) — 1391 (955).

9) Beispiele sind aus Lacomblet in den Urkunden von 1340 (III.
857) — 1346 (428) — 1354 (539) — 1373 (741) — 1377 (802) —
1379 (827) — 1382 (865) — 1399 (1061).

10) Urk. von 1361, Lacomblet III. 614.

ten gewesene Lösegeld die Stelle der hinzugebenden Capitalsumme vertrat [11]). Zuletzt wurden aber doch auch, gegen die Regeln des Lehnrechts, jährlich auf einen Zoll angewiesene Gefälle ohne alle Verbindung mit einem Lehngute zur Gewinnung eines Vasallen zu Lehn gegeben [12]).

164. In diesen mannichfaltigen, den Bedürfnissen der Zeit folgenden Formen kamen nicht blos die rittermässigen Allodienbesitzer des Landes, sondern auch die Grafen und reichsunmittelbaren Herren oder Dynasten zu dem Erzstift in nähere und entferntere lehnrechtliche Beziehungen, die auch in die Bildungsgeschichte des Territoriums vielfach eingriffen, wie im historischen Theile näher vorkommen wird. Wir finden darin unter Anderen die Grafen und Herzoge von Berg, von Jülich, von Cleve und von Geldern, die Grafen von Meurs, die Herren von Heinsberg, die Herzoge von Brabant, die Grafen von Luxemburg, von Wied und von Sayn, die Herren von Isenburg, die Grafen von Nassau und von Sponheim, die Pfalzgrafen bei Rhein, die Grafen und Dynasten in Westphalen, von der Mark, Waldeck, von der Lippe, von Everstein, von Pyrmont [1]); ferner die Herzoge von Limburg; die Grafen von Ahr, von Neuenahr, von Vianden, von Altena und von Solms; der Burggraf von Rheineck; die Herren von Daun, von Dick, von Saffenberg, von Virnenburg, von Reifferscheid, von Wevelinghoven, und Andere. Von diesen Geschlechtern sind Viele im Laufe

---

11) Beispiele geben bei Lacomblet die Urkunden von 1278. 1335 und 1338 (II. 718. III. 294. 335) — 1354 (540) — 1378 (820) — 1384 (883).

12) Beispiele zeigen bei Lacomblet die Urkunden von 1299 (II. 10.6) — 1364 (III. 654) — 1366 (667) — 1385 (897) — 1391 (956) 1392 (974) — 1393 (984).

1) Von diesen so weit aufgezählten Grafen und Herren handelt Lacomblet Archiv IV. 379—414.

der Zeit erloschen und ihre Lehen zum Theil dem Stifte
heimgefallen oder auf andere Weise an dasselbe gekommen. Andere sind zu mächtigen Fürstenhäusern aufge-
stiegen, welche sich durch Unterlassung der Lehnserneue-
rung vor und nach stillschweigend der Lehnsabhängigkeit
vom Erzstift entzogen [2]).

165. Ueberhaupt trug das Lehnwesen schon früh
Keime des Verfalls in sich. Die Erblichkeit der Lehen
zog dieselben zu sehr in die blosse Vermögenssphäre und
unter den Gesichtspunkt einer Familienversorgung herab.
Sie führte häufig zur Ableistung des Lehndienstes durch
einen Stellvertreter, was den Geist dieses Dienstes ab-
schwächte. Das immer mehr aufkommende System der
Soldmiliz zeigte Vorzüge vor dem schwer beweglich zu
machenden Lehns-Aufgebot. Die Lehnsritterschaft war
der neuen Art der Feuerwaffen abgeneigt und nicht ge-
wachsen. Das Aufhören der Fehden durch die Errichtung des ewigen Landfriedens von 1495 machte einen
grossen Theil ihrer Hülfe entbehrlich. Endlich, was die
Hauptsache war, die grosse Kraft und Innerlichkeit des
germanischen Gemüthes, die Ritterlichkeit der Gesinnung,
welche die ganze Einrichtung erzeugt und getragen hatten, giengen in einer durch eine ganz andere Gefühlsweise und durch andere Interessen bestimmten neuen
Welt unter. Ganz nutzlos waren aber doch selbst die
Ueberreste der alten Formen nicht. Sie unterhielten noch
immer Erinnerungen und ein Band der Hingebung und
Zuneigung zum Landesfürsten [1]), woran die Zeit in ihrer

---

2) Lacomblet Archiv IV. 347. Derselbe giebt darüber auch die
einzelnen Nachweisungen, so weit diese reichen.

1) Ganz gut beschreibt dieses in seinen Versen Strevesdorff Archidioeceseos Coloniensis descriptio p. 53:

Quod Patria haec tali ditetur honore, sat esto,
Hocque Vasallorum numero decoretur, in omni
Quos spectas casu constantes atque Fideles,

nüchternen Selbstgefälligkeit und Selbstüberschätzung so arm geworden ist.

2) Die Lehnsverfassung der letzten Zeit.

166. Der Mittelpunkt des erzstiftischen Lehnwesens war das Mannengericht, wo die Lehnsmannen der Cölner Kirche, mit Beiziehung einiger Mitglieder des Domkapitels als deren Vertreter, Belehnungen vornahmen und in den unter den Lehnhof gehörenden Streitigkeiten als Lehnsschöffen Recht wiesen [1]). Die ausschliessliche Competenz dieses „Mangerichts über die lehngüttern, sonderlich wo von wegen des nutzbarlichen eygenthumbs adir anerbung des lebens, als nemlich, weme von beiden teilen das lehen zugehörig adir angefallen sei, und sunst der lehen gerechtigkeyt halber geklagt wirdt", wurde auch noch bei der Reformation der Gerichte von 1537 ausdrücklich bestätigt [2]). Für die Anlegung eines dem Erzstift doch so wichtigen Mannbuches, worin die Lehen und deren Veränderungen eingetragen waren, wurde aber erst durch den Erzbischof Friedrich III. 1371 gesorgt [3]). Bei der Anordnung eines ständigen Rathes durch Ruprecht 1469 war diesem ausdrücklich auferlegt, auch auf das Verzeichniss der Lehnmannen hoch und niedrig, auf die zeitige Nachsuchung der Belehnung oder die durch Versäumniss verwirkten Strafen, und auf die Einziehung und Wieder-

---

Aut si Praesul ovans Campos intrare, vel altae
Vult servire Aquilae nervum mittendo Gradivi,
Ut Pacis dulci Patriota fruatur oliva,
Imperiumque suis cum membris transeat unum
In Corpus: vis unita est volut aenea Turris.

1) Urk. von 1389. 1342. 1352. 1373., Lacomblet III. 340. 382. 508. 748.

2) Reformation der Weltlichen Gerichter von 1537, Vollst Samml. II. 422.

3) Diese Notiz giebt Lacomblet Archiv IV. 332.

ausleihung der heimgefallenen Lehen Acht zu haben[4]).
Demgemäss wurden alsbald die Lehnssachen an den Hofrath und in die Hofkanzlei gezogen, und dazu einer der
Räthe bestellt. Der eine Secretär sollte zu denselben ein
besonderes, nach den Städten und Aemtern geordnetes,
und mit einem alphabetischen Register versehenes Raths-
buch halten, worin die Namen der Lehen und Lehnsträger
verzeichnet waren, und alles darauf Bezügliche, namentlich die geschehenen Belehnungen, eingetragen wurden[5]).
Dieses Verzeichniss sollte in einem „Pergamentbuche beschrieben, wohl aufgehabt, unnd ad Archivum verlegt
werden"[6]). Bei jeder neuen Belehnung war der letzte
Lehnbrief mit zu übergeben, auch des Lehns Natur und
Eigenschaft aus den alten Lehnsbüchern bis zu seinem
Ursprung hinauf möglichst zu erkundigen, und danach
im Rath auf erstattete Relation Beschluss zu fassen[7]).
Heimfallende Mannlehen und Manngelt, oder auch andere
verwirkte Lehen, sollten nicht wieder ausgeliehen, sondern zur Aufbesserung der Tafelgüter verwendet werden[8]), was jedoch dahin abgeändert wurde, dass damit
ohne des Erzbischofs und des Kapitels Vorwissen keine
Belehnung zu ertheilen wäre[9]). Bei Verschreibungen über

---

4) Hofordnung Ruprechts Art. 45.

5) So verordnet die ungedruckte Rath- und Kanzleiordnung von
1597 (§. 42. Note 1). Dieses ist nachgeahmt und erweitert in der
Erneuerten Hof-Canzley-Ordnung von 1724. Tit. I. Art. 17 (Vollst.
Samml. I. 520).

6) So sagt die ungedruckte Kanzleiordnung von 1652, erneuert
1692. Art. 25 (§. 43. Note 1).

7) So sagt die Rath- und Kanzleiordnung von 1597. Fast wörtlich ist daraus die Kanzleiordnung von 1652, erneuert 1692. Art. 23.,
und daraus ist wörtlich die Erneuerte Hof-Canzley-Ordnung von 1724.
Tit. I. Art. 40 (Vollst. Samml. I. 525).

8) So sagt die Rath- und Kanzleiordnung von 1597.

9) So lautet es in der Kanzleiordnung von 1652, erneuert 1692.

Lehngüter, wozu der Consens nachgesucht wurde, durfte
derselbe vom Secretär nicht ausgefertigt und ausgehän-
digt werden, bevor dieser von dem zurückzugebenden
Original der Verschreibung eine glaubhafte Copie erhalten, die dem Gesuch zur Registratur beizulegen war [10]).
Gegen die häufig versuchte Verdunkelung und Entzie-
hung der Lehngüter wurde dem Rathe und der Kanzlei
die grösste Aufmerksamkeit und Nachforschung in den
Archiven zur Pflicht gemacht [11]). Auf diese Weise gelangte der Hofrath auch zur Eigenschaft als „die allgemeine Erzstifftische Lehn - Cammer und Cantzley" [12]).
Für die Belehnung waren bestimmte Kanzlei-Taxen gesetzt [13]). Dadurch so wie durch Anderes waren die Lehnschaften auch für die Kammer von Wichtigkeit. Die
Hofkammer war daher angewiesen, gemeinschaftlich mit
dem Hofrath über deren Erhaltung, über die Führung
ordentlicher Lehnbücher und Registraturen, und über die

Art. 24. und danach wörtlich in der Erneuerten Hof-Canzley-Ordnung
von 1724. Tit. I. Art. 41 (Vollst. Samml. I. 525).

10) So sagt umständlich die Rath- und Kanzleiordnung von 1597.
Sehr abgekürzt ist dieses in der Kanzleiordnung von 1652, erneuert
1692. Art. 45. Etwas erweitert ist dieses in der Erneuerten Hof-Canzley-Ordnung von 1724. Tit. II. Art. 34 (Vollst. Samml. I. 530).

11) So thut die Rath- und Kanzleiordnung von 1527.

12) So sagt die Verordnung vom 6. Juli 1736, Scotti Sammlung
I. 431., Vollst. Samml. I. 676.

13) Der dritten Kanzleiordnung des sechzehnten Jahrhunderts
(§. 30. Note 1) ist auch eine Taxe der Lehen beigefügt. Danach
zahlten die Pfalz 50 Goldgulden, „die fürnembsten Lehen als Graff-
und Herschafften" 16 Thaler, mittelmässige Herrschaften oder Herrlichkeiten 12, die besten adligen gemeinen Lehen 10, ziemliche danach 8, gemeinlich 6 bis 5, etliche auch nur 4 oder 3, die Faer-
ampter (Führämter in Cöln) 12, die Salzmütter daselbst 8, die Freigrafen 6 bis 4 Thaler. In der Taxordnung von 1743 sind die Sim-
plicia Jura einer Belehnung 20 Reichsth. 31 Albus 4 Heller, Vollst.
Samml. I. 538.

Ablieferung der Lehnsgefälle zu wachen [14]). Von diesen Mannbüchern ist im Laufe der Zeit eine Reihe von dreissig noch vorhandenen Folianten erwachsen [15]). Dem alten Erforderniss der Besetzung des Lehnhofes mit ebenbürtigen Mannen war durch die adligen Räthe im Hofrath genügt. Die Appellationen in Lehnsachen giengen, wo die Curia feudalis in Erzstiftischen Landen gehalten worden, an das weltliche Hofgericht in Cöln, wo sie sich ausserhalb des Erzstifts befand, an den Hofrath unmittelbar [16]).

3) Die Lehnsuccession.

167. Eine das Lehnrecht des Erzstifts bis in die neuere Zeit viel bewegende Streitfrage war, ob das Lehn ein Mannlehn, oder ob in Ermanglung männlicher Leibeserben auch die Töchter und die davon abstammenden Nachkommen dazu erbfähig seien. Dem Geiste und Zwecke des Lehnwesens gemäss war Ersteres sowohl im deutschen wie im langobardischen Lehnrecht als die Regel angenommen [1]). Bei der Umwandlung von Allodien in offerirte Lehen war jedoch dieser unbedingte Ausschluss der Töchter bedenklich und lieblos, da dieselben in Allodien, wenigstens in Ermanglung von Söhnen und deren männlichen Nachkommen, nach dem Landesrecht successionsfähig waren. Es wurde daher in einzelnen Fällen bei der Errichtung des Lehns auch die Erbfolge der weiblichen Nachkommen gewissermassen als eine Begünstigung des Erzbischofes ausdrücklich festgesetzt [2]). In

---

14) Hofkammer-Ordnung von 1610. Art. 49., von 1652. Art. 49., von 1692. Art 50. — Kanzleiordnung von 1652, erneuert 1692. Art. 25.

15) Diese Notiz giebt Lacomblet Archiv IV. 332.

16) Verordnung vom 4. April 1766, Vollst. Samml. I. 557.

1) Man sehe meine Deutsche Rechtsgeschichte II. §. 606.

2) Beispiele geben die Urkunden von 1167 und 1202 (Lacomblet Urkundenbuch IV. 631. 646) — 1176 (I. 458) — 1190 (Lünig

anderen Fällen wurde dagegen das Lehn ausdrücklich
als nur für die Söhne und deren Nachkommen errichtet
oder als Mannlehen bezeichnet[3]). Sehr häufig waren aber
blos die Erben ohne nähere Bestimmung genannt[4]).

168. Eben diese Unbestimmtheit veranlasste aber
unstreitig Zweifel und Streitigkeiten, in deren Folge der
vom Könige Albrecht zu Bingen am 20. Februar 1299
gehaltene Reichshof auf die Anfrage des Erzbischofes
Wicbold den Ausspruch gab, dass ohne die volle Zustimmung des Lehnsherren kein Weib in ein Lehn succedi-
ren könne[1]). Ein anderer in demselben Jahre am 5. August zu Fuld gehaltener Reichshof wies, ebenfalls auf die
Anfrage des Erzbischofes Wicbold, zu Recht, dass ein
wegen mangelnder Leibeserben vom Lehnsherrn einge-
zogenes Lehn nach ruhigem Besitz von Jahr und Tag
von Keinem mehr in Anspruch genommen werden könnte[2]). Für den Ausschluss der Weiber sprach auch das

---

Corp. jur. feud. I. 1455) — 1247 (Lacomblet II. 322) — 1265 (424)
— 1340 (III. 350) — 1341 (365) — 1347 (443) — 1354 (533. 536.
540) — 1382 (865).

3) Beispiele geben die Urkunden von 1259 (Lacomblet II. 482)
— 1265 (560) — 1331 (III. 228. 382) — 1346 (428) — 1354 (533.
540) — 1360 (600) — 1378 (814) — 1384 (883) — 1385 (889] —
1391 (955. 956) — 1392 (974) — 1393 (984) — 1583 (IV. 590).

4) Beispiele geben die Urkunden von 1220 (Lacomblet II. 88) —
1271 (617) — 1278 (718) — 1280 (IV. 674) — 1282 (II. 776) —
1283 (787) — 1286 (816) — 1299 (1026. 1028) — 1300 (1050) —
1300 (III. 1) — 1307 (309) — 1338 (320) — 1342 (377. 381) —
1343 (390. 393. 394. 395) — 1361 (624) — 1376 (776) — 1377 (797)
— 1378 (815. 820) — 1379 (827) — 1381 (866) — 1382 (867) —
1384 (884) — 1385 (897) — 1387 (915) — 1389 (935) — 1396 (1013)
— 1398 (1051) — 1399 (1061) — 1400 (1074).

1) Die Sentenz steht in Pertz Leg. II. 471., Lacomblet Archiv
IV. 360. Andere Nachweisungen giebt Böhmer Regesta a. 1299. n. 141.

2) Die Sentenz steht in Pertz Leg. II. 472., Lacomblet Archiv
IV. 361 (mit dem Druckfehler: leinenherben statt leivenherben). Andere Nachweisungen giebt Böhmer Regesta a. 1299. n. 196.

Langobardische Lehnrechtsbuch, welches an der Cölner Universität wie an den Anderen zum steigenden Ansehen gelangte. Da jedoch im Erzstift die weiblichen Verwandten sich beim Abgang des Mannsstammes häufig mit Berufung auf ein bestehendes Gewohnheitsrecht in den Besitz der erledigten Lehen eindrängten, so erklärte Kaiser Karl IV. mit Beirath der Fürsten und anderer hohen Herren zu Coblenz am 6. Juli 1372 auf Anrufen des Erzbischofes Friedrich III. solche ausgestorbene Lehen als ipso facto der Cölner Kirche devolvirt, so dass sich der zeitige Erzbischof ohne Hinderniss in den Besitz derselben setzen könnte[3]). Demohngeachtet gelangte der Grundsatz nicht zur unbestrittenen Geltung, vielmehr wurde behauptet, es sei „notorium und Land-kundig, dass alle des Erz-Stiffts Cölln Lehen dieser Zeit pro feudis communibus zu halten, in quibus sine ullo sexus discrimine successio ad proximos deferirt werde"[4]). Dadurch sah sich der Erzbischof Ernst veranlasst, vom Kaiser Rudolph II. die Erneuerung der Urkunde Karl des IV. nachzusuchen, welche dieser auch unter dem 31. December 1605, jedoch mit „der ferneren erleutterung declaration undt extension" gewährte, dass „alle Lehen, so anfangs bey manlichen Stam gewesen hinfuro mit nichten verendert, noch etwa deficiente linea masculina die Weibs Personen oder von ihretwegen ihre Männer damit belehnet werden, sondern solche Lehen in allerwegh bey ihrer uhrsprünglichen Natur verbleiben" sollten[5]). Ueber die

---

3) Die Urkunde ist gedruckt in Lünig Corpus juris feudalis I. 1463., Lacomblet Archiv IV. 362.

4) So lautet es in der Instruction des Erzbischofs Ernst (1583—1612) für seine Gesandten an den Cardinal Albrecht von Oesterreich, bei Lünig Corpus jur. feud. I. 1471. Lacomblet hat dieses Stück nicht berücksichtigt.

5) Diese Bestätigungs-Urkunde ist abgedruckt in Lünig Corpus jur. feud. I. 1474., Lacomblet Archiv I. 865.

ausdrücklich weiblichen oder unbestimmten Lehen war
also nichts gesagt, und dadurch die allgemein lautende
Verfügung Karl des IV. eher limitirt. Gleichzeitig unter
demselben 31. December erneuerte und bestätigte Rudolph II. ein von Maximilian I. dem Erzbischof Hermann
V. am 20. December 1518 ertheiltes Privilegium, kraft
dessen alle und jede in des Erzstifts Landen gelegene, in
irgend einer Weise ledig werdenden Reichslehen von
selbst dem Stifte anfallen und bei demselben als Reichslehen verbleiben sollten[6], — mit dem Zusatze, dass solche in des Erzstifts Landen gelegenen Reichslehen jeder
Art „hinfuro allein auf den Mans Stammen verstanden
und derselben die Weiber nicht fähig“ sein sollten[7].

169. Für diese Reichslehen war also die Frage entschieden; allein für einen grossen Theil der landsässigen
Lehen dauerten lebhafte Streitigkeiten der Ritterschaft
mit dem Kurfürsten fort, welche auch mancherlei Deduc-
tionen zur Folge hatten[1]. Aus denselben ergiebt sich,
dass man sich 1620 über die Unterwerfung unter den
schiedsrichterlichen Ausspruch des Kammergerichts ver-
ständigt, dass aber von Seiten der Stände die Frist zur
Einbringung ihrer Rechtsausführung nicht inne gehalten
worden, dass das Verfahren 1639 wieder aufgenommen
wurde, allein ebenfalls ohne Erfolg blieb. Endlich kam
auf inständiges Anrufen der Stände unter dem 28. Juni
1659 ein Vergleich mit dem Kurfürsten Maximilian Hein-

6) Dieses Privilegium ist gedruckt bei Lünig Corp. jur. feud. I. 1467.

7) Diese Bestätigung Rudolphs I. mit dem eingerückten Privilegium Maximillans II. ist abgedruckt in Lacomblet Archiv IV. 369.
Ohne dasselbe, blos mit Verweisung darauf, giebt sie Lünig Corpus
jur. feud. I. 1474.

1) Die jetzt veraltete Literatur darüber giebt Hartzheim Biblioth.
Coloniens. Index quartus C. IV., Kamptz Preussische Provinzialrechte
Th. III. §. 827.

rich zu Stande²). Dieser unterscheidet drei Arten von
Lehen: solche wobei die Investitur ausdrücklich auf Mannlehen, solche wobei sie ausdrücklich auf beide Geschlechter laute, und solche welche „ohne Meldung männlichen
oder weiblichen Geschlechts bisher conferirt und verliehen worden." Die Ersten sollten beim Abgange des Mannsstammes dem Kurfürsten heimfallen. Bei den Zweiten
und Dritten aber sollten die Töchter und der Weiber-
stamm zur Succession zugelassen sein, nur so, dass wenn
es bei den Dritten dazu käme, der Erbe dem Kurfürsten
als Lehnsherrn den zehnten Theil vom Werthe des Lehns,
dieses nach dem nutzbaren Eigenthum geschätzt, zu entrichten hätten. Diesen Vergleich liess der Kurfürst vom
Kaiser Leopold I. am 2. Juni 1682, mit Hinzuziehung der
Entscheidungen des Albrecht I., Karl IV., Maximilian I.
und Rudolph II., mit dem Zusatz bestätigen, dass wegen
der vor dem Vergleich von 1659 eingezogenen und wieder verliehenen Lehen den Töchtern und weiblichen Verwandten keine Klagen gegen die Besitzer zustehen sollten ³). Im Uebrigen wurde in den Lehnssachen des Stiftes nach dem Langobardischen Lehnrechtsbuch geurtheilt,
und der Kurfürst Joseph Clemens stellte auf ergangene
Anfrage am 2. März 1717 ausdrücklich das Attestatum
aus, dass im Erzstift in Lehnssachen nie auf die deutschen Lehnrechtsbücher „einige Reflexion genommen, sondern denen Longobardischen im Reich a Seculis recipirt
und authorisirten Lehen-Rechten beständiglich eingefolgt
worden seye" ⁴).

---

2) Derselbe ist gedruckt in Lünig Corpus jur. feud. I. 1479., Lacomblet Archiv IV. 372. Derselbe ist auch wörtlich als Tit. VII. in
die von demselben Kurfürsten 1662 erlassene Cöllnische Rechtsordnung aufgenommen, Vollst. Samml. I. 476—478., Scotti Sammlung I. 99.

3) Diese Erklärung ist gedruckt in Lünig Corpus jur. feud. I.
1491., Lacomblet Archiv IV. 376. Davon spricht auch Scotti Sammlung I. 162.

4) Dieses Attest steht in Lünig Corp. jur. feud. I. 1497.

170. In dem Vergleich von 1659 ist bei den Lehen der ersten Art gesagt: „Damit auch dieserhalb künfftig-lich keine neue Irrungen zu befahren, sei alsolcher Mann-Lehen halber eine gewisse Specification unter dem Chur-fürstlichen Insiegel verferttiget, und der Ritterschafft zur Nachrichtung ausgeantworte worden." Ein solches Ver-zeichniss wurde auch bald darauf von Strevesdorff durch den Druck bekannt gemacht, worin 55 Mannlehen und 108 vermischte aufgezählt sind, erstere ohne, letztere mit den Namen der damaligen Besitzer [1]). Eichhof gab 1783 ein Verzeichniss heraus, welches hinsichtlich der gemisch-ten Lehen eine Copie von Strevesdorff ist, hinsichtlich der Mannlehen aber davon etwas abweicht, und deren 63, zum Theil mit den Namen der damaligen Besitzer enthält [2]). Die Mannlehen sind mit Beifügung der Namen der Be-sitzer, so weit sie Eichhof angiebt: 1) Alcken (Weiswei-ler) — 2) Herrschaft Bedbur — 3) Birgell — 4) Haus Backenhof in Lynn — 5) Haus Bergerhausen — 6) Haus zu Cochenheim (von Roist) — 7) Crudeners Lehn in Zel-tangen — 8) Drachenfels — 9) Hof Dorsfeld (Borscheidt) — 10) Herrlichkeit Erpp — 11) Erbvogtei Cöln — 12) Erbkämmereramt (fehlt bei Eichhof) — 13) Fährämter zu Cöln — 14) Hof Garsdorf — 15) Haus Höningen — 16) Herrlichkeit Hackenbroich — 17) Hof Hamm oder Hann bei Jüchen — 18) Helterberg — 19) Helfenstein — 20) Hundter Lehn halb — 21) Kenten (fehlt bei Eich-hof) — 22) Haus und Hof Krey bei Andernach (Weis-weiler) — 23) Kell oder Kehl, der Zehnte (Clauth) — 24) Knaden- oder Knöden-Lehn bei Mehlem — 25) Lib-

---

1) Dieses geschah in der zweiten Ausgabe seiner Archidioeceseos Coloniensis descriptio 1670, worin er in seinen Versen auch ausdrück-lich des Vergleichs als eines eben geschlossenen gedenkt. Da er ständischer General Einnehmer war, so hatte er sichere Quellen zur Verfügung. Lacomblet hat dieses Verzeichniss nicht gekannt.

2) Beschreibung des Erzstiftes Köln S. 191—195.

lar (Metternich) — 26) Hof Lovenheim oder Lüvelheim unter Liedberg (Münch) — 27) Ley oder Leien bei Linz (Gerolt) — 28) Haus Langendunk bei Rheinberg — 29) Luttinger- oder Lüttiger-Hof (Nesselrath) — 30) Haus und Herrschaft Lösenich — 31) Morckender Hof (fehlt bei Eichhof) — 32) Vogtei zu Misenheim (Hausmann) — 33) Mittelwerth — 34) Neuhof bei Lynn — 35) Niersdom oder Nersdun und Windhagen — 36) Herrlichkeit Odenkirchen — 37) Orsbeckerhof, oder die oberste Olbrückische Orsberkische Burg — 38) Pruck oder Haus Brücken bei Altenar — 39) Haus Ringsheim (Lombeck) — 40) Rösberg (Weichs) — 41) Quadrath und Kenten — 42) Steinhausen, oder später zwei Steinhauser Lehen bei Liedberg — 43) Satzfey, Gericht und Vogtei daselbst (Spies) — 44) Haus Schönenstein (Hatzfeld) — 45) Sickenbeck — 46) Salzmüdder-Aemter in Cöln — 47) Herrschaft Tomberg (Quadt) — 48) Haus Trebelsdorf (Graf von Blankenheim — 49) der Thurm in Arweiler — 50) Wenigen (Aldendorf) — 51) Wevelinghofen (fehlt bei Eichhof) — 52) Wolfskehlisch Lehn zu Altenar und Nurburg — 53) Weyer, zwei Theil — 54) Weinlehen zu Zeltangen (bei Eichhof sind drei dortige Weinlehen genannt) — 55) Zoppenbroich (Quadt). — Bei Eichhof fehlen vier dieser Lehen: dagegen nennt er noch zwölf andere: 1) Blumerhof zu Lüttelgleen — 2) Haus Dadenberg (Lülsdorf) — 3) Elfken (Brachel) — 4) Erbhofmeisteramt — 5) Kämmerei Bachum oder Hemmerich (Frenz) — 6) Hof Morick — 7) Herrlichkeit und Burggrafschaft Rheineck — 8) Ein zweites Steinhausen-Lehn bei Liedberg — 9) Ausser dem Falkensteinisch auch ein Manderscheidisch Weinlehn zu Zeltangen — 10) Desgleichen ein Walpottisch Weinlehen daselbst (Königsfeld) — 11) Haus und Herrlichkeit zu Westerholt — 12) Ein zweites Lehn zu Weyer.

171. Die vermischten Lehen sind folgende: 1) Alpen (Graf von Bentheim) — 2) per Ahr et Altenahr (Blan-

kart de Arweiler) — 3) in Arfft (Blitterstorf) — 4) in
Altenar (Gymnich et Wenz) — 5) in Adenau (Boulich)
— 6) per Andernacum (Hausmann) — 7) in Antweiler
(Eynatten) — 8) in Altenweda (Lymbach) — 9) per S.
Ant. Capellam (Hagens) — 10) in Angenhorst (Preuth)
— 11) Bergerhausen (Bongardt) — 12) Buschfeldt (Quadt)
— 13) Bornheim (Walpot) — 14) Bolheim (Heiden) —
15) Busch (Hundt) — 16) Brackel (Holz) — 17) Bach-
olterhoff (Mirbach) — 18) Belmering (Ladolff) — 19) Boe-
chum (Clauth) — 20) Breitbach (Breitbach) — 21) Bister-
feldt (Morian) — 22) Bischerhoff (Monast. zur Weiden) —
23) Breitscheidt (Hausten) — 24) Item Brochscheidt —
25) Binsheim — 26) Barstmanshoff — 27) zur Blomen —
28) Cochenheim (Walpot de Gudenau) — 29) Creuzberg
(Quadt) — 30) Conradtsheim (Lohe) — 31) Cardorff (Ketzgyn et Carthus) — 32) Dirmetzheim (Ketzgyn) — 33)
Donck (Weyenhorst) — 34) Dreven (Bernsau) — 35) Dadenberg (Frens) — 36) Dickhoff (Norprath) — 37) Ehrenstein (Nesselrath) — 38) Etgenhoff (Damwiz) — 39)
Eckenhoff (Goldschmidt) — 40) Engershoff (Brembt) —
41) Effenberg (Blankart) — 42) Eychhoff — 43) Flachs-
hoff (Hoevelich) — 44) Forst (Metternich) — 45) Frei-
merstorff (Blittersdorff et Rotkirchen) — 46) Felde (Hochsteden) — 47) Genneperhoff (Pforzen) — 48) Gustorff
(Frens et Mirbach) — 49) Gilgenbach (Beissel) — 50)
Gymnich (Gymnich) — 51) Graffschafftshoff (Schick) —
52) Grachterhoff (Schick) — 53) Gripswaldt (Goldstein)
— 54) Hahnerhoff (Norprath) — 55) zur Horst (Dort) —
56) Hulsdonck (Wachtendonck) — 57) Hungerpesch (Of-
fenberg) — 58) Horsterhoff (Hanxler) — 59) Hoverhoff
(Ducker) — 60) Heimerzheim (Horst) — 61) Harbuchoff
(Westrem) — 62) Heydeck (Rasfeld) — 63) Haushoff —
64) Issumerthurn (Preuth) — 65) zur Kouhlen (Deuz) —
66) Kriegshoven (Buschman) — 67) Koblenburg (Quadt)
— 68) Kaldenborn (Bourscheidt) — 69) Krumbach (Wenz)

— 70) 30 jugera in Kendenich (derselbe) — 71) Kam-
perdonck (Quadt) — 72) Item Kellenheim — 73) Ku-
sterhoff — 74) Korne — 75) Lufftelberg (Von der Vorst)
— 76) Lawenburg (Hövelich) — 77) Levenburg (Lo-
hausen) — 78) Leusch (Laudolff) — 79) Lathum (Baur)
— 80) Lovenheim (Munch) — 81) Leuchtenberg (Gymnich) — 82) Meyll (Quadt) — 83) Morenhoven (Schall)
— 84) Muddersheim (Hanxler) — 85) Morshofen (Hall)
— 86) Munchhausen (Ley) — 87) Mehrhoff (Reuschenberg)
— 88) Decima in Metternich et Meyrath — 89) zur Mühlen (Bewer) — 90) per Mockenheimer - Hoff (Wenz) —
91) zur Nerssen (Virmundt) — 92) Newerburg (Frenz) -
93) Niersdonck (Pforz) — 94) per domum Novesii auffm
Friedthoff (Haered. Goldschmidts) — 95) Rippenshoff prope
Nurberg (Brewer) — 96) Roede prope Lydtberg (Metternich) — 97) Raeth prope Kempen (Nivenheim) — 98)
Raedt prope Uerdingen (Loen) — 99) in Schlickum (Schlickum) — 100) Sultzhoff (Blittersdorff) — 101) Synsteden
(Anstell) — 102) zur Stessen (Hundt) — 103) Solbruggen
(Hell) — 104) Vogelsang (D. Goldtschmidt) — 105) Vettelhoven (Harff, Synzig, Weiss) — 106) Wachenbroch
(Bruggen) — 107) Weiss (Belven) — 108) Weyerbach
(Hulsken). — Schon im Anfang des achtzehnten Jahrhun-
derts waren aber „in dem gantzen Ertz - Stifft nur drey
Lehen-Güther, nemlich Gymnich, Westerholt und Schli-
ckum, anzutreffen, welche bey dem Stamme derjenigen,
so die erste Belehnung erhalten haben, verblieben" [1]).

IV. Die Reichsstadt Cöln. A) Geschichtliche Einleitung.

172. Cöln, schon in der Römerzeit eine durch ihre
Verfassung und als Sitz eines Bischofs ausgezeichnete
Stadt, hatte sich auch bei wechselnden Schicksalen unter

---

1) So schreibt Ludovici in der Vorrede seiner Einleitung zum
Lehnsprocess 1718.

den Franken, sowohl als Stadt wie durch seine Bischöfe
sein Ansehen behauptet. Zur Zeit Karl des Grossen war
das gesammte Regiment der Stadt und ihres Gaues, nach
der damaligen allgemeinen Reichsverfassung, unter den
Gaugrafen gestellt. Später wurde von den Königen, wie
in anderen bischöflichen Städten, das Regiment der Stadt
den Bischöfen beigelegt, mit ihm namentlich die Jurisdiction, welche sie durch gewisse von ihnen ernannte Beamte handhaben liessen. Doch blieben die anderen dem
germanischen Freiheitsgeiste entsprungenen karolingischen
Einrichtungen nicht nur bestehen, sondern wurden durch
die steigende Zahl, den durch Gewerbe und Handel sich
mehrenden Reichthum, und durch den in den Parthei-
kämpfen der Zeit herangereiften Geist der Bevölkerung
noch mehr gekräftigt und erweitert. Das karolingische,
für den Beisitz an den Gerichten zu wählende Schöffencollegium bildete den Kern einer Gemeindevertretung.
Die Grundeigenthümer, aus denen diese Wahlen geschahen, erhoben sich dadurch zu einer besonders bevorrechte-
ten, diese Vertretung unterstützenden Genossenschaft. Dieses führte zur Wahl einiger Bürgermeister als deren Vorsteher; dann zu der Wahl von Stadträthen (consules) aus den
angesehensten Einwohnern. Später wurde ein zwiefacher
Rath, ein enger und ein weiter, eingerichtet. Die nach
Karls Vorschrift dreimal jährlich zu haltenden allgemeinen Volksversammlungen dauerten für den Bereich der
Stadt fort und erhielten das Gefühl der Zusammengehö-
rigkeit lebendig. Die nach der karolingischen Einrichtung
allen Freien obliegende Heerbannpflicht, unterhielt die
Einwohner um so mehr in der Waffenübung, als bei den
häufigen Fehden in Ermangelung einer zureichenden bischöflichen Miliz die Bewachung und Vertheidigung der
Mauern und Thürme ihnen oblag, und ein wohlversorgtes
Zeughaus ihnen dabei zu Hülfe kam. Alles dieses entwickelte das Bewusstsein und den fruchtbaren Begriff

einer Communität der Bürger, einer Stadtgemeinde. So
weit waren die Verhältnisse schon am Ausgang des dreizehnten Jahrhunderts fortgeschritten.

173. Die Uebertragung des Regiments und anderer
Regalien über die Stadt von Seiten der Könige an den
Erzbischof veränderte deren Reichsunmittelbarkeit und
andere aus der germanischen Freiheit entspringende
Rechte an sich nicht, weil die Erzbischöfe darin doch
immer nur wie Stellvertreter des Königs waren. Auch
hatten diese Freiheitsrechte dadurch einen besonderen
Ausdruck erhalten, dass im dreizehnten Jahrhundert Cöln
mit anderen, namentlich mit vielen rheinischen Städten,
Föderationen und Landfrieden geschlossen hatte, und sogar Abgeordnete aus diesen Städten zu den Reichstagen
gerufen worden waren. Ungünstig war für die Stadt, dass
die Erzbischöfe ihre Reichsrechte über dieselbe, namentlich die Jurisdiction, nicht wie in anderen Städten an
die Stadt selbst übertragen, sondern in der eigenen Hand
behalten, und sogar im Geiste der sich entwickelnden
Landeshoheit immer mehr zu verdichten strebten, während die Stadt diese Jurisdiction überall möglichst einzu-
schränken und die aus ihrer Stellung als mächtige Genossenschaft fliessenden Rechte zu erweitern bedacht war.
Hieraus entstand ein vom dreizehnten bis ins siebzehnte
Jahrhundert fortlaufender widriger Kampf zwischen den
Erzbischöfen und der Stadt, worin jeder Theil in gewisser Weise Recht und Unrecht hatte, weshalb darin hin
und her kaiserliche Privilegien ertheilt und zum Theil
wieder cassirt, Vermittlungen versucht, Schiedssprüche
erlassen und Vergleiche errichtet wurden [1]). Einen ge-

---

[1]) Das langwierige streitige Verhältniss nach der Auffassung des
vorigen Jahrhunderts ist dargestellt von Glafey in seiner Ausgabe von
Schweder Theatr. Praetens. I. 650., und daraus von Moser Staatsrecht XXXIX. 454—167. Eine Sammlung aller darauf bezüglichen
Actenstücke von 1169 bis 1672 ist im Cölner Rathsarchiv (§. 177. Note 6).

wissen Abschluss brachten die Concordate des Erzbischofs
Hermann IV. mit der Stadt von 1506 [2]). Doch brachen
bald neue Streitigkeiten aus.

174. Der Zwiespalt steigerte sich vorzüglich unter
Maximilian Heinrich [1]), welcher wegen Beeinträchtigung
der erzbischöflichen Jurisdiction von Seiten des Magistrats
1653 zu Repressalien gegen die Bürger griff, und dieses
durch ein Manifest rechtfertigte [2]), worauf die Stadt 1654
mit einem Gegenbericht antwortete [3]). Hierauf liess die kurfürstliche Regierung 1657 eine weitläufige Begründung ihrer
Ansprüche folgen [4]), welche die Stadt 1659 mit einer Protestation erwiderte [5]), und zur ausführlichen Widerlegung
grosse Anstrengungen machte [6]). Die fortdauernde Spannung
kam zum Ausbruch, als der Magistrat wegen der wider
die kirchliche Immunität 1667 vorgefallenen gröbsten Ex-

---

2) Diese sind gedruckt in der Securie. Append. n. 164., Lünig
Reichs-Archiv Part. Spec. unter Chur-Cölln p. 453., Cölnische Statutensammlung S. 111—133.

1) Viele Einzelnheiten über diese widerwärtigen Streithändel findet
man bei Ennen Frankreich und der Niederrhein I. 196—225.

2) Manifest aus was vor erheb- und antringlichen Ursachen Maximilian Heinrich auf der Stadt Cöllen Eingesessener zuständige Intraden eine Prohibition anzulegen genöthigt worden vom 22. Dec. 1653
(Securis. Anhang p. 1—10).

3) Wohlbegründeter Gegen-Bericht vom 30. März 1654 (Securis
Anhang p. 13—29).

4) Apologia des Ertz-Stifftes Cöllen, samt beygefügten mit N. 1.
bis ad N. 134. signirten Beweiss-Stücken wider Bürgermeistern und
Rath dessen Haupt-Stadt Cöllen (Bonn 1687) Fol.

5) Protestatio Coss. et Magistratus Colon. vulgata typo 1659
16. Julii, gedruckt bei Gastell. de statu publ. cap. 32.

6) Zuerst wurde Hesselmann vom Rathe 1659 mit dieser Arbeit
beauftragt, dann, da derselbe nichts fertig brachte, 1667 der berühmte
Conring (nicht Conrig) in Helmstädt, welcher auch erst 1671 mit seinem Werke fertig wurde, das nicht gedruckt erschien. So meldet
Ennen Quellen Th. I. S. XXX.

cesse und Anderem die Abhülfe verweigerte, wodurch
sich der Kurfürst alle im Erzstifte vorkommenden Güter
und Einkünfte cölnischer Bürger mit Beschlag zu belegen veranlasst sah [7]). Diese Prohibition wurde zwar nach
der geschehenen Erklärung des Bürgermeisters und Rathes 1670 wieder aufgehoben [8]). Allein gleich darauf entstand ein neuer noch heftigerer Streit, als die Stadt einen
neuen Festungsbau unternahm, auch einige ihrer Soldaten
wegen Diebstahls kriegsrechtlich abstrafte, wogegen der
Kurfürst das Vergehen als ein gemeines nicht militäri-
sches vor sein hohes weltliches Gericht daselbst gehörend
behauptete. Nach einer zwischen dem Kurfürsten und
der Stadt 1670 gewechselten Protestation und Gegen-Pro-
testation, dann 1671 veröffentlichten Vortrag und Gegen-
Erklärung [9]), kam, da sich von Seiten des Kurfürsten in
Verbindung mit den Franzosen gegen die Stadt gefähr-
liche Schritte befürchten liessen, durch Vermittlung des
Kurfürsten zu Brandenburg und anderer benachbarten
Fürsten am 2. Januar 1672 ein Vergleich zu Stande, kraft
dessen alle obschwebenden Streitigkeiten von dem Kaiserlichen Kammergericht zu Speyer aufs kürzeste ausge-
macht, jeder Theil aber indessen quoad Jura und Jurisdictionalia in und ausser der Stadt in dem Besitz, worin
sich Jeder befände, continuiren und bleiben sollte [10]). Im
Jahr 1684 suchte der Kurfürst abermals die Stadt in
seine Gewalt zu bekommen, wurde aber durch den von
Kur-Brandenburg der Stadt versprochenen Beistand da-

7) Das Edict steht bei Ennen Frankreich und der Niederrhein
I. 208—212.

8) Verordnung vom 21. Juni 1670, Scotti Sammlung I. 121.

9) Diese vier Stücke stehen bei Lünig Reichsarchiv Spicil. Eccles. I. Theils Fortsetzung p. 888. 890. 893. 894.

10) Dieser Vergleich steht in Lünig Reichsarchiv. Part. Spec. unter Chur-Cölln p. 460.

von abgebracht[11]). Während nun die Sache beim Kammergericht schwebte, überreichte der Anwalt des Kurfürsten daselbst 1687 unter dem Titel Securis ad radicem posita[12]) eine grosse mit vielen Beweisstücken unterstützte Denkschrift. Hierauf liess der Rath unter Zugrundelegung der oben genannten Arbeit des Conring zur Widerlegung sowohl der Apologie als der Securis eine Antisecuris in vier Folio-Bänden anfertigen, die aber nicht im Druck erschienen ist. Auch ein von dem bekannten in Cöln katholisch gewordenen Germanisten J. G. von Eckhart verfasstes Promemoria gegen die Securis ist Handschrift geblieben[13]). Unter Karl VII. wusste Clemens August beim Reichshofrath 1742 einige ihm günstige Aeusserungen zu erwirken[14]). Da aber kein Spruch des Reichskammergerichts erfolgte, so blieb die Stadt im Besitz ihrer Freiheit und Gerechtsame. Doch erkannte der Kurfürst bis in die letzten Zeiten dieselbe nicht als eine unmittelbare Reichsstadt an, sondern nahm sie fortwährend als seine Municipalstadt in Anspruch.

175. Während dieser langen Zeit traten auch in der Verfassung der Stadt wesentliche Aenderungen ein. Durch die ausschliessliche Fähigkeit der Grundeigenthümer zu den Schöffen- und Rathsstellen und durch den Einfluss, der sich mit der wachsenden Freiheit der Stadt daran schloss, wurden diese von den übrigen Einwohnern immer bestimmter unterschieden. Die Schöffenbarkeit und Rathsfähigkeit, der Grundbesitz in der Stadt und aus-

---

11) Alles dieses berichtet aus Glafey Moser Staatsrecht XXXIX. 464—467., Von denen Teutschen Reichs-Ständen p. 1073.

12) Man sehe oben §. 4. unter C.

13) So berichtet Ennen Quellen I. S. XXX. XXXI. Er schreibt dabei, Eckhart sei 1756 katholisch geworden. Dieser starb jedoch schon 1730.

14) Diese berichtet Moser Staatsrecht XXXIX. 468., Teutsche Reichs-Stände p. 1074.

wärts, und der rittermässige Waffendienst vereinigten
sich, um hier wie anderwärts die dadurch ausgezeichneten Geschlechter zu einer städtischen Aristokratie zu erheben, welche durch die Besetzung des Rathes und fast
aller städtischen Aemter das Regiment der Stadt beinahe
ausschliesslich in der Hand hielt. Ihnen gegenüber erhoben sich jedoch die Gewerbe und Handwerker, die
sich in Fraternitäten zusammenschlossen, und, mächtig
durch ihre Zahl und steigenden Wohlstand, auch die Zulassung zum Rathe und einen Antheil an dem städtischen
Regiment verlangten. Hieraus entstanden hartnäckige zum
Theil blutige Kämpfe, die aber zuletzt mit dem vollständigen Siege der Handwerker endigten. Die Geschlech-
terverfassung wurde völlig aufgelöst, und eine neue, die
ganze Bürgerschaft umfassende Eintheilung in zwei und
zwanzig Gaffeln oder Zünfte zum Grunde gelegt, durch
deren Wahl die Besetzung des Rathes und Anderes geschah. Diese Anordnungen wurden in dem vom Bürgermeister und Rath und der Gemeinde aller Aemter und
Gaffelgesellschaften 1396 errichteten Verbundbrief festgesetzt. Doch blieben Keime zu Eifersüchteleien und neuen
Streitigkeiten zwischen dem Rathe und der Gemeinde,
worüber es am Ende des fünfzehnten und am Anfang des
sechzehnten Jahrhunderts zu einem offenen Kampf kam,
der abermals mit dem Siege der Gaffeln und einem Ueber-
einkommen, dem sogenannten Transfixbrief von 1513, en-
digte, wodurch der Verbundbrief von 1396 bestätigt und
durch mancherlei Vorsichtsmassregeln gesichert wurde.
Auf diesen beiden Grundgesetzen beruhte die Verfassung
der Reichsstadt bis zur letzten Zeit [1]).

1) Von Beiden wurde kraft einer kaiserlichen Verordnung vom
6. April 1781 von der Bürgerschaft nach dem Original eine Abschrift
verfertigt, und, mit Numerirung der Artikel und einer Uebertragung ins Hochdeutsche zur Seite, durch den Druck bekannt gemacht.
Beide stehen auch in Lünig Teutsches Reichs-Archiv Part. spec.

B) Quellen und Hülfsmittel.

176. Die Hülfsmittel für die Verfassungsgeschichte der Reichsstadt Cöln lassen sich wie die für das Erzstift unter folgende Klassen bringen.

1) Bibliographische Werke, worin die dahin einschlagenden Schriften verzeichnet sind. Die mehr oder weniger mangelhaften, ungenauen und unvollständigen Verzeichnisse von Hartzheim, Kamptz und Ennen sind schon oben genannt worden [1]). Beizufügen ist ihnen:

G. E. Hamm Synchronographia Scriptorum Ubio-Agrippinensium. Coloniae 1766. 8.

Dieses soll ein Verzeichniss aller Schriftsteller sein, die über die Geschichte der Stadt seit ihrer Gründung etwas gemeldet haben. Die Arbeit ist aber von geringem Werth.

2) Hülfsmittel zur Kenntniss des Zustandes der Stadt, wie derselbe in der letzten Zeit war. Das rein Statistische geben sicher und vollständig die beiden oben erwähnten Kalender [2]). Ferner gehören hieher, abgesehen von den bei jeder Materie zu nennenden Specialschriften:

Johann Jacob Moser von der Reichs-Stättischen Regiments-Verfassung. Frankfurt und Leipzig 1772. 4.

Die Notizen über Cöln sind jedoch dürftig. Etwas mehr hat er in seinem Teutschen Staats-Recht XXXIX. 1749. XLII. 1750. Man sehe auch die Verweisungen in seinem Allgemeinen Register. Francfurt 1775. v. Cölln, Statt.

Jo. Jac. Cardauns sive Jo. Jac. Kleinermann Meditationes ad jus statutarium Julio-Montense, Provinciae nec non civitatis liberae et imperialis Coloniensis. Coloniae 1787. 4.

Cont. IV. Part. I. p. 352—357. 373—382., Materialien I. 7, 1—23. II. 1, 86—119.

1) Man sehe §. 3. unter A.

2) Man sehe §. 3. unter B.

3) Werke über die Geschichte der Reichsstadt. Mehrere derselben, nämlich die von Gelenius, Ennen und Lambert, mussten, da sie auch das Erzstift etwas berühren, schon oben genannt werden [3]). Ferner anzuführen sind hier nur folgende, die umfassender Art sind:

Beiträge zur Geschichte der Stadt Köln und ihrer Umgebungen von Ferd. Wallraf. Köln 1818. 8.

Ausgewählte Schriften von Ferd. Wallraf. Köln 1861. 8.

Beiträge zur Geschichte der Alt-Stadtkölnischen Verfassung. Von F. E. von Mering. Köln 1830. 8.

Zur Geschichte der Stadt Cöln am Rhein von ihrer Gründung bis zur Gegenwart. Von F. E. von Mering und L. Reischert. Cöln 1839. 1840. 4 Bde. 8.

(Chr. von Stramberg) Denkwürdiger und nützlicher Rheinischer Antiquarius. Vierte Abtheilung, bis jetzt 1 Band 1863. [4]).

4) Sammelwerke, worin Nachrichten und Abhandlungen über einzelne die Reichsstadt betreffende Punkte vorkommen. Hier ist zu den oben erwähnten „Materialien" und Zeitschriften nichts beizufügen [5]).

177. Die Quellen für die Verfassungs- und Rechtsgeschichte der Reichsstadt fallen mit denen für das Erzstift zum Theil zusammen, und sind wie diese unter drei Klassen zu bringen.

1) Rechtsdenkmähler. Daran ist unser Gegenstand reich, und es lassen sich davon folgende Arten unterscheiden:

a) Die Rechtsquellen der ältesten Zeit, die fränkischen Capitularien und die Reichsgesetze des Mittelalters. Dafür gelten die oben erwähnten Sammlungen [1]).

---

3) Man sehe §. 3. unter C.
4) Man sehe über dieses Werk §. 3. unter D.
5) Man sehe §. 3. unter A und D.
1) Man sehe §. 4. unter A.

b) Weisthümer. Die auf die Stadt Cöln bezüglichen
finden sich auch in dem zweiten Bande der Sammlung
von Grimm, wo jedoch das schöne Weisthum vom Niederich übersehen ist[2]). Auch kommen dieselben in der
Sammlung der Quellen von Ennen vor[3]).

c) Kaiserliche Privilegien, Concordate mit den Erzbischöfen und Grundgesetze der städtischen Verfassung.
Diese finden sich in den Sammlungen von Bossart, Lünig, Lacomblet und Ennen[4]).

d) Gesetze und Verordnungen. Eine so vortreffliche
Zusammenstellung und Uebersicht, wie das Werk von
Scotti für das Erzstift ist, fehlt und wäre sehr erwünscht.
Das von Kamptz gegebene Verzeichniss ist nur ein sehr
unvollkommener Anfang[5]). Die handschriftlichen Hülfs-
mittel sind sehr reich[6]). Von den gedruckten Materialien

---

2) Man sehe §. 4. unter A.
3) Man sehe §. 4. unter C.
4) Man sehe §. 4. unter C.
5) Kamptz Provinzialrechte Th. III. §. 942.
6) Unter den von Ennen Quellen I. S. XXII.—XXVI. angeführten Stücken sind folgende hervorzuheben: Statutenbuch geschrieben
1407, enthaltend alle vom Rathe erlassenen Gesetze, Verordnungen,
Ordonnanzen und Morgensprachen, an welche Sammlung die Statu-
tenbücher mit den späteren Verordnungen sich anschlossen, deren
noch 27 Exemplare im Archiv vorhanden sind. Ferner: Rathsverord-
nungen aus dem vierzehnten Jahrhundert; Gesetzcodex mit den meisten auf die Verfassung und das Gerichtswesen bezüglichen Verordnungen von 1342 bis 1449; Morgensprachen von 1440 bis 1623,
5 Bände; Liber edictorum senatus von 1596 bis 1713, 6 Bände; die
Rollenbücher mit den Satzungen für die einzelnen Rathsbeamten und
die unter dem Rathe stehenden Anstalten, als Rolle des Weinschu-
lengerichts, der Wuchermeister, Eidherren, Weinmeister, Thurmmeister, Stimmeister, Klagherren, Fischmarktwirthe, Payementsherren, Unterkäufer, Käuferherren, Gaffelherren, Wegemeister, Pfennigsherren,
Wallherren, Wollküchenherren, Brandherren, Zuchtmeister, Deputirten
zu den Provisoren-Rechnungen der Hospitäler, der Deputirten zur

sind besonders zwei Stücke hervorzuheben. Das Eine ist
eine Sammlung, von deren Entstehung man zur Zeit nichts
weiss, mit der Ueberschrift: „Diss sind der Statt Cöllen
alte Recht und Burgerfreyheiten" in 44 Artikeln⁷). Das
Andere sind die Statuten und Concordaten, welche durch
den Bürgermeister und Rath mit der Gemeinde und mit
dem Greven und den Schöffen des hohen Gerichts im
Jahr 1437 errichtet wurden. Als deren Aufgabe wird in
der Vorrede genannt: „sich auf die alte gesetz und Ordinantien unser Vorfahren, auch alte gewonheit und herkommen unser Statt zu besprechen und die wiederumb
zuerwecken, auffzurucken, zulautteren, zuerklären, und
auch etliche newe Gesetze und Ordinantien, nach gelegenheit der handlungen, die sich nun täglichs erlauffen,
zu verordnen." Nach dem Transfixbrief sollten diese Statuten mit Rath der Rechtsgelehrten baldmöglichst gesetzt

---

Kellerschreiberstube, der Apotheken-Visitatoren etc. ; die Fiscalische,
die Wacht-Bau- und Rathskeller-Ordnung. Ferner: die Eldbücher
mit den besonders unverbrüchlich zu haltenden Satzungen von 1321
bis zum siebzehnten Jahrhundert, 10 Bände, worin auch die ältesten Rathsprotokolle enthalten sind; die eigenen Raths-Protokolle seit
der neuen Verfassung 1396 bis 1798, im Ganzen 248 Bände; Liber
sententiarum mit allen vom Rathe in den vor ihn gebrachten Sachen
gefällten Entscheidungen von 1600 bis 1646, 4 Bände; Protocolle
des Amtsleute-Gerichts von 1411 bis 1594, 83 Bände; Protocolle der
Zunft-Deputirten während der Bürger-Unruhen 1481 und 1609, 2 Bände;
Bruderschaftsbücher der Schöffenbruderschaft vierzehntes Jahrhundert,
der Gewandschneider von 1343 bis 1523, 3 Bände, der Schneider,
Decklakenmacher, Wollenweber, Steinmetzen, Sartuchweber, Goldschmiede und Goldschläger, Sarwörter, Taschenmacher, Harnisch-
macher, Schwertfeger, Gürtelmacher, Barbierer; Zunftbuch vom schwarzen Hause: Rolle der Garnmacher; Acta et processus mit den Pro-
cessen und Verhandlungen in den von der Stadt mit den Erzbischöfen
von 1169 bis 1672 gehabten Streitigkeiten, 49 Bände.

7) Sie steht in der gleich zu erwähnenden nach 1570 gedruckten Sammlung S. 46—64.

und gedruckt werden [8]). Dieses geschah jedoch nicht,
sondern die Statuten wurden nur in Handschriften gebraucht, deren daher viele vorkommen. Erst 1562 gab
ein Drucker mit Weglassung jener Vorrede eine dieser
Handschriften heraus [9]). Hierauf folgte nach 1570, es ist
nicht angegeben von wem, eine Ausgabe nach einer andern Handschrift [10]). Diese enthält die Vorrede, dann die
verschiedenen Huldigungsformeln, hierauf die Statuten
in 137 numerirten Artikeln, deren Ordnung einigemal
etwas von der vorigen Sammlung abweichend, auch die
Ueberschriften der Artikel häufig anders gefasst sind. Zuerst Art 1 über die Appellationen; dann Bestimmungen
über das Privatrecht; von Art. 79 an die Bestätigung einer
1437 „Gudesstag (Mittwoch) nach Nativitatis Mariä gehaltenen Morgensprache von Bussen, Brüchten, Strafen
und Verbrechen"; von Art. 109 an eine „Ordinancie auff
die Gerichte"; und von Art. 122 an eine Schrein - Ordnung. An eine neuere Sammlung der Reichsstadt-Cölni-
schen Gesetze und Verordnungen, wie für das Erzstift

---

8) Transfixbrief von 1513 Art. 13.

9) Diese hat den Titel: Abdruck und gemeiner begriff der Poli-
cey-Ordnungen, Plebisciten und Statuten der alten Löblichen freyen
Reichs Stadt Cöllen etc. MDLXII. 51 Blätter fol. Eine zweite Ausgabe soll 1572 erschienen sein. — Kamptz III. §. 983. theilt deren
Inhalt unter 82 Nummern mit. Im Drucke selbst sind die Artikel
nicht numerirt.

10) Diese Ausgabe steht mit anderen Stücken in dem gleich zu
nennenden Drucke. Als eine neue Ausgabe wird angegeben: Jus
municipale Coloniense. Ed. II. Cöln 1762. 4. Auch findet man diese
Statuten in der Neuen Sammlung sämmtlicher in der Preuss. Rhein-
provinz Geltung habenden Gesetze. Abth. IV. (Trier 1846. 12) Anhang
S. 31—48. Es sind jedoch blos die in das Privatrecht einschlagenden Artikel aufgenommen, zu diesen aber auch die aus der andern
Sammlung in 48 Artikeln. Die Angabe bei Kamptz III. §. 942. Nr. 15,
der die Concordia Ubiorum von Hamm 1751 als eine Ausgabe dieser
Statuten nennt, ist ein arges Versehen.

Cöln erschien, ist nicht gedacht worden. Es giebt dafür
nur eine alte nach 1570 von einem Privatmann veranstal-
tete Sammlung, die als die einzige in allgemeinen Gebrauch gekommen ist. Sie führt ohne Angabe des Ortes
und des Jahres den Titel:

> Folgen die Statuta und Concordata der H. Freyen Reichs
> Statt Cölln, durch Burgermeister und Raht, mit Raht
> aller Rähten unnd 44 sampt Gräff unnd Scheffen desz
> hohen Gerichts, nach dero wolhergebrachten alten Statt
> Rechten mittels Eyds auffgericht, Anno Domini 1437.
> Diewelche durch die Römische Königliche Majestatt
> und den Ertzbischoffen zu Cüllen inn dero Huldigun-
> gen mittels Eyds bestättiget worden.

Auf dem Titelblatt sind noch drei andere Stücke genannt,
wovon gleich die Rede sein wird. Von dieser Sammlung
sind noch zwei Ausgaben erschienen, die aber nur Ab-
drücke mit neuen Titelblättern sind [11]). Sie besteht aus
zwei Abtheilungen, die sich durch ihre besondere Paginirung unterscheiden. Der erste Theil enthält folgende
Stücke:

> Statuta et Concordata der H. Freyen ReichsStatt
> Cölln :c. Vorrede, Eidesleistung auf die Statuten, Hul-
> digungsformeln, dann die Statuten in 137 Artikeln
> S. 1—111.

Nach dem Titelblatt sollte nun die Erblandsvereinigung
von 1463 folgen; allein diese fehlt, und es steht unmittelbar :

> Volgen die Concordaten, welche zwischen Ertzbischoff

---

11) Diese werden von Kamptz III. §. 943. unter folgenden Titeln
angeführt: Cöllnische Reformation, das ist desz heiligen Römischen
Reichs Edler und Freyer Stadt Cölln hiehovorn uffgerichteten und
durch die Kayserliche Majestät auch resp. den Erzbischofen und Churfürsten zu Cölln bestättigten Reformation, Statuten und Ordnungen :c.
Nürnberg 1622. 4. — Der Stadt Cölln Reformation und Ordnung :c.
Nürnberg 1722. 4.

Hermann und der Statt Cöllen auffgericht 1506 [12]). S. 111—133.

Reformation der Freyen ReichsStatt Cöllen ꝛc. (nach der Einleitung) Reformatio Judicialis Processus Judiciorum Civitatis Coloniensis, per Conradum Betzdorpium Jurium Doctorem Syndicum concepta, et ordinarios Universitatis revisa, nec non totum Senatum Coloniensem et 44 viros comprobata, Anno Domini 1570. S. 134—186.
Der zweite Theil, mit einer neuen Paginirung anhebend, enthält ziemlich vollständig, was zum Handgebrauch des Stadtrechts nöthig war, in folgender Ordnung:

Union oder Verbundtsbrieff der H. Freyen ReichsStatt Cöllen von 1396 (ohne Numerirung der Artikel). S. 1—17.

Volget der Transfix auff den Verbundtsbrieff auffgericht 1513 (mit Numerirung der 50 Artikel). S. 18—49.

Diss sind der Statt Cöllen alte Recht und Burgerfreyheiten (eine kleinere Statutensammlung in 48 Artikeln). S. 46—74.
Darin führt der Art. 45 die besondere Ueberschrift:

Diss sein die Alten Gesetze unser Vorfahren zuverhüten, dass die Weltliche Erbe in die Geistliche Hände nicht kommen noch verbleiben sollen Anno 1385 (am Schlusse steht 1383) auffgericht ꝛc. (in 10 Artikeln) S. 64—69.
Eben so bilden die Art. 46. 47. 48 einen Abschnitt für sich unter der Ueberschrift:

Morgensprach von Wucherlichen Contracten und Underkauff. S. 69—74.

Volget die Cöllnische SchreinOrdnung Anno 1473 auffgericht. S. 74—86.

Der Paymentsherren Rolle über Gold und Silbern Müntz binnen Cöllen S. 87—90.

---

12) Man sehe darüber §. 178. Note 2.

Articulen so ein jeder newer Rathsherr schweren soll.
S. 91—108.

Volget dess Burgermeisters Eydts und AmptsArti-
culen (in 24 Artikeln). S. 109—116.

Volgt der Statt Rentmeister Eyd und Ampt (in 13
Artikeln). S. 117—120.

Diese herrnach geschriebene Puncten und Articulen
sollen die RahtsRichter zu allen halben Jahren schweren. S. 121—124.

Die nachfolgende Articul, sollen die Amptsleut so
new gekoren werden, schweren. S. 125—127.

Folgt der Herrn Gräven und Scheffen Eyd am Hohen Gericht. S. 128—130.

Folgt der Urtheil Meister Roll. S. 130—138.

ScheffenEyd an S. Severins Hoffgericht binnen Cöllen. S. 138.

Eyd dess Hoffgedings Schultheiss zu Cöllen. S 138. 139.

Privilegien der Kaiser Friedrich III., Karl V. und
Rudolph II. S. 139—156.

Erklärung unnd Ernewerung etlicher alten Statuten
auff das Privilegium Königs Sigismundi de non Evo-
cando anno 1405 auffgericht (am Schlusse steht 2. Sept.
1581). S. 156—160.

Edict des Rahts dass keine Doctores, Procuratores
und Notarien wider der Statt Privilegia handlen sollen
(13. Sept. 1581). S. 160. 161.

Verträge mit dem Grafen und Herzoge von Gülich
und dem Haus Brabant. S. 161—174.

Privilegium des Königs Richard vom 20. Mai 1257
über die Zollfreiheit der Bürger zu Cölln. S. 174—177.
Diese zweite Abtheilung wird in den darauf bezüglichen
Citaten mit B. bezeichnet werden.

2) Die Geschichtsquellen für die Reichsstadt sind im
Allgemeinen schon mit denen für das Erzstift genannt

worden [13]). Hervorzuheben sind die zahlreichen kleineren und grösseren Werke, die unter den Namen Cölnische Annalen oder Cölnische Chroniken erhalten sind [14]). Ueber das Verhältniss derselben zu einander hat Janssen [15]) und jetzt vollständiger Ennen [16]) willkommene Nachweisungen gegeben.

3) Urkunden, welche sich auf die Reichsstadt beziehen. Darüber ist das Nöthige schon oben genannt worden [17]). Hervorzuheben sind nur die handschriftlichen Sammlungen, die davon noch das Cölner Stadtarchiv bewahrt [18]).

C) Verhältniss zum Reiche.

178. Die Stadt stand als eine Reichsstadt unmittelbar unter dem Kaiser, und dieser griff in deren innere Angelegenheiten unmittelbar ein, so weit er nicht durch die Privilegien und das Herkommen der Stadt und die noch erhaltenen Rechte des Erzbischofes beschränkt war [1]). Sie hatte, wie die anderen Reichsstädte, dem jedesmaligen Kaiser Huldigung zu leisten, entweder ihm in Person, oder dem von ihm gesandten Commissar, was 1705 zu Misshelligkeiten Veranlassung gab, oder durch ihren Agenten bei dem Reichshofrath. Darauf erhielt sie vom Kaiser einen Confirmationsbrief ihrer Privilegien [2]). Un-

---

13) Man sehe §. 4. unter B.

14) Ein Verzeichniss der im Cölner Stadtarchiv vorhandenen giebt Ennen Quellen I. S. XXVI—XXVIII.

15) Janssen Studien über die kölnischen Geschichtsquellen im Mittelalter (Annalen des histor. Vereins für den Niederrhein I. 78—104).

16) Ennen Köln II. S. VI—XVII.

17) Man sehe §. 4. unter C.

18) Diese nennt Ennen Quellen I. S. XXVI

1) Man sehe darüber Moser Teutsche Reichs-Stände S. 1197—1202.

2) Die Formel von Beiden steht in der erwähnten Statuten-Sammlung S. 5—8.

ter Karl VII. 1742, wo sich die Stadt in der Huldigungs-
formel eine unmittelbare Reichsstatt nannte, veranlasste
dieses einen Protest von Seiten des Kurfürsten Clemens
August [3]). Am Reichstag gehörte sie in das dritte Collegium, das der Reichsstädte, und zwar auf die Rheinische Bank, von deren vierzehn Städten sie die erste war.
Das Abgeben der Stimmen alternirte jedoch von einer
Bank zur anderen. Zum Beitrage zu einem Reichskriege
und zu den Reichssteuern [4]) ist Cöln in der Matrikel von
1521 zu 30 zu Ross und 322 zu Fuss oder zu 1648 Flor.
veranschlagt [5]). In der Matrikel von 1577 ist der Anschlag
25 zu Ross und 200 zu Fuss oder 1100 Flor. [6]). In der
sogenannten Lothringischen Vertheilung von 1654 und
1665 ist derselbe, wohl nach einer inzwischen gewährten
Moderation, nur 825 Flor. [7]), und am 9. Juli 1734 wurde
er gar auf 426 Flor. moderirt [8]). Zu einem Kammerzieler
gab die Stadt 405 Rthlr. 72½ Kr. Nach der Kreiseinthei-
lung gehörte sie in den Westphälischen Kreis, von dessen 54 Ständen sie einer war, unter dem Directorium von
Münster, Jülich und Cleve. Das Wappen der Stadt ist
von Roth und Silber quer getheilt mit drei neben einander stehenden güldenen Kronen auf dem Rothen, zum
Andenken der h. drei Könige, und elf rothen Flammen
oder vielmehr Martertropfen auf dem Silber, fünf, vier,
zwei, zu Ehren der h. Ursula und ihrer Genossen, welche
Tropfen sich aber auf dem in der Rathskapelle angehef-

3) Moser Teutsche Reichs-Stände S. 1074.
4) Dazu vergleiche man §. 153. 154.
5) Koch Reichsabschiede II. 221. IV. Anhang S. 42. Nach der
Ausgabe des Cortrejus ist der Anschlag schon 1521 so, wie nach den
andern Angaben er erst 1577 wurde, Koch II. 228.
6) Koch Reichsabschiede IV. Anhang S. 42.
7) Koch Reichsabschiede IV. 39.
8) Moser Reichstags-Geschäfte IX. 3. §. 441.

teten 1571 angefertigten Wappen noch nicht befinden[9]).
Dieses Wappen, jedoch ohne die Tropfen, steht auch in
dem grossen Stadtbanner oder Wimpel, welches geheim
verwahrt, und nur, wenn der Bannerrath seit der letzten
Ausstellung zur Hälfte ausgestorben war, drei Tage lang
auf dem Rathhause zur Beschauung ausgestellt wurde [10]).
Zu den Ehrenrechten der Stadt vor dem Reiche gehörte
das nur einigen Reichsstädten zustehende Recht der Berufung zur Königskrönung. Doch bestand Jahrhunderte
lang ein Streit mit Aachen, welches Cöln nicht nur den
ersten Platz an der Städtetafel bei der Krönungsmahlzeit,
sondern überhaupt das Recht zu der Krönung beschrieben zu werden, bestritt [11]). Der Kaiser hielt in der Reichsstadt einen Residenten, und sie am kaiserlichen Hofe einen
Agenten. Auch kam es vor, dass ein an mehrere Höfe
zugleich geschickter Gesandter auch bei ihr accreditirt war.
Allein die Ernennung eines einheimischen Bürgers durch
den König von Preussen zu seinem Residenten daselbst
erregte wegen der damit verbundenen Exemtionen von
Seiten des Kaisers Karl VI. 1715 Widerspruch [12]).

D) Verhältniss zum Kurfürsten.

179. Das Verhältniss der Stadt zum Kurfürsten war
seit 1672 das eines Streites um die Reichsunmittelbarkeit
oder Landsässigkeit, dessen Entscheidung bei dem Reichskammergericht beruhte, bis zu welcher der beiderseitige
Besitzstand aufrecht erhalten werden sollte, über dessen

---

9) So bemerkt Püllen in den Materialien II. 1, 56. 57.

10) So berichtet aus dem Jahre 1777 Püllen in den Materialien
II. 1, 50 – 66.

11) Diesen wichtigen Streit behandelt Moser Staatsrecht der Reichs-
stadt Aachen S. 67—70., Beylagen zu der Wahl-Capitulation Kaiser
Carls VII. Part. I. Anh. p. 102., Zusätze zum (alten) Teutschen Staats-
Recht Th. II. S. 200. 285—287.

12) Moser Teutsche Reichs-Stände S. 1205. 1213. 1219.

Gränzen aber auch leicht Streit entstand. Nach dem alten
Stil wurde der neue Erzbischof an dem festgesetzten Tage
auf der Strasse von Bonn von dem Bürgermeister und
dem Rath feierlich eingeholt, stieg an einer Stelle zwischen dem Judenbüchel und der St. Severinpforte ab, wo
er, nachdem er der Stadt Rechte und Freiheiten beschwo-
ren und deren schriftliche Confirmation übergeben, den
Huldigungseid der Stadt empfieng [1]), und hielt dann seinen feierlichen Einritt bis zum Dome [2]). Seit den Nachfolgern Hermanns IV., den Erzbischöfen Philipp II. 1508,
Hermann V. 1515, Adolph III. 1546, Anton 1556, Johann Gebhard 1558, entstanden aber jedesmal durch den
Einspruch der Stadt mehr oder weniger weitläufige Verhandlungen, so dass der Einritt gewöhnlich erst nach einigen Jahren in Folge eines geschärften kaiserlichen Man-
dates Statt fand [3]). Da aber derselbe von da an wegen
der Religions- und Kriegsunruhen unterblieb, so gelangte
die Stadt zum Besitz dieser Freiheit. Der Huldigungseid derselben und die Bestätigung ihrer Privilegien wurden aber bis zuletzt beobachtet [4]). Auch behaupteten sich
die Erzbischöfe, ohngeachtet der unablässigen Contestationen der Stadt, im Besitze ihrer alten Jurisdiction, so
dass das hohe weltliche Gericht und Andere in der Stadt
noch kurfürstliche waren. Eben so hatte der Kurfürst
darin noch andere Gerechtsame und Behörden, wovon
unten. Doch suchte die Stadt in der Besetzung und Thä-

---

1) Dieser und der beschworene Brief des Erzbischofes stehen in
der Statuten-Sammlung S. 8, 9.

2) Die schöne Beschreibung bei Hermann IV. 1488., wovon das
Nähere im historischen Theile, steht in der Securis. Append. n. 58.
59. 59 a. Nur das erste Stück steht in Lacomblet Archiv II. 180—190.

3) Davon handelt die Securis cap. XI. Die darüber ergangenen
Erlasse stehen in deren Append. n. 61. 63—70., Lünig Teutsches Reichs-
Archiv. Spic. Eccl. I. Theil. Forts. p. 662. 663. 665. 837. 841.

4) Eichhof Erzstift Cöln S. 101.

tigkeit des hohen weltlichen Gerichts sich möglichst eine
Concurrenz zu vindiciren, was neue Reibungen veranlasste [5]). Zuletzt gieng sie so weit, dass sie den städtischen Executivbeamten die Mitwirkung zur Vollstreckung
der Urtheile jenes Gerichtes untersagte, was starke Repressalien des Kurfürsten zur Folge hatte [6]). Ja die Stadt
verbot den städtischen Handwerkern im Dienste des Kurfürsten oder des Erzstifts in und ausserhalb der Stadt zu
arbeiten, worauf der Kurfürst nicht nur stadtcölnische
Handwerker irgendwo im Erzstifte zu gebrauchen, sondern auch an den im Erzstifte gelegenen Gebäulichkeiten
stadtcölnischer Bürger Reparaturen zuzulassen, mit dem
Ausdruck des Unwillens über das Betragen des cölnischen
Stadtrathes, untersagte [7]). Ein seltsames Bild nachbarli-
cher Zustände!

E) Die Stadt und ihr Gebiet.

180. Das Gebiet der Stadt reichte nicht über ihre
Ringmauern und Befestigungen hinaus; die Stadt war also
zugleich der Staat. Ihr Aussehen 1743 wird folgendermassen beschrieben [1]): „Cölln hat mehrentheils grosse,
weite und saubere Gassen, so mit breiten Steinen gepfla-
stert sind, wie auch grosse Plätze. Dessen innerer Bezirk begreift ohngefehr 3800 Schritte in sich, sonst aber

---

5) Lehrreich ist darüber die von der Stadt vorgelegte Deduction
in der Securis. Append. Beilage p. 29.

6) Verordnung vom 9. Juli 1715, vom 21. Oct. 1743, Scotti Sammlung I. 312. 469.

7) Verordnung vom 6. Febr. 1728, erneuert am 27. Jan. 1770,
Scotti Sammlung I. 384.

1) Denkwürdiger und nützlicher Rheinischer Antiquarius. Frankfurt 1744. S. 734. 737. Der Verfasser schrieb das Obige gewiss ohne
Vorliebe, da er einige Seiten früher wegen des vielen Glocken läuten
und der vielen „Pfaffen und Mönche" auf den Strassen seinem Herzen
Luft gemacht.

ist es nach der alten Manier befestigt. An der Landseite ist es mit drey und achtzig dicken Thürmen, ingleichen mit schönen hohen Mauren, dreydoppelten Gräben, am Rhein mit einem steinernen Wall versehen, und mit vier und dreysig Pforten gezieret, davon aber die meisten klein sind und zum Rhein gehen. Es steht auch diese Stadt bey den Deutschen in solchem Ansehen, dass man insgemein zu sagen pfleget: Wer Cüln nicht gesehen hat, der habe auch Deutschland nicht gesehen. Und in der That, wenn man die Menge des Volks, das herrliche Ansehen der Obrigkeit, die Grösse ihres Reichthums, die Pracht ihrer gemeinen und Privatgebäude, wie auch ihre Uebungen in den Wissenschaften betrachtet, so muss man bekennen, dass sie das wahrhafte Rom in Deutschland sey." Der Umfang der Mauern wird auf 6182 Schritte angegeben. Von dem Innern der Stadt gieng etwa ein Viertel auf die grossen und kleinen Gärten der Stifte, Klöster und Kappisbauren, was jedenfalls zur gesunden Luft beitrug. Es wurde darin auch ein nicht unbedeutendes Quantum, durchschnittlich etwa 9000 Ohmen, jedoch sehr mittelmässigen Weines gezogen [2]. Die Zahl der Häuser wird in den letzten Zeiten auf 8000, die der Einwohner auf 40000 angeschlagen; doch sind diese Angaben nicht zuverlässig [3]. Die Benutzung der ausgedehnten mit Gehölz besetzten Stadtgräben zur Jagd von Seiten der jagdlustigen Bürger, oder um darin Hirsche, Rehe, Hasen und Kaninchen zu halten, war durch den Transfixbrief verboten [4].

---

2) Materialien I. 2, 174. Daraus sind die Angaben bei Eichhof und Büsching.

3) Materialien I. 7, 86—88. Der Verfasser berichtet mit augenscheinlicher Ungunst. Aus ihm schöpfen Eichhof und Büsching.

4) Transfixbrief von 1513 Art. 37.

F) Die Verfassung. 1) Die Gemeinde.

181. Durch die genannten Grundgesetze war die Verfassung so eingerichtet, dass alles Regiment, so weit es vom Erzbischof an die Stadt gekommen oder durch die Verhältnisse geschaffen worden war, als bei der Bürgergemeinde beruhend gedacht war, und unter deren steter Beaufsichtigung durch den von ihr erwählten Rath verwaltet und ausgeübt wurde. Zu diesem Zwecke wurden alle Einwohner, hoch und gering, die schon grösstentheils nach ihren Gewerben und anderen Beziehungen in kleinere Genossenschaften, Gaffeln und Fraternitäten vereinigt waren, in zwei und zwanzig politische Körperschaften zusammen gezogen, wofür man die alten Gliederungen und Namen, Gaffelgesellschaften und Aemter, beibehielt. Später werden sie schlechthin Gaffeln oder Zünfte genannt. Darunter befanden sich auch die im vierzehnten Jahrhundert gebildeten fünf sogenannten Rittergaffeln. Jede Gaffel hatte ihr Siegel, ihre Abzeichen, theils Standarten, theils Fähnlein, ihr Gesellschaftshaus, ihren Vorsteher, Bannierherrn oder Fähndrich, und einen oder mehrere Officianten, in welchem Dienst nach den Kreiskalendern häufig auch die hinterlassene Wittwe oder Tochter belassen wurde. Diese Eintheilung bildete die Grundlage. Jedes Amt, jede Gaffel musste sich zu der Gaffel, der es zugetheilt worden, für alle Zeiten halten [1]), und „alle de ghene de nu en bynnen Coelne woynent of hernamails zo oynchen zyden en bynnen Coelne zo woynen coment", mussten „bynnen den nycsten viertzen Nachten, na dem des van yn gesunnen wirt, eyn Ampt of eyne Gaffel kiesen" [2]).

182. In dem Verbundbrief wird mit den zwei und zwanzig Gaffelgesellschaften oder Aemtern zugleich die

---

1) Verbundbrief von 1396 Art. 14.
2) Verbundbrief Art. 15.

Zahl genannt, die von Jeder in den Rath zu wählen wäre[1]).
Dieses ist bis in die letzten Zeiten unverändert geblieben.
Die Aufzählung ergiebt Folgendes. 1) Wüllenamt oder
Gewandmacher als Arsburg und Kriegmarkt mit den Aemtern Scherer, Weissgerber und Tirteyer, vier zum Rathe.
— 2) Eisenmarkt, Ritterzunft, zwei zum Rathe; Gesellschaftshaus auf dem alten Ufer Nr. 2858, neue Nummer
61[2]). — 3) Von dem Schwarzenhause, Ritterzunft, zwei
zum Rathe; Zunfthaus in der Streitzeuggasse Nr. 5005,
neue Nr. 8. — 4) Goldschmiede mit den Goldschlägeren,
zwei zum Rathe. — 5) Von der Windecken, Ritterzunft,
zwei zum Rathe; Gesellschaftshaus auf dem Altenmarkt
Nr. 1517½, wo jetzt die Zollstrasse einmündet. — 6) Bund-
werker, zwei zum Rathe. — 7) Von dem Himmelreich,
Ritterzunft, zwei zum Rathe; Zunfthaus auf Himmelreich
Nr. 1199, neue Nr. 5. — 8) Schilderen oder Malerzunft,
mit den Aemtern Waffensticker, Sattelmacher und Glas-
werter, einen zum Rathe. — 9) Von den Ahren (im Siegel ein Adler), Ritterzunft, zwei zum Rathe; Zunfthaus
auf dem Fischmarkt Nr. 1479. — 10) Steinmetzer mit den
Aemtern Zimmerleute, Holzschneider, Kistenmacher, Leien-
decker und Schleifer, einen zum Rathe. — 11) Schmiede,
zwei zum Rathe. — 12) Bäcker, einen zum Rathe. — 13)
Brauer, zwei zum Rathe. — 14) Gürtelmacher mit den
Aemtern Conreyder, Nadelmacher, Drechsler, Beutelma-
cher und Handschuhmacher, zwei zum Rathe. — 15) Fleisch-
amt oder Fleischhackerzunft, einen zum Rathe. — 16)
Fischamt oder Fischmengerzunft, zwei zum Rathe. — 17)
Schröder (nach dem Kreiskalender Schneiderzunft), einen
zum Rathe. — 18) Schuhmacher mit den Aemtern Löhrer
und Holzschuhmacher, einen zum Rathe. — 19) Sarwer-
ter mit den Aemtern Taschenmacher, Schwerdfeger und

1) Verbundbrief Einleitung und Art. 3.
2) So sagt Ennen Köln II. 461.

Bartscherer, einen zum Rathe. — 20) Kannengiesser mit dem Amte Hamacher, einen zum Rathe. — 21) Fassbinder mit dem Weinamt und Weinschrödern, einen zum Rathe. — 22) Ziechenweber mit dem Amte Decklachweber und Leinenweber, später schlechtweg Leinenweberzunft, einen zum Rathe.

183. Der Gemeinde war, ausser der Wahl des Rathes für die gewöhnliche Verwaltung, die Mitwirkung und nothwendige Zustimmung für vier Angelegenheiten vorbehalten: Anordnung einer Heerfahrt, Abschliessung von Bündnissen und Verträgen mit auswärtigen Herren oder Städten, Beschwerung der Stadt mit Erbrenten oder Leibzuchtsrenten, und Ausgaben oder Zahlungsversprechen über mehr als tausend Gulden auf einmal [1]). Dazu kam später noch die Erhöhung der Accise [2]). Es gab jedoch für diese Fälle keine allgemeine Bürgerversammlung, sondern die Frage wurde Jeder der zwei und zwanzig Gaffeln gesondert vorgelegt, und von Jeder zwei ihrer Freunde gewählt, welche Vier und vierzig mit dem Rathe darüber zu verhandeln und mit ihm vereinigt nach der Mehrheit zu beschliessen hatten [3]). Dieses wurde auch später gegen eine abweichende eingerissene Gewohnheit, wonach der Rath selbst sogenannte Rathsfreunde kieste, erneuert, und den Gaffeln bei ihren Eiden die Wahl weiser verständiger Männer zu Vier und vierzigen aufgetragen [4]). Als solche Vier und vierziger finden sich in den Kreiskalendern bei jeder Zunft regelmässig sechs genannt, aus denen also für jeden einzelnen Fall zwei gewählt wurden, oder unter welchen ein Turnus Statt fand; doch hörte zuletzt diese Regelmässigkeit auf. Ueberhaupt gieng

---

1) Verbundbrief Art. 1.
2) Transfixbrief von 1513 Art. 15.
3) Verbundbrief Art. 1.
4) Transfixbrief Art. 4.

das Ansehen dieser Vier und vierziger neben dem einflussreichen Rathe, zum Theil durch die Unlauterkeit bei
der Wahl derselben, immer mehr ein.

184. Die eigentliche stehende Vertretung der Gemeinde waren aber die erwähnten zwei und zwanzig Bannierherren und der aus ihnen bestehende Bannerrath [1]).
Diese nannte man die „Mediatores oder Mittlerer zwischen Magistrat und Zünften, auch hauptsächlich Aufsich-
ter, damit sich der Magistratus wider das Bürgerrecht und
gemeine Gut nicht vergreife." Zu diesem Zwecke hatten
sie alle Quatember einen besondern Quartalrath, der auf
die fünf Punkte zu richten war: Ob der Verbund und
Transfix in seinem Werth gehalten werde? Ob einige
Neuerung geschehen und man von der alten Observanz
abgestanden? Ob der Stadt Privilegia, Gerechtigkeiten
und Jurisdictionalia der Gebühr versorgt? Ob einige Bürger hülflos gelassen? Ob das gemeine Gut recht versorgt
oder demo Abbruch beschehen sey? Auch hatten die
Bannierherren das oben erwähnte grosse Stadtbanner in
Verwahr. Sie wurden, Jeder von seiner Zunft, und zwar
auf Lebenszeit gewählt, was ihrem Amte neben den jährlich wechselnden Magistraten eine grössere Bedeutung
gab. Nach der Wahl wurden sie von ihrer Zunft mit
einem öffentlichen Gastmahl und einem goldenen Pokale,
worin einige goldene und silberne Münzen, geehrt, auf
dass sie ihrer Bürger Beschirmer und Vertreter seien.
Hierauf tranken die Zunftgenossen aus dem Pokal ihres
Bannierherren Gesundheit, und verbanden sich ihm wie
gehorsame Kinder in allen billigen Dingen zu folgen.
Nach dem Gastmahl folgte die feierliche Einführung in
den Bannerrath, wobei der jüngste Bannierherr dem neu

---

1) Davon handeln: Judendunck Theatrum Ianienae Coloniensis
(1694) S. 12—14. und daraus in den Materialien II. 1, 67—71.,
und die Deduction in den Materialien I. 10, 319—326.

Eintretenden einen schönen Kranz als Zeichen des Ein-
verständnisses und einmüthigen Zusammenhaltens für das
gemeine Wohl der Bürgerschaft überreichte. Die Bedeutung dieser Volkstribunen, womit man sie ganz richtig verglich, sank aber allmählig dadurch, dass Bannierherren
durch Wahl auch in den Rath kamen, was nach der vor-
sichtigeren römischen Verfassung bis Sylla nicht vorkommen konnte, ja dass Bürgermeister und Rentmeister zugleich Bannierherren waren, also Amt und Controle in
eine Hand kam.

185. Zur Aufnahme in die Bürgerschaft gehörte die
Wahl und Einschreibung in eine der Gaffeln unter Beschwörung des Verbundbriefes [1]), und demnächst die Ablegung des grossen Bürgereides bei der Mittwochs-Rentkammer, wodurch man die Treue gegen die Obrigkeit
und das Festhalten am katholischen Glauben beschwor.
Dazu hatte man 32 Rader-Gülden zu entrichten [2]). Man
konnte aber auch zu einer Gaffel und der entsprechenden Handthierung blos als Beigeschworener zugelassen
werden, und hatte dafür weniger zu entrichten. Darüber
hatten die aus den Rathsherren gewählten Qualifications-
herren nach der Ordnung vom 7. November 1646 (neu
gedruckt mit einigen Zusätzen 1754) zu wachen. Durch
die Niederlassung an einem andern Orte wurde man der
eingegangenen eidlichen Verpflichtung ledig [3]). Alle Bürger waren an Rechten im vollsten Sinne gleich, wenn
auch die Bekleidung der städtischen Aemter thatsächlich
eine Auszeichnung begründete, wozu der Kaiser leicht
das Prädicat des niederen Adels verlieh. Die allgemei-

---

1) Verbundbrief Art. 15.
2) Man sehe die Formel in den Materialien I. 1, 89. Diese ist
ein wörtlicher Auszug aus der 1522 vorgeschriebenen (wohl noch ungedruckten) Formel (§. 216. Note 2).
3) Verbundbrief Art. 16.

nen Bürgerrechte oder Freiheiten waren unter Anderen
folgende. Erstens die Sicherung der persönlichen Freiheit. Kein Bürger oder Eingesessener durfte weder bei
Tage noch bei Nacht aus seinem Burgfrieden geholt oder,
den Fall der handhaften That abgerechnet, auf der Strasse
angetastet werden, bevor er vom Rathe besendet und seine
Antwort verhört war; und auch dann sollte man ihn „mit
der Gewalt nyet zo Thoyrne fueren doin, sonder yrst by
syme Eyde zo Thoyrne zo gain gebieden", und denselb-
ben dort „nyet sytzen laissen, sondern van Stunt an den
nyesten Raitzdach durch die Thornmeister doin verhoe-
ren und up syne Sachen sprechen laissen"[4]). Angeerbte
Bürger durften wegen Schulden nicht in den Kummer
gebracht, das heisst arrestirt werden[5]). Leibeigenschaft
galt nicht, und der in der Stadt gesessene fremde Leib-
eigene war nach Jahr und Tag frei und gegen die Rück-
forderung des Leibherrn geschützt[6]). Zweitens die Un-
verletzlichkeit der Wohnung. „Ein Hausherr oder Haussmann soll in seinem Hause also frey sein, als ein Keyser
in seinem Lande." Er kann daher den fremden unbe-
kannten Mann, den er „in seinem Hauss binnen Nacht
und Nebel mit beschlossen Thüren fünde, schlagen, wun-
den, oder tödten"[7]). Er darf den missthätigen Mann, der
in sein Haus flüchtet, wenn er ihn nicht fangen lassen
will, darin schirmen und verbergen[8]). Auch sollte man
„niemand sein Hauss gewaltlich aufbrechen", es wäre dann
wegen eines dringlichen Grundes der gemeinen Wohlfahrt, und auch dann nur nach vorherigem rechtlichen

---

4) Kleinere Statutensammlung Art. 2. 3. B. S. 46. 47., Transfixbrief Art. 22.

5) Cölnische Statutensammlung Art. 50., Kleinere Statutensammlung Art. 32. B. S. 58.

6) Kleinere Statutensammlung Art. 25. B. S. 55.

7) Kleinere Statutensammlung Art. 21. B. S. 54.

8) Kleinere Statutensammlung Art. 28. B. S. 56.

Erkenntniss[9]). Drittens durfte kein Bürger oder Insasse der Stadt verwiesen werden, ausser wenn er ein gegen die Obrigkeit widersetzlicher oder gemeinschädlicher Mann war [10]). Viertens zog selbst die Todesstrafe nicht die Confiscation des Erbe und der Güter nach sich [11]). Fünftens sollte Keiner zu ungerechten Verzichten, Briefen oder Eiden gedrängt werden, namentlich wodurch „ihnen ihr Mundt beschlossen wirdt, sich gegen ihre Widerparthey mit Recht oder sonst nicht zu verantworten" [12]). Sechstens war Jedem zur Klage wie zur Vertheidigung der freie Gebrauch und Lauf der Gerichte gesichert und erleichtert [13]). Die Ladung eines Bürgers in erster Instanz an ein ausländisches Gericht galt nicht [14]), und war den Bürgern unter einander durch eidliches Verlöbniss und angedrohte Strafen untersagt [15]); gegen die Ladung durch einen Auswärtigen suchte man die Bürger durch die Androhung von Repressalien und das Versprechen der Vertretung durch den Rath sicher zu stellen [16]). Die Stadt erwirkte auch vom König Sigismund 1416 ein Privilegium, wodurch sie gegen solche damals zulässige Ladungen an das kaiserliche Kammergericht oder an die im Reiche umher bestehenden kaiserlichen Land- und Hofgerichte geschützt wurde [17]), und der Rath war 1581 darauf bedacht, dieses Privilegium durch eine Reihe entsprechen-

---

9) Kleinere Statutensammlung Art. 19. B. S. 53.

10) Kleinere Statutensammlung Art. 17. B. S. 52.

11) Kleinere Statutensammlung Art. 12. B. S. 50.

12) Kleinere Statutensammlung Art. 7. 9. B. S. 49.

13) Transfixbrief Art. 27., Kleinere Statutensammlung Art. 8. 14. B. S. 49. 51.

14) Transfixbrief Art. 29., Kleinere Statutensammlung Art. 29. B. S. 57.

15) Cölnische Statutensammlung Art. 89. 93.

16) Cölnische Statutensammlung Art. 90. 91.

17) Dieses Privilegium steht bei Senckenberg Von der kaiserl. Gerichtsbarkeit Urk. Nr. 4. Weder Lünig noch Lacomblet führen es an.

der Vorschriften in Geltung zu erhalten [18]). Aber auch die Appellationen aus der Stadt an auswärtige Gerichte wurden durch kaiserliche Privilegien erschwert. Friedrich III. 1474 gestattete sie nur gegen eine eidliche und reale Caution [19]), und hielt die Verbote solcher Ladungen in erster Instanz dadurch aufrecht, dass er 1493 von den dadurch verwirkten Strafen gar keine Appellation für zulässig erklärte [20]). Maximilian I. 1514 erlaubte Appellationen an die Reichsgerichte nur bei einem Betrag über 100 Goldgulden [21]), den Karl V. 1551 auf 300 [22]), Ferdinand II. auf 700 [23]) Goldgulden erhöhte, was dann Ferdinand III. 1637 und Leopold II. 1659 mit allen früheren Privilegien confirmirten [24]). Wo aber der Rath selbst die Freiheiten eines Bürgers bedrängte, sollte dieser es bei seiner Gaffelgesellschaft kund thun, welche durch zwei oder drei aus ihrer Mitte sich beim Rathe zu verwenden, und im äussersten Falle allen anderen Gaffeln es mitzutheilen hatte, um das Nöthige wohl überlegt zu beschliessen [25]).

2) Der Rath.

186. Der Rath war die von der Gemeinde zur Verwaltung ihrer Angelegenheiten und zur Vertretung ihrer

---

18) Diese Verordnungen stehen in der Cölnischen Statutensammlung B. S. 156—161., und daraus bei Lünig Teutsches Reichs-Archiv. Part. Spec. Cont. IV. Th. I. p. 1482—84.

19) Das Privilegium steht bei Lünig p. 363. Dasselbe ist augenscheinlich veranlasst durch den Rathsschluss gleichen Inhalts von 1464 in der Cölnischen Statutensammlung B. S. 132—135.

20) Dieses Privilegium steht bei Lünig p. 363.

21) Das Privilegium steht bei Lünig p. 382.

22) Das Privilegium steht in der Cölnischen Statutensammlung B. S. 147—152., und bei Lünig p. 386.

23) Das Privilegium steht bei Lünig p. 392.

24) Das Privilegium steht bei Lünig p. 393.

25) Transfixbrief Art. 27.

Interessen bestellte Behörde. Diese hatte in ihrem Grundgesetze gelobt, „cyme Raide zerzyt der Stat van Cölne
bystendich getruwe ind hoult zo syn, ind ihn moegich
ind mechtich laiszen blyven ind sitzen alre Sachen" [1]).
Jeder war daher bei seinem Bürgereid und bei schwerer Strafe verpflichtet, dem Rathe treu und willig zu sein,
und sich jeder Widersetzlichkeit und Aufwiegelei wider
denselben zu enthalten [2]). Es gab nur einen Rath; die
frühere Einrichtung eines engen und eines weiten Rathes
war abgeschafft [3]). Zu diesem Rathe wählten die Gaffeln
in der oben genannten Weise aus sich zusammen 36; diese
wählten dann auf ihren Eid, „dat Gebrech des Raitz zo
Stunt neymen", aus den Gaffeln noch 13, die sogenannten Gebrechsherren, so dass im Rathe im Ganzen 49 waren [4]). Die Wahl galt für ein Jahr, doch wurde der Rath
halbjährig zur Hälfte erneuert [5]). Dieses geschah, wie die
Kreiskalender zeigen, so, dass jährlich zu St. Johannes
17 Zunftherren und 7 Gebrechsherren, und zu Weihnachten 19 Zunftherren und 6 Gebrechsherren ausschie-
den und durch Neue ersetzt wurden. Die Ausscheidenden
sollten zwei Jahre lang nicht wieder in den Rath gekoren werden können [6]), wurden aber nach Ablauf dieser
Zeit, wie die Kreiskalender zeigen, gewöhnlich wieder
Alle gewählt. Nicht wählbar waren uneheliche Kinder,
wer jemand eigen oder im Banne [7]), wer einer Herrschaft
Rath oder Diener oder durch Eid verbunden war, Wu-
cherer und Diffamirte [8]). Jede Einmischung von Parthei-

---

1) Verbundbrief Art. 1.
2) Verbundbrief Art. 9., Transfixbrief Art. 11., Cölnische Statutensammlung Art. 72.
3) Verbundbrief Art. 2.
4) Verbundbrief Art. 3. 4.
5) Verbundbrief Art. 6.
6) Verbundbrief Art. 6.
7) Verbundbrief Art. 8.
8) Cölnische Statutensammlung B. S. 97. 105. 106.

lichkeit oder Eigennutz bei den Wahlen war strenge un-
tersagt⁹), und jeder Rathsherr musste eidlich geloben,
weder selbst durch Bewerbung zur Wahl gelangt zu sein,
noch Andere „umb keine sach noch bitt willen" zu wählen, ja sogar Wahlen der Art beim Rathe zur Anzeige
zu bringen¹⁰). In der Wirklichkeit gieng es jedoch so rein
nicht her, sondern es fanden die mannigfaltigsten Prak-
tiken, selbst durch Bewirthung und dergleichen, Statt¹¹).
Auch wurden das „Congratuleeren" und die dadurch den
Gewählten abgenöthigten Gastereien, wohl ohne Erfolg,
beschränkt und verboten¹²). Jeder war bei der Strafe,
„ein Jair lanck unden in eyme der Steide Turne zo lygen",
die auf ihn gefallene Wahl anzunehmen verpflichtet¹³).

187. Die Gewählten mussten den Rathseid schwö-
ren¹), in welchem sehr ausführlich auch die theils erwähnten theils zu erwähnenden Punkte aufgenommen wa-
ren²). Die regelmässigen Rathssitzungen waren am Montag,
„Gudestag" und Freitag um neun Uhr, wo der Burggraf,
nachdem er mit dem Schlag der Rathsuhr die Rathskammer aufgeschlossen, alsbald die eine Viertelstunde anzei-

9) Verbundbrief Art. 5. 8.

10) Cölnische Statutensammlung B. S. 104. 105.

11) Dieses zeigen die Rathsverbote vom 17. Oct. 1712, in den Materialien II. 2, 373. Der Herausgeber setzt hinzu: „Aber, wo jeder
Schuh- und Kesselflicker mit zu wählen hat, da können dem Meist-
bietbenden die Majora nicht fehlen."

12) Rathsverordnung vom 17. Oct. 1712, in den Materialien II.
2, 369—372.

13) Verbundbrief Art. 7.

1) Verbundbrief Art. 2.

2) Dieses zeigen die „Articulen, so ein jeder newer Rathsherr
leiblich zu Gott und den Heiligen schweren soll", in der Cölnischen
Statutensammlung B. S. 91—108. Die spätere Formel, sechzehn
Punkte enthaltend, steht bei Judendunck Theatrum Ianienae Colonien-
sis S. 16—20., und daraus in den Materialien II. 1, 74—80., und
Ennen Frankreich und der Niederrhein I. 406—410.

gende Sanduhr umwenden musste, nach deren Ablauf die
beiden Rathsmeister die Anwesenden zu constatiren hatten[3]). Wer zu spät kam, oder ohne rechte Entschuldi-
gung ausblieb, oder vor beendigter Sitzung „die Raths-
trapff vor der Rathskammern" herabgieng, oder ohne
Urlaub der Meister das Wort nahm, oder in eines Andern
Wort sprach, oder eines Andern Wort strafte, hatte eine
Busse zu zahlen, die in die Rathsbüchse geworfen, und
alle Jahr, wann der halbe Rath ausgieng, getheilt wurden[4]). Die Rathsherren wie die Bürgermeister hatten ihre
feierliche Amtstracht. Die Ordnung im Sitzen gieng nach
den Officia, welche binnen Rath alle halbe Jahre vergeben wurden[5]), wovon unten. Die Stimmen wurden von
den Rathmeistern gesammelt. Wer bei einer Sache persönlich oder durch nahe Verwandte oder Verschwägerte
betheiligt war, musste während der Verhandlung „auff-
stehen", das heisst hinausgehen[6]). Für die Theilnahme
an jeder ordentlichen Rathssitzung wurden früher vier
Schilling „vor Presens" gegeben[7]); später erhielt dafür
Jeder ein silbernes Zeichen oder Pfennig, etwa sieben Albus an Metallwerth, im Leben aber einen halben Reichsthaler werth geachtet, mit der Inschrift: Bibite cum lae-
titia, wofür im Rathskeller eine Flasche Wein verabfolgt
wurde[8]). Strenge Bestrafung war demjenigen gedroht,

---

3) Cölnische Statutensammlung B. S. 91. 92.

4) Cölnische Statutensammlung B. S. 92. 94. 108.

5) So sagt die Notiz ohne Datum in den Materialien II. 2, 364.

6) Cölnische Statutensammlung B. S. 97. 98.

7) Cölnische Statutensammlung B. S. 92.

8) So berichtet Judendunck Theatrum Ianienae Coloniensis p. 15.,
und daraus die Materialien II. 1, 71. Darüber schreibt Judendunck
S. 31: „Die ledige auffwechslung der Raths-Zeichen hat 32000 Reichsthaler gekostet, da doch der Müntzmeister sich erbotten gehabt, alle
Raths-Zeichen für 100 Ducaten umbzuprägen. Ecce die schöne Wirth-
schafft."

der wider seinen Eid unerlaubte Geschenke annahm, oder
die Geheimnisse des Rathes offenbarte[9]), oder ohne Beweis gegen eines Mitbürgers Ehre sprach[10]).

188. Zu den Obliegenheiten des Rathes gehörte die
Bewahrung der Stadt Privilegien. Diese lagen in einem
Gewölbe mit drei verschiedenen Schlüssern, wozu der
Rath die Schlüssel drei biderven Männern zu befehlen
hatte[1]). Hingegen die Stadtschlüssel hatte nicht der Magistrat, sondern die Bürgerschaft in Verwahrung[2]). Auch
das grosse Stadtsiegel, womit zu Verschreibungen viel
Missbrauch getrieben worden, war in einem Schrank mit
drei und zwanzig verschiedenen Schlüsseln beschlossen,
einen für jede Gaffel, die dazu immer einen Mann, der
nicht im Rathe war, zu wählen hatte[3]). Namentlich verboten war es dem Rathe ohne Zustimmung der Vier und
vierziger fremden Herren oder Fürsten Geld oder Geschütz auszuleihen[4]), oder Geld für Privilegien auszugeben[5]). Der Rath war aber berechtigt, zu besonderen Aufträgen Commissionen zu ernennen[6]), und die Rathskammer sollte wie von Alters gebräuchlich „mit eyme cirli-
chen gelierten Doctor, Prothonotario, ind Secretarien"
bekleidet sein[7]). Zuletzt bestand das Syndicat aus vier
Syndici und Räthen, einem Registrator, fünf Procuratoren, und einem Nuntius. Für die Ausfertigungen diente
die Rathsgeheime Expeditions-Canzlei, bestehend in einem

---

9) Cölnische Statutensammlung B. S. 98. 99.
10) Transfixbrief Art. 23., Cölnische Statutensammlung B. S. 99.
1) Cölnische Statutensammlung B. S. 100.
2) Moser Reichs-Städtische Regiments-Verfassung S. 231.
3) Transfixbrief Art. 25.
4) Transfixbrief Art. 26., Cölnische Statutensammlung B. S. 103. 104.
5) Transfixbrief Art. 9.
6) Transfixbrief Art. 3.
7) Transfixbrief Art. 6.

Secretär und zwei Cancellisten⁸). Eine geehrte Würde
unter den Rathsherren, die erste nach den Bürgermeistern, bekleideten die beiden Stimmmeister, die wie Cen-
soren über Alles zu wachen und, was ihnen zum gemeinen Wohle nützlich schien, vorzubringen hatten⁹). Die
übliche Procession am letzten Fastabend wurde abgeschafft,
und dafür verordnet, dass alle Jahr auf der h. Drei Könige Abend ein ganzer Rath mit den Vier und vierzigen,
ihren Doctoren, Protonotarien, Secretarien und gekleide-
ten Dienern sich unter dem Rathhaus versammelten, von
da nach St. Marin im Capitol giengen, um hier das gewöhnliche Gebet zu halten, von dannen zu den h. drei
Königen in die Domkirche mit ordentlicher Procession
zogen, daselbst ihr Gebet opferten, und sich dann wieder
sämmtlich in die Rathhaus-Kapelle begaben, allwo eine
Predigt und eine Gesang-Messe gehalten wurde¹⁰).

3) Die Bürgermeister.

189. Für die Leitung der Geschäfte hatte der Rath
jährlich aus den Gaffeln zwei ehrbare und nützliche und
dem gemeinen Besten treulich ergebene Leute zu Bürgermeistern zu kiesen¹). Diese hatten in eiligen Sachen
den Rath zu berufen, und die eingehenden Schreiben in
Empfang zu nehmen, mussten aber die von Fürsten, Herren und Städten ungesäumt am nächsten Rathstag zum
Vortrag bringen²). Einem derselben war der Stadt Secret
Siegel befohlen, und dieser sollte, wo es nöthig war, „mit
sein selbst Hand, so er immer kan, siglen"³). Sie hatten
auch eine Gerichtsbarkeit über Victualien und kleine

---

8) Moser Reichs-Städtische Regiments-Verfassung S. 170. 175.
9) Gelenius de admiranda magnitudine Coloniae p. 14.
10) Transfixbrief Art. 86.
1) Verbundbrief Art. 3. 5.
2) Transfixbrief Art. 2. 5.
3) Cölnische Statutensammlung B. S. 112.

Schulden, und eine entsprechende Polizeigewalt, wovon
unten, und „ein ungewonte" vor diesem Gericht war mit
fünf Mark Busse bedroht, die jedoch der Bürgermeister
ermässigen konnte [4]). Ihre Amtstracht bestand in einem
schwarzen Talar, wie auch die Rathsherren hatten, einem
mit Hermelin verbrämten Scharlachmantel und einem
schwarz sammetnen Birret. Wenn sie „auff der strassen
gahn, und wenn sie in den Rath gahn", sollen ihnen nach
alter Gewohnheit immer die Stäbe vorgetragen werden [5]).

190. Die Wahl der Bürgermeister geschah jährlich
zu St. Johannes und sie traten ihr Amt am Montag nach
Mariä Heimsuchung (2. Juli) an. Die Ausscheidenden wurden unter Beibehaltung des Namens „Bürgermeister" im
ersten Jahre Präsidenten der Freitags-Rentkammer und
der Kaufhäuser, im zweiten Jahre Rentmeister der Mittwochs-Rentkammer, so dass es sechs Bürgermeister gab [1]).
Seit 1789 werden aber in den Kreiskalendern nur die
zwei regierenden Bürgermeister als Bürgermeister aufgeführt, und die Abgetretenen nur bei den entsprechenden
Raths-Officia genannt. Zum dritten Jahr wurden die Bürgermeister von der Mittwochs-Rentkammer zuerst in den
Jahren 1427, 1441, 1444, 1448, im siebzehnten und achtzehnten Jahrhundert häufig wieder zu regierenden Bürgermeistern gewählt, so dass Manche diese Würde zwölf-
mal und mehr bekleideten [2]). Die Gewählten wurden auf

---

4) Cölnische Statutensammlung B. S. 110.

5) Cölnische Statutensammlung B. S. 109.

1) So berichtet Gelenius de admiranda magnitudine Coloniae
p. 13., und damit stimmen auch die Kreiskalender überein. Es ist
ein Irrthum, wenn Ennen Frankreich und der Niederrhein I. 404. nach
einem Manuscript des Stadtsecretärs Fuchs schreibt, die abtretenden
Bürgermeister wären zunächst Stimmmeister geworden.

2) Dieses zeigt das Verzeichniss der Bürgermeister seit 1396 in
dem Niederrheinisch-Westphällschen Kreiss-Calender von 1765 S. 56
—62. Gelenius spricht selbst so, als ob sich revoluto triennio das

ihre Pflichten vor dem Rath vereidet, namentlich in Sachen ihres Amtes keine Geschenke zu nehmen [3]). Hienach hielten sie ihren feierlichen Umritt, doch nicht mit mehr als sechzehn Pferden [4]). Ihre Emolumente waren nach dem älteren Recht für Jeden 200 Gulden und zu Christmessen eine neue Kleidung, auch die Präsens und Wein wie jeder Rathsherr [5]), Unterhalt für zwei Pferde, die sie auch wirklich halten mussten [6]), und 50 Gulden für sein Bürgermeister-Essen [7]). Am Ende des siebzehnten Jahrhunderts hatte Jeder 484 Reichsthaler zu 78 Albus, für die bunte Kleidung 536 Gülden zu 24 Albus also 164 Reichsthaler 72 Albus, für das Bürgermeister-Essen 200 Goldgulden oder 276 Reichsthaler 72 Albus, und dazu die wöchentlichen Rathzeichen [8]). Dasselbe mit zwei Ohm Wein und Hafer für zwei Pferde wird noch in der letzten Zeit angegeben [9]). Ein anderes Verzeichniss, ungewiss aus welcher Zeit, nennt für jeden Bürgermeister nur 400 Raderflorins zu 24 Albus und 48 Malter Hafer für zwei Pferde [10]). Nach einem Rathsschluss vom 6. Dec. 1690 sollte das Gehalt 1000 Reichsthaler sein, was aber nicht zur Ausführung kam [11]). Die Bürgermeister, die das Ende ihrer freien Reichsstadt sahen, waren: 1793 Arn. Theod. von Stadtlohn und Franz Jac. Jos. von Hil-

---

redire ad Consulares faces von selbst verstanden hätte. Dieses ist nicht richtig.

3) Cölnische Statutensammlung B. S. 112.

4) Cölnische Statutensammlung B. S. 113.

5) Cölnische Statutensammlung B. S. 109. 110.

6) Cölnische Statutensammlung B. S. 109.

7) Cölnische Statutensammlung B. S. 113.

8) Judendunck Theatrum Ianienae Coloniensis S. 21., und daraus in den Materialien II. 1, 82.

9) Ennen Frankreich und der Niederrhein I. 405., nach dem Manuscript des Stadtsecretärs Fuchs.

10) Materialien II. 2, 360.

11) Ennen Frankreich und der Niederrhein II. 467.

gers, 1794 Franz Caspar von Herresdorf und Jos. Ant. von Klespe, 1795 Joh. Jac. von Wittgenstein und Heinr. Jos. de Groote.

4) Die Sicherungsmittel der Verfassung.

191. Die Mittel zur Sicherstellung der Verfassung waren mit einer misstrauischen Vorsicht wie in einer grossen Republik ausgedacht. Vor Allem suchte man diese in der Beschwörung und Heilighaltung der Grundgesetze auf ewige Zeiten [1]), weshalb davon nicht nur ein mit allen Siegeln versehenes Exemplar auf jeder Gaffel verwahrt [2]), sondern auch jährlich der Verbundbrief um St. Johannes, der Transfixbrief um Weihnachten auf allen Zünften und Gaffeln abgelesen wurde [3]). Darauf [4]), so wie auf die Beobachtung der 1437 aufgerichteten Gesetze und Ordinantien [5]), war auch der Rathseid gerichtet. Ferner sollten alle der Stadt Freiheiten und Privilegien und die Meinungen davon, desgleichen die Clauseln des Transfixbriefes in einem mit einem Schlosse zugeschlossenen Buche copirt, dieses in der Rathskammer mit einer Kette befestigt sein, und von den Rathmeistern bei jeder Sitzung auf- und wieder zugeschlossen werden [6]). Auch wollte der Transfixbrief, dass im Interesse der Bürger die Statuten der Stadt alsbald durch den Druck allgemein zugänglich gemacht würden [7]). Ganz besonders suchte man aber die Rechte und Freiheiten der Gemeinde gegen Bürgermeister und Rath sicher zu stellen. Der Rath durfte,

1) Verbundbrief Art. 19., Transfixbrief Art. 39. 40. 41.
2) Verbundbrief Art. 17. 18.
3) Transfixbrief Art. 40. 41., Judendunck Theatrum Ianienae Coloniensis S. 15.
4) Man sehe §. 187. Note 1. 2.
5) Cölnische Statutensammlung S. 3.
6) Transfixbrief Art. 12.
7) Man sehe §. 177. Note 8. 9.

einige dringende Fälle ausgenommen, keine heimlichen
Sitzungen oder Vorgespräche halten [8]). Jeder Rathsherr
war verpflichtet erklärt, allem, was im Rathe wider Recht
und Ordnung besprochen würde, entgegen zu treten, und,
wenn dieses ohne Erfolg wäre, es unbeschadet seines Ei-
des bei seiner Gaffel zur Anzeige zu bringen, die darüber die nöthige Vorkehrung zu treffen hätte [9]). Jeder
Bürger, der sich vom Rathe bedrängt sah, konnte die
Verwendung seiner Gaffel anrufen [10]), und der Bannerrath
übte ein stehendes Wächteramt in dieser Richtung aus [11]).
Andererseits sollte aber auch die Gemeinde mit dem Rathe
zur Handhabung dessen Ansehens zusammenstehen [12]), bei
einem Auflauf sich um der Stadt aufgeworfene Bannier
und Wimpel schaaren [13]), zu einem ausgebrochenen Streit
nicht gewapnet hinzulaufen, sondern die Entscheidung
dem Rathe überlassen [14]), und wider die Ruhestörer die
gemessene Strafe ergehen [15]).

192. Alle diese Vorkehrungen vermochten jedoch
nicht die Gebrechen abzuhalten, welche sich früher oder
später auch bei grösseren Republiken einstellen, um so
mehr in einer solchen, wo die Grossartigkeit der Verhältnisse nicht den kleinlichen bürgerlichen Interessen und
Rivalitäten das Gegengewicht hält. Partheibestrebungen
und Unlauterkeiten bei den Rathswahlen, die sich überall
geltend machende Macht des Reichthums, das aus der
regelmässigen Wiederwahl zu den Raths- und Bürger-

---

8) Transfixbrief Art. 1. 2.

9) Transfixbrief Art. 10. 11.

10) Man sehe §. 185. Note 25.

11) Man sehe §. 184.

12) Verbundbrief Art. 9. 13.

13) Verbundbrief Art. 10.

14) Verbundbrief Art. 12., Judendunck Theatrum Ianienae Coloniensis p. 13., Materialien II. 1, 68.

15) Verbundbrief Art. 11.

meister-Stellen erwachsende Uebergewicht, der Nepotis-
mus bei den durch den Rath verliehenen städtischen Aemtern und deren Ausbeutung, schufen trotz der angestrebten bürgerlichen Gleichheit eine Parthei städtischer Macht-
haber, die sich überall die Hand reichte, und welche selbst
die Bannerherren in ihr Interesse zu ziehen wusste [1]). Auf
der andern Seite ruhten aber doch die Zünfte nicht. Die
steten unleidlichen Reibungen mit dem Erzbischof erhielten sie wachsam und zur Opposition geneigt. Es wurden
bei ihnen über Missbräuche und Unterschleife in der Verwaltung des städtischen Vermögens Klagen laut, die selbst
an einer Parthei im Rathe Widerhall und Unterstützung
fanden. Alles dieses führte in den Jahren 1679 bis 1686
zu einer grossen und blutigen Katastrophe [2]). Der Notar
Hesselmann und der Syndicats-Director Judendunck, zwei
an sich gemässigte Männer, hatten wider die Statt gehabten Missbräuche die Errichtung einer Specialinquisi-
tion durchgesetzt, in deren Folge die schuldig befunde-
nen Bürgermeister und Andere auch wirklich verurtheilt
wurden. Allein während der Untersuchung waren sie,
wie es gewöhnlich geht, von einem unruhigen Kopfe,
Niklas Gülich, einem heruntergekommenen Bandhändler,
überholt worden, der es mit seinem Anhang in rascher
Progression zur Widersetzlichkeit gegen den Rath, zum
offenen Aufruhr und zum Terrorismus der Pöbelherrschaft
brachte, wodurch sich das hohe weltliche Gericht schwach
genug 1683 selbst zum Todesurtheil und der Hinrichtung
des dem Gülich verhassten Hesselmann bestimmen liess.

---

1) Man sehe oben §. 154.

2) Diese beschreibt sehr ausführlich Ennen Frankreich und der
Niederrhein I. 403—461. Die vom Kaiser und der kaiserlichen Com-
mission ausgegangenen Actenstücke finden sich bei Lünig Teutsches
Reichs-Archiv. Part. Spec. Cont. IV. Theil I. p. 394—402. Andere
Actenstücke geben die Materialien I. 1, 61—67. I. 10, 307—325. Das
Einzelne gehört nicht hieher.

Die unerträglich gewordenen Zustände brachten endlich einen Rückschlag hervor, der es dem Rath möglich machte, die Rädelsführer in die Acht zu erklären, zu verhaften und im November 1685 der vom Kaiser niedergesetzten Commission zu überantworten. In Folge deren Urtheils wurde der Gülich im Februar 1686 zu Mülheim enthauptet, sein Kopf auf eine eiserne Stange am Bayenthurm gesteckt, sein Wohnhaus in Cöln niedergerissen und ihm auf der leeren Stelle eine Schandsäule aufgerichtet. Auch Sachs ein anderer Rädelsführer, wurde enthauptet, und sein Kopf auf einer Stange auf den St. Cunibert Thurm gesteckt. Die vielen anderen Mitschuldigen trafen andere Strafen. Aber auch der vom Gülich verfolgte Syndikus Judendunck, seinerseits ebenfalls ein Unruhstifter, wurde vom Kaiser 1687 für immer aus der Stadt relegirt ³). Er wurde Markgraf-Badischer Geheimer Rath und Kanzler.

193. Nach einer langen Ruhe entbrannten neue Zwistigkeiten seit 1777 ¹). Die Veranlassung gaben die alten Schäden, die von den Einen zu unbekümmert hingehalten, von den Anderen mit zu grosser Uebertreibung ans Licht gezogen wurden. Die gereizte Stimmung auf den Zünften steigerte sich bis zum Strassenunfug. Der geängstigte Rath wandte sich um Hülfe an den Kaiser. Ein rasches und ernstes Reichshofraths - Conclusum vom 12. März 1778 wies dem Rathe den Weg, mit der Einleitung zur Abstellung der Missstände die Schuldigen zur Bestrafung zu ziehen. Auf eine von der Bürgerschaft beim Reichshofrath eingereichte Beschwerdeschrift folgte 1779 die kaiserliche Genehmigung eines bürgerlichen Syndi-

---

3) Davon handelt er in seinem Theatrum Ianienae Coloniensis. Hochfürstl. Baadische Truckerey 1694. Die kaiserlichen Decrete stehen bei Lünig. Ennen spricht davon nicht.

1) Davon handelt umständlich Ennen Frankreich und der Niederrhein II. 464 — 480. Actenstücke dazu stehen in den Materialien I. 1, 44—75.

katgerichtes zur Betreibung der Vergleichsverhandlungen
mit dem Rathe. Die Erfolglosigkeit derselben und der
bereits von Frankreich herüberwehende Geist führte 1789
zur Abfassung von 25 Punkten, worunter manche ganz
richtige, andere durchaus übertriebene, die der geängstigte Rath alle nachgab. Dem Jubel der Bürgerschaft
folgten aber bald neue Anmassungen, die jedoch der Rath
bis zur kaiserlichen Entscheidung abwies. Durch diese
unter dem 24. Dec. 1789 erlassene Entscheidung wurden
aber die abgedrungenen Punkte für nichtig erklärt, und
die Herstellung der alten Verfassung befohlen, was unter
dem Schutz der rheinisch - westphälischen Kreistruppen
auch vom Rathe zur Ausführung gebracht wurde. Doch
glomm das Feuer im Stillen fort, um 1794 den heranzie-
henden Neufranken als ein Freudenfeuer entgegen zu lo-
dern, das bald genug zur todten Asche niederbrannte.

G) Die Zweige der städtischen Verwaltung. 1) Das Justizwesen.
a) Die kurfürstlichen Gerichte.

194. Das wichtigste der Gerichte, welche der Erzbischof in der Reichsstadt behauptet hatte, war das hohe
weltliche Gericht, von dessen Competenz schon oben gehandelt worden ist[1]. Dannach gehörten darunter nicht
die Real- und gemischten Klagen ausserhalb des Districtes der alten Stadt, und auch innerhalb dieses Districtes
nicht die Realklagen über die Grundstücke unter dem
erbvogteilichen Hachtgericht und dem Unterlahn- und dem
Dilles-Gericht, wovon unten[2]. Da die Stadt die Eigenschaft des Greven als Stellvertreter des Erzbischofes in
seiner Eigenschaft als Burggraf nicht bestreiten konnte,
so suchte sie um so mehr das Schöffencollegium dieses
Gerichts als ein städtisches hinzustellen und sich bei des-

1) Man sehe §. 78.
2) So sagt der oben (§. 78. Note 1) erwähnte Tractatus absolutissimus p. 33.

sen Bestellung geltend zu machen, was auch in gewisser
Art begründet war. Die Installation des Greven geschah
durch erzbischöfliche Commissarien, die sich mit demselben im Dom im Sitzungssaal des Domkapitels einfanden,
und von da zum nahen Gerichtsgebäude zogen, wo Jener
knieend und die beiden Finger auf den Gerichtsstuhl,
darauf ein Crucifix stand, legend, den Amtseid leistete [3]).
Die Würde des Greven war sehr geehrt, und es waren
daran ein Gehalt von tausend alten Thalern und mancherlei Gefälle geknüpft. Sie war noch in den letzten
Zeiten ein erbliches Familien - Eigenthum der von Fran-
ken-Sierstorpff, wovon sie durch Vertrag an den letzten
Greven, den Geheimenrath von Mering kam [4]). Bei feierlichen Gelegenheiten in Cöln trug der Greve dem Kurfürsten das Schwerd vor, das noch in der Schatzkammer
des Domes bewahrt wird, und bei einer Kaiserkrönung
wurde er gewöhnlich vom Kurfürsten nach der Krönungs-
stadt geschickt [5]). Zu seinen eigenthümlichen Gebräuchen
gehörte, dass er jährlich in der Samstagsnacht vor Ostern
gegen zwölf Uhr in völliger Dienstkleidung mit den beiden jüngsten Schöffen nach St. Maria im Capitol zog,
dort die Abtissin am Arme in die Kirche zum heiligen
Grabe führte, und nach verrichteter gemeinschaftlicher
Andacht zusammen mit allen Stiftsfräulein das Osterlamm
verzehrte [6]). Die Installation eines neuen Schöffen geschah ebenfalls durch erzbischöfliche Commissarien unter
Ablegung des Eides [7]). Um als Schöffe gewählt zu wer-

---

3) Die Beschreibung giebt die Securis. Append. n. 12., Mering
Beiträge S. 29. Die Formel der Anwältigung des Greven giebt die
Cölnische Statutensammlung B. S. 128. 129.

4) Mering Beiträge S. 36.

5) Mering Beiträge S. 30.

6) Mering Beiträge S. 34.

7) Dieses zeigt die Securis. Append. n. 12., Cölnische Statutensammlung B. S. 129. 130.

den, musste man zwanzig Jahre alt und der Stadt vereidet, und nicht Rathsherr sein[8]). Das Schöffenamt konnte
verkauft, deshalb aber auch abgepfändet werden[9]). Die
Verfolgung eines Schöffen vor dem hohen Gericht selbst
war den Bürgern gesichert[10]). Zu den eigenthümlichen
Ehrenrechten dieser Schöffen gehörte, dass sie bei einem
Leichenbegängnisse des Kurfürsten mit Hülfe der Salz-
müdder die Leiche trugen[11]).

195. Die Sitzungen des hohen Gerichts waren an
den vier ersten Wochentagen um elf Uhr[1]). Der gefragte
Schöffe konnte, um das Urtheil zu weisen, auf den dritten Tag und dann noch ferner Ausstand begehren[2]). Die
Klage, Antworten und das Urtheil mussten vom Schreiber in das Gerichtsbuch eingetragen sein[3]). Der Sitzungsort, mit dem „gericht stain" für den Greven und den
„steinen Stoill" für die Schöffen, war bis in die letzte
Zeit in einem alten beschränkten Gebäude auf der Nord-
seite des Domhofes, westlich von dem alten erzbischöflichen Palatium an der Kirche St. Johann[4]), vor welcher

---

8) Cölnische Statutensammlung Art. 109.

9) Cölnische Statutensammlung Art. 25. 26.

10) Cölnische Statutensammlung Art. 24. 27.

11) Mering Beiträge S. 32. Das Verzeichniss der letzten Schöffeu
steht dort S. 102.

1) Cölnische Statutensammlung Art. 28.

2) Cölnische Statutensammlung Art. 29.

3) Cölnische Statutensammlung Art. 35.

4) Jura ministerialium sancti Petri in Colonia c. 9. In veteri domo
archiepiscopi ante capellam beati Johannis et in lapidea cathedra
ibidem sita. — Urk. von 1135 (Lacomblet I. 323). In curia Colonie
ante sedem judicialem. — Urk. von 1169 (Ennen Quellen I. 557).
Judicii quod situm est in curia nostra Episcopali. — Alles wird vollkommen klar durch die Beschreibung von 1488 (§. 82. Note 1). Davon handelt auch Ennen Köln I. 437. 581. In der zweiten Stelle
zieht er jedoch die Texte der beiden Urkunden ungenau wie in einem
einzigen zusammen, und es kommen darin auch zwei unrichtige Citate
vor (454 statt 557, 137 statt 437).

der mit dem erzbischöflichen Wappen bezeichnete sogenannte blaue Stein, ein Ueberrest des alten im Freien
errichteten Gerichtsstuhles, stand [5]). Dass der Rath in die
Competenz des hohen Gerichts nicht eingreifen dürfe,
war aus den Concordaten von 1506 [6]) auch in die Statuten aufgenommen [7]). Auch sollten nach diesen Concordaten die städtischen Gewaltrichter den „Boten des Greven" zur Execution und Pfändung wo nöthig auf des
Greven Ansinnen hülfreiche Hand leisten [8]). Dieser verfügte sich dazu mit seinem Boten zum Rathhaus in ein
dazu bestimmtes Zimmer, schickte von dort seinen Boten
zur Kammer der Gewaltrichter mit seinem Antrag, den
der Schreiber zu Protokoll nahm. Hierauf erhob sich der
Aelteste der Gewaltrichter zum Greven mit der Frage:
„Ist die Sach dergestalt abgedingt, dass darin mit Execution verfahren werden möge?" Die Antwort lautete:
„Die Schöffen würden euch sonst um Gesinnung des Bey-
stands nicht ersucht haben." Hierauf referirten die Gewaltrichter an den Rath, welcher, wenn er Bedenken
fand, das Gutachten des Syndikatsrathes einzog, sonst
aber die Verwilligung beschloss, wovon der nachsuchende
Theil die Ausfertigung von der Rathskanzlei mit einem
halben Gulden einlöste und dem Greven einreichte, auf
dessen Betreiben die Boten der Gewaltrichter deren Man-

------

5) Dieses ergiebt sich aus der Erwähnung der sedes archiepiscopalis ante Capellam S. Johannis, wozu sich der Erzbischof in der Urkunde von 1237 (nicht 1238, wie bei Ennen steht) den aditus vorbehielt (§. 82. Note 1). Man darf diesen Stein, der vor der Kapelle
stand, mit dem Gerichtstein, der in dem Hause stand, nicht verwech-
seln. Nach Ennen Köln I. 581. befand er sich in einer 13 Fuss langen und 3 Fuss dicken Mauer, und musste 1744 beim Neubau der
Johanniskirche etwas vorgeschoben werden.

6) Man sehe über diese §. 173. Note 2.

7) Cölnische Statutensammlung S. 124.

8) Cölnische Statutensammlung S. 122—124.

dat einholten, und endlich zur Pfändung und gewaltsamen Oeffnung des Hauses, oder gar zur Requirirung militärischer Hülfe schritten⁹). Von der Gerichtsbarkeit des Officialates in der Stadt ist schon oben die Rede gewesen ¹⁰).

196. Daneben gab es in der Stadt noch viele andere kurfürstliche Gerichte, von deren Entstehung erst im historischen Theile die Rede sein kann. An denselben waren zum Theil in derselben Weise wie oben Greven und Schöffen gesetzt¹). Die Greven oder sonstigen Vorsitzer konnten es an mehreren dieser Gerichte zugleich sein; eben so die Schöffen, und diese konnten hier zugleich auch Rathsherren sein. Eben so waren häufig die Procuratoren dieselben wie an dem hohen weltlichen Gericht. Diese Gerichte waren folgende²). 1) Das Untergericht Ayrsbach mit einem Greven und sieben Schöffen. Es hatte die ausschliessliche contentiöse und freiwillige Gerichtsbarkeit über die Immobilien seines Bezirkes; in Personalsachen concurrirte es mit einigen anderen Gerichten der Stadt. Sein Gerichtshaus war auf der Bach in der Nähe der Malzmühle³). — 2) Afterdechanei-Gericht auf dem Entenpfuhl. Der Subdecan des Domkapitels hatte

9) So berichtet der Tractatus absolutissimus p. 26. 34—36.
10) Man sehe §. 84.
1) So sagt die Securis. Append. n. 12.
2) Die zuverlässige Grundlage geben der Kurkölnische Hofkalender und der Niederrheinisch-Westphällische Kreis-Kalender, worin diese Gerichte in alphabetischer Ordnung mit ihrem Personal aufgeführt sind. Daran schliessen sich die Notizen im Tractatus absolutissimus p. 33—44. Daraus wörtlich ist Mering Beiträge S 39—48., der aber seine Quelle nicht nennt, und sich den Anstrich eigener Forschung giebt. Lehrreich ist die handschriftliche Nachweisung des Stadtsekretärs Fuchs, mitgetheilt von Ennen Frankreich und der Niederrhein I. 197—200.
3) Tractatus absolutissimus p. 36—38., Securis. Append. n. 8. 9. 11.

einen Jurisdictionsbezirk in der Gegend „Am alten Graben." Er ernannte dazu einen Schultheiss; die sieben
Schöffen ergänzten sich selbst aus den unter diesem Gericht ansässigen Vasallen. Es war im Besitz über Realsachen zu richten. Seine ordentlichen Sitzungen hielt es
dreimal jährlich. Der Gerichtsort war am alten Graben,
wo noch bis zuletzt ein schwerer mit einem Fusseisen
versehener Stein in der Erde stand⁴). — 3) Benesis, mit
einem Schultheissen und Schöffen. Es ertheilte Belehnungen mit den Gütern seines Bezirkes, und urtheilte
auch über dessen Eingesessene in Personal- und Realsachen. Es wird aber zuletzt in den Kalendern nicht mehr
aufgeführt. — 4) Auf der Dillen oder Dillesgericht, mit
zwei Schöffen oder sogenannten Herren Hausgenossen.
Dessen Jurisdiction erstreckte sich über einige wenige
Häuser, hauptsächlich über das am Altenmarkt zum An-
ker genannte, und einige daneben nach der Marspforte
zu, und einige auf dem kleinen Buttermarkt⁵). — 5) Das
Erbvogteiliche Gericht auf dem Eigelstein. Dieses und
die beiden folgenden Erbvogteilichen Gerichte hängen
mit der verwickelten Geschichte der Erbvogtei als cöl-
nisches Lehn zusammen, wovon im historischen Theil zu
handeln ist. Ihm war auf dem Eigelstein ein neues „Dinghaus" erbaut worden⁶). — 6) Das Erbvogteiliche Gericht
von St. Gereon. Sein Dinghaus lag in der Nähe des
grösseren Conventes von Nazareth⁷). In der Mitte des
achtzehnten Jahrhunderts waren aber diese beiden Gerichte in eins vereinigt worden. Es bestand aus einem
Präses, den der Erbvogt, zuletzt jedoch der Kurfürst, ernannte, und zehn Schöffen, die sich durch Wahl ergänz-

---

4) Tractatus absolutissimus p. 41. 42.
5) Tractatus absolutissimus p. 33. 34.
6) Tractatus absolutissimus p. 39. 40.
7) Tractatus absolutissimus p. 40.

ten⁸). Seine Gerichtsbarkeit erstreckte sich sowohl über Personal- als Realsachen in seinem Bezirk. — 7) Das Erbvogteiliche Hachtgericht, mit einem Präses und zwei Schöffen, und einer ähnlichen Gerichtsbarkeit. Sein Dinghaus war am Domhof⁹). — 8) Das St. Gercons-Gericht unter der Houben (Hauben), mit einem Schultheiss und elf Schöffen. Darunter gehörten die im Krieler Felde an das Stift St. Gercon kurmüthige Güter und die im Gercronsacker gelegenen Grundstücke. — 9) Das Niedericher Gericht mit einem Greven und zwei Schöffen. Damit verhielt es sich wie mit dem Ayrsbacher Gericht. Sein Sitzungsort war auf der St. Johannesstrasse ¹⁰). — 10) Das St. Severins-Gericht mit einem vom Propste dieses Stiftes bestellten Schultheissen und sieben Schöffen. Seine Jurisdiction erstreckte sich über Personal- und Realsachen in seinem Bezirk ¹¹). — 11) Das Gericht Unterlahn mit zwei Schöffen. Darunter gehörten nur das am Altenmark gelegene sogenannte Ollighaus und einige durch die Hünergass beiderseits sich erstreckende Häuser ¹²). — 12) Das der Abtei St. Pantaleon zuständige Weierstrassen-Gericht mit einem von derselben ernannten Schultheissen und elf Schöffen, die sich durch eigene Wahl ergänzten. Es verhielt sich damit wie mit dem St. Severins-Gericht ¹³). — 13) Das derselben Abtei zustehende Lehen- oder Manngericht, wozu die pares curiae gezogen wurden ¹⁴). —

8) Nach einer kurfürstlichen Verordnung vom 29. Jan. 1780 sollten die Schöffen ferner nicht mehr das Amt eines Rathsherrn annehmen dürfen, Merlng Beiträge S. 41.

9) Tractatus absolutissimus p. 40.

10) Tractatus absolutissimus p. 38., Securis. Append. n. 10.

11) Tractatus absolutissimus p. 43. Der Schöffeneid an diesem Gericht steht in der Cölnischen Statutensammlung B. S. 138.

12) Tractatus absolutissimus p. 33.

13) Tractatus absolutissimus p. 42.

14) Tractatus absolutissimus p. 42.

14) Das Lehen- oder Manngericht der Abtissin von St. Maria im Capitol, wovon mehrere im dortigen Bezirk belegene Häuser abbiengen. — 15) Das Lehen- oder Manngericht des Abtes zu St. Martin, wovon mehrere auf dem Boden der Abtei erbauten Häuser dependirten. — 16) Das Manngericht des Erbkämmerers mit den Lehnsgenossen über die zur Erbkämmerei gehörenden Grundstücke. Sein Sitz war in einem Hause der Erbkämmerei an St. Lorenz nahe unter Goldschmiede [15]). — 17) Das Subweiler-Gericht zu St. Andreas mit einem Schultheissen und vierzehn Schöffen [16]). — Unstreitig entstanden aus diesen vielen Gerichten in der Stadt manche Nachtheile, und gewiss hätte der Erzbischof damit wie im übrigen Erzstift heilsame Reformen vorgenommen, wenn ihm nicht überall die Opposition der Stadt entgegengestanden hätte.

197. Der Appellationszug für diese Gerichte war auf folgende Weise geordnet. Von dem hohen weltlichen Gericht, desgleichen von Ayrsbach und Niederich lief die Appellation an den Erzbischof selbst als Burggrafen [1]) in die Kammer an der Hachtpforten [2]), wobei die germanische Art des Urtheilscheltens sich lange erhielt [3]); später an das dazu für Cöln eingesetzte Appellations- Commissariat [4]). An dieses giengen auch die Appellationen von den Gerichten Auf der Dillen, Am alten Graben, und Unterlahn [5]). Aus der Kammer konnte an den Kaiser oder des Reiches Kammer appellirt werden [6]). Nach der Einsetzung jenes Commissariates galten aber für die Ap-

---

15) Davon spricht nur der Tractatus absolutissimus p. 33.
16) Dieses wird nur in dem Kreiskalender genannt.
1) Cölnische Statutensammlung B. S. 58.
2) Man sehe §. 85. Note 1.
3) Cölnische Statutensammlung Art. 1. S. 10—12.
4) Man sehe darüber §. 85.
5) Tractatus absolutissimus p. 42.
6) Cölnische Statutensammlung Art. 1. S. 13.

pellationen von demselben die gewöhnlichen darüber ergangenen Verordnungen [7]), mit Berücksichtigung der besonderen deshalb der Stadt verliehenen Privilegien [8]). Von den Erbvogteilichen Gerichten lief die Appellation an die vom Erbvogt deputirten beiden Erbvogteilichen Appellations-Commissarien, von da an den Hofrath und weiter [9]). Vom propsteilichen St. Severins-Gericht gieng sie an den vom Propst ernannten Commissarius, dann eben so an den Hofrath und weiter [10]). Endlich beim Weierstrassen-Gericht war die Appellation an die beiden Schreinmeister dieses Gerichtes zu richten, von da an die Appellations-Commissarien des städtischen Rathes und von diesen an die Reichsgerichte oder sonderbarer Weise an das Raths-Syndikat [11]).

b) Die städtischen Gerichte.

198. Durch die dem Rathe, den Fraternitäten und den Gaffeln zu Theil gewordene Stellung hatten diese auch die von der Verwaltung einer Genossenschaft unzertrennliche Jurisdiction in genossenschaftlichen Angelegenheiten erlangt. Diese war in der Anerkennung der städtischen Freiheiten durch die Kaiser und Erzbischöfe inbegriffen, und hatte durch den Verbundbrief und den Transfixbrief eine verstärkte Geltung erhalten. Insbesondere war die dem Rathe zur Handhabung seines Ansehens und seiner Anordnungen nöthige Strafgewalt durch ein Privilegium von Maximilian I. 1501 bestätigt worden [1]). Die über diese Jurisdiction mit dem Erzbischof entstan-

---

7) Man sehe §. 90—97.
8) Man sehe §. 185. Note 19—24.
9) Tractatus absolutissimus p. 41. 42.
10) Tractatus absolutissimus p. 43. 44.
11) Tractatus absolutissimus p. 42. 43.
1) Dieses steht bei Lünig Toutsches Reichs-Archiv Part. spec. Cont. IV. Theil I. p. 370.

denen Streitigkeiten führten in den Concordaten von
1506²) zu folgendem Abkommen. Von der Competenz
des hohen Gerichts wurden ausgenommen, „die sachen
und die geschicht, die sich in Rahtsstatt begeben, unnd
durch den Raht zu straffen und zu richten gebüren, dergleichen auch die sachen und geschicht, die nach altem
herkommen unnd gewonheit Gräve unnd Schäffen an die
Meister der Empter, Gaffelen und dergleichen ende, zu
weisen pflegen und sich gebühren, die auch Gräffe und
Schäffen auff Gesinnen des Rahts unnd der Partheyen von
sich remittiren und weisen sollen an die ende, da sich
das von altem herkommen und gebrauch zu Richten und
zu straffen gebührt" ³).

199. Die städtischen Gerichte waren nun folgende¹).
1) Das Bürgermeisters Gericht. Der ältere regierende
Bürgermeister hielt dieses an den Rathstagen Montag,
Mittwoch und Freitag. Der zweite regierende Bürgermeister am Dienstag, Donnerstags und Samstag. Es waren
daran ein Gerichtsschreiber und fünf bis sechs Procuratoren. Seine Competenz erstreckte sich auf die Polizei-
klagen wegen Victualien und auf kleine Schuldsachen
nicht über zehn Mark; auch auf höhere, wenn darüber
Brief und Siegel vorlag oder Beide das Gericht wählten.
Doch wurde bei wichtigen Sachen das Gutachten eines
Rechtsgelehrten eingeholt. Das Gericht wurde „auff der
Burger Hauss auf dem Kornmarck, und auff dem Fleisch-
hauss" gehalten²). Auch konnte man dort Verschreibungen, „bekänntnuss oder erfolgnuss", gegen gewisse Taxen

---

2) Man sehe §. 194. Note 13. 14.

3) Cölnische Statutensammlung B. S. 125.

1) Das vollständigste Verzeichniss giebt, aus dem Manuscript
des Stadtsecretärs Fuchs, Ennen Frankreich und der Niederrhein I.
200—203. Der Niederrheinisch-Westphälische Kreiskalender nennt sie
nicht Alle.

2) Cölnische Statutensammlung B. S. 110.

aufnehmen lassen ³). — 2) Das Rathsgericht. Dazu wurden vom Rathe zwei Richter, und zwar, wie die Kreiskalender zeigen, halbjährig einer aus den ausscheidenden Rathsherren auf ein Jahr gewählt. Ihre Competenz erstreckte sich auf liquide „bekandte" Schuld mit einem raschen Verfahren, in welchem auf Pfändung, Buss und Thurnhaft erkannt werden konnte. Bei der Pfändung erhielten die beiden Rathsrichter, die Schreiber und Boten von der Stadt Essen und Präsenz, allein sie sollten „zu solchen zeiten keinen Rahtswein thun holen, sonder in der Statt zu zapf gehen" ⁴). — 3) Das Raths-Syndikat ⁵). Dieses diente als Appellationsinstanz und hatte auch eine Mitwirkung in Criminalsachen, wovon unten. — 4) Das Gewalt- und Polizeigericht. Dazu wurden die beiden Gewaltrichter, oder, wie der Kurfürst sie nannte, Gewaltmeister, vom Rathe in derselben Weise wie die Rathsrichter gewählt. Sie richteten in Streitigkeiten zwischen Miether und Vermiether und über kleine Vergehen. Auch leisteten sie dem hohen Gericht zu Pfändungen und bei der Verfolgung der Vergehen hülfreiche Hand, wie theils schon vorgekommen ist, theils noch vorkommen wird. Keiner war genöthigt, dieses lästige Amt mehr als zweimal zu übernehmen. — 5) Das Fiscalgericht. Es bestand aus dem Präsidenten, welches immer der erste der eben abgetretenen Bürgermeister, der auch einer der beiden Präsidenten der Freitags Rentkammer war, und zwei aus den Rathsherren gewählten Richtern. Seine Competenz erstreckte sich auf alle fiscalischen Sachen und die mit einer Geldstrafe an den Fiscus bedrohten Handlungen. An ihm war auch ein advocatus und ein procurator fis-

---

3) Cölnische Statutensammlung B. S. 110. 116.

4) Betzdorp in der Cölnischen Statutensammlung S. 133., Cölnische Statutensammlung B. S. 121—124.

5) Man sehe darüber §. 188.

calis angestellt. — 6) Das Amtsgericht, mit sechs extra
cameram gewählten Amtsrichtern, richtete über Verbal-
Injurien. — 7) Das Weinschulengericht, mit vier extra
cameram gewählten Rheinmeistern und Richtern, hatte
die Stapelverordnungen zu handhaben, das Verzeichniss
der durchpassirenden Weine zu führen, die Concessionen
zum Weinzapf zu ertheilen und Contraventionen zu bestrafen, auch die auf dem Rheine und in der Stadt ent-
stehenden Streitigkeiten zu schlichten. Ueber seine mannichfaltigen Functionen statuirte sehr umständlich die
(wohl noch ungedruckte) „Newe Rolle in der Weinschu-
len vom 28. Juni 1528." — 8) Das Tuchballen- und Kaufhaus Gürzenich-Gericht, mit sechs extra cameram gewählten Richtern, hatte summarisch in allen Handelsstreitig-
keiten zu entscheiden. — 9) Das Pferdsgericht, mit zwei
extra cameram gewählten Richtern, urtheilte in Streitigkeiten über Pferdehandel. — 10) Die Gaffelcommissäre,
zwei aus den Rathsherren gewählt, hatten über die die
Verfassung und Rechte der Zünfte betreffenden Streitigkeiten zu erkennen, die der Magistrat an sie verwies. —
11) Die Klagherren, vier aus den Rathsherren gewählt.
Bei diesen konnte jeder Bürger mit Uebergehung der
gewöhnlichen Instanzen seine Klage anbringen, ja selbst
eine bei einem Gericht bereits anhängige Sache durch
den Magistrat abrufen und an dieselben verweisen lassen,
um ohne viele Kosten durch sie entschieden und verglichen zu werden *). — 12) Die Käufer-Commissarien oder
Käuferherren, zwei aus den Rathsherren, entschieden und
verglichen die Streitigkeiten bei Pfänderbestellungen, wachten gegen dabei vorfallenden Wucher und gegen Benach-
theiligung der Minderjährigen, beaufsichtigten die Alt-
käufer, und sorgten für Ordnung bei öffentlichen Mobilar-
versteigerungen. — 13) Endlich gab es kleine örtliche

---

6) Davon handelt die Gerichtsordnung von 1631. Tit. I.

Gerichte in den Gebürhäusern der Gaffeln und Zünfte[7]),
denen Amtsleute mit Schöffen vorstanden[8]). Für diese
gab es Verordnungen über das pünktliche Ausharren am
Gedinge, über die Fürsprecher an denselben und deren
Taxen[9]).

200. Das Appellationswesen von diesen städtischen
Gerichten war folgendermassen eingerichtet. Alle Appellationen von denselben liefen an den Rath, in welchem
die beiden Urtheilmeister sich damit zu befassen hatten.
Bei der „schuldunge und Appellation" waren fünf Mark
Succumbenzgelder zu erlegen, worauf die gescholtenen
Richter die Partheien vor den Rath zum nächsten gerichtlichen Rathstag verwiesen. Der Donnerstag war der Tag,
wo der Rath die Appellationen annahm, und daran hatten die Urtheilmeister die „Herren" in der Mittwochs-
sitzung zu vermahnen. Am Donnerstag wurden die ein-
gereichten Appellationen regelmässig nach dem Alter der
Urtheile vorgenommen, und von den Urtheilmeistern die
darauf bezüglichen „Gebott" oder Vorladungen zu den
weiteren Verhandlungen erlassen. Nach gefasstem Urtheil
mussten die Urtheilmeister „solch Urtheil in schrifften
lassen setzen, und soll man alsdann die Partheyen in-
heischen, und solch Urtheil aussprechen." Hierauf wurde
dasselbe durch die Urtheilmeister von Wort zu Wort in
das Gerichtsbuch eingetragen und die Schrift wieder zu
den „Herren" gebracht. Das „Urtheilbuch und Roll" hatte
der jüngste Rathsherr zu verwahren, und jedes halbe Jahr
dem Rathmeister wieder zur Bank zu liefern. Von dem
Rath konnte an den Kaiser appellirt werden, jedoch dem
oben erwähnten Privilegium von 1474 gemäss nur gegen

---

7) Ein Verzeichniss solcher Gebürhäuser mit ihrer Lage giebt
Ennen Köln I. 679.

8) Cölnische Statutensammlung B. S. 97.

9) Cölnische Statutensammlung Art. 112—116.

Caution und Eid [1]). Bei den Gebürhäusern konnte das
Urtheil der Amtleute „vor das Schrein", und von da an
den Rath geschuldigt werden [2]). Später wurden die zwei
Urtheilmeister Appellations-Commissarien genannt [3]). Die
Appellation wurde aber nun beim Rathe blos instruirt,
dann an zwei Rechtsgelehrte zur Begutachtung geschickt,
und deren übereinstimmende Meinung, als Urtheil gefasst,
bei sitzendem Rathe verkündigt. Als dritte Instanz diente
nun das Rathssyndikat, entweder ausschliesslich, oder soweit nach den privilegia de non appellando die Berufung
an die Reichsgerichte noch zulässig war, mit diesen con-
currirend [4]).

201. Die vom Rathe zu den Gerichten gewählten
Amtleute mussten vor dem Rathe schwören, „rechte Urtheil zuweisen nach jren besten sinnen" [1]), und in den
Wintermonaten zu neun, in den anderen zu acht Uhr
„binnen dess Gerichts banck" sich einzufinden und be-
harrlich auszudingen. Das Wegbleiben wie das Zu frühe
weggehen, war mit Busse belegt, auch das Zu spät kommen, wenn „das Compass mit Sand, dass ein viertel einer
Uhren laufen soll unnd nicht länger", verlaufen war. Die
Bussen wurden zu allen Jahren unter den Amtleuten getheilt. „Umb Kranckheit willen der Leuth konnten die
Gerichte in der Partheyen Häuser geschehen" [2]). Ueber
die Art des Verfahrens enthielten die Statuten von 1437

---

1) Alles dieses steht in „der Urtheil Meister Roll" abgedruckt
in der Cülnischen Statutensammlung B. S. 130—138.

2) Cölnschn Statutensammlung Art. 115.

3) Die Identität beweist die Aufzählung in den Materialien II. 2, 364.

4) So berichtet Ennen Frankreich und der Niederrhein I. 200.,
aus dem Manuscript des Stadtsecretärs Fuchs.

1) Cölnische Statutensammlung Art. 118., Statutensammlung B.
S. 125. Die Eidesformel steht in der Gerichtsordnung von 1631. Tit. II.

2) Alles dieses sagt die Cölnische Statutensammlung B. S. 125—127.

nichts [3]); man hielt sich an die Schriften der berühmten
Praktiker. Eine Reformation oder Gerichtsordnung für
die städtischen Gerichte verfasste dann der Stadtsyndicus
Conrad Betzdorp 1570), welche von den Ordinarien der
Universität revidirt, und vom Rathe und den Vier und
vierzigen approbirt wurde [4]). Auf Grundlage derselben
erschien vom Rathe 1631 eine erneuerte Gerichtsordnung
in 25 Titeln, die aber nichts Eigenthümliches enthält [5]).
Für die städtischen Gerichte wurde auch eine genaue
Taxe erlassen [6]).

c) Die freiwillige Gerichtsbarkeit.

202. Zur Competenz der Gerichte gehörte auch das
Recht, Testamente und andere Geschäfte, denen man
durch die Besieglung des Gerichts eine authentische Form
geben wollte oder musste, bei sich aufzunehmen. So war
es bei dem hohen weltlichen und den anderen kurfürstlichen Gerichten [1]); eben so bei den städtischen Gerichten, und es waren für Beide vom Rathe gleiche Taxen
vorgeschrieben [2]). Hiemit stand eine mit uralten Zeiten
zusammenhängende Einrichtung in Verbindung, die man
das Schrein oder Geschricht nannte [3]). Diese bestand darin,

3) Die „Ordinancie auff die Gerichte" in der Cölnischen Statutensammlung Art. 109—121. betrifft nur Aeusserliches.

4) Man sehe darüber §. 177. unter 1. d.

5) Ernewerte Ordnung Vor eines Ehrsamen Hochweisen Rahts des
Heyligen Reichs Freyer Statt Cölln Gerichter. Gedruckt zu Cölln,
bey Johan von Mertzenich in der Lindtgassen in St. Peter. Anno
M.DC.XXXI. 92 S. 4. Sie ist danach noch öfters gedruckt erschienen.

6) Diese steht hinter Betzdorp in der Cölnischen Statutensammlung S. 182—186.

1) So bezeugt nach dem Stadtsecretär Fuchs Ennen Frankreich
und der Niederrhein I. 197—200.

2) Cölnische Statutensammlung Art. 15. 16. 120. 121., Cölnische
Statutensammlung B. S. 127.

3) Mattheis Classen Erste Gründe des (sic) Kölnischen Schreins.

dass Alles, was die Vergabung, Eigenthumsveränderung oder Beschwerung von Grundstücken betraf, um gegen Dritte zu wirken, bei dem Schrein des Kirchspiels, worin das Grundstück lag, hinterlegt und eingetragen sein musste [4]). An dem Schöffenschrein des hohen Gerichts waren die Schöffen Schreinmeister, konnten es aber bei keinem andern Gerichte sein [5]). Dasselbe wurde im Sommer an der Rathskapelle, im Winter im Rathhaus in der sogenannten kleinen Schickung gehalten. Die anderen Schreine und ihre Sitzungslokale waren zuletzt, nach Clasen, in alphabetischer Ordnung folgende : Airsbachschrein an der Malzmühle, St. Albansschrein in der Sacristei, St. Apostelnschrein beim Offermann, St. Brigittenschrein in dem Gebürhaus, St. Christophschrein beim Offermann, St. Columbenschrein im Sommer an der Kirche, im Winter beim Offermann, Eigelsteinschrein im Dinghaus, Hachtschrein in einem Hause auf dem Domhofe, St. Gereons Schöffenschrein im Dinghaus, St. Gereonsschrein unter den Hufen beim Offermann, St. Laurentiusschrein in der Sacristei, St. Martinschrein in der Weinschule, das Mittwochs-Rentenkammer-Schrein in der Kammer, das Mühlenschrein auf der Zunft Windeck, das Schrein Niederich in einem Hause bei St. Lupus, St. Petersschrein in einem Hause an der Wollküche, St. Severinschrein in dem Spital St. Johann auf der Severinstrasse, das Schrein Unterlahn auf der Zunft Windeck, das Schrein Weierstrasse entweder auf dem Dingstuhl dort oder in der Sacristei von St. Mauritius. Ausser den Schreinmeistern waren bei jedem Schrein zwei Schreinschreiber, welche bei allen Schreinen der Rath ernannte [6]).

---

praxis. Köln 1782. 4. Von den in dieser Schrift vorkommenden reichen historischen Notizen wird im historischen Theil die Rede sein.

4) Cölnische Statutensammlung Art. 18. 19.

5) Cölnische Statutensammlung Art. 22. 23.

6) So berichtet Ennen I. 198.

Alle Kaufcontracte, die bei den Schreinen berücksichtigt
werden sollten, mussten beim Weinschulengericht ge-
stempelt sein [7]). Ueber die Schreine war schon in den
Statuten von 1437 das Nothdürftige verordnet [8]). Eine
eigene Schreinordnung wurde 1473 aufgerichtet [9]). Auf
eine Schreinsordnung von 1572 wird von Clasen Bezug
genommen. Auch sollen Stadtcölnische Schreinsordnungen
von 1525 und 1714 existiren. Taxen für die Aufnahmen
in den Schrein wurden schon früh aufgestellt [10]). Eine
von 1613 und eine erneuerte von 1703 wurden vom Rath
durch den Druck bekannt gemacht. Letztere gab Veranlassung, dass der Administrator des Erzstifts 1704 für die
kurfürstlichen Gerichte in der Stadt eine neue Schreinordnung mit beigefügter Taxe erliess [11]).

d) Die Verfolgung der Vergehen.

203. Der Blutbann, als ein wesentliches Stück des
alten Burggrafenamtes stand nur dem hohen weltlichen
Gericht zu. Daneben hatte jedoch der Rath bei der Cap-
tur und Execution der Verbrechen eine Mitwirkung, und
für gewisse Sachen eine Strafgewalt erhalten, die er zu
einer ordentlichen Jurisdiction auszubilden wusste. Daraus entstand folgendes Verhältniss [1]). Das Recht des Angriffes hatte nach dem durch das Privilegium des Kaisers

---

7) So berichtet Ennen I. 203.

8) Cölnische Statutensammlung Art. 122—137.

9) Diese steht in der Cölnischen Statutensammlung B. S. 74—82.

10) Cölnische Statutensammlung Art. 17. 20. 21. 121. 122. 125.
130—135.

11) Scotti Sammlung I. 280. Diese steht in der Vollst. Samml.
II. 471.

1) Quelle ist hier für Alle, zum Theil ohne es zu wissen, der
Tractatus absolutissimus p. 27—32. (Mein Exemplar hat einige alte
handschriftliche Zusätze). Ein wörtliches Plagiat daraus ist Mering
Beiträge S. 13—24.

Friedrich III. 1493 anerkannten Herkommen der Rath[2].
Demgemäss wurde der inculpirte Thäter von den städtischen Gewaltrichtern verhaftet und, nöthigenfalls mit der
vom Stadtcommandanten requirirten militärischen Beihülfe,
zum Frankenthurm gebracht, darüber von dem Schreiber
der Thurnmeister ein summarisches Verhör und Protokoll
aufgenommen, nach dessen Empfang die Thurnmeister sofort zum ausführlichen Verhör zu schreiten[3]), und davon
das Protokoll dem Rathe zuzufertigen hatten. Gieng nach
dem vom Syndikat eingeholten Gutachten dessen Entscheidung dahin, dass das Vergehen nicht mit einer peinlichen Strafe, sondern nur mit einer Züchtigung zu bestrafen sei, so konnte der Rath ihn entweder einfach aus
der Stadt verweisen, was sofort durch einen Schergen
der Gewaltrichter bewerkstelligt wurde, oder ihn zuvor
aus dem Frankenthurm durch den ein Schwerd tragen-
den Häscher, den der Rath auch zu peinlichen Executionen zu stellen behauptete, zur Prügelstrafe abholen lassen.
Diese geschah so, dass er durch eine in der Audienz-
kammer beim Frankenthurm hängende eiserne Krone
an den Händen gefesselt war. Dabei wurde jedem der
zusehenden Kinder zur warnenden Erinnerung „ein Zuk-
kerplätzlein" und ein Glas Wein gegeben (!). Hierauf
wurde der Thäter von den Schergen der Gewaltrichter
aus der Stadt geführt, und ihm drei cölnische Mark als
Reisegeld verabreicht.

204. Gieng das Urtheil des Rathes dahin, dass der
Thäter dem peinlichen Gericht zu überweisen sei, so ver-
fügten sich nach der dem hohen Gericht gemachten Anzeige die Gewaltmeister und zwei Schöffen in den Dom,
jene um die Erklärung abzugeben, diese um sie anzunehmen. Das Gericht ersuchte nun den Greven sich den

---

2) Das Privilegium steht in Lünig Reichs-Archiv Part. spec. Cont. IV.
Theil I. p. 369.

3) Transfixbrief Art. 22.

Thäter nach altem Gebrauch überweisen zu lassen. Zu
diesem Zwecke fanden sich die Thurmmeister und Gewaltrichter an dem vom Greven ihnen bestimmten Tage
im Frankenthurme ein, und, nachdem ihnen die Ankunft
des Greven mit zwei der jüngeren Schöffen in der Au-
dienzkammer durch „des Greven Botten" notificirt worden, wurde dem vorgeführten Delinquenten die mit ihm
vorzunehmende Ablieferung eröffnet, er unten am Thurme
mit dem Rücken an dessen Wand gestellt im Beisein jenes ganzen Personals nach feierlicher Anrede und Antwort von den Schergen des Greven in Empfang genommen, und unter Begleitung cölnischer Soldaten in das
Gefängniss, „des Greven Keller", im Hause des Greven
gebracht [1]), wo er ihn nach Befinden verhören konnte.
Während jener Uebergabe wurden die Anwesenden in
den Frankenthurm zu einem Abendessen auf Kosten des
Rathes eingeladen, zu welchem sie auch unter Vortritt
des Greven in gemessener Ordnung hinaufstiegen und
assistirten. Das Urtheil wurde nach der peinlichen Gerichtsordnung Karls V. gefasst. Zu einem Todesurtheil
mussten mindestens sieben Schöffen beisammen sein [2]).
Am Tage vor der Publication des Urtheils wurde der
Delinquent durch des Greven Schergen aus jenem Keller
in die Hacht gebracht, was mit einem Privilegium der
Erbvogtei zusammenhieng, vermöge dessen die Delinquenten eine Nacht ihrer Botmässigkeit übergeben werden
mussten [3]). Dann wurde er am folgenden Tage unter
Glockenschlag von der Domkirche herab in das Haus des
hohen Gerichts geführt, vor welchem er auf den Stufen
knieend das Urtheil über sich verlesen hörte. Bei einem

---

1) Der letzte Grevenkeller war in dem Berlipschen Hofe, der
Wohnung des letzten Greven.

2) Cölnische Statutensammlung Art. 31.

3) Moser Teutsches Staatsrecht XLII. 248. Von der Lage der
Hacht handelt Ennen Köln I. 581. 582.

Todesurtheil wurde vom Greven ein weisses Stäbchen zerbrochen.

205. Lautete der Spruch auf öffentliche Geisselung, so wurde der schon in der Nacht vom Nachrichter gebundene Delinquent vom hohen Gericht, in Zustand der beiden, blosse Degen führenden „Richterbotten" von dem Nachrichter durch die Nachtpforte an dem am Hof stehenden kurfürstlichen Käcks geführt, daselbst an eins der daran hängenden eisernen Halsbänder so lange angeschlossen, bis der Greve, dem der Greven-Bote den Stab vortrug, nebst zweien Schöffen und dem Gerichtsschreiber dahin kamen, und der Greve dem Nachrichter ein Zeichen gab, den Delinquenten loszuschliessen. Alsdann wird, so sagt eine alte Beschreibung, der Delinquent unter der genannten Begleitung den Hof herab, unter Taschenmacher hin, über den Alten Markt langs Flachs Kaufhaus, in den (vulgo) Stock geführt, daselbst entkleidet, demnach auf eine nächst dem Stock am Marktpfortener Kettenhäuschen liegende, vorhin etwas (damit das Volk die Execution, besonders beim Brandmarken, besser sehen „und sich daran spiegeln könne") erhabene Platz geführt, wo alsdann die genannten Personen erscheinen, und der Herr Greve dem Nachrichter ein Zeichen zur Execution giebt. Hierauf fängt der Nachrichter auf dieser Platz die Geisselungs-Execution an, unter welcher der Delinquent eben so, wie er vom hohen Gericht zu dieser Stelle geführt worden, unter Seidenmacher, über die Sünd, über den Heumarkt, Malzbüchel, die Bach herauf, über den Weidmarkt, bis an St. Severin, „wo der Nachrichter bis an die Stadtpforte einhält, von da aber wieder zuschlägt bis an die äussere Stadtpforte, alsdann einhält, und den Delinquent bis an den ersteren zur Stadt liegenden Schlagbaum führet und entlässt" [1]).

---

1) So berichtet eine handschriftliche Beschreibung aus dem letzten Viertel des vorigen Jahrhunderts.

338

206. Lautete das Urtheil auf Todesstrafe, so musste
der Greve den Rath zur Execution um militärische Hülfe
angehen. Er verfügte sich dazu mit einem Schöffen an
einem Rathstag zum Rathhaus in die sogenannte Prophe-
ten-Kammer, auch Hansee-Saal genannt, liess den ältesten
Stimmmeister durch einen der Portiere herausrufen, und
setzte denselben von der am folgenden Tage vorzuneh-
menden Execution und der an den Rath gerichteten Requisition in Kenntniss, worauf dieser dem sitzenden Rath
darüber berichtete, und der Rath nach ertheilter Zustimmung an den Stadtcommandanten den nöthigen Auftrag
erliess. Während dieses geschah, musste der begleitende
Schöffe auf eine in der Vorhalle hängende Tafel mit Kreide
die Worte schreiben: In causa necessitatis [1]). Am Tage
der Hinrichtung wurde nun der Verbrecher aus der Hacht
zu dem oben genannten blauen Stein geführt [2]), an diesen mit dem Rücken etwas gestossen, und dann auf dem
Wagen, den das Hospital in Melaten zu stellen hatte, die
traurige Fahrt nach dem Richtplatz dahin angetreten. Auf
diesem Wege wurden ihm zwei Mahnreden gehalten: die
Eine durch einen Minoriten bei dem Thore des Lauren-

1) Nach der Behauptung des Rathes musste diese Kreide beim
Burggrafen des Rathhauses geholt werden. Im Jahr 1705 oder 1706
war ein Andreas Schulten aus Delbrücken im Bisthum Paderborn
zum Tode verurtheilt. Die militärische Hülfe war requirirt und bereits bewilligt worden, als der Burggraf dem annoch sitzenden Rath
vermeldete, der Herr Schöffe Page habe die Kreide nicht bei ihm
geholt, sondern seine eigene mitgebracht. Ob dieser Unthat nahm
der Rath seinen Beschluss zurück, und liess am folgenden Tag die
Ehrenpforte geschlossen halten, so dass weder der aus Melaten zu
stellende Arme-Sünder-Wagen in die Stadt kommen konnte, noch
die militärische Bedeckung erschien und das hohe Gericht sich genöthigt sah, den Delinquenten statt der Todesstrafe mit der Geisselung aus der Stadt zu jagen. Zu solchen Jämmerlichkeiten führte
das durch politische Oppositionssucht aufgeblähte Spiessbürgerthum.
2) Man sehe §. 195. Note 5.

tianer Gymnasiums; die Andere durch den ihn beglei-
tenden Priester auf der Breitstrasse bei dem Hospital zum
heiligen Kreuz. Gerard von Brauweiler, ein Studirender
in Cöln, der einen Menschen erstochen und deshalb in
Melaten hingerichtet wurde, hatte durch Testament vom
11. December 1556 für das Alexianer Kloster eine Stiftung gemacht, kraft welcher zwei Brüder die letzte Nacht
bis zur Hinrichtung dem Missethäter beistehen, und während dessen Abführung zum Richtplatz auf dem Altar
ein Crucifix mit zwei Kerzen zum Gebete aufgestellt sein
sollten [3]. Am Hospital der Aussätzigen zu Melaten wurde
dem Armen Sünder noch ein Schluck Wein mit Brod
angeboten, und dann die Hinrichtung vollzogen, wobei
der Greve, hoch zu Pferde sitzend und den Stab in der
Hand haltend, umgeben von zwei Schöffen und dem übrigen Gerichts-Personal, die Macht des Gesetzes und die
Sühne der irdischen und göttlichen Gerechtigkeit bezeichnete und bezeugte.

2) Die Einnahmen und Ausgaben.

207. Das städtische Kameralwesen war unter zwei
Behörden, die Mittwochs- und Freitags-Rentkammer, gestellt, die so geschieden waren, dass der Rath nicht von
einer an die andere Geld zu liefern urkunden, noch die
Beisitzer von der einen auf die andere versetzen durfte [1].
Die Präsidenten der Freitags-Rentkammer waren die beiden abgehenden Bürgermeister, und diese wurden im folgenden Jahre Rentmeister der Mittwochs-Rentkammer.
An Jeder waren vier Beisitzer. Die eidliche Verpflichtung der Rentmeister lautete, der Stadt gemeines Gut
und Renten treulich einfordern zu helfen, zu bewahren

---

3) Diese Nachricht und die Urkunde giebt Mering Beiträge S. 21. 103.
1) Transfixbrief Art. 20.

und zu verausgaben ²). Es durfte aber keine Ausgabe geschehen ohne eine schriftliche Anweisung des Rathes ³).
Ueber die Einnahmen und Ausgaben musste alle Vierteljahr den dazu jährlich erwählten Gaffelfreunden ⁴), später alle halbe Jahre dem Rathe ⁵), und wohl auch den
Gaffeln ⁶) Rechnung gelegt werden.   An jeder Kammer
sollte einer der beiden Vorsteher und die vier Beisitzer
zusammen, oder später jeder derselben, einen Schlüssel
dazu haben ⁷). Die Sitzungsstunden an den benannten Tagen waren im Sommer um 10, im Winter um 11 Uhr ⁸).
Die Beisitzer wurden auf zwei Jahre gewählt ⁹).   Jeder
Rentmeister erhielt zwei stattliche Pferde und das Futter
dazu, jährlich hundert rheinische Gulden und „ein Kleidung mit bunt gefütert", von jeder Hochzeit vier Gulden, und auf der Rentkammer mit den Beisitzern Jeder jeden Arbeitstag vier Schilling Presens ¹⁰), obwohl
diese, so wie „dat Essen dat man up der billiger Speer
ind Cronen Dach zo halden pleyt", abgeschafft sein sollte ¹¹). Später hatten die Rentmeister jedes halbe Jahr 201
Rthlr., für die Kleidung 107 Gulden oder 32 Rthlr. 72
Alb., 30 Pfund Wachs werth 10 Rthlr., dann in der Rentkammer ihre Rathszeigen, von jedem Beleith (Hochzeit?)
4½ Gulden, und andere Accidenzien. Die Kammer-Prä-
sidenten erhielten 156 Rthlr., alle Woche zwei Raths-

---

2) Der Eid steht in Judendunck Theatrum lanienae Coloniensis
S. 20., und daraus in den Materialien II. 1, 80—82.

3) Transfixbrief Art. 20.

4) Transfixbrief Art. 21.

5) Cölnische Statutensammlung B. S. 117.

6) So schreibt Moser Reichs-Stättische Regiments-Verfassung S. 262.

7) Transfixbrief Art. 19., Cölnische Statutensammlung B. S. 117.

8) Cölnische Statutensammlung B. S. 93.

9) Transfixbrief Art. 20.

10) Cölnische Statutensammlung B. S. 118. 119.

11) Transfixbrief Art. 7.

zeichen werth 48 Rthlr. und 30 Pfund Wachs werth 10 Rthlr. [12]).

208. Die Einkünfte der Stadt bestanden zunächst in den ihr zustehenden Grundrenten und Zinsen aus den ihr zugehörigen Häusern, Grundstücken und Weingärten, welche die Rentmeister auf das Meistgebot zu verpachten hatten [1]). Ferner gab es eine „Axzynsse, as im Kauff-huysse, fort Wyn, Bier, Broit, Saltz, Holtz, Koelen ind ander Provande", die aber ohne Zustimmung der Gaffeln nicht erhöht noch verpachtet werden durfte [2]). Zur Er-hebung derselben dienten die Schreiber an den Stadttho-ren, welche eine 1696 erlassene und 1731 wieder gedruckte „Ordnung und Reglement" hatten, worin alle Artikel mit ihren Gebühren genau verzeichnet waren. Solche Schrei-ber waren an der Trankgassenpforte, Eigelsteinpforte, Hahnenpforte, Markmannsgassenpforte, Müllengassenpfor-te, Severinspforte, Weyerpforte. Auf die Weinaccise be-zog sich die Kellerschreiber-Stube, wozu zwei Rathsherrn committirt waren, die darüber nach dem gedruckt vor-handenen Edict vom 26. Sept. 1681 jährlich Rechnung abzulegen hatten. Die auffahrende Accise für deutsche Weine betrug per Ohm 10 Albus 8 Heller, für die Aus-ländischen 69 Albus 4 Heller, dazu die Trank - Accise 1 Rthlr. 50 Alb., oder 2 Rthlr. 50 Alb. [3]). Zu ausseror-dentlichen Bedürfnissen wurde eine Steuer des hundert-sten Pfennigs ausgeschrieben [4]); auch unterlagen die weg-ziehenden Bürger einer Nachsteuer. Hierauf bezogen sich die aus den Rathsherren Deputirten zum 10. 20. 100. Pfen-

---

12) Judendunck Theatrum lanienae Coloniensis S. 21., und dar-aus in den Materialien II. 1, 82.

1) So lautet der erwähnte Eid der Rentmeister (§. 207. Note 2).

2) Transfixbrief Art. 14. 15.

3) Dieses und die Art der Entrichtung beschreiben die Materia-lien I. 2, 178.

4) Judendunck Theatrum lanienae Coloniensis S. 31.

nig. Die Gesetzherren zur Schätzung der Bürger auf die Rentkammer waren abgeschafft [5]). Brüchten und Bussen mussten die Bürgermeister und anderen städtischen Gerichte, bei denen sie fällig geworden, vierteljährig zur Mittwochs-Rentkammer liefern [6]).

209. Zu den Quellen der städtischen Einkünfte gehörte auch, wegen der damit verbundenen Kranen- und anderen Gebühren, das von alten Zeiten hergebrachte Stapelrecht, vermöge dessen alle den Rhein hinauf oder herab gehenden Güter daselbst ausgeladen, „aufgeschlagen (feil geboten), und von einem Boden auf den anderen verschifft", das heisst durch dortige Handelshäuser weiter versandt werden mussten. Dieses Recht war vom Kaiser Maximilian I. 1505 erneuert und bestätiget [1]), und in den Concordaten von 1506 [2]) etwas näher bestimmt worden. Die Beachtung desselben war durch den Rathsschluss vom 10. August 1678 bei Strafe wieder eingeschärft worden. Doch sind darüber bis zuletzt viele Streitschriften gewechselt worden, die jetzt ihren Werth verloren haben [3]). Endlich ist unter den Einkünften der Stadt das Molter oder Mahlgeld aus den Rheinmühlen zu erwähnen. Diese waren im Mittelalter Eigenthum gewisser Familien, der Mühlenbeerbten. In Folge entstandener Irrungen kam die Hälfte derselben an das Stift, was zu dem Vergleich des Erzbischofs Sifrid mit der Stadt 1275 Veranlassung gab, wodurch auch die Zahl der Mühlen von 34 auf 26 vermindert wurde [4]). Diese Hälfte wurde vom Erzbischof

---

5) Transfixbrief Art. 24.

6) Transfixbrief Art. 16., Cölnische Statutensamml. B. S. 96. 101·111.

1) Dieses Privilegium steht in Lünig Teutsches Reichs-Archiv Part. Spec. Cont. IV. Theil I. p. 371.

2) Man sehe über diese §. 173. Note 2.

3) Diese nennt Kamptz Provinzialrechte III. §. 782. Nr. 2. Lit. g—p. §. 944. BB. Nr. 4. 5.

4) Die Urkunde steht bei Ennen Quellen I. 317. Man sehe dazu Ennen Köln II. 143. 166. 217.

Heinrich II 1329 [5]), dann wieder vom Erzbischof Dietrich II. 1414 (nicht 1415) der Stadt verpfändet [6]). Daher war die Mühlentafel, das heisst das Rechnungswesen über den Molter zwischen dem Kurfürsten und der Stadt gemeinschaftlich, und es waren daran von jedem Theil ein Statthalter und drei Setzherren. Die Kiste zu der Mühlentafel stand auf der Mittwochs-Rentkammer, und es war darüber jährlich Rechnung abzulegen [7]). Von Seiten des Kurfürsten war der Hofkammer die „Mühlen-Tafel-Handlung" zur besondern Obsorge empfohlen [8]); das Nähere ist aber nicht angegeben. Die Mühlenbeerbten vertheilten 1276 die ihnen zustehende Hälfte der gebliebenen 26 Mühlen nach der alten Zahl 34 unter sich in 34 ideelle Antheile, welche wie Grundstücke vererblich und veräusserlich waren [9]). Daher entstand dafür auch ein eigener Mühlenschrein [10]). Die Benutzung anderer Mühlen war nicht gestattet [11]).

3) Das Milizwesen.

210. Die Sorgfalt für die Vertheidigung und Sicherheit der Stadt war noch wie im Mittelalter auf die Bürgerschaft gelegt. Zu diesem Zwecke war die Stadt in acht Quartiere oder Colonelschaften eingetheilt. In jeder

---

5) Diese Urkunde erwähnt Ennen Köln II. 307. 308.

6) Die Urkunde steht in der Securis. Append. n. 101., und daraus bei Lünig Teutsches Reichs-Archiv. Spic. Eccl. l. Theils Forts. p. 573. Darauf bezieht sich der Vertrag des Erzbischofs Hermann IV. 1495 in der Securis. Append. n. 169., und daraus bei Lünig p. 619.

7) Transfixbrief Art. 30.

8) Hofkammer-Ordnung von 1610. Art. 82., von 1652. Art. 83., von 1692. Art. 84.

9) Die schöne Urkunde darüber ist mitgetheilt von Ennen Quellen I. 322—324. Nur ein Stück davon steht bei Clasen.

10) Clasen Schreinspraxis S. 65.

11) Kurf. Verordnung vom 1. Juli 1729, Scotti Sammlung I. 394., Vollst. Samml. I. 123. 124.

war ein Colonel, worunter sich 1794 sämmtliche sechs Bürgermeister befanden, ein Colonellieutenant, ein Obristwachtmeister, und vier bis acht Hauptleute und Fähndrichs. Zu den oberen Stellen wurde vom Rathe, zu den anderen von Diesen ernannt[1]). Ueber die Einrichtung dieses wichtigen Dienstes wurden vom Rathe schon von Anfang des fünfzehnten Jahrhunderts Verordnungen erlassen. Eine sehr umständliche und wohl durchdachte Neue Wacht-Ordnung wurde aber 1583 abgefasst, 1586 durch den Druck bekannt gemacht, 1599 nochmals verkündigt, dann mit den bis 1672 hinzugekommenen Rathsschlüssen 1685 und nochmals 1707 im Druck herausgegeben. Inzwischen erfolgten aber nach den veränderten Zeiten Modificationen, wodurch die Bürgerschaft von der schweren Last, beständig in Gewehr und Waffen zu stehen, also von den Tag- und Nachtwachen, erledigt, auch in der kostspieligen Armatur Manches abgeändert wurde. Daher machte der Rath von dem noch hauptsächlich Brauchbaren darin 1763 einen erläuternden Auszug bekannt, schärfte dessen Befolgung nach dem eingeholten Gutachten der Obristen und Obristlieutenants 1778 nochmals ein[2]), und liess die Wacht-Ordnung von 1583, den Auszug von 1763 und das Gutachten von 1778 zur allgemeinen Kenntniss und Nachachtung 1779 bekannt machen[3]). Dem gemäss blieben die Bürger zum Dienste bei den Fahnen- und Kettenwachen, wozu sie unter ihrem Hauptmann von ihres Fähndrichs Haus hinzogen, der Reihe nach „mit gutem Seiten- und wohlgeladenen Obergewehr samt darzu gehörigen ferneren Kraut und Loth, wenigstens mit sechs

---

1) Gelenius de admiranda magnitudine Coloniae p. 15.

2) Das Gutachten und der Rathsschluss von 1778 steht auch in den Materialien I. 1, 45—49.

3) Verordnungen Eines Hochedelen Raths In Betreff deren Bürgerlichen Wachten. Cölln 1779. 4. In der Einleitung dazu ertheilt der Rath über alles Vorhergegangene erwünschte Auskunft.

scharfen Patronen versehen", fortwährend verbunden. Daneben unterhielt die Stadt, namentlich wegen ihres Kreiscontingentes, auch stehendes Militär, drei Compagnien mit einiger Artillerie. Für diese „Regulirte Soldatesca" gab es eine erneuerte Verordnung von 1749, Reglements, Eidesformulare und Kriegsartikel. Dieses Militär hatte durch die Thätigkeit seines letzten Obristen, des Herrn Caspar Joseph Carl Freiherr von Mylius, k. k. Obristlieutenant, und seines Majors, Friedrich von Klespe, eine so tüchtige Ausbildung erhalten, dass nach der Auflösung der Reichsarmee alle Officiere desselben mit dem nämlichen Grade in die österreichische Armee aufgenommen wurden [4]). Das Kriegscommissariat bestand aus einem der regierenden Bürgermeister und einem Mitgliede. Ueber das Zeughaus waren zwei Rathsherren gesetzt. Die Thore, Thürme und dort befindlichen Geräthschaften hatten die beiden Rentmeister zu bewahren und zweimal jährlich zu besichtigen, auch die Schlösser an den Stadtthoren längstens alle sechs Wochen in ihrem Beisein verändern zu lassen [5]). Die Aufsicht der Wälle hatten die beiden aus dem Rathe gewählten Wallherren, die dafür auch ihre eigene Rolle hatten.

4) Die städtischen Anstalten.

211. Für die Interessen der Stadt und der Bürgerschaft war nach allen Richtungen hin mit grosser Umständlichkeit gesorgt; doch griffen dabei nach dem Entwicklungsgang der städtischen Freiheit auch noch kurfürstliche Gerechtsame ein. Die städtischen Gebäude und die Baupolizei standen unter der Obsorge der beiden Rentmei-

---

4) Brewer Vaterländische Chronik I. 559.

5) Cölnische Statutensammlung B. S. 119. 120. Dieses steht auch in ihrem Elde (§. 207. Note 2).

ster [1]); Ueberbäu, leimerne Wände, Strohdächer waren
abzuthun, und bei der Anlegung der Gosse mitten durch
die Strasse für den gehörigen Abfall von den Häusern
her zu sorgen [2]). Am Rathhaus waren ein Burggraf und
drei Rathsthürwärter angestellt. Die Werkleute der Stadt
wurden alle halbe Jahre wider Untreue neu vereidet,
und mussten der Stadt besondere Kleidung tragen [3]). Wegen der Ziegeleien gab es zwei Ziegelwerks - Deputirte.
Zu den Bedürfnissen der Stadt hatten diejenigen, welche
mit ihren Pferden Gewerbe und Nahrung trieben, Dienst-
fuhren zu thun, was die aus dem Rathe gewählten Wallherren nach der Wall-Herren Ordnung zu beaufsichtigen
hatten.

212. Für den Verkehr diente das Kaiserl. Reichs-
Oberpostamt, dessen letzter Oberpostmeister Eberhard Anton de Groote, Herr zu Kentenich, war, dann die Kaiserl.
Reichs fahrende Post, wozu das kurcölnisch - bönnische
Postcomtoir gehörte, und der Königl. Preuss. Clevische
Postwagen. Das Führrecht und die dazu gehörende flie-
gende Brücke hatte der Kurfürst noch behauptet. Es
war, wie oben erwähnt wurde, als Mannlehn weiter verliehen, und bildete für die Führvasallen eine ausschliessliche Gerechtsame [1]), welche nach dem dafür erlassenen
Tarif [2]) ausgeübt wurde. Dagegen war der Stadt von Friedrich III. 1474 das Recht, goldene und silberne Münzen
auf den Grad und Werth, wie die rheinischen Kurfürsten,

---

1) Cölnische Statutensammlung B. S. 119.   Darauf lautete auch
ihr Eid (§. 207. Note 2).

2) Cölnische Statutensammlung B. S. 120., Materialien II. 2,
365—367.

3) Transfixbrief Art. 18., Materialien II. 1, 81.

1) Verordnung vom 28. März 1668, vom 28. Sept. 1743, Scotti
Sammlung I. 115., Vollst. Samml. I. 88. 89.

2) Reglement vom 30. August 1690, Vollst. Samml. I. 96.

schlagen zu lassen, zuerkannt worden [3]). Darüber waren die aus den Rathsherren gewählten vier Payementsherren gesetzt [4]).

213. Für die öffentliche Sicherheit wachten die Gewaltrichter und Gewaltdiener mit ihrer Polizeigewalt gegen verdächtige Leute. „Starcke Bettler Müssiggänger, Mauenstösser und dergleichen Gesindtlein" sollten nach der (wohl noch ungedruckten) Rathsverordnung vom 23. August 1614 mit Strenge abgeschafft, und dazu zwei Zuchtmeister aus den Rathsherren und zwei Bettelvögte ernannt werden. Ein Zucht- und Arbeitshaus wurde aus Depositen - Geldern nach der deshalb beim Kaiser 1767 gemachten Anfrage errichtet [1]), und es waren darüber zwei der abgegangenen Bürgermeister als Präsidenten und vier Provisoren gesetzt. Gegen nächtliche Diebstähle und Einbrüche dienten, ausser den Nachtwächtern [2]), die hauptsächlich dazu noch beibehaltenen Fahnen- und Kettenwachen [3]), an welchen des Nachts die Strassen mit Ketten abgesperrt wurden. Zur Aufsicht darüber wurden aus den Rathsherren zwei Wachtmeister, und zu der über die Feuerpolizei sechs Brandherren, erwählt. Für den Fall eines feindlichen Angriffes, eines Tumultes oder Brandes waren in den verschiedenen Quartieren zwölf sogenannte Tirnherren und vier Brandherren mit genauen sehr zweckmässigen Instructionen, auch für die Thürmer, angestellt [4]). Die Visitation der Apotheken lag' zwei dazu erwählten Rathsherren ob.

---

3) Das Privilegium steht in der Cölnischen Statutensammlung B. S. 138., Lünig Teutsches Reichs-Archiv Part. Spec. Cont. IV. Theil I. p. 363.

4) Ihr Amt beschreibt die Cölnische Statutensammlung D S. 87—90.

1) Moser Reichs-Stättische Regiments-Verfassung S. 313.

2) Transfixbrief Art. 17.

3) Man sehe darüber oben §. 210.

4) Davon handelt die Wachtordnung von 1583. Cap. IV.

214. Viele Anstalten bezogen sich auf die wohlfeile
und bequeme Beschaffung der Lebensbedürfnisse. Für
das Getreide gab es ein Kornhaus mit einem Verwalter.
Aus diesem mussten alle Branntweinbrenner ihren Bedarf
zu sechs Reichsthaler das Malter in wohlfeilen wie in
theuern Jahren nehmen [1]). Ausserdem war ein Kornmarkt,
worüber der Bürgermeister dem Rathe jeden Mittwoch
Rechnung zu legen hatte [2]). An der Kornkasse waren
vier dazu auf Lebenszeit Deputirte. Man zählte in der
Stadt 150 Bäcker, welche die Bürgermeister nach deren
Rolle und Ordinantie zu beaufsichtigen, das Brod jede
Woche zweimal wiegen zu lassen, und wegen zu leich-
ten Gewichts zu brüchten hatten [3]). Ueber den Markt waren aus dem Rathe zwei Marktherren gesetzt, und es bestanden für den Altenmarkt die ausführlichen scharfen
(wohl auch gedruckten) Verordnungen vom 10. Juni 1605
und vom 20. Januar 1614. Den Fleischmarkt beaufsichtigten zwei aus dem Rathe gewählte Metzgerherren [4]),
später Fleischmarktherren genannt, mit dem Fleischmarkt-
meister unter sich; eben so den Fischmarkt, unter der
besondern Aufsicht der Bürgermeister [5]), zwei Fischmarkt-
herren mit dem Fischmarktmeister; desgleichen waren
zwei Herren zum kleinen Viehmarkt mit dem Ochsen-
markt-Pfennigmeister. Die grosse Marktwage hatte ihren
eigenen Commissarius. Die Vermessung des Salzes war
noch eine kurfürstliche Gerechtsame [6]), und es bezogen
sich darauf die unter den Mannlehen erwähnten Salzmüd-

---

1) Materialien II. 1, 89.
2) Cölnische Statutensammlung B. S. 113.
3) Cölnische Statutensammlung B. S. 112—115.
4) Transfixbrief Art. 14.
5) Cölnische Statutensammlung B. S. 115.
6) Vertrag des Erzbischofs Hermann IV. mit der Stadt von 1495
(§. 209. Note 6).

der - Aemter[7]) und zwölf Salz - Vasallen[8]). Die bei der Aufnahme in die Salzmüdder-Gilde vorkommenden kostspieligen Gelage wurden aber abgestellt[9]). Für die Stadt gab es, hauptsächlich wegen der städtischen Accise, zwei auf Lebenszeit gewählte Salzherren mit ihrem Salzschreiber, dann zwei ebenfalls extra cameram gewählte Kohlherren, und aus dem Rathe vier Bierherren und zwei Holzherren[10]). Die Aufsicht über den Kohlenhandel und die Kohlenmagazine war unter der Nebenaufsicht der Mittwochs-Rentkammer den beiden Wallherren nach Massgabe des zu ihrer Rolle gemachten Zusatzes vom 11. März 1735 übertragen, die dazu die beiden vereideten Waagemeister, Schlürger und Träger unter sich hatten. Für das Oel, dessen Messer und Maass diente das gedruckte Reglement vom 29. Juni 1763. Der Eisenmarkt hatte einen bleibenden Inspector; die fünf Windmühlen fünf Commissäre.

215. Die Einrichtung der Handwerke und Gewerbe ruhte auf den Gaffeln, Zünften und Bruderschaften, deren Jede dazu ihre Ordnung und ihr Zunftbuch hatte[1]). Auf den Grosshandel bezogen sich die Kaufhäuser, wo die Waaren theils zum Verkauf an die städtischen Handelsleute theils zur Weiterbeförderung aufgelagert waren. Präsidenten derselben waren die beiden Bürgermeister des vorigen Jahres. Unter ihnen waren am Eisernen Kaufhaus oder Kaufhaus Gürzenich zwei Commissarien nebst anderem Schreiber- und dienstthuendem Personal. Seine

---

7) Ein Lehnbrief von 1453 steht in der Securis. Append. n. 170.

8) Verordnung vom 4. Febr. 1673, vom 30. Juni 1694, vom 2. Nov. 1756, vom 7. März 1786, vom 22. April 1793, Scotti Sammlung I. 134. 549. 828. 970., Vollst. Samml. I. 90. 91.

9) Verordnung vom 13. Sept. 1707, vom 30. Juli 1722, Scotti Sammlung I. 134. Anmerk., Vollst. Samml. I. 120.

10) Transfixbrief Art. 14.

1) Man sehe §. 177. Note 6.

alte Rolle war vom Rath 1634 und 1707 revidirt und im
Druck publicirt, und von Letzterem 1786 ein neuer Abdruck veranstaltet worden. Mit ihm stand auch das Kaufhaus Gürzenich-Gericht in Verbindung [2]). An dem Fisch-
kaufhaus waren ebenfalls zwei Commissarien mit dem
entsprechenden Unterpersonal. Es giebt dafür die gedruckten, jedesmal etwas veränderten Ordnungen von 1629,
1634, 1651, 1712 und 1764. An dem Leinenkaufhaus waren zwei Accisemeister. Für den Waaren- wie Spedi-
tionshandel war auch das der Stadt zustehende Stapelrecht von grösster Wichtigkeit[3]). Kauf- und Handelsherren
waren im Jahr 1794 in Cöln 232. Ferner waren dort sieben Waaren- und vier Wechselmakler, für welche unter
dem 7. Oct. 1589 eine sehr genaue Eidesformel vorgeschrieben war. Gegen das Eindringen fremder vom Rathe
nicht genehmigter Münzsorten hatten die Paycmentsher-
ren[4]), gegen den Wucher die sechs aus den Rathsherren
gewählten Wuchermeister zu wachen. Zu den mechani-
schen Vorrichtungen des Handels gehörten die sechs Krahnen, Jeder mit einem Krahnenmeister oder Schreiber und
anderem Personal. Die Krahnenordnung mit dem sehr
specialisirten Tarif für Weine und trockene Waaren erschien mit anderen Ordnungen gedruckt 1686. Unter jenen sechs Krahnen befand sich der sogenannte Hauskrahn,
wo jeder Schiffer, der sich durch zu geringe Gewicht-
angaben im Frachtbrief übervortheilt glaubte, seine Fracht-
güter abwiegen lassen konnte. Als dieser Hauskrahn 1784
durch den Eisgang zu Grunde gieng, wollte die Stadt,
um die Schiffer gegen die zu geringen Angaben der Spe-
diteurs zu schützen, am Rhein eine Frachtwage errichten,
was grosse Streitigkeiten veranlasste, die durch alle In-

---

2) Man sehe §. 199. Nr. 8.
3) Man sehe oben §. 209.
4) Man sehe §. 212. Note 4.

stanzen bis zum Reichskammer-Gericht gebracht dort 1792
noch nicht entschieden waren[5]). Die Fettwage für bestimmte Artikel gehörte noch nach dem Vergleich von
1495 zu den kurfürstlichen Gerechtsamen[6]), und war verpachtet. Für die Vermessungen dienten die städtischen
Müdder, für die Verpackung die Karrenbinder, welche
Dienste durch die Bürgermeister zu vergeben waren[7]).

216. Mit grosser Umständlichkeit war der Weinhandel und Weindebit regulirt, wozu wohl auch die starke
Weinproduction innerhalb der Stadt die Veranlassung gab.
Die erste Weinrolle darüber ist vom 30. Juni 1484; dann
erschienen die vom 28. Januar 1528, vom 25. April 1612,
jedesmal mit den nöthigen kleinen Veränderungen. Letztere wurde grösstentheils wörtlich, hauptsächlich nur mit
einigen Abänderungen im Krahnentarif, 1686 wieder gedruckt, und ein neuer Abdruck davon 1712. Diese wurde
abermals 1737, zuletzt am 29. Juni 1767 erneuert und mit
den dahin einschlagenden Edicten vermehrt herausgegeben. Für die Handhabung derselben hatten die Rhein-
meister und Richter der Weinschule zu sorgen[1]). Jeder,
sowohl Bürger als Fremde, durfte seine Weine an drei
Markttagen am Krahnen aufschlagen oder in die Stadt einführen und dort verkaufen, jedoch mit einem Unterschied.
Geborene oder erkaufte Bürger, die in der Weinschule
eingeschrieben waren, konnten von Jedem, sowohl am
Rhein wie in der Stadt Wein kaufen, auch ihre eigenen
Weine, mit oder ohne Unterkäufer einführen, verschicken
oder verkaufen. Alle Anderen, selbst Einsassen die auf

---

5) Geschichte und Verfolgungen der Stadt-Kölnischen Frachtwage
von ihrem Ursprunge her bis zu Ende des Jahres 1791, Herausgegeben von Kaufmann Justus. Gedruckt zu Amsterdam, auf Kosten der
Wahrheit 1791.

6) Man sehe §. 209. Note·6.

7) Transfixbrief Art. 17.

1) Man sehe darüber §. 199. Nr. 7.

einer Gaffel vereidet waren, durften Weine sowohl am
Rhein wie in der Stadt nur durch einen vereideten Unterkäufer, und durch diesen nur an geborene oder ge-
goltene Bürger verkaufen, und Fremde bei schwerer Strafe
nur von einem bleibend eingesessenen Bürger Wein ein-
kaufen. Insbesondere war der „Weinzap“ als ein Vorrecht
des Cölner Bürgers mit einer solchen Wichtigkeit behandelt, als ob die halbe Stadt von diesem Geschäft gelebt
hätte. In dem grossen Bürgereid, dessen Formel daher
in der Rolle der Weinschule stand, musste der neue Bürger geloben, binnen der nächsten zehn Jahre keinen Wein
zu zapfen. In der Formel von 1522 ²), welche in der Rolle
der Weinschule erhalten ist, wird als Bedingung der Be-
rechtigung zum Weinzapf erwähnt: „Er besitze zu Hauss
oder zu Hoff, und Er habe sein Harnisch zu Hauss, damit er der Stadt zu Diensten stehe in allen Sachen.“ Es
durften auch „einletzige unverheyrathe Personen vor dem
zwantzigsten Jahr“ nicht zugelassen werden, und es wurde
von ihnen auch ein eigener Zapfeid verlangt. Für die
Wein-Unterkäufer gab es die gedruckte Wein-Ordnung
vom 10. December 1677, und über den ganzen Gegenstand eine Menge einzelner Raths-Edicte.

217. An Wohlthätigkeitsanstalten war die Stadt reich,
sowohl kirchlichen als städtischen. Letztere waren: das
Agneten aufm Neumarkt Hospital, zu den Alexianern,
bei St. Brigitten unterm Pförtgen Hospital, Burgmauer-
convent zum Hirsch genannt, zu St. Catharinen, zu dem
h. Kreuz auf der Breitstrasse, Domus quatuor pauperum
Studiosorum in der Stolkgasse, zum h. Geist aufm Domhof, zu allen Heiligen Convent, zu vielen Heiligen Hospital, zum Ipperwald, zum Spiegel auf der Herzogstrasse,
Stolkgassen Hospital. Alle diese Anstalten hatten einen
oder mehrere auf Lebenszeit bestellte vereidete Proviso-

---

2) Man vergleiche §. 185. Note 2.

ren [1]), worunter der Verwalter stand. Vom Waisen- und Findlingshaus waren die sechs Bürgermeister die Provisoren [2]). Das Grosse Armenhaus war 1697 gestiftet, und hatte über seine Verwaltung unter dem 18. März eine ausführliche wohldurchdachte Ordnung in vier Kapiteln erhalten. Unter seinen vier Provisoren befand sich Einer der regierenden Bürgermeister. Eine verbesserte Ordnung für alle Provisoren erschien unter dem 16. März 1744. Sie mussten jährlich dem Rathe Rechnung ablegen, wozu zwei Rathsherren erwählt waren, und kein Provisor durfte es über mehr als zwei Hospitäler sein. Alles dieses galt auch für die vier Provisoren zu Melaten [3]). Das Pesthaus wurde noch mit einem Inspector besetzt. Für die Ausstattung armer Mädchen und die Erziehung armer Kinder gab es unzählige Stiftungen mit sehr bedeutenden Einkünften [4]). Namentlich erwähnt wird eine Stiftung von Heinrich Haich für die geistliche oder weltliche Ausstattung armer Bürgerssöhne und Töchter, woraus jährlich sechshundert Gulden zur Vertheilung kamen [5]).

5) Das städtische Beamtenwesen.

218. Die Besetzung der Aemter geschah durch den Rath in ordentlicher Sitzung; nur einige geringe Dienste waren noch den Bürgermeistern zu vergeben gelassen [1]). Bei dieser Wahl war dem Rathe die strengste Gewissenhaftigkeit zur Pflicht gemacht [2]). Die Wahl geschah, der halbjährigen Erneuerung des Rathes folgend, alle halbe

---

1) Transfixbrief Art. 32.

2) Das Waisenhaus zu Köln am Rhein, von Dr. E. von Groote. Köln 1835.

3) Transfixbrief Art. 33.

4) Gelenius de admiranda magnitudine Coloniae p. 613.

5) Transfixbrief Art. 31

1) Transfixbrief Art. 17.

2) Transfixbrief Art. 17., Cölnische Statutensammlung B. S. 95. 96.

Jahre, jedoch auf ein Jahr, so dass, da zu jedem Amte wenigstens zwei gehörten, immer die Hälfte schon ein halbes Jahr im Amte war. Der Gewählte wurde alsbald im Rathe auf seine Amtsrolle oder Instruction vereidet[3]. Die Aemter waren entweder Raths - Officia, wozu nur Rathsherren, oder solche, wozu Personen extra cameram gewählt wurden. Sie hatten ihre genaue Rangordnung[4], wonach sich auch für die Rathsherren die Sitzordnung im Rathe richtete. Regelmässig wurden sie unentgeltlich der Stadt zum Besten versehen, die kleinen Accidentien, namentlich die Rathszeichen, abgerechnet; die ausnahmsweise einzelnen Aemtern beigelegten Besoldungen betrugen zusammen etwa 9000 Rthlr.[5]. Die städtischen Schreiber und geringeren Bedienungen waren natürlich salarirt[6].

V. Die kirchliche Verfassung des Erzstifts. A) Die Quellen.

219. Die kirchliche Verfassung der Cölner Erzdiöcese stimmte den Grundsätzen des katholischen Kirchenrechts gemäss mit der der anderen Diöcesen in den wesentlichen Theilen überein. Die Eigenthümlichkeiten und örtlichen Abweichungen gewähren nur im Zusammenhang ihrer historischen Entwicklung Interesse. Hieher gehört daher blos eine schlichte statistische Zusammenstellung dessen, wie es in den letzten Zeiten war. Die gemeinrechtlichen Quellen, worauf das Kirchenrecht der Cölner Erzdiöcese ruhte, waren das Corpus juris canonici, das an der Cölner Universität wie an den Anderen behandelt wurde. Dazu kamen die wichtigen und heilsamen Be-

3) Cölnische Statutensammlung B. S. 95.

4) Diese Ordnung ergiebt sich aus dem Kreiskalender. Man sehe auch §. 185. Note 5. Die hier angegebene Ordnung weicht jedoch von jener hin und wieder ab.

5) Ennen Frankreich und der Niederrhein I. 405.

6) Ein Verzeichniss, ungewiss aus welcher Zeit, steht in den Materialien II. 2, 360—363.

schlüsse des Conciliums von Trient (1545—1563), worauf schon Salentin in seinem österlichen Hirtenbrief 1589 zur Reformation der Disciplin Bezug nahm.

220. Zu den besonderen Quellen der Cölner Kirche [1]) gehörten die von Nikolaus V. mit Friedrich III. für die Deutsche Nation zu Wien 1448 geschlossenen Concordate [2]), welche der Erzbischof Dietrich II. nach langen Verhandlungen endlich 1461 auch acceptirte und promulgiren liess [3]). Unter der langen Reihe der Cölner Provinzial- und Diöcesan-Concilien waren die der neueren Zeit hauptsächlich auf die Verbesserung aller Theile der Kirchenzucht im Geiste des Tridentinischen Conciliums bedacht [4]). Wichtig waren auch die vom Erzbischof als Landesherrn ausgegangenen, die Kirche oder die Geistlichkeit berühren̄den Verordnungen, die theils in der Edicten - Sammlung enthalten sind, theils nicht [5]). Endlich, da die Erzdiöcese ausser den erzstiftischen Landen auch mehrere Territorien anderer Fürsten umfasste, gab es auch Verträge des Erzbischofes mit den betreffenden Landesherren über gewisse das Bürgerliche berührende Punkte der kirchlichen Disciplin. Von dieser Art sind die Concordate zwischen dem

---

1) Davon handeln: Hedderich Die Kölnische Kirche, ihre Gerechtsame, und die Quellen ihres besondersten Kirchenrechts (Materialien I. 5, 399—436), Froitzheim de quinque praecipuis fontibus juris ecclesiastici Coloniensis 'specialissimi. Bonnae 1788. 4. (Unbedeutend und zum Theil irrig).

2) Man sehe darüber mein Kirchenrecht §. 111. Sie stehen gedruckt in meinen Fontes juris ecclesiastici N. XIX.

3) Die Urkunde gab Hedderich in der ersten Ausgabe seiner Elementa juris canonici p. 234. In seine Subsidia miscellanea hat er sie nicht aufgenommen.

4) Eine Aufzählung derselben giebt Hedderich in den Materialien I. 5, 411—418., und daraus in seinen Elementa juris canonici T. I. §. 260—265.

5) Davon handelt Hedderich in den Materialien I. 5, 423—429.

Erzbischof Hermann IV. und der Stadt Cöln von 1506
mit dem Vergleich zu Kenterich von 1672 [6]). Ferner gehört dahin der genaue und sehr ins Einzelne gehende
Provisional-Vergleich des Erzbischofs Ferdinand mit dem
Pfalzgrafen Wolfgang Wilhelm vom 28. Juli 1621, wegen
der, rücksichtlich der geistlichen Jurisdiction in den jülich-
und bergischen Landen, entstandenen Irrungen [7]). Ueber
die Religionsübung, das Kirchen- und Schulgut, und die
geistliche Jurisdiction in Ansehung der Katholiken und
Evangelischen in den Herzogthümern Jülich, Cleve und
Berg, auch Grafschaft Mark und Ravensberg kam es in
Ausführung des Westphälischen Friedensschlusses zu verschiedenen Verhandlungen und Vergleichen zwischen den
bezüglichen Landesherren. Diese sind der zwischen Friedrich Wilhelm Markgraf zu Brandenburg und Philipp
Wilhelm Pfalzgraf bei Rhein unter dem 20. April 1672
errichtete sehr ausführliche Haupt- und Neben - Recess;
der zwischen Beiden geschlossene Religions - Vergleich
vom 20. Juli 1673; der zwischen dem Pfalzgrafen Johann
Wilhelm und Brandenburg errichtete Rheinberckische
Executions- und Neben - Recess vom 7. und 10. März
1682, mit dem Extract daraus vom 16. Juli 1686 [8]). Gegen jene Vergleiche, so weit dadurch das erzbischöfliche
Diöcesanrecht verletzt wurde, legten jedoch Joseph Clemens 1720 und Clemens August 1730 beim Kaiser Proteste ein [9]).

B) Die oberen kirchlichen Behörden. 1) Der Erzbischof.

221. Der Erzbischof von Cöln führte nach altem

6) Man sehe §. 84. §. 173. Note 2. §. 176. Note 12.
7) Scotti Sammlung I. 61. Der Vergleich steht in der Vollst.
Samml. I. 23—33., (Hedderich) Subsidia miscellanea p. 40—60.
8) Diese Stücke findet man in (Hedderich) Subsidia miscellanea
p. 72—140.
9) Hedderich Elementa I. §. 271.

Herkommen den Beinamen geborener Legat der h. Römischen Kirche, der aber nur gewisse Ehrenrechte gab.
In ihm trafen zwei Eigenschaften zusammen: die des Metropoliten der Cölnischen Provinz, und die eines Bischofes der Cölnischen Erzdiöcese. Als Suffragan - Bischöfe
der Cölnischen Provinz werden in dem Kreiskalender noch
aufgeführt: Osnabrück, Münster, Lüttich, Minden, Utrecht. Allein in Osnabrück alternirten nach dem Westphälischen Friedensschluss ein Katholik und ein Protestant als Bischöfe, und wenn ein Protestant an der Reihe
war, so stand die kirchliche Gewalt über die katholischen
Unterthanen dem Erzbischof von Cöln als Metropoliten
zu [1]). Minden war durch jenen Friedensschluss ganz säcularisirt und als ein Fürstenthum Brandenburg zugetheilt
worden, so dass das Bisthum aufgehört hatte. Doch bestand das Domkapitel noch fort, und zwar so, dass der
Dompropst mit elf Domherren Katholiken, der Domdechant mit sieben Domherren Protestanten waren. Endlich
Utrecht war von Paul IV. 1559 und Pius IV. 1560 zu
einem Erzbisthum erhoben worden. Aber auch über die
beiden noch gebliebenen Suffragan-Bischöfe war die Me-
tropolitangewalt durch die eigene Schuld der Erzbischöfe
sehr ausser Uebung gekommen, und selbst die Rechte, die
ihnen das Concilium von Trient dringend ans Herz gelegt hatte, wurden von ihnen vernachlässigt. Das erzbischöfliche Amt war daher fast nur der Verwaltung der
Erzdiöcese zugewendet.

2) Die erzbischöflichen Stellvertreter.

222. Diese Verwaltung war so geordnet, dass dieselbe, von den im Erzbischofe zusammentreffenden weltlichen Würden und Obliegenheiten völlig unabhängig,
von den dazu sorgfältig ausgewählten stellvertretenden

---

1) Instr. Pac. Osnab. Art. XIII. §. 8.

358

Personen und Behörden unter der Oberaufsicht des Erzbischofes den Kirchengesetzen gemäss gehandhabt wurde.
Diese Stellvertreter waren die drei folgenden [1]). Der Erste
war der Suffraganeus, Vicarius generalis in Pontificalibus
oder Weihbischof, zur Vertretung in den Pontificalhand-
lungen; dieser hatte auch die vier Examinatoren für die
Zulassung zur Ordination unter sich, welche vier Doctoren der Theologie aus den Mendicanten-Orden waren.
Der Zweite war der Vicarius Generalis in Spiritualibus
oder Generalvicar, zur Vertretung in den Handlungen der
kirchlichen Administration; dieser hatte 25 geistliche Räthe
aus Ordensgeistlichen, Stiftsherren, öffentlichen Lehrern
und Doctoren beider Rechte unter sich; auch die acht
Synodal-Examinatoren, Doctoren der Theologie, für die
Prüfung wegen Zulassung zur Seelsorge. Der Dritte war
der Official, für die Verwaltung der geistlichen Gerichtsbarkeit; davon war schon oben ausführlich die Rede [2]).
Für den westphälischen Theil des Erzstiftes gab es ein
besonderes Officialat, das seinen Sitz in Werl hatte.

3) Das Domkapitel.

223. Das Domkapitel wusste seine Stellung und seinen Unterschied von den anderen Landständen dadurch
sehr wohl zu wahren, dass es seine Rechte, nicht wie
diese, aus einem politischen Grunde, sondern aus den Kirchengesetzen herleiten konnte, welche ihm die Mitwirkung und Mitberathung in allen wichtigen, das Stift und
das Stiftsvermögen betreffenden Angelegenheiten zuer-
kannten. Dadurch entwickelte sich in demselben ein tra-
ditioneller Geist, kraft dessen es neben den Zufällig-

1) Sehr genau äussert sich darüber Maximilian Heinrich in der
ersten Ausgabe seiner Decreta Synodalia dioecesis Coloniensis a. 1662.
Part. III. Tit. V. Cap. 1. In der Ausgabe von 1667, wonach Hartzheim edirte, ist dieses weggelassen.
2) Man sehe §. 79—84.

keiten, den persönlichen Schwächen und Missgriffen der
Erzbischöfe die Rechte und Interessen der Religion und
des Stiftes auch unter den schwierigsten Verhältnissen
mit Standhaftigkeit vertheidigte. Das in ihm herrschende
Uebergewicht hochadliger Glieder war in so fern vortheil-
haft, als es sein Ansehen im Reiche und den Geist der
Freiheit und Unabhängigkeit stärkte. Sein wichtigstes
Recht war die ihm zustehende Wahl des Erzbischofes.
Doch gaben die durch die damaligen Verwicklungen häufig eintretenden ausserordentlichen Fälle von Postulation,
Ernennung eines Coadjutors, Resignation und Absetzung
oft Veranlassung in Uebereinstimmung mit dem römischen
Stuhl die dahin einschlagenden Grundsätze des canonischen Rechts zur Geltung zu bringen. Von der Zusammensetzung des Domkapitels ist schon oben die Rede gewesen [1]).

4) Der Nuntius.

224. Zu den Verbesserungen der Kirchenzucht im
sechzehnten Jahrhundert gehörte, dass an mehreren Orten, zur sichern Handhabung der für das Wohl der Kirche
unerlässlichen päpstlichen Oberaufsicht, stehende Nuntia-
turen errichtet wurden, die der Papst mit zuverlässigen,
am päpstlichen Hofe für die höhere Verwaltung herange-
bildeten Männern besetzte. Eine solche Nuntiatur war
namentlich in Cöln 1583 eingesetzt worden. Die Vortheile
dieser Einrichtung bestehen darin, dass der Papst über
den Zustand entfernter Kirchen von unpartheiischer sach-
kundiger Hand in steter Kenntniss erhalten wird; dass
der Bischof sich für seine kirchlichen Obliegenheiten, was
in jenen Zeiten der Verweltlichung doppelt wichtig war,
ein wachsames Auge zur Seite weiss; dass der Bischof
gegen Uebergriffe der weltlichen Macht an dem Vertre-

---

1) Man sehe §. 23—27.

ter des apostolischen Stuhles einen Rückhalt und Ver-
mittler hat, und dass den Untergebenen der Recurs oder
die Appellation an die päpstliche Instanz wesentlich erleichtert ist. Für pflichttreue Bischöfe liegt darin nichts
Beengendes, weil die Rechte des bischöflichen Amtes
durch die Erfüllung seiner Pflichten bedingt sind, wofür er durch den engen Zusammenhalt mit seinem kirchlichen Oberhaupt um so mehr Kraft und Sicherheit ge-
winnt. Dennoch führte die falsche Zeitrichtung die letzten Erzbischöfe zu ihrem eigenen Vorderben von jenen
einfachen Wahrheiten ab zu den unseligen Nuntiaturstrei-
tigkeiten, die bis zum Untergang des Erzstifts fortdauerten, wie im historischen Theil näher vorkommen wird [1]).
Der Nuntius hatte als Gehülfen einen General-Auditor
und anderes Kanzlei-Personal, auch für das Tribunal der
Nuntiatur. Die vier letzten Nuntien waren Lucini (1760
—67), Caprara (1767—75), Bellisomi (1776—86), Pacca
(1786—94). Sein Nachfolger Annibale della Genga kam
nur bis Augsburg, da am 6. October die Franzosen in
Cöln eingezogen waren. Pacca hat die sehr lehrreichen
Denkwürdigkeiten seiner dortigen Nuntiatur hinterlassen [2]).

C) Die örtliche Verwaltung.

225. Für die örtliche Verwaltung waren in der Diöcese nach altem Herkommen Archidiaconen als bleibende
Stellvertreter für gewisse Theile der bischöflichen Verwaltung angestellt. Solcher gab es vier principales oder
majores, welches Amt mit der Würde des Dompropstes
zu Cöln, und des Propstes an den Stiften zu Bonn, Xanten und Soest verbunden war. Ihre Wirksamkeit war ih-

---

1) Davon handelt Ennen Zeitbilder S. 128-146.

2) Memorie storiche di Monsignore Bartolomeo Pacca ora Cardi-
nale di S. Chiesa sul di lui soggiorno in Germania dell' anno 1786
—1794. Roma ed. 2. 1831 (deutsch Augsburg 1831).

nen noch von Maximilian Heinrich genau vorgezeichnet[1]). Namentlich war ihnen zur Ausübung der ihnen noch zustehenden Jurisdiction die Bestellung eines tüchtigen Officials zur Pflicht gemacht[2]). Die Würde eines Propstes zu Xanten wurde im siebzehnten Jahrhundert supprimirt, weshalb nun die Archidiaconal-Jurisdiction von einem erzbischöflichen Archidiacon verwaltet wurde[3]). Das Archidiaconat zu Soest gieng aber dadurch grösstentheils ein, dass der Erzbischof im siebzehnten Jahrhundert den Pfarreien in Westphalen einen Commissarius in der Aardey (Harensis) vorsetzte, und dass es durch den zu Werl angestellten erzbischöflichen Official überflüssig gemacht wurde[4]). Neben den vier Archidiaconi majores unterscheidet der Kreiskalender von 1794 zwölf Archidiaconi Regionarii, deren Jurisdiction engere Grünzen hatte, zum Theil auch wohl erloschen war. Dazu gehörten das Archidiaconat zu Neuss, das dem Domdechant zu Cöln, das zu Dortmund, welches dem Dechanten des St. Mariä Graden-Stiftes zu Cöln zustand[5]). Archidiacon zu Deuz und Duisburg nannte sich der Propst des St. Cunibertstiftes zu Cöln[6]); St. Severin daselbst führte den Titel eines Erzdiaconalstiftes. Ueber die Pfarrei zu Xanten und die davon abhängenden Kirchen hatte nicht der dortige Propst als Archidiacon, sondern der Dechant das Archidiaconat[7]). Der Landdechant zu Zülpich war Archidiacon über die

---

1) Decreta Synodalia dioecesis Coloniensis a. 1662. Part. III. Tit. V. Cap. 1—5.

2) Decreta Synodalia Part. III. Tit. V. Cap. 2. §. 2. Eine ausführliche Geschäftsordnung für das Bonner Officialat-Gericht erschien noch am 16. Febr. 1790, Scotti Sammlung I. 915.

3) Binterim und Mooren Erzdiözese Köln I. 257.

4) Binterim und Mooren I. 305.

5) Binterim und Mooren I. 208. 299.

6) Binterim und Mooren I. 311.

7) Binterim und Mooren I. 257.

zu seinem Decanate gehörenden Pfarreien in den Ardennen[8]). Auch einige Aebte hatten eine solche Jurisdiction
über kleine Bezirke; so der zu Deuz, Grafschaft und
Steinfeld[9]).

226. Von den Archidiaconen abwärts war die Erzdiöcese, abgesehen von der Stadt Cöln, in Christinnitäten
oder Landdecanate eingetheilt, in deren Jedem der Landdecan oder Erzpriester die unter ihn gehörenden Pfarrer
beaufsichtigte, ihre Kirchen visitirte und mit ihnen jährlich ein Landkapitel hielt[1]). Diese Eintheilung ist sehr
alt, hat jedoch im Einzelnen gewechselt, wovon im historischen Theile die Rede sein wird[2]). Als Bestand der
jüngern Zeit giebt Crombach die Eintheilung in 24 Decanate an, wovon 13 am Rhein und 11 in Westphalen
lagen. Diese 24 Decanate waren: 1) Das Arkuenser. —
2) Das Bonner Buraner oder Burger. — 3) Das Eiffler.
— 4) Das von Zülpich. — 5) Jülich. — 6) Bergheim. —
7) Neuss. — 8) Süchtelen. — 9) Xanten. — 10) Siegburg.
— 11) Deuz. — 12) Düsseldorf. — 13) Düsburg. — 14)
Lüdenscheid. — 15) Attendorn. — 16) Wormbach. — 17)
Medebach. — 18) Meschede. — 19) Soest. — 20) Geseke.
— 21) Dortmund. — 22) Recklinghausen. — 23) Wattenscheid. — 24) Essen. — In Folge der Glaubensänderung
giengen aber in Westphalen mehrere dieser Decanate ein,
und es wurden die katholisch gebliebenen Pfarreien unter erzbischöfliche Commissarien gestellt. Der Kreiska-

---

8) Binterim und Mooren I. 3. 161.

9) Binterim und Mooren I. 3. 299

1) Ihr Amt beschreiben die Decreta Synodalia Part. III. Tit. V.
Cap. 4. 5. 6.

2) Es liegen davon zwei ältere Verzeichnisse vor. Das Eine aus
dem dreizehnten oder Anfang des vierzehnten Jahrhunderts steht in
Binterim und Mooren Erzdiözese Köln I. 53—327. Das Andere von
1650 ist von Crombach (§. 7. Note 1). Dieses ist wörtlich wiederholt bei Eichhof Erzstift Cöln S. 123—156.

lender von 1794 macht daher folgende Aufzählung der
Christianitäten. 1) Arcuensis mit 65 Pfarreien. — 2) Bu-
rana oder Bonnensis mit 19 Pfarreien. — 3) Das Eiffler
Landkapitel mit 64 Pfarreien. — 4) Das von Zülpich mit
97 Pfarreien. — 5) Jülich mit 80 Pfarreien. — 6) Bergheim mit 106 Pfarreien. — 7) Neuss mit 30 Pfarreien. —
— 8) Süchtelen mit 12 Pfarreien. — 9) (Xanten ist wohl
aus Versehen nicht aufgeführt) Siegburg mit 47 Pfarreien. — 19) Deuz mit 36 Pfarreien und 8 Missionen. —
11) Düsseldorf mit 22 Pfarreien. — 12) (Düsburg und
Lüdenscheid fehlen) Attendorn mit 20 Pfarreien. Der
Landdecan war auch erzbischöflicher Commissarius im
Sauerland. — 13) Wormbach mit 11 Pfarreien. — 14) Medebach mit 10 Pfarreien. — 15) Meschede mit 29 Pfarreien. — 16) (Soest, Geseke, Dortmund, Recklinghausen,
Wattenscheid, Essen fehlen; zum Theil statt derselben
ist das) Commissariatus Vestanus mit 21 Pfarreien. — 17)
Commissariatus Haarensis mit 36 Pfarreien.

D) Die kirchlichen Anstalten. 1) Uebersicht.

227. Schon in der fränkischen Zeit erhoben sich neben den Kirchen, die in den Städten und auf dem Lande
dem regelmässigen Gottesdienst bestimmt waren, Klöster
nach der Regel des h. Benedictus, welche für die Aushülfe bei der Seelsorge, für die Pflege der Wissenschaften, für den Volksunterricht und für den Anbau des
Landes thätig waren, und deren tief eingreifenden Ver-
dienste durch die ihnen von allen Seiten zufliessenden
Schenkungen anerkannt wurden. Eben so gab die Regel
Chrodegangs, wodurch im achten Jahrhundert für die
Geistlichen an den bischöflichen Kirchen das canonische
gemeinschaftliche Leben eingeführt wurde, die Veranlassung, dass dasselbe auch an anderen angesehenen Kirchen
nachgeahmt wurde. Die von grossen Ordensmännern auf
der Grundlage der Regel Benedicts verbesserten Orden,

wie die Cluniacenser und Cistertienser, dann die davon
unabhängig geschaffenen Orden, wie die Premonstraten-
ser, Franciscaner, Dominicaner, desgleichen die weiblichen Orden, fanden auch am Niederrhein einen dankbaren
Boden. Andererseits wirkte das Beispiel des Metropoli-
tanstiftes dahin, dass auch bei mehreren anderen Canoni-
calstiften zur Aufnahme das Erforderniss der adligen Geburt eingeführt wurde. Nach diesem Vorgange waren
selbst adlige Stifte von Säcular-Canonissen aufgekommen.
Adelsinstitute religiösen Ursprungs waren auch einige
im Erzstift liegende Comthureien des Malteser- und des
Deutschen Ritter-Ordens. Für die Wohlthätigkeit bestanden meistens besondere örtliche Anstalten und Stiftungen.
Manche dieser Institute waren allerdings durch die Sorg-
losigkeit ihrer Oberen und durch die allen menschlichen
Einrichtungen anklebenden Unvollkommenheiten von der
Höhe ihrer Bestimmung abgewichen und der Reformen
bedürftig, wozu auch die Diöcesansynoden sehr gründlich
die Wege angebahnt hatten. An diese überall zunächst
in die Augen springenden Schattenseiten hat sich das,
was man Geschichtschreibung nennt, mit Vorliebe und
Uebertreibung gehalten. Dasjenige, was sich überall der
Beobachtung entzieht, die stille Uebung christlicher Tu-
genden und Barmherzigkeit, der Friede der klösterlichen
Einsamkeit für die der Welt abgewendeten Seelen, die
thätige Hülfe im Predigtamt und im Beichtstuhl, die Unterstützung armer Talente, die unzähligen Spenden der
Wohlthätigkeit, die anspruchslose liebevolle Hingebung
an den Jugend-Unterricht, wie wir sie noch an den Männern jener Zeit gekannt haben, Dieses und Anderes sind
Vorzüge, um deren willen die Verbesserung jener Einrichtungen auf dem richtigen Wege zu erstreben und zu
ermöglichen war, wenn nicht Gewalt, Religionshass und
Zerstörungssucht sie als ihre ersten Opfer ausersehen gehabt hätten.

2) Die Stadt Cöln.

228. Die Stadt Cöln war von alter Zeit her in neun-
zehn Pfarreien eingetheilt. 1) St. Columba. — 2) Klein St.
Martin (abgebrochen 1824). — 3) St. Lorenz (abgebrochen
1817). — 4) St. Alban. — 5) St. Peter. — 6) St. Maria
in Lyskirchen (in littore). — 7) St. Lupus (abgebrochen
1808). — 8) St. Jacob (abgebrochen). — 9) St. Johann
Baptist. — 10) St. Maria Ablass (abgebrochen). — 11) St.
Paulus (abgebrochen 1807). — 12) St. Maria Magdalena
oder St. Severin. — 13) St. Brigitta (abgebrochen 1805).
— 14) St. Mauritius (abgebrochen 1858). — 15) St. Aposteln. — 16) St. Cunibert. — 17) St. Christoph (abgebrochen 1806). — 18) St. Johann Evangelist (abgebrochen).
— 19) St. Maria im Pesch (abgebrochen). — Diese neun-
zehn Pfarrer hiessen Plèbani als Vorsteher einer bestimmten örtlichen Gemeinde; sie hatten auch das Vorrecht
sich Sacellani zu unterschreiben, gleichsam als nähere
Gehülfen des Erzbischofes. Auf den Diöcesansynoden
hatten sie den Vorsitz vor den Landdecanen. Sie bildeten einen Convent oder die Christianitas urbana, in welcher derjenige, der das Arohiv bewahrte, unter dem Namen des Camerarius die Stelle des Decans versah, die
Sitzungen berief und die erzbischöflichen Schreiben vor-
legte. Durch eine Bulle Gregors XIII. 1586 war den
meisten dieser Pfarrer nach dem Wunsche des Rathes
ein Canonicat verliehen. Die vier Erstgenannten führten
noch den besondern Beinamen Summi poenitentiarii, und
hatten das Vorrecht, dass sie gleich den Domherren am
Hochaltar des Doms celebriren durften [1]). Für den Rath
gab es die Rathskirche von St. Maria zu Jerusalem unter
dem Rathskaplan, dem man gewöhnlich den vornehmen
Namen, Patriarch, beilegte [2]).

---

1) Gelenius de admiranda magnitudine Coloniae p. 390.
2) Von ihrer Geschichte handelt Gelenius p. 631—635.

229. Ferner waren in der Stadt sieben Collegiatstifte:
St. Gereon, welches ein adliges Stift war, St. Severin,
St. Cunibert, St. Andreas, St. Aposteln, St. Maria ad
gradus (abgebrochen 1817), St. Georg; und drei adlige
Fräuleinstifte, St. Maria im Capitol, St. Ursula und St.
Cäcilia, jedes unter einer Abtissin und mit einer bestimmten Zahl von Präbenden für männliche canonici. Der Be-
nedictiner-Orden hatte dort zwei Abteien, St. Pantaleon
und gross St. Martin. Die von Gelenius in der Mitte des
siebzehnten Jahrhunderts erwähnten fünfzehn Manns-Or-
den mit ihren Kirchen waren mit Ausnahme der Jesui-
ten, noch vorhanden, nämlich: die canonica domus zum
h. Antonius dem Einsiedler (zur evang. Kirche gemacht),
die regulairen canonici der Frohnleichnamsherren (abgebrochen), und die des h. Michael zur Weidenbach (Mili-
tärmagazin); ferner die eigentlichen Klöster der Karthäu-
ser (Garnisonlazareth), Dominicaner oder Prädicatoren
(abgebrochen), Franciscaner oder Minderbruder Conven-
tualen (abgebrochen, die Kirche erhalten), Carmeliter (abgebrochen), Augustiner Erèmitenorden (abgebrochen 1805),
Kreuzbrüder (abgebrochen), Mariä Himmelfahrt ehemalige
Jesuitenkirche, Franciscaner Recollecten oder Minderbrü-
der von der stricten Observanz an St. Agnes (Militärma-
gazin), Capuzinèr (abgebrochen), Sioniter St. Brigitten-
ordens (abgebrochen), Carmeliter Discalceaten (abgebrochen), Celliter oder Alexianer. Dazu kamen die Comthurei und Kirche St. Katharina des Deutschen Ritter-
Ordens, woran der Landcomthur der Ballei Coblenz mit
den dazu gehörenden Comthuren und Rittern seinen Sitz
hatte, und die Kirche St. Johann und Cordula des Mal-
teser-Ordens, woran aber keine Ritter, sondern Ordens-
priester waren, die nach einer bestimmten Regel unter
einem Prior, der den Titel Comthur führte, lebten.

230. Die von Gelenius beschriebenen 38 Frauenklö-

ster waren noch Alle vorhanden [1]). Diese waren: die
Benedictinerinnen zu den Machabäern (abgebrochen), St.
Agatha (Militärgefängniss), St. Mauritius, St. Johann
Baptist in der Clusen auf der Severinstrasse; die Cistertienserinnen zu St. Mariagarten und St. Apern (beide abgebrochen); die Augustinerinnen zu St. Reinold, St. Magdalena zur Buss, St. Apollonia im Mommerslach, zum
Lämmchen auf der Burgmauer (alle abgebrochen); die
regulären Canonissen des h. Augustinus zu St. Maximin,
zu den weissen Frauen, Gross Nazareth, St. Michael (alle
abgebrochen), St. Nicolaus im Burghof (Magazin), die
Celliterinnen nach der Regel des h. Augustinus zu Klein
Nazareth (Fabrikgebäude), im Cedernwald (abgebrochen),
in der Cellen, St. Ursula auf der Marcellenstrasse, St.
Elisabeth in St. Antonsstrasse, zur h. Dreifaltigkeit in
der Achterstrasse; Clarissen nach der Regel des h. Franciscus zu St. Clara und St. Bonifacius (beide abgebrochen);
die Clarissen der überaus strengen sogenannten prima
regula zu den h. Schutzengeln am Neumarkt (Arresthaus)
und in der Klöckergasse (Judensynagoge); die Schwestern
der dritten Regel des h. Franciscus zu St. Vincenz, Maria Bethlehem in der Römergasse, Mariä Empfängniss
auf der Ruhr, im Lämmchen auf der Breitstrasse (alle
abgebrochen), St. Ignatius in der Stolkgasse (Schule);
Dominicanerinnen zu St. Gertrud auf dem Neumarkt (abgebrochen); Carmelitissen in der Büttgasse (abgebrochen);
Discalceatissen des Carmeliterordens in der Kupfergasse
und in der Schnurgasse; Servitissen zu St. Lucia im Fil-
zengraben; Brigittinen in Sion (abgebrochen); Capucinessen
am Calvarienberg (abgebrochen); Ursulinen auf der Ma-
chabäerstrasse. Diese Klöster lebten nach Verschiedenheit ihrer zum Theil sehr strengen Regel dem Gebete,

---

1) In dem Summarium des Gelenius sind 39 aufgezählt, allein
die Nr. 13. und 14. sind dasselbe.

der Beschauung, der Armuth, dem Unterricht, der Kran-
kenpflege. Jedes hatte als erzbischöflichen Commissar
einen erfahrenen Geistlichen, und als Beichtvater einen
der Seelenführung kundigen Ordens- oder Weltpriester.

231. Ferner zählt Gelenius sechzehn Hospitäler auf[1]).
Diejenigen derselben, welche wirkliche Krankenhäuser
waren, sind, so weit sie sich erhalten haben, unter den
städtischen Anstalten genannt[2]). Die anderen sind fromme
Stiftungen, um Jungfrauen oder Wittwen, die in der Zu-
rückgezogenheit leben wollten, dieses zu erleichtern und
eine Zufluchtstätte zu gewähren. Ausserdem gab es noch
eine grosse Zahl ähnlicher Stiftungen und Convente, die
keine eigenen Oratorien hatten[3]). Nicht nennt Gelenius
die Kirche der Familie De Groote zu St. Gregor dem
Grossen am Elend, eine Stiftung für Elende das heisst
Fremde. Für die Hausarmen dienten die bei allen Collegiatkirchen, Klöstern und Pfarrkirchen vorkommenden
Armenspenden und Almosen, deren Fond durch Vermächt-
nisse fortwährend vermehrt wurde, was man ad tabulam
legare, auf das Brett geben, nannte[4]). Endlich nennt Gelenius 49 Kapellen, worunter auch die oben genannte jetzt
nicht mehr gebrauchte Rathskirche. Im Jahr 1802 bei

1) Gelenius de admiranda magnitudine Coloniae p. 606—612.
2) Man sehe oben §. 217.
3) Gelenius p. 613. Davon handelt gut Haass Die Convente in
Köln und die Beghinen. Köln 1860.
4) Gelenius p. 613. Zu den landläufigen Declamationen gehören
die über Armuth und Bettelei in dem alten Cöln. Aber man halte
dagegen die jetzigen Listen der Armenverwaltung, die Berichte der
Pfarrer und der Frauenvereine, die ungeheuern fast fruchtlosen Anstrengungen der Privatwohlthätigkeit, das steigende Armenbudget.
Der heutige Zustand ist nicht besser; in Bonn unbestreitbar schlech-
ter; die Immoralität und Genusssucht entschieden grösser. Ein Gang
durch das hiesige Leihhaus zeigt die Zustände, wie sie sind, das
heisst Schauder erregend.

der Aufhebung der Stifte und Klöster waren in allem
116 katholische Kirchen und Kapellen; davon blieben
vierzig dem Gottesdienste bestimmt⁵), bis in der neuesten
Zeit St. Johann und Maria zum Pesch zur Freilegung des
Doms auch abgebrochen worden sind.

3) Das übrige Erzstift.

232. Von den in der übrigen Erzdiöcese liegenden
Stiften und Klöstern kommen hier nur die im rheinischen
Erzstift in Betracht¹). Darin lagen das Gross-Erzdiaco-
nal-Münsterstift in Bonn mit einem infulirten Propst, welcher zugleich Archidiacon des Bonner Archidiaconates
war, einem Decan, 38 Canonici und 21 Vicarien; und
das Collegiatstift zu Kerpen. Ferner die vier adligen
weltlichen Fräuleinstifte St. Peter in Dietkirchen zu Bonn
mit der Abtissin, 11 Stiftsdamen und 5 Präbenden von
Canonici; St. Peter zu Vylich mit der Abtissin, 12 Stiftsdamen und 5 Canonical-Präbenden; und das nahe gelegene Stift zu St. Clemens in Schwarz-Rheindorf mit einer
Administratorin, 9 Stiftsdamen und 3 Canonical-Präbenden, ausgeartete Institute, die längst die Aufhebung verdient hatten; endlich das Stift St. Quirin in Neuss mit
der Abtissin, 15 zuletzt 11 Stiftsdamen und 7 Canonical-
Präbenden. Von den 17 in die Erzdiöcese gehörenden
infulirten Aebten und Prälaten waren zwei wie oben bemerkt in der Stadt Cöln, und fünf im rheinischen Erzstift: die Benedictinerabteien St. Nicolaus in Brauweiler,
und die zu St. Heribert in Deuz, deren Abt sich auch
Archidiaconus in der Stadt Unna und in Hamm nannte;
die Prämonstratenserabteien Knechtsteden im Amte Hulchradt, und Steinfeld im Amte Hardt; die Cistercienserab-

---

5) Man sehe Süss Geschichte des Erzstifts Köln S. 262—266.
1) Die folgende Aufzählung beruht auf dem Niederrheinisch-West-
phälischen Kreiskalender und Eichhof Erzstift Köln.

tei Altencamp im Amte Rheinberg, deren Abt sich Primas in Teutschland und Herr mehrerer Herrschaften schrieb. Alle Aebte und Abtissinnen entrichteten für die Confirmation an die Geheime Kanzlei 52 Goldgulden²). Von Mannsklöstern sind zu nennen: die der Karmeliter zu Tönnisstein bei Andernach; Franciscaner zu Andernach, Bonn, Neuss, Zons; Minoriten zu Bonn; Capuziner zu Linz, Bonn, Zülpich; Augustiner zu Bedbur an der Erf; Augustiner Stiftsherrn von Marienburg zu Neuss; Serviten auf dem Kreuzberg bei Bonn; Observanten in Kempen und Neuss; Alexianer in Neuss. Von den zur Ballei Coblenz gehörenden Comthureien des Deutschen Ritter-Ordens lagen im Erzstift ausser der erwähnten Comthurei in Cöln die Comthureien zu Linz, Waldbreitbach, Muffendorf und Rheinberg. Frauenklöster waren die der Benedictinerinnen auf Rolandsworth; Cistertienserinnen zu Grau-Rheindorf bei Bonn, zu Fussenich im Amte Rheinbach, in Gnadenthal bei Neuss; Premonstratenserinnen zu Hoven im Amte Rheinbach, zu Langwaden, und das adlige Kloster Mehr, beide im Amte Hulchradt; St. Clara zu Neuss; das Kloster St. Michaelsberg der Franciscanerinnen der dritten Regel zu Neuss; die Augustinerinnen im Engelthal zu Bonn, die zu Alfter, in St. Mariä Berg zu Neuss, und in dem sehr wohl geordneten und gerühmten adligen Kloster St. Thomas bei Andernach; die Brigittinnen zu Marienforst bei Godesberg; die Schwestern zum h. Grab in Neuss; die Capucinessen oder Schwestern von der Buss in Bonn; die Welschen Jungfern von der Congregation de Notre-Dame zu Bonn, die sich hier um den Unterricht sehr verdient machten

E) Das Unterrichtswesen.

233. Der regelmässige Elementar-Unterricht wurde

2) Man sehe §. 46. Note 3.

von den Pfarrschulen besorgt, worüber die Diöcesansynoden sehr genaue und wohldurchdachte Verordnungen erlassen hatten, und die Eltern waren verpflichtet, ihre Kinder zu deren Besuch anzuhalten [1]). Die Abhaltung solcher
Schulen wurde auch von dem Erzbischof nachdrücklich
eingeschärft [2]). Auch nahmen sich die Stifte dieses Unter-
richts an. An dem Stifte zu Bonn waren unter dem Canonicus Scholaster zwei Rectoren der Schule. In Cöln [3])
waren 22 Pfarrschulen, so dass bei einigen Pfarreien mehrere waren, und 11 Stiftsschulen, indem auch bei den
Fräuleinstiften solche waren. Den höheren Unterricht besorgten in verschiedenen Abstufungen die Klosterschulen.
In Cöln dienten als Vorbereitung zu demselben die in
einem bürgerlichen Hause jeder Pfarrei gehaltenen, aber

1) Polizeiordnung von 1538. Tit. Von erziehung der kinder, und
übereinstimmend die Polizeiordnung von 1595. §. 14 (Scotti Sammlung I. S. 176). — Verordnung vom 3. Jan. 1794, Scotti Sammlung
I. 981.

2) Verordnung vom 28. August 1715, Scotti Sammlung I. S. 605.

3) Davon handelt ausführlich Franz Joseph von Bianco in folgenden Werken: Versuch einer Geschichte der ehemaligen Universität und der Gymnasien der Stadt Köln, so wie der an diese Lehr-
Anstalten geknüpften Studien-Stiftungen. In zwei Theilen. Köln 1833
(Th. I. S. 1—215. Th. II. Die Studienstiftungen S. 217—398. Anlagen 399—771). — Später unternahm der Verfasser eine zweite, ausserordentlich vermehrte, mit einer Menge von Urkunden bereicherte
Ausgabe. Davon erschien 1850 zuerst der zweite Theil, die Studien-
stiftungen enthaltend. Dieser hat seltsamerweise die Paginirung S. I—
CLXXXII. 1—1348., die aber in demselben Satz in einander über-
geht. Dann folgte 1855 die erste Abtheilung des ersten Theils, die
Geschichte der Universität enthaltend S. 1—984. und Anlagen S. 1
—405. Die zweite Abtheilung, welche die Geschichte der Gymnasien
enthalten sollte, ist nicht erschienen. Aus diesem an Materialien
reichen, aber ungeordneten Werke geschöpft ist Ennen Zeitbilder
S. 57—60. 73—83. 88—95. 106—122. 127. Aus Diesem haben Andere abgeschrieben, die es daher überflüssig ist anzuführen.

mit den Gymnasien in Verbindung stehenden Tirocinien oder Silentien. Gymnasien gab es dort drei: das antiquissimum Montanum, das florentissimum Laurentianum, und das celeberrimum Tricoronatum oder ehemalige Jesuiten-Gymnasium. Jedes hatte einen Regens. Der Unterricht beruhte auf der Eintheilung in fünf Klassen: infima, secunda, syntaxis, poetica, rhetorica. Die Disciplin war streng religiös und kirchlich. Diese Lehranstalten hatten vor und nach die vielen durch die Stadt zerstreuten Collegien und Cursen absorbirt, so dass der gesammte den Fachstudien vorbergehende Unterricht in ihrer Hand lag.

234. Zu den Fachstudien diente die vom städtischen Senat 1388 gestiftete Universität. Diese enthielt vier Facultäten: die theologische, juristische, medicinische und die facultas artium. Erstere hatte nicht nur an der Domkirche ihren eigenen schönen Saal für Vorlesungen und Promotionen, die sogenannte aula theologica (abgebrochen 1846), sondern auch in den Klöstern der Dominicaner, Minoriten, Karmeliten und Augustiner gab es dafür grosse Säle. Die juristische Facultät hatte ihr Gebäude hinter den Minoriten. Mit ihm waren Wohnungen für Bursisten verbunden, das heisst für arme Schüler, die von wohlthätigen Seelen dort unterhalten wurden. Das Gebäude der medicinischen Facultät lag in der Gegend des ehemaligen Kornhauses. Der Anatomie gegenüber befand sich ein kleiner botanischer Garten. Die facultas artium aber bestand aus den höheren Lehrfächern an den drei Gymnasien, von deren Lehrern man die der Anderen als die professores inferiores unterschied. Diese musste man, um zu einem Fachstudium zu gelangen, erst durchgangen haben. Für diese Facultät hatte der Magistrat 1420 in der Stolkgasse die schola artium als ein gemeinschaftliches prachtvolles Gebäude aufführen lassen, worin auch die medicinische Facultät wegen der Naturwissenschaften einen Lehrstuhl besass. Das Haupt der Universität war

der Rector. Dieser wurde viermal im Jahre bei den vier
genannten Klöstern von den vier aus jeder Facultät dazu
erwählten Electoren oder intrantes (in conclave) gewählt.
Der Abtretende war jedoch wieder wählbar, wodurch die
Rectoren eine Reihe von Jahren im Amte blieben. Der
letzte 1794 gewählte Rector war Ferdinand Wallraf, dessen Unterricht der Verfasser dieses Werkes 1810 bis 1813
genossen hat. Der Vorstand jeder Facultät war der von
deren ordentlichen Mitgliedern gleichzeitig mit dem Rector gewählte Decan. Ferner war über die Universität
vom Papste der Kanzler gesetzt, der über die Rechtgläu-
bigkeit der Lehrer zu wachen, und daher auch zu jeder
Promotion, weil darin nach der ursprünglichen Bedeutung
die Anstellung zum Lehramt lag, seine Licenz zu ertheilen hatte. Dazu war bei der Gründung der Universität
ein für allemal der Dompropst bestimmt. Zu Conservato-
ren der Privilegien der Universität waren von Bonifacius
IX. 1389 der Abt von St. Martin zu Cöln, und die Dechanten von St. Paulus in Lüttich und St. Salvator in
Utrecht bestellt, denen Julius II. 1507 den Rector hinzu-
fügte. Von Seiten der Stadt war das gesammte Lehrwesen, die Universität wie die Gymnasien, unter vier
Provisoren gestellt, welche die jedesmaligen vier älteren
Bürgermeister waren. Zur Verbesserung des knappen
Einkommens der Lehrer hatte Bonifacius IX. 1394 der
Universität elf Präbenden, nämlich eine bei dem Domstift,
und bei jedem der sieben Männer- und der drei Fräulein-
Stifte, verliehen, welche die vier Provisoren mit dem
Rector zu vergeben hatten. Eugen IV. 1437 fügte diesen
in gleicher Weise elf Präbenden bei denselben Stiften
hinzu. Paul IV. 1558 überwies der Universität auch die
zur Verleihung des Papstes stehenden, in den Monaten
März, Juli und November in jenen elf Stiften vacant wer-
denden Präbenden, jedoch so, dass die Erneuerung dieses
Indultum alle drei Jahre nachgesucht werden musste, was

andere Päpste auf vier, fünf, sieben Jahre verlängerten [1]).
Diese Gewährungen wurden die primae, secundae, ter-
tiae gratiae genannt. Neben allen jenen Anstalten hatten
aber die Erzbischöfe Ferdinand und Maximilian Heinrich
zur Bildung der angehenden Kleriker für ein Priester-
seminarium Sorge getragen. Clemens August hatte dieses
gegen den Widerspruch des Magistrats 1746 reformirt,
und in ein neues Gebäude auf dem Domhof verlegt[2]).
Auch hatten die auswärtigen Abteien Brauweiler und
Steinfeld in der Stadt für ihren studirenden Klerus eigene
Seminarien, wozu auch anderen Zuhörern der Zutritt of-
fen stand.

235. In das Unterrichtswesen griff aber in der Neuzeit auch die Landesregierung, und zwar nicht in der
richtigen Weise, ein. Was Cöln Grosses in der Wissenschaft, Baukunst und Malerei, geschaffen und geleistet,
hatte es nicht blos „in" der Blüthezeit des katholischen
kirchlichen Lebens, sondern grade „durch" dieses geschaffen. Durch diese unwidersprechliche Wahrheit war ein-
sichtigen, um das wahre Wohl der Kirche besorgten Erzbischöfen die Bahn ihrer Wirksamkeit vorgezeichnet. Anstatt jedoch im Geiste des Tridentiner Conciliums und des
h. Karl Boromäus die Elemente der nöthigen Regene-
ration in den grossen Grundgedanken und Wahrheiten
des kirchlichen Organismus zu suchen, und darin durch
ihr eigenes Beispiel vorzuleuchten: glaubten die durch
falsche Rathgeber irre geleiteten letzten Kurfürsten auf
dieses Ziel auf dem Wege der Opposition und der falschen Aufklärung hinarbeiten zu müssen[1]). In diesem
Geiste setzte der Kurfürst Max Friedrich 1777, im Ge-

1) Hedderich in den Materialien I. 5, 431.
2) Bianco Universität Köln I. 547—549. der zweiten Ausgabe.
1) Davon handeln: Bianco Universität Köln I. 596—610. der
zweiten Ausgabe, Ennen Zeitbilder S. 146—166.

gensatz zur Cölner Universität, zu Bonn eine Akademie
ein, bestehend aus einer theologischen, juristischen und
philosophischen Facultät, und legte jedem der Klöster
des Erzstifts und der Stadt Cöln die Pflicht auf, dazu
entweder zwei geeignete Lehrer zu schicken und zu unterhalten, oder ein Aequivalent in Geld zu leisten. Im
folgenden Jahre wurde dafür ein Akademierath nieder-
gesetzt, und dieser 1783 auch mit der Aufsicht über das
gesammte niedere Lehrwesen betraut. Im Jahr 1786 erhob der Kurfürst Max Franz die Akademie, nach dem
schon von seinem Vorgänger gefassten Beschluss[2]), zu
einer vollständigen Universität, mit welcher der Akademierath und der 1779 eingesetzte Medicinalrath vereinigt
wurden[3]). Das niedere Schulwesen und die Prüfung der
Schulmeister wurde 1787 einer Land - Schulcommission
übertragen[4]), auch zur Verbesserung des Schulwesens von
den Pfarrern genaue Berichte eingefordert[5]), und zu Bonn
eine Normalschule eingerichtet[6]). Der Besuch der Cölner
Universität wurde 1789 bei Verlust des „Zutritts zu allen
geistlichen und weltlichen Aemtern in den kuhrkölnischen
Landen" scharf verpönt[7]). Die alte Universität erlebte
noch die Genugthuung, dass einer der an die Universität
Bonn zur Pflege des Geistes der Neuzeit berufenen Lehrer, der ehemalige Franciscaner Eulogius Schneider, nachdem er, zu den tiefsten Stufen der Verworfenheit herab-
gesunken, als Agent der Revolution im Elsass dem Schaf-
fot zahlreiche Opfer gelieferte, zuletzt selbst 1794 unter
der Guillotine einen Theil seiner Schandthaten abbüsste.

---

2) Erlass vom 13. März 1784, Scotti Sammlung I. 775.

3) Man sehe die Nachweisungen im §. 51. Note 1. 2. 3.

4) Verordnung vom 24. Nov. 1787, Scotti Sammlung I. 864.

5) Verordnung vom 12. Juni 1789, Scotti Sammlung I. 902.

6) Verordnung vom 26. März 1791, Scotti Sammlung I. 932.

7) Die sehr ungnädig lautende Verordnung vom 10. August 1789
steht bei Bianco I. 598.

Auch darf es der Verfasser dieser Zeilen als eine gütige
Fügung der Vorsehung dankbar erkennen, dass es ihm
möglich war, die falsche Richtung, welche der kurfürstliche Geistliche Rath und Professor Philipp Hedderich in
seinem canonischen Recht eifrig gepflegt, an derselben
Stelle mit Erfolg zu bekämpfen.

VI. Der Untergang des Erzstifts und der Reichsstadt.

236. Als die von den geistlichen und weltlichen Fürsten durch ihre Verschuldungen wider Kaiser und Reich
verwirkten Strafgerichte hereinbrachen, wurde alsbald auch
das Erzstift, dieses unter einer wohlgeordneten Verwaltung „schöne und glückliche Land" [1]), davon heimgesucht.
Schon 1792 hatte der Kurfürst bei einer drohenden aber
vorübergehenden Gefahr seinen Sitz und einen Theil des
Regierungs-Collegiums nach Recklinghausen [2]), dann aber
1793 wieder nach Bonn zurück verlegt [3]). Im Herbst 1794
geschah aber wieder die Verlegung der Regierung und
des Hofraths nach Recklinghausen [4]), die des Bonner Ober-
Appellations - Gerichts und des Cölner Officialates nach
Arnsberg [5]). Der Kurfürst selbst verliess in den ersten
Tagen des Octobers mit segnender Hand seine Residenz,
die er nicht mehr wieder sah. Er gieng über Dorsten
nach Münster, von dort nach Mergentheim dem Sitz des
deutschen Ritter-Ordens, dann 1799 nach Ellingen bei
Nürnberg, 1800 nach Wien, und starb zu Hetzendorf am
27. Juli 1801.

---

1) So nennt es der Herausgeber der Materialien I. 9, 226.

2) Erlass vom 4. Dec. 1792, Scotti Sammlung I. 958.

3) Erlasse vom 3. Febr. und 18. April 1793, Scotti Sammlung I.
962. 969.

4) Erlasse vom 29. Sept. und 27. Oct. 1794, Scotti Sammlung I.
999. 1002.

5) Bekanntmachungen vom 20. und 27. Oct. 1794, Scotti Sammlung I. 1001. 1002.

237. Am 6. October hielten die Franzosen in Cöln, am 8. in Bonn ihren Einzug [1]). Den tönenden Proclamationen ihrer Generäle und Volksrepräsentanten, welche eine neue Aera des Volksglückes verkündigten [2]), folgte bald eine Reihe von Requisitionen, Contributionen, Zwangsanleihen und rücksichtslos einschneidenden Verordnungen [3]). Die eroberten Länder zwischen Maas und Rhein wurden alsbald in sieben Arrondissements eingetheilt, und eine Central-Administration zu Aachen eingesetzt, welche die sieben besonderen Administrationen unter sich hatte. Die Eintheilung in Aemter, Bürgermeistereien, Municipalitäten mit ihren Jurisdictionen blieben einstweilen bestehen. Unter den sieben Administrationen war eine zu Bonn für das Kurfürstenthum und die Stadt Cöln [4]). Das Gebiet derselben wurde in sieben Cantone eingetheilt, deren

1) Die Quelle für die folgenden Verwaltungs-Einrichtungen ist: Handbuch der für die Königl. Preuss. Rheinprovinzen verkündigten Gesetze, Verordnungen und Regierungsbeschlüsse aus der Zeit der Fremdherrschaft. Herausgegeben von Bormann und Daniels. Köln 1833—45. 8 Th. 8.

2) Ein Beispiel giebt die lesenswerthe Proclamation des Volksrepräsentanten Freeine au peuple Colonais vom 20. Frimaire III (10. Dec. 1794) in Daniels Handbuch VI. 272.

3. Eine Sammlung der bei der ersten Occupation erlassenen mancherlei Proclamationen, Requisitionen und Verordnungen nebst Rathsschlüssen der Stadt Cöln, wie sie vom 6. Oct. an durch den Druck und Trommelschlag bekannt gemacht worden, erschien zu Cöln in der Langen'schen Buchhandlung. Sie ist angeführt von Daniels VI. 261. Die Bonner Bibliothek besitzt in einem Folioband zusammengeheftet die einzelnen Verordnungen und Publicationen für das Land zwischen Maas und Rhein während 1794 bis 1797; und in vier Foliobänden eine gleiche Sammlung für das cölnische Land während derselben Jahre. Darauf näher einzugehen ist unserem Zwecke fremd. Man sehe darüber für die Stadt Cöln Ennen Zeitbilder S. 173—204.

4) Beschluss vom 24. Brumaire III (14. Nov. 1794), Daniels VI. 261. VII. 545.

einer unter Anderen auch die Stadt Cöln enthielt, und
an diese Administration zu Bonn, die man mit vierzehn
Mitgliedern besetzte, hatte. die bisherige Regierung sofort
ihr Local, ihre Archive und sonstigen Papiere zu übergeben[5]). Jener Central-Administration wurde 1795 auch
die zu Trier für die Länder zwischen Rhein und Mosel
niedergesetzte General-Direction untergeordnet[6]), 1796
aber die Central-Administration aufgehoben und durch
eine Verwaltungs - Commission aus drei geborenen Franzosen, jede Arrondissements-Administration aber durch
einen extraordinären Agenten ersetzt, dem die Amtmänner und Bürgermeister zu gehorchen hatten[7]). Schon in
demselben Jahr wurde jedoch die Verwaltung der eroberten Landestheile unter zwei General-Directionen getheilt, die Eine zu Coblenz, die Andere zu Aachen[8]), 1797
aber auch diese Einrichtung wieder aufgehoben, und die
Verwaltung, um ihr mehr Energie zu geben, in die Hand
des zwischen der Sambre und der Maas commandirenden
Obergenerals Hoche gelegt[9]), der dazu in Bonn eine Intermediär-Commission von fünf Mitgliedern einsetzte, auch
die Thätigkeit der alten Verwaltungsbehörden, Aemter
und Gerichte herstellte[10]). Diese Commission theilte das
ihr untergebene Gebiet in sechs Arrondissements, wovon
das vierte, dessen Regierung auch zu Bonn ihren Sitz
erhielt, das Kurfürstenthum und die Reichsstadt Cöln begriff[11]). Dieses wurde dann, unter Aufhebung der alten
Aemter und Unterherrlichkeiten in acht Aemter (bail-

---

5) Beschluss vom 18. Frimaire III (8. Dec. 1794), Daniels VI. 271.
6) Beschluss vom 20. Ventose III (10. März 1795), Daniels VI. 283.
7) Beschluss vom 14. Pluviose IV (3. Febr. 1796), Daniels VI. 358.
8) Beschluss vom 28. Floreal IV (17. Mai 1796), Daniels VI. 359.
9) Beschluss vom 6. Ventose V (24. Febr. 1797), Daniels VI. 406.
10) Beschluss vom 28. Ventose V (18. März 1797), Daniels VI. 408.
11] Beschluss vom 16. Germinal V (5. April 1797), Daniels VI. 412.

lages) eingetheilt[12]). Die Stadt Cöln war jedoch darin
nicht begriffen, sondern hatte ihre eigene Verwaltung.
Der Senat daselbst war von der General-Direction am
9. Prairial (28. Mai 1796) aufgehoben und durch eine Mu-
nicipal-Verwaltung nach republicanischem Zuschnitt ersetzt worden, wurde aber von Hoche am 21. März 1797
wieder hergestellt, am 7. September jedoch abermals aufgehoben, und ein Magistrat von dreizehn Mitgliedern an
die Stelle gesetzt, womit die alte Verfassung für immer
zu Grabe getragen war[13]).

238. Aber auch jene Intermediär-Commission war
nicht von Bestand. An ihre Stelle wurde schon Ende
1797 die „Nationalregie der französischen Republik" gesetzt[1]), und zur Handhabung derselben der citoyen Rudler
als Gouvernements-Commissär[2]) mit den ausgedehntesten
Organisations-Befugnissen ernannt[3]), deren Geist und
Richtung er in einer überschwenglich lautenden Proclamation aussprach, worin er den habitans de ces riantes
contrées den endlichen vollen Genuss de la dignité de
leur être verkündigte[4]), den sie aber theuer bezahlen
mussten. Nachdem er 1798 seinen Amtssitz in Mainz genommen, theilte er seiner Instruction gemäss die eroberten Länder zwischen Rhein und Maas und Rhein und
Mosel in vier Departements, worunter das des Rheins und
der Mosel mit dem Sitz zu Coblenz, und das der Roer
mit dem Sitz in Aachen das uns angehende Gebiet be-

---

12) Beschluss vom 15. Vendemiaire VI (6. Oct. 1797), Daniels VI. 438.

13) Ennen Zeitbilder S. 195—197.

1) Beschluss vom 21. Frimaire VI (26. Nov. 1797), Daniels VI. 447.

2) Beschluss vom 14. Brumaire VI (4. Nov. 1797), Daniels VI. 454.

3) Die Instruction desselben von demselben Datum steht bei Daniels VI. 454.

4) Proclamation vom 21. Frimaire VI (11. Dec. 1797), Daniels
VI. 455.

griffen⁵). Daran schloss sich ein Tableau, wonach die Departements in Arrondissements, und diese in Cantone eingetheilt waren⁶). Nach einem 1800 ergangenen Beschluss sollten die vier Departements vom 23. September 1800 an den übrigen Departements völlig assimilirt, und daher alle die Justiz, das Innere, die Polizei, die Finanzen und das Kriegswesen betreffenden Gesetze von den Gouvernements - Commissarien vor und nach eingeführt werden⁷). Nachdem dann durch den Lüneviller Frieden vom 9. Februar 1801 das linke Rheinufer an Frankreich abgetreten⁸), wurden die vier Departements als integrirender Theil des französischen Territoriums erklärt⁹), die französische Constitution vom 23. September 1802 an daselbst in Thätigkeit gesetzt, die Verwaltung durch den Gouvernements-Commissär aufgehoben, die Departements wie gewöhnlich unter Präfecten gestellt¹⁰), und die definitive Begränzung derselben festgestellt¹¹). So war der Uebergang in die Neuzeit vollzogen.

239. Hiemit gleichen Schritt haltend geschah auch die rasche Umgestaltung aller inneren Verhältnisse. Durch das Decret des Nationalconventes vom 15. December 1792 waren die Generale angewiesen, in allen besetzten Gebieten die Souverainetät des Volkes, die Abschaffung der bestehenden Steuern und Abgaben, der Leibeigenschaft, der Zehnten, Feudallasten, Zwangsrechte, Frohnden, Jagdrechte, und überhaupt aller Privilegien zu verkünden, und zugleich das Volk in Ur- und Gemeindever-

5) Decret vom 4. Pluviose VI (23. Jan. 1798), Daniels VI. 466.

6) Tableau vom 4. Nivose VII (24. Dec. 1798), Daniels VI. 474—518.

7) Beschluss vom 22. Fructidor VIII (9. Sept 1800), Daniels IV. 173.

8) Publicirt wurde derselbe am 28. Ventose IX (19. März 1801), Daniels IV. 931.

9) Beschluss vom 18. Ventose IX (9. März 1801), Daniels IV. 225.

10) Beschluss vom 11. Messidor X (30. Juni 1802, Daniels IV. 102.

11) Beschluss vom 16. Messidor X (5. Juli 1802), Daniels IV. 403.

sammlungen zur Wahl seiner provisorischen Beamten und Richter zusammen zu rufen [1]). In den ersten Jahren liess die Menge der Verordnungen über Requisitionen, Contributionen, Assignaten und Zwangsanleihen kaum die Zeit Einiges über die Aufhebung aller Prärogative des Adels und Klerus [2]), und über die Einrichtung der Rechtspflege [3]) zu decretiren. Nachdem aber der Gouvernements-Commissär Rudler 1797 in seiner erwähnten Proclamation seiner Instruction gemäss die neue Organisation der Verwaltung und Rechtspflege, die Abschaffung aller grundherrlichen Lasten, die Trennung der Justiz von der Verwaltung, die Einsetzung von Friedensgerichten und Anderes angekündigt hatte, wurde dieses von ihm und seinen fünf Nachfolgern zu Mainz rasch und durchgreifend ins Werk gesetzt. Dieses geschah insgemein so, dass sie die für Frankreich erlassenen und bereits ins Leben getretenen Gesetze, im Auszuge oder ganz, in beiden Sprachen, auch für die vier Departements publicirten, und dieselben auf diese Weise Frankreich ganz assimilirten. So erhielten sie in den Jahren 1798 bis 1802 den französischen Organismus der Verwaltung [4]), die Gerichtsverfassung, das Strafrecht, die Procedur in bürgerlichen und Strafsachen [5]), die Einführung der französischen Sprache in allen gerichtlichen Verhandlungen [6]), das Enregistrement und den Stempel [7]), die Einrichtungen des Civil-

---

1) Ennen Frankreich II. 438.

2) Beschluss vom 16. Germinal III (5. April 1795), Daniels VII. 383.

3) Beschluss vom 24. Brumaire III (14. Nov. 1794), Daniels VI. 267.

4) Die einschlagenden Verordnungen nennt Daniels VI. 518. 697. 772. 782. 788. 801. 834. 835.

5) Daniels VII. 560 — 563. §. 13. 14. Dazu kommt für die Civilprocessordnung VI. 646. 787. 794. 801. 803., für das Verfahren in Strafsachen VI. 618. 692. 731—765. 766. 780. 784.

6) Daniels VI. 635.

7) Daniels VI. 559. 586.

standes [8]), die Aufhebung aller mit der Feudalität und Grundherrlichkeit zusammenhängenden Verhältnisse und Lasten [9]), und damit verbunden auch die Aufhebung der Zünfte und Handwerks-Innungen [10]). Selbst die Einführung des republicanischen Kalenders wurde nicht vergessen [11]).

240. In gleicher Weise richtete die neue Herrschaft ihre Zerstörung gegen die Kirche. Der Paroxismus der Religionsverfolgung war allerdings schon vorüber, und der Ausübung des Gottesdienstes wurde kein Hinderniss entgegengestellt. Allein das Kirchengut, die kirchlichen Corporationen und Ordensinstitute entgiengen dem Schicksale nicht, wovon sie in Frankreich getroffen worden. Schon 1796 war alles Kirchengut unter Sequester gelegt [1]), und die Pfarrer, Vicarien, Schullehrer [2]), und Ordensgeistliche beiderlei Geschlechts [3]) auf bestimmte Pensionen gesetzt worden. Durch den General Hoche wurde jedoch der Klerus in den Genuss von Allem ihm Gehörenden wieder eingesetzt [4]), nur so, dass Veräusserungen und Belastung mit Hypotheken [5]), auch das Verbergen und heimliche Verkaufen der Mobilien und der die geistlichen Stiftungen betreffenden Documente [6]) strenge un-

8) Daniels VI. 280. 674. 868.

9) Daniels VI. 631. 771. 772. 918. Gute Notizen dazu giebt Derselbe VIII. 88. Note 3.

10) Daniels VI. 632. no. 12. VI. 727.

11) Beschluss vom 1. Thermidor VI (19. Juli 1798) Art. 2. no. 30., Daniels VI. 699. II. 495.

1) Beschluss vom 14. Fructidor IV (31. August 1796), vom 20. Prairial IV (8. Juni 1796), Daniels VI. 366. 393.

2) Beschluss vom 29. Pluviose V (17. Febr. 1797), Daniels VI. 405.

3) Beschluss vom 20. Germinal V (9. April 1797), Daniels VI. 413.

4) Beschluss vom 16 Prairial V (4. Juni 1797), Daniels VI. 425.

5) Beschluss vom 4. Frimaire VI (24. Nov. 1797), vom 23. Germinal IX (13. April 1801), Daniels VI. 445. 854.

6) Beschluss vom 29. Pluviose VI (17. Febr. 1798), Daniels VI. 600.

tersagt wurden. Es folgte aber bald für die Klöster das Verbot der Annahme von Novizen und der Erneuerung der Gelübde[7]), die Begünstigung des Austritts durch Zusage von Pensionen[8]), die Aufhebung der Corporationen und Ordenshäuser, wovon über die Hälfte der Mitglieder abwesend seien[9]), endlich 1802 die Aufhebung aller geistlichen Corporationen und Säcularisirung ihres Vermögens[10]). Die Universitäten zu Bonn und Cöln hatten seit 1794 ihre Thätigkeit kümmerlich gefristet[11]). Durch den Beschluss des Gouvernements-Commissär Rudler 1798, welcher das ganze Unterrichtswesen neu organisirte, wurden sie so wie die anderen Lehranstalten in Cöln aufgehoben[12]).

241. Das Domkapitel hatte sich beim Anzug der Franzosen, mit Allem was möglicherweise zu flüchten war, nach Arnsberg begeben[1]), und suchte von hier aus mit dem Generalvicar von Horn - Goldschmidt die kirchliche Verwaltung auf der linken Rheinseite so gut es gieng fortzuführen. Dieses hörte mit dem Concordat vom 26. Messidor IX (15. Juli 1801) auf, in Folge dessen durch die Bulle vom 29. Nov. 1801 die Erzdiöcese auf der linken Rheinseite aufgehoben, und an deren Stelle das Bisthum Aachen errichtet wurde. Auf der rechten Rheinseite

---

7) Beschluss vom 21. Pluviose VI (9. Febr. 1798), vom 9. Vendemiaire VII (30. Sept. 1798), Daniels VI. 597. 769.

8) Beschluss vom 8. Messidor VI (26. Juni 1796), Daniels VI. 690.

9) Beschluss vom 7. Germinal VI (27. März 1798), vom 28. Frimaire IX (19. Dec. 1800)), Daniels VI. 633. 847.

10) Beschluss vom 20. Prairial X (9. Juni 1802), publicirt am 13. Messidor (2. Juli), Daniels VI. 901. Wie es dabei in Cöln hergieng, beschreibt Ennen Zeitbilder S. 216—218.

11) Ennen Zeitbilder S. 164. 224.

12) Beschluss vom 9. Floreal VI (28. April 1798), vom 11. Brumaire VII (1. Nov. 1798), Daniels VI. 671. 777.

1) Ennen Zeitbilder S. 172.

dauerte jedoch die Erzdiöcese ohne Unterbrechung fort. Als daher der Erzbischof Max Franz am 27. Juli 1801 zu Hetzendorf verstorben war, erwählte das Domkapitel zu Arnsberg den canonischen Vorschriften gemäss alsbald einen Kapitelsvicar in der Person des thätigen und pflicht-treuen Herrn von Caspers zu Weiss, der auch die Ver-waltung lange fortführte, da der vom Kapitel am 9. Sep-tember 1801 zum Erzbischof erwählte Erzherzog Anton Victor von Oesterreich die Besitzergreifung ablehnte. Durch den Reichsdeputations-Hauptschluss vom 25. Februar 1803 wurde zwar auch das auf der rechten Rheinseite belege-ne Vermögen des Erzstifts säcularisirt[2]); allein die kirch-liche Verwaltung konnte davon nicht berührt werden. Der Kapitelsvicar von Caspers verlegte daher im Anfang des Jahres 1805 seinen Sitz nach Deuz, wo er in knap-pen Verhältnissen die kirchliche Administration mit aus-dauerndem Eifer fortführte[3]). Bei seinem am 15. August 1822 im hohen Alter erfolgten Tode führte sein erster Secretär Stephan Schmitz diese Verwaltung in der Eigen-schaft als apostolischer Vicar bis zum 20. Mai 1825 fort[4]), wo er dieselbe an den neuen Erzbischof Ferdinand Au-gust von Spiegel Grafen zum Desenberg abgab, in dem sich also das alte Erzbisthum ohne Unterbrechung fort-setzte.

2) Wie es dabei den Domherren und den geflüchteten Domschätzen gieng, berichtet Ennen Zeitbilder S. 212–216.

3) Genaueres darüber giebt Hüffer Forschungen S. 320–330.

4) Mering Die hohen Würdenträger der Erzdiöcese Köln S. 118.

Anhang.

I. Vereinigung der Stände des rheinischen Erz-
stiftes Cöln,

bei der bevorstehenden Wahl eines Erzbischofs, als künftiges
Verfassungs - Grund - Gesetz, bekannt unter dem Namen: Erb-
Landes-Vereinigung.

Wy Dechen und kapittel der Kirchen zome Doyme jn koelne
und wir Gerhart Greve zo Seyne, Wilhelm greve zo Virnenborg
Erffschenck, Johann Here zo Rifferschit Greve zo Salmen ꝛc. Erff-
marschalck, Friderich son zo Ronckel und greve zo Wyede, Gerlach Here zo Isenborg, Wilhelm Here zo Rychensteyn, Herman
Here zo Rennenberg, Diderich und Peter Burchgreven zo Ryneck
Heren zo Broiche und zo Thoenberg gebrodere, und Johan son
zo Ryneck Edelmanne, und wir Johan Here zo Gymnich und zo
Vyschell, Lutter quayde Here zo Thoenberg und zo Lantzkrone,
Henrich Here zo Drachfeltz, Aelff quaide Here zo Elner, Evert
quaide, Johan van Eynenberg Here zo Lantzkrone, Johan elste
son zo Gymnich, Johan van Hemberg Erffkemener, Ruitger van
Vrentze, Johan van dem Nienwege, alle Rittere;

Scheyffart vamme Roide Here zo Hemmersberg, Emont beis-
sell van Gymnich, Scheiffart vamme Roide Here zo Bornhem,
Johan Hurte van Schonecke, Johan van Gymnich zo Berge und
Clais syn son, Wilhelm und Thoenys van Oirsbecke Heren zo
Oilbrucke, Clais van Drachenfeltz Here zo Oilbrucke, Engelbrecht
van Hemberg Erffkemener van Bachem, Diedrich van Gymnich
zo Vlertzhem, Johan und Driessbeyssel van Gymnich, Wilhelm
van Hoesteden, Wilhelm quaide Her Lutters son, Johan und
Goedart Schallen van Belle, Reynhart van Bülich und syn soene,
Johan Spiess zo Vrechen, Heinrich van Gluwell, Gyse Kessel
van Nurberg, Diderich Scherffgen, Daym van Belle, Gerlach van
Bruynsberg, Heinrich Johan und Wynrich Kolven, Peter Blanckart, Lodewig van meckenem, Daym van Ylem, Johan Kolve

van Arwylre, Gerhart Blanckart und syn Son, Frederich van
Rondorp und syn zwene soene, Johan und Philips Schramen van
Horrem, Daym und Heinrich van dem Bongart, Karle van Metternich, Johan van Widderstein, Welter Kolve, Philips Roiss,
Johan van Metternich, Thoenys Amelonck, Schillinck van Os-
sendorp, Heinrich van dem Forste, Kirstgyn van Austelen und
syn soene, Winrich van Frentze, Herman van dem Forste, Syb-
gyn van Metternich, Wilhelm Kruseler, Peter van Pissenhem,
Breidmar und syn Broder Welter van Dreysse und syn soene
Herman van Hersel, Goedart Ruymschottel, Johan und Goedart
van Breitbach, Gerlach van Breitbach, Johan van Kettge, Gerhart van der Gracht, Clais van Meckenhem, und Conrait van
Kottenhem, Ritterschaft;

und wir Burgermeister, Scheffen, Reode und gantze Ge-
meynde der Stede Bonne, Andernach, Nuysse, Arwylre, Lynss,
Bercke, Keyserswerde, Zoyntze, Urdyngen, Kempen, Reymbach,
Zulpho und Lechenich des stichtz van Coelne;

Doin kunt und bekennen: Als der erwirdige furste unse
lieve Here, Her Diderich Ertzbischoff tzo Coelne seliche. dem
got gnade, Doitzhalven affgegangen ist und durch seede orloge
und andere manichfeldich vurnemen und handelonge, buyssen
wissen und willen des Capitels, Edelmanne, Ritterschafft und
Stede des Stichtz vursch. zo gegangen, und ouch jn geistlichem
und werentlichem staide die gerichte und ander sachen nyet na
yedermans volkomener behoerlicher noittorft behalden und ver-
handelt worden synt; So hain wir vurgenant: dem Almechtigen
Gode, Marien synre lieven Moider und dem guden sent peter
unsme Patrone zo Loeve und zo eren, As die ghene die der
Kirchen und gestichst vurss: mit Erffhuldongen und sust son-
derlingen bewant und darynne geerfft und geguet synt und zosamen gehoerent, umb sulche und ander gebrechen der undersaissen vortan zo verhueden und jn dem besten zo versorgen,
mit gudem vurraide, zo nutze, beste, freden und waillfart der-
selven Kirchen und gestichte vurss. und der Undersaissen gemeynlichen, etzliche punte und Artikell eyndrechtlichen darover
begryffen, geslossen und unss darup zo samen gedain, verdra-
gen und vestentlichen vereynicht und syn des gentzlichen over-
komen und eyns worden:

1. Dat wir, samen noch besonder, geynen zo komenden
Hern des gestichts van Coelne jn zokomenden tzyden zolaissen
oder ontfangen, noch yem eyde, huldonge, oder geloefde doin
sullen; he en have zierst dieselve stucke und punten bevor be-
wilcht, belieft und zogelaissen und so viel jn dieselve Stücke
und punten antreffent und beroerend, geloifft und zo den hilli-
gen gesworn (:und darup yecklichem staide syn Sigell und
brieve geven sall:) dat zo doyn, zo halden und gentzlichen zo
vollentzihen, na lude der vereynonge jn maissen herna beschreven voulgt.

2. Item: dat geistliche gerychte in dem Sale so zo bestellen, dat sulch gerychte gotlich und fromelich und recht zoghe
dat datselve gerychte bestalt werde mit eirbar officialen, Sege-
lern, Advocaten, notaren und procuratorn; dat mallich arm und
ryche unvertzochlich recht gedyen und widderfaren moige; und
dat die sachen durch den Heren nyet avociert, noch upgeschort
werden; und darup eyn reformatie gemacht werde, as dat beschreven recht und die statuten dat cleirlichen Innhaldent; und
dede der varss. eyncher darentboyven yedt, dat sal der here
straiffen.

3. Item: dat alle werentliche gerychte zo machen und zo
bestellen, dat arme und ryche, und mallich sonder Indracht
unvertzocht recht gedeyen moge, na gewainheit und loiff der
gerychte; und dat die gerychte van dem heren ader den Amptluden nyet vorter upgeschort werden.

4. Item: dat vrygerychte jn westphalen also zo bestellen,
dat die undersaissen geyner den andern dar laden noch heischen
sall, die sich eren und rechtz vur syme Heren und gerichten
erboide da under hey gesessen were; jd en were dan sache, dat
yem, der sulchs zu doyn hette, dat recht ader der uyssdracht
van dem Heren ader gerychten, da under hey gesessen wer, ver-
tzogen ader verslagen wurde.

5. Item: alle Greven, Vryhen, Ritterschafft, Stede und gemeyn Lantschafft des Stichts van Coelne bei yren vryheiden,
privilegien und aldem herkomen zo halden und ungedrenckt
blyven laissen.

6. Item: dat die zokomende Here geynen Kriech anheven sall,
buyssen wissen und willen des Capittels und gemeyner Lantschafft.

7. Item : dat eyn zokomende Here die undersaissen des Stichts van Coelne, yre Lyff Have und guet nyet eu verschryve, want durch sulche verschryvonge die undersaissen des Stichts geroifft, gebrant und zo groissen schaden komen synt.

8. Item: Edelmanne und Ritterschafft by yre alder vryheit der zolle zo laissen und yn yre goit, zo wasser und zo lande, tolvry ungehindert, up yre brieve und Sigel, volgen und varen laissen.

9. Item: Keyserswerde, die freedborg und Bilsteyn by dem Sticht van Coelne zo behalden und dieselve Slosse nyet anders dan mit guden coelschen luden zu besetzen.

10. Item: dat eyn zokomende Here besonder geloyve und· swere, Sigell und brieve geve, dat hey die vereynonge des Landts van dem Berge, vort Sigell und Brieve van unsme Hern selige die darover gegeven synt, halde und jn den sachen aff noch zoe en doe, buyssen wyssen und willen Capittels, Edelmanne, Ritterschaft, Stede und gemeyn landschaft zosamen.

11. Item : wae dat Sticht van Coelne overbuwet ist zo wasser oder zo lande, vort overgraven, off anders verdeilt ader versplyssen ist, dat sall eyn Here keren und jnmanen na alle syme vermogen.

12. Item: dat eyn zo komen Here geyn leistschult en mache, buyssen wissen und willen des Capittels.

13. Item: wanne dat Capittel eyndrechtlichen ader dat meiste deil van dem Capittel, eynen Heren gekoren und erwelt hait, off dan yemant, wer der ouch were, bynnen ader buyssen dem Capittel In sulche koir, druge, zweydrachten, und uneyndrechticheit jn dem Sticht machen weulde; So sullen asdan Edelmann, Ritterschaft, Stede und gemeyn Lantschafft dem also erwelten Heren gehoirsamheit doin, mallich na syme geboir den erwelten Heren, up syne cost, by dem Stichte helffen behalden ; und der sachen sall der Here yn eyn Heufftman syn.

14. Item : wanne dat Capittel eyndrechtlichen, ader dat meiste deill van dem Capittel, eynen Heren gekoiren und erwelt hait, so sall hey, van stunt na der Confirmacien, priester werden und sich laissen consecriren.

15. Item: wanne eyn Capittel nutz und noit bedunckt syn, Edelmanne, Ritterschafft und Stede by sich zo beschryven,

dat sy dat doyn mogen, sonder Indracht des Heren, und dat dann die selve Lantschafft dem Capittell volgen sall; darup Ritterschafft, Stede und gemeyn lantschafft dem Heren sweren sullen und anders nyet.

16. Item: des gelichen, off sache were, dat Edelmanne, Ritterschafft ader Stede, semetlichen ader insonderheit, van dem Capittell, umb redeliche ursache, begerden, ouch jn maissen vurss. by eyn zo komen; dat sall yn dat Capittel nyet weigern, und off dat also geweigert wurde, des doch nyet synen sall, So sall eyn Erffmarschalck des Stichts van Coelne die macht haven, jn gelicher maissen zo doyn; desselven der marschalck nyet weigern noch vertzoch machen sall.

17. Item: dat eyn zokommende Here eynen stanthafftigen Rait machen sall, van geistlichen und werentlichen personen; Also doch, dat der geistlicher Personen geyne jn eyncher Kirchen Dechen sy; uyssgescheiden den Dechen und Capittell des Doymps, want die alsament als eyn lytmaet zo des Heren Rait gehornt, vort die werentliche Personen des Stichts van alders man und in dem Sticht gesessen syn; dartzo ouch alle tzyt der Here jn syme Raide by yem haven sall zwene Heren uyss dem Capittell.

18. Item: dat Edelmanne of undersaisse des Stichts van Coelne jn disser vereynonge, den andern (nicht) veeden, roven, brennen, noch mit gewald schedigen sall, dem an redelichem uysstrage genoicht, ungeverlichen.

19. Item: dat eyn zokomende Here, noch syn Amptlude und Dyenre, nyemant wer der sy, dat Sticht off eynchen undersaissen des Stichts geveet, geroifft, gebrant, geschynt, off mit gewalt geschedicht hette, ader sulchs uyss syme Huysse hette laissen geschien, des der ader die uugefreidt und ungesoynt weren, deme sall die Here ader Amptlude in dem Sticht geyn geleyde geven; und off der Here ader die Amptlude eynchen jn sulcher maissen geleyde geven, ader gegeven hetten buyssen wyssen, und Sy darumb ersocht wurden, So sall der Here ader die Amptlude den ader dem van stunt dat geleyde upsagen.

20. Item: dat eyn zokomende Here Sigell und Brieve halde, die syn vurfaern und Capittell zosamen gegeven und besiegelt haint, und ouch eyn zo komende Here und syn Capittell

hernamails geven, ader unse Here selige, dem Capittell gegeven hatte, und der zokomende Here hernamails dem Capittell alleyne geven wurde; und off eyncher gestichtsman Burge worden were, vur unsen Heren seligen, Ader der Here yem selvs schuldich were, des hey schult breve off schadeloiss breve van synen gnaden hette, und die schoult in des Stichts nutz komen were, Dat der Here sulche schoult und schaden gutlichen verfange und die Burgen des ontheve; Doch also, dat sulchs buyssen wissen und willen des Capittels nyet me en geschie.

21. Item off jn zokomenden tzyden unse zokomende Here ader die syne, widder dese vurgeschreven punte, ader syne eyd und verschryvonge, hey dem Capittell doin sall off doin wirt, yedt dede, So dat hey ader die syne des jn deylle off zo maille nyet en hielden, dat got nyet en wille, und syn Capittell yn ader die syne darumb ersocht hetten, und Sy des nyet affstelten; So mogen dat Capittell, Edelmanne, Ritterschafft, Stede und gemeyne Lantschafft zosamen oder besonder beschryven, die ouch dem Capittell, sonder Indracht des Heren, volgen sullen, und yn dat zo erkennen geven;

22. und wan eyn Here das dan nyet zerstunt affstelte, und hielte dat hey geloifft, gesworen und verschryven hait; So sullen Edelmanne, Ritterschafft, Stede, Amptlude und gemeyn lantschafft by dem Capittell blyven und dem gehorsam syn, und dem Heren noch den synen nyet, bis so lange, dat der Here helt und doit dat ghene, dat hey geloifft, gesworen und verschreven hait; und darup sullen auch die Amptlude und lantschafft deme Heren hulden und geloyven und anders nyet; Doch also dat die Greven, Edelmanne, Ritterschafft, Amptlude und Stede widder yre Eyde und geloiffden, Sy dem Heren gedain hant, die tzyt lanck nyet doyn noch gedain sullen haven und der geloiffden und eyden ledich stain, bis zertzyt sulchs aff gestalt und gehalden wirt van dem vurss. heren; und wanne sulchs van deme heren affgestalt und gehalden wirt, So sullen Sy yem widder jn sulchen geloiffden und Eyden blyven stain, as Sy vur gedain hant; und sulchs so dücke sich noit geburt.

23. Were ouch sache, dat yemant, zo dem vurss. Stichte van Coelne gehoerende wer der off die weren, jn deser vereynonge mit uns syn und alle stucke und punten gelych uns ge-

loyven weulden; Die sullen und mogen herjn gain mit yren trans-
fixbriefen, durch desen Brieff gestochen, mit yren Sigell besigelt;
Diewelche transfixbrieve gelych deseme Heufftbrieve macht haven
und denselven Heufftbryeve nyet ergeren noch vicieren en sullen.

24. Desgelichen off unser eyncher mit namen jn desme
brieve genoympt, denselven brieff nyet besigelen ader mit unss
anderen believen weulden; dat en sull ouch desen Brieff nyet
ergeren noch vicieren, sondern jn synre vollkomenre macht, van
uns, die den besigelt ader zo besegelen gebeden und beliefft
hant, und unse nakomen und erven, syn, blyven und gantz gehalden werden, sonder Indracht;

25. Were ouch snche, dat dese brieff nass, locherich, vle-
ckich, off an eynchen Sigelen gequat ader anders binder kriege;
Dairumb en sull eyn zokomende Here und wir sementlichen und
eycklich besonder, unse nackomen und erven, die myn nyet
schuldich syn, alle und yeckliche punte und stucken dis Brieffs
zo halden, zo doyn, und zo vollentzihen, jn massen vurss.

26. Alle und yeckliche stucke und punten vurss. so vill
uns die beroerende syn, hain wir Dechen und Capittell, Greven,
Edelmanne, Ritterschafft, Burgermeister, Scheffen, Reede und
Gemeynde der Stede vurss., vur uns, unse nakomen und erven,
samen und besonder, jn guden waren truwen und in rechter
eydtstat, by unsen eren, eyden, huldongen und geloiffden, wir
der kirchen und dem Sticht van Coelne und anderen unsen Heren bewant syn und gedain hain, unser yecklicher dem andern
zogesacht und geloifft, zosagen, reden und geloyven, vaste, stede
und unverbruchlichen zo halden und gentzlichen zo vollentzihen,
und darwidder nyet zu doyn, zo werven, ader schaffen gedain
werde, overmitz uns selvs ader yemant van unsen wegen, sonder unser yecklich dem andern dartzo, dat die selve stucke und
punten wie vurss. steit gedain und gehalden und van nyemantz
verhindert ader verbrucht werden, behulplich, geredich und bystendich zo syn mit lyffe und goide, na all unser macht und
vermogen, so wae und wie des zo doyn und noit were ungeverlich, und uns da ynne nyet van eynander zo scheiden noch zo
deylen, umb eyncherleye sachen die geschien synt ader geschien
mochten jn eyncherleywys, sonder alle beschuttenisse, firpelie,
gedrochnisse, Indracht ader Widderrede;

Und des zu urkonde der wairheit, So hain wir Dechen und Capittell vurss. unse Siegell ad causas zo yetzuge der wairheit alre vurschreven sachen vur unss und unse nakomen, an desen Brieff doin hangen; und wir Gerhart Greve zo Seyne, Wilhelm Greve zo Virnenborg, Johan Here zo Rysserschit und Greve zo Salmen Erffmarschalck, hain unse Segele vur uns und die vurss. Edelmanne und unse und yre Erven, umb yrre beden willen, an desen Brieff gehangen; Dos wir Edelmanne vurss. also bekennen, under Segelen der vurss. dryer Greven und Heren, der wir hertzo mit gebruichen; und wir Ritterschafft vurschreven bekennen, dat wir mallich van unss unse Ingesegele, vur unss und unse Erven, an desen Brieff gehangen haint; unss allre vurschrevene sachen damit zo overzugen; Und wir Burgermeister, Scheffen, Reede und gantze gemeynde der Stede vurschreven Bunne, Andernach, Lynss, Arwylre und Nuysse, hain unse Segele, vur unss und vort vur dese vurschreven Stede, unse und yre nakomelinge und erven an desen Brieff gehangen, des wir andere vurss. Stede also bekennen under Segelen der Stede vurss., der wir hertzo mit gebruichen.

Gegeven jmme Jaire unss Heren Duysent vierhundert Dry und Seestzich des Seesindzwentzichsten Dags In dem Maynde Mertze.

<small>B e m e r k. Der vorstehenden Urkunde sind 11 Transfix-Briefe beigesiegelt, nämlich: vier aus dem Jahre 1473 (Beitritts-Urkunden eines Grafen und dreier Mitglieder der Ritterschaft), einer aus dem Jahre 1477 (Beitritts-Urkunde des Evert Grafen zu Wittgenstein, Herrn zu Homberg), drei aus dem Jahre 1508 (Beitritts-Urkunden von 10 Grafen, von 92 Mitglie lorn der Ritterschaft und von den beiden Städten Sinzig und Remagen), zwei aus dem Jahre 1515 (Beitritts-Urkunden a) des Johann, Grafen zu Holtzem und seines Sohnes Joest, Junggrafen, sodann b) von 34 Mitgliedern der — sich also nennenden — Ritterschaft des Erzstifts Cöln und von den beiden Städten Recklinghausen und Dorsten), und endlich die nachfolgende Bestätigungs - Urkunde des Churfürsten Hermann (von Wied) vom Jahre 1521.</small>

Wir Herman von gots gnaden der heiligen Kirchen zu Cöllen Ertzbischoff, des heiligen romischen Richs durch Italien Ertzcantzler und Churfürst, Hertzoug zu Westvalen und Engeren zc. Thun kunt und bekennen gein allermenniglich overmitz diessem Brieve, Als wir hiebevor in unser Erwelung den wirdigen Eddeln

wolgebornen unseren lieben andechtigen und getrewen Dhoim-
capittel, Graven, Ritterschafft, Stedden und Lantschafften unsers
Stiffts und Churfürstenthumbs Cöllen uff diesser ayten Ryns zu-
sambt unserm Veste von Recklinghusen verschrieben und mit
unserm angebornen Siegel verpflicht haben, das wir nach unser
Bestedigung und consecration, solich Landtvereynigung als hiebevor jn den Jaren, das man schreiff nach christi geburt dusent
vierhundert und drey und sechszeig uff den sechs und zwentzich-
sten tag des monats Mertz tuschen obgemelt unsern lantschafften uffgereicht worden ist; annemen belieben confirmiren und
bestettigen auch mit unserm pontificail Siegell besiegelln sollen,
Das nu wir demnaich dieselbige landtvereynigunge in allen und
iglichen clausulen und articulen ires inhalts zu halten angenommen beliebet confirmirt und bestettigt haven annemmen belieben
und besteddigen dieselbige in allen und iglichen iren articulen
und clausulen ires inhalts geinwerttiglich in crafft und macht
diesses Brieffs, sonder alle argelist und geverde. Des zu warem
Urkunde haben wir unser pontificail Siegell an diessen unsern
transfixbrieff wissentlich thun hangen, Geben zu Poppelstorff am
gudestagh unser lieven frauwen abent Assumptionis, jm Jair
unsers Herrn Fünfzehnhundert und Einundzwentzich.

– –

II. Erblandesvereinigung mit dem Erzbischof Adolf von 1550.

Wir Adolff von Gottes Gnaden Erzbischoff zu Cöln, des
Heil. Röm. Reichs durch Italien Erzkanzler und Churfürst, Herzog zu Westphalen und Engern ꝛc. Vort wir Dechant und Ca-
pitul der Kirchen zum Dhoim in Cöllen ꝛc. Wilhelm Grave zu
Newenar und Mörss, Herr zu Bedtbuhr, Erb-Hoffmeister ꝛc. Johann Graf zu Salme, Herr zu Rifferschied, Dick und Alfter Erbmarschall ꝛc. Gumprecht Grave zu Newenar und Limpurg, Herr
zu Alpen, Lennep und Helffenstein, Erbvogt zu Cöln ꝛc. Johann
von Ligne Grave zu Arbugh, Freyherr zu Barbasson, Röm.
Kayserl. Majestät Statthalter, General in Friessland, Uber-Issel,

Gröningen und der Umblanden, Erbschenck ꝛc. Dietberich Grave
zu Manderschiedt, und Blankenbeim, Herr zu Schleiden, Kerpen,
Kronenburg und Newerburg, Johann Grave zu Wiede, Herr zu
Runkel und Issenberg ꝛc. Arnold Grave zu Benthem und Stein-
fordt, Herr zu Wevelckoven ꝛc. Johann Grave zu Seyn, Herr zu
Homburg, Monkeler ꝛc. Wilhelm von Rennenberg, Herr zu Sue-
len Palsterkamp, Wilhelm von Bongart zu Bergerhaussen, An-
thon Haussmann von Namedey, Rittere, — Wilhelm Freyherr
von Schwarzberg Ambtmann zu Newerburg, Adolff Herr zu Gymnich und Vischel, Lutter und Herman Qwade Gebrüdere, Herren zn Tomberg und Myle, Goddart Burggrave zu Drachenfeltz,
Herr zu Myleudunk und Ruland, Wilhelm von Flodorff Burggrave zu Odenkirchen, Wilhelm Hasse zu Conratzheim Marschall,
Degenhart Hasse der Rechten Doctor und Ambtmann zu Lynner,
Goddart Hasse zu Hülsse Gebrüdere, Dahm Spiess von Büllesheim zu Vrechen, Ambtmann zu Lechenich, Friederich Stepradt
zu Honningen, Johan Qwade zu Veldbrugen, Ambtman zu Erb-
rod, Wilhelm von Breidtbach, Herr zu Buretzheim, Henrich Roll-
man von Dadenberg zu Cleburg Ambtman zu Siegberg, Johan
und Otto Walpotten Herren zu Oelbrugk und Königsfelt, Pfilips
Diethardt von Brunssberg Herr zu Broell, Ambtman zu Nürburg, Gürgen von der Leyen zu Adendorff Herr zu Saffig Ambtman zu Andernach, Goddart von Denssberg Ambtman zur Hardt,
Herman Hasse Erbdurwerter Herr zu Turnich, Johan von Vir-
mondt Erbvogt zu Anrode und Urdingen, Vogt zur Nerssen und
Ambtman zu Urdingen, Johan von Metternich Herr zu Vettel-
hoffen Ambtman zu Sintzig, Wilhelm Ketzgen zu Geritzhoven Erbdurwerter, Dietherich únd Arnoldt von Hemmerich Gebrödere,
Bernhardt von Veltbruggen Inhaber des Hauss Newerburg Ambtman zu Veanden, Johan von Wachtendünk Ambtman zu Kempen, Johan von Brempt Ambtman zu Oede, Johan von Pallande
zur Horst, Herr zu Keppel und Vorst. Wallraff Scheiffart von
Merode zu Wilerschwist, Wilhelm Scheiffarth von Merode Herr
zu Bornheim und Heymersbach, Friederich von Metternich uf
dem Broel, Dietherich und Wilhelm von Metternich zu Som-
mersberge, Koen von Blankart in der Sahr, Johan von Aer Vogt
zu Antweiler, Johan Schall von Morrenhoffen Herr zu Lufftel-
berge, Reinboldt Scharffmau von Lechenich zu Rammelshoven,

Henrich und Wilhelm Schall von Bell zu Schwadorff und Mül-
lem, Erb - Hoffmeistere des Gotzhauss Dietkirchen, Arndt und
Gerhardt von Veltbruggen Gebrödere, Wilhelm von Efferen zu
Sechten, Johan Schenckinck zu Kentenich, Ludolff von Vellbrug
zu Lachem Erfſkemmerer, Adolff Qwade zu Buschfelt, Dahm von
Galen zu Muchaussen, Wilhelm von Goer zu Soppenbroich, Con-
radt Putzfelt, Bertram von der Lippe genannt Horn, zu Dreuel,
Ambtman zu Moers, Johan von Wewert, Vogt zu Ossenberg,
Wilhelm von Buderich zu Gripsswald, Jorgen Qwade zu Collen-
berg, Emmerich Hurdt zum Pesch, Roprecht von der Capellen
zu Broichhussen, Gosswin von Ratzfelt zu Eille, Gosswin von
Huntzlar zur Hulssdunk, Johan Roist zu Aldendorff, Cuert von
Dript, Wilhelm Schramme zu Bütgen, Wilhelm von Herssel zu
Vochen, Hieronymus Wulff von Metternich zur Gracht, Gerhardt
von der Recke, Inhaber des Haus zur Nette, Gerlach Schillinck
zu Lanstein, Emondt von Wilburch Herr zu Arendahl, Emmerich Kolue Herr zu Schweppenberg, Peter von Kaldenborn, Wilhelm Horst zu Hemmerssheim, Wilhelm Kessel zu Bruck, Gerhard von Meckenheim, Wilhelm Hurdt zu Ringsheim, Werner
Krummel zu Weyer, Dietherich von Buchel zu Weyer, Walther
Bulich zu Kochenheim, Wilhelm von Hove genant Bell, Ambtman zu Rolandtseck, Dietherich Burtscheidt zu Bullessheim, Dahm
von Ilem zu Metekoven, Dietherich von Zwievel zu Dranssdorff,
Werner Gurtzgen zu kleinen Vernich, Wilhelm von Kintzwiler
Herr zu Muderssheim, Heinrich Beissel von Gymmenich zu Freyss-
heim, Erasmus Schall von Bell zu Bell, und Gerhard sein Bruder ju Gluel, Johan von Freutz zu Schlender, Gerhard von der
Arfft, Goddart Dutsch von der Kulen, Christoffer Dutsch von
der Kulen, Conradt Berenkott, Pfilipss von Konigsdorff zu Kreutz-
berg, Bertram von Mirbach zu Arloff, Forst zum Forst, Dahm
von Halle zum Busch, Wilhelm von Ruschenberg zu Selckum,
Winand von Anxtel zu Anxtel, Johann von Randerodt zu Kleinenbroich, Henrich von Schlickum, Wilhelm von Haſſden, Gottschalck von Hulsse zu Roede, Everhard von der Bruggen, Chri-
stoff von Hunxler zu Schacken, Henrich von Ossenbroich zu Bo-
ckem, Engelbert von Asselte zur Dunck, Gottschalck von Weyenhorst, Goddardt von Eill zu Gassdunck, Johan und Adam von
Hambroich Gebrüdere, Jacob in Gernhove zu Glinde, Johan von

Barlle ꝛc. Ritterschafft; — Und Wir Bürgermeister, Scheffen,
Rade, und gantze Gemeindt der Stede, Bonne, Andernach, Nüsse,
Arwiler, Lynss, Berck, Keyserswerde, Zoentz, Urdingen, Kempen,
Rheimbach, Zulpge, Bruel, Sintzig, Remagen, Linne, und Lechenich des Gestichts von Collen, — Doin Kund hiemit für Uns,
Unser Stifft, Nachkommene und Erben, gegen allermenniglich
bekennendt, so als hiebevor Unser Wirdig Dohm-Capittel, auch
Unser Dohm-Dechantz und Capittels, vort Graven, Ritterschafft,
und Stede des löblichen Ertzstiffts Collen Furfarn und Für-El-
tern seligen, nach Absterben, Wilne loblicher Gedechtnuss Ertzbischoff Dietherichs sich zusammen gethan, und deme gemelten
Stifft Colnen und desselben gemeinen Vatterlandes Unterthanen
zu Gnaden, Gutem, Ufnehmen, Gedeyhen und Unterhaltung gemeinen Friedens, eine löbliche Landts-Vereinigung für sich, ihre
Nachkommen, und Erben unter ihren anhangenden Siegelen uf-
gericht, und stete, vest, unverbruchlich zu halten einander gelobt, versprochen und zugesagt, welcher Landt-Vereinigung In-
ganck alsüs lautendt ist:

Wir Dechant und Capittel der Kirchen zum Dohme in Collen, und Wir Gerhard Grave zu Seyn ꝛc. und endet alsus: gegeven in dem Jare unsers Herren dusendt vier hundert drey
und sechssig, des sechss und zwentzigsten Tages in dem Maende
Mertz; und dan etliche viele Stemme und Namen von Graven
Herren, und vom Adel in obgemelter Landt-Vereinigung vermel-
det, dieser Zeit nit mehr im Leben, auch etlich derselben, Irer
Gelegenheit und Notturfft nach, sich anders wohin mit ihrer
Wohnung, usswendig dem Stift gethan und begeben, dergleichen
auch mittlerweile andere Stemme und Nahmen wiederumb in-
kommen, dardurch und sunst umb mehr anderer beweglicher
Ursachen willen, haben Wir Adolff Ertzbischoff und Churfürst ꝛc.
Und Wir Dechand und Capittel, vort Wir die Graven, gemeine
Ritterschaft und Stede des Ertzstiffts Collen vorgeroirt, uf negst
gehaltenem gemeinem Landtage zu Bonne, dieses itz lauffenden
fünfzigsten Jahrs der mindern Zahl einen Ausschuss verordnet,
und denselben uferlegt, und befohlen die fürberorte Land-Ver-
einigung für die Handt zu nehmen, zu erwegen; und wie die
am besten an den Orten, da dieselbig etwas dunkel und unver-
stentlich seyn möchte, zu erleuteren und zu erkleren. Wilche

Verordente zu solchem Ausschuss, dieselbige vorgerorte Land-
Vereinigung, Ihrem besten Vleiss nach, für die Handt genohm-
men, erwogen und folgentz Uns daruf ihre Bedenckens angezeigt, undt also was Wir Ihnen uferlegt, mit Vleiss aussgericht:
Daruf dan Wir Adolff Ertzbischoff, Dechant und Capittel,
vort Graven, Ritterschafft und gemeine Landschafft, als Heubt
und Gliedor, solch inbracht Bedenken mit Vleiss erwogen und
bedacht, und Uns dasselbig also, Gott dem Allmechtigen, Marien seiner lieben Moder, und dem guten St. Peter, unserm Pa-
tron zu Lob und zu Ehren (doch mit dem Verstand, dass damit
dero fürgerorten alten Landt-Vereinigung nichts benohmmen,
sondern die hiemit und hinwiederumb diese damit vielmehr ge-
sterckt, befestigt, erclert und gebessert seyn und bleiben soll)
einhelligklich bewilligt und angenohmen, auch für uns, alle unsere Nachkommen und Erben zu ewigen Tagen, vast, stedt,
und unverbruchlich zu halten, und zu vollnziehen, einander versprochen und zugesagt haben, wie wir dan auch hiemit und in
Crafft dieses Brieffs bewilligen, annemmen, versprechen und zusagen.

1. Dass nemblich und zum Ersten also ist, dass Wir Dechant und Capittel, auch Grafen, Herrn, Ritterschafft, Stette,
und gemeine Landschafft sambt noch besonder, keinen zukommenden Herrn des Ertzstiffts von Collen in zukommenden Ziden
zulassen oder empfangen, noch ihme Eide, Huldung oder Geloefde doen sollen, He en have erst dieselve Stucke und Puncten für bewilligt, beliest und zugelassen, und so viel ihn dieselve
Stucke und Puncten antreffen, und beroren, gelofft und zu den
Heiligen geschworen, und daruf jecklichem Stande sein Siegel
und Breve geven sall, dat zu doen, zu halden und gentzlichen
zu vollnziehen, na Lude der Vereinigungen, inmassen hernach
geschreven folgt.

2. Item das geistliche Gericht in dem Sale so zu bestellen, dat solche Gerichte Göttlich und fromlich und recht zugahn,
dat datselve Gerichte bestalt werde mit Ehrbarn Officialen, Siegler, Advocaten, Notarien und Procuratoren, dat Mallich Arm und
Reiche unverzuglich Recht gedeyen und widerfahren moge, und
dat die Sachen durch den Herrn nit avocirt, noch ufgeschurzt
werden, und daruff ein Reformation gemacht werde, als dat
beschreven Rechte und die Statuten klarlichen inhalten, und

dede der Vurse. einicher darbouen geth, dat sall der Herr
straffen.

3. Item dat alle weltliche Gerichte zumachen und zu bestellen, dat Arm und Reiche mallich sonder Intracht unverzoget
Recht gedeyen moge nach Gewonheit und Leuff deren Gerichte,
und dat die Gerichte von dem Herren oder den Ambtleuthen
nit furter ufgeschurtzt werden.

4. Item dat friehe Gericht in Westpfalen so zu bestellen,
dat die Untersaessen geiner den anderen dair laden noch heischen sall, die sich ehren und rechts für syne Herren und Gerichten erböde darunter hei gesessen wehre, id en wehre dan .
sache, dat ihme der solches zu thun hette, dat Recht oder der
Usstracht von dem Herrn oder Gerichten, darunter hei gesessen
wer, verzogen oder verschlagen wurde.

5. Item alle Graffen, Freyherren, Ritterschafft, Stede und
gemeine Landschafft des Gestichts von Collen bey ihren Frey-
heiten, Privilegien, und alten Herkommen zu halten und unge-
drengt bliven lassen.

6. Item dass ein zukommen Herr gein Kriegh ahnheven
sall, buissen Wissen und Willen Capittels, und gemeiner Landschafft.

7. Item dass ein zukommende Herr die Untersaassen des
Gestichts von Colne ihre Lyff, Have und Gude nit en verschrieve,
want durch soliche Verschrievungen die Untersaessen des Stifts,
geroufft, gebrandt, und zu grossen Schaden kommen seindt.

8. Item Edelmance und Ritterschafft bey ihrer alter Frey-
heit und Zölle zulassen, und In Ihre Gudt zu Wasser und zu
Landt zollfrey ungehindert uf ire Brieff und Siegele folgen und
fahren lassen.

9. Item Kayserswerde, die Friedborg und Bilstein bey dem
Stifft von Collen zu behalten, und dieselve Schlosse nit anders,
dan mit guten Colschen Luthen zu besetzen.

10. Item dass ein zukommen Herr besonder gelove und
schwere, Sigel und Brieve geve, dat Hey die Veräinigung des
Landts von dem Berge, fort Sigel und Breve von unsen Her
seligen, die darover gegeven seynd, halde, und in den Sachen
af noch zu en thue, buissen Wissen und Willen Capittels, Edelman, Ritterschafft, Stede und gemeiner Landtschafft zusammen.

11. Item wan dat Stifft von Coln overbawet ist, zu Wasser

oder zu Lande, vort overgraven, oder anders vertheilt oder ver-
spliessen, ist, dat sall ein Herr keren und inmanen nae alle syme
vermogen.

12. Item dat ein zu kommen Herre geyne Leystschuldt
en mache, buissen Wissen und Willen des Capittels.

13. Item wan dat Capittel eintrechtlich oder dat meiste
Deyl von deme Capittel einen Herren gekoeren und erwehlt hat,
of dan jemandt wore, der auch were binnen oder buissen dem
Capittel, in solche Chur dröge Zweytracht und Uneindrechtig-
keit in dem Stifft machen wolde, so sollen alsdan Edelmanne,
Ritterschafft, Stede, und gemeine Landschafft dem also erwehl-
ten Herrn Gehorsamkeit doin, mallich na syme Gebur, dem er-
wehlten Herrn uf sine Köst, bey dem Stift helffen behalten, und
der Sachen sall der Herr ihn ein Heufft-Herr sein.

14. Item wannee dat Capittel eindrechtlich oder dat meiste
Theil von dem Capittel einen Herrn gekoiren und erwehlet hat,
so sall Hei von Stundt nae der Confirmation Priester werden
und sich lassen consecriren.

15. Item wannee ein Capittel Nutz und Noith bedunckt
seyn, es sey in geistlichen oder weltlichen Sachen, Edelmanne,
Ritterschafft, und Stede bey sich zu beschreiben, dat sie dat
doen mogen, sonder Indragt des Herren, und dat alsdan dieselve Landtschafft dem Capittel folgen soll, daruff Ritterschafft,
Stede, und gemeine Landschafft dem Herrn schweren sollen, und
anders nit.

16. Item desgleichen of Sache were, dat Edelmanne, Ritterschafft, oder Stede semmentlichen oder insonderheit von deme
Capittel umb redliche Ursache begerden, auch inmassen Vurss.
beiein zu kommen, dat sall ihn dat Capittel nit weigern, und
of dat also geweigert würde, des doch nit sein en sall, so sall
ein Erff-Marschalck des Gestichts van Collen die Macht haben,
in gleicher Massen zu doin, desselven der Marschalck nit weigern noch Verzug machen sall.

17. Item dass ein zukommen Herr einen stundthaftige Raht
machen sall van geistlichen und weltlichen Personen, also doch,
dat der geistlichen Personen geiner in einiger Kirchen Dechand
sey, uesgescheiden den Dechand und Capittel des Dhoems, want
die allesamen als ein Litmass zu des Herrn Rath gehören, vort

die weltliche Personen des Stiffts van alders Mann und in dem
Stiffte gesessen seie, darzu auch allezeit der Horr in seine Rath
bey ihme haven sall zweene Herren uss dem Capittel.

18. Item dat gein Edelmanne of Untersasse des Gestichts
van Collen, in dieser Vereynigungh den anderen vehede, rouve,
brenne, noch mit Gewalt schedigen sall, dem an redtlicher
Ussdracht gnögt, ungeverlichen.

19. Item dat ein zukommende Herre, noch seine Ambt-
leuthe und Diener, niemand wer der sey, dat Stifft uff einigen
Untersnessen des Stiffts gefehdet, geraufft, gebrandt, geschindt,
off mit Gewalt geschediget hette, oder soliches auss seinem Hüffe
hette lassen geschehen, des der, oder die ungefriedt und unge-
soeud weren, dem sall der Herr oder Ambt-Leuthe, inn dem
Stifft gein Geleide geven, und of der Herre oder die Ambt-
Leuthe einichen in solicher Massen gleide geven oder gegeven
hätten, buissen wissen, und sie darumb ersucht wurden, so sall
der Herre oder die Ambte Leuthe, dem oder den, von Stundt
dat Gleide ufsagen.

20. Item dat ein zukommende Herr alle Brieve und Siegele halde, die seine Furfaren und Capittel zusammen gegeven
und besiegelt hant, und auch ein zukommen Herr und sein Capittel hernamals geven, oder unser Herr selige dem Capittel gegeven hatte, und der zukommende Herr hernamals dem Capittel
allein geven würde, und of einicher Gestichtsman Burge worde
were, für unsern Herrn seligen, oder der Herr ihm selfs schuldig were, des bey Schuldbreve off Schadloissbreve von seinen
Gnaden hette, und die Schuld in des Stiffts Nutze kommen were,
dat der Herr soliche Schuld und Schaden gutlichen verfange,
und die Burgen des entheve, doch also, dass soliches buissen
Wissen und Willen des Capittels nit mehren geschehe.

21. Item of in zukommenden Zeiden uns zukommon Herr
oder die seine widder diese Vurss. Puncten, oder seine Eide
und Verschrievongen, hie dem Capittel doin sall, of doin wird,
jehdt dede, so dat hei oder die seine, des in deihle of zumahle
nit enthielten, oder etwas newerung in Sachen unser heiligen
Religion widder der Christlichen und Catbolischen Kirchen alge-
meine Ordnung, oder sonst in geistlichen und weltlichen Sachen
unterstunde durch sich oder die seine vorzunobmen, dat Gott

nit en wille, und sein Capittel In, oder die seine darumb er-
soicht hetten, und sie des nit abstellten, so mogen dat Capittel,
Edelmanne, Ritterschafft, Stede, und gemeine Landtschaht zusammen oder besonder beschrieven, die auch dem Capittel sonder
Indracht des Herrn folgen sollen, und Je dat erkennen geven.

22. Und wa ein Herr des dan nit zur Stundt afstelte, und
hielte dat Hei geloft, geschworen und verschreveu hette, so sollen Edelman, Ritterschafft, Stede, Ambt-Leude und gemeine
Landschafft bey dem Capittel bliven, und dem gehorsam seyn,
und dem Herrn noch den seinen nit, biss so lang dat der Herr
helt und doit dat jene, dat Hei gelofft, geschworen und verschreven hat: Daruff sollen auch die Ambt-Leuthe und Landschafft den Herrn hulden und geloven, und anders nit: Doch
also, dat die Graffen, Edelman, Ritterschafft, Ambt-Leuthe, und
Stede widder ihre Ayde und Gelöifte, sie dem Herrn gedain
hant, die Zeit langk nit doin, noch gedain sollen haben, und
der Geloefden und Ayde ledig staen, biss zur Zeit soliches afgestalt und gehalten wird von dem Vurss. Herrn, und wannehe
soliches von dem Herrn afgestalt und gehalten wird, so sollen
sie Ime widder in solichen Gelöfden und Ayden bliven staen, als
sie vorgedain hant, und soliches so ducke sich noith geburt.

23. Wer auch Sache, dat jemandt zu dem Vurss. Stiffte
gehoeren, wer der, of die weren, in dieser Vereinigung mit uns
sein, und alle Stucke und Puncten Vurss. gleich uns gloven
wolden, die sollen und mogen herin gain mit ihrem Transfixe
Brive durch diesen Brieff gestochen, mit ihren Sigeln besigelt,
welche Transfixe Brieven gleich diesem Heufft-Brieve Macht haven, und denselven Heufft-Brieff nit ergeren noch vitieren sollen;

24. Desgleichen of unser einig mit Nahmen in diesem
Brieff genoempt, denselben Brieff nit besiegeln, oder mit uns anderen believen wolten, dat en sall auch diesen Brieff nit ergeren noch vitieren, sondern in seiner vollkommener Macht, von
uns die den besiegelt, oder zubesiegelen gebetten und beliefft
hant, und unse Nachkommen und Erven syn, bliven und gantz
gehalten werden sonder Intracht.

25. Were auch Sache, dat dieser Brieff nass, locherich,
fleckig, of an einichen Siegelen geqwat, oder ander hinder kriege,
darumb en sall ein zukommende Herr und wir sementlicheu, und

jegkliger besonder, unse Nachkommen und Erven die myn nit schuldig syn, alle und jegliche Puncten und Stuck diess Brieff zu halten, zudoin, und zu volnziehen inmassen Vurss.

26. Alle und jegliche Stucken und Puncten Vurss. so viel uns die berüren synt. hant Wir Adolff Ertzbischoff ꝛc. Dechandt und Capittel, Graven, Edelman, Ritterschaft, Bürgermeister, Scheffen, Röde und Gemeinden der Stede Vurss. für uns, unse Nachkommen und Erven samen und besonder in guden wahren Trewen, und in rechter Ayd statt bey unseren Fürstl. Würden und Ehren, Ayden, Huldungen, und Gelöffden, wir der Kirchen und dem Stifft von Colen, hochgemeltem unserem gnädigsten Herrn, und anderen unseren Herren bewandt seiudt, und gedain hain, unser jeglicher dem anderen zugesagt und gelofft, zusagen, reden und geloffen, vast, stede, und unverbrüchlichen zu halten, und gentzlichen zu volnziehen, darwider nit zudoin, zu werven, oder schaffen gedain werde, overmits uns selfs, oder jemand von unsern wegen. sunder unser jecklich dem anderen, darzu dat dieselve Stucken und Puncten, wie Vurss. stehet. gedain und gehalten, und von niemandt verhindert oder verbruch werden, behulfflich, beiredig und beistendig zu seyn mit Lieve und Gude, nae alle unser Macht und Vermogen, so wa und wie des zudoin, und Noit wehre ungeverlich, und uns darinne nit van einander zu scheiden. noch zu theilen umb einicherley Sachen die geschehen seynd, oder geschehen mogten, in einicherley Weiss, sunder alle Beschutnis, Fyrpeley, Gedrochnis, Indracht. oder Widderrede.

Und des zu Urkund der Warheit hant wir Adolff Ertzbischoff und Churfürst ꝛc. Vort Dechandt und Capittel Vursch: Unse Pontifical und Insiegel ad causas zu gezuge der Warheit aller Vurss. Sachen für uns und unse Nachkommen ahn diesen Brieff doin hangen: Und Wir Wilhelm Graff zu Newenar und Moeurs ꝛc. Erb-Hoffmeister, Johan Graff zu Salm ꝛc. Erff-Marschalck, und Gumprecht Graff zu Newenar und Limpurg ꝛc. Erb-Vogt zu Colln. hain unse Siegele für uns und die Vurss. Edelmanne und unse und ihre Erven umb ihrer beden Willen ahn diesen Brief gehangen, Des Wir Edelmanne Vurss. also bekennen under Siegelen der Vurss. dreyer Graven und Herren, der Wir hiezu mitgebruchen:

Und Wir Ritterschaft. Vurss. bekennen, dat wir mallich
von uns unse Insiegel für uns und unse Erven an diesen Brieff
gehangen han, und aller Vurss. Sachen darmit zu verzugen.

Und Wir Burgermeister, Scheffen, Rade und gantze Gemeinden der Stede Vurss. Bonne, Andernach, Nusse, Arweiler,
und Lynss hain unse Siegele vor uns, und vort für die Vurss.
Stede, unse und ihre Nachkommen und Erven ahn diesen Brieff
gehangen :

Des Wir andere Vurss. Stede also bekennen under Siegelen
der Stede Vurss. der wir hierzu mit gebruchen : Gegeven in
dem Jahre unsers Herrn Dusent vunff hundert und funffzig,
Montags den zwölfften des Monats May.

(Folgen die Unterschrift des Erzbischofes und die Siegel).

III. Hof- und Kanzlei-Ordnung des Erzbischofs Ruprecht vom 24. Mai 1469 *).

Zu wissen das wir Roprecht van goitz genaden Ertzbischoff
zu Colne ꝛc. in bewesen unsers lieben broiders hertzoch Fride-
richs des pfaltzgrauen und ouch mit wissen und willen Dechen
und Cappittel unsers doem Stifftz zo Colue und nach manichfel-
tiger underredde und raitslagen unser und des benannten unsers
broider reede zyttigklich bedraicht und uns und unserm Stifft
Colne, des lande und luten geystlich und werntlich zo nutz und
guyt, ordenung und regiment furgenommen und dem ernstlich
und flysslich nach zo komen uns begeben haben, alles mit hilff
des almechtigen Goitz, in maissen van stuck zo stuck her na
geschriben steet :

1. Item das die nach benannten vier unser Reete nemelich
Goetz van Adelletzhen Ritter. der unser grosshoffmeister syn
sall, Doctor Jorge Heseler Canceller, Doctor Peter Swane van
Wymphem und Wilhelm van Orssbeck in unsern hoeff an den

---

*) Aus dem Original im Düsseldorfer Archiv (§. 36). Die Bezif-
ferung der Paragraphen befindet sich in der Handschrift nicht.

enden, da wir den haben werden, degelich und stetz woenhaff-
tig syn, mit den wir und in unserm abwesen sie van unsern
wegen und an unser stat alle sachen handeln verhoiren ussrichten und bescheit geben und uns raiden sullen; und was wir
mit yne und in unserm abwesen sie oder der mererdeyll under
yne handeln bescheyden ussrichten und uns raiden werden, da
by sall es ver(b)liben, und wir sollen und wollen des auch verfolgen; und das nyt andern oen mergklich drefflich orsach, nachdem wir ungetwyuelt getruwen han, sie in unsern sachen getruwelich nach yrer besten verstenteniss doyn handeln und vurnemmen werden. Ob wir aber uss redlicher mergklicher orsach
anderung zo doyn vermeynden wurden noit were, so es dann in
gemeynen sachen were, wollen wir uns deshaluen mit den gemelten viern unsern Reeten dauon underredden, unser meynung
zo erkennen geben und uns mit yne desbalbe vereynen, wes darinne zo doyn sy. Ob es aber mirglich sachen, da etwas gross
an gelegen were, berurt, so wolten wir darinne nit anderung
doyn dann nach raite unsers doem Cappittels und ander unser reete.

2.   Item was die selben vier unser reete in unsern sachen
handeln, by den wir, nit selbs zogegen syn, die sollen sie an uns
bringen, so eirst sie moigen, und uns gestalt eyner yder sachen
zu erkennen geben, uff das wir uns darna desto bass wissen zo
richten, want icht deshaluen an uns langen wurde, das uss un-
wissenheyt desto mynnere geandert wurde.

3.   Item die benanten vier unser reete, so wir nyt zogegen
weren, sullen uff unser person nyt harren, sunder die sachen
degelich ussrichten, es were dan merglich und gross sachen,
und darinne nach dem besten vurnemmen, auch ander unser reete,
die umb uns und degelich im hoeff zugegen syn, zu yne fordern,
wann sich das geheysscht und yren rait, so vyl sie der dinge
wissen, ouch verhoiren und darnach handeln.

4.   Item wir wollen auch, das tzwene uss unserm doem
Cappittel, nemelich unser vetter hertzoch Steffayn und Graue
Nicolaus doem dechen geordent syn und werden, want dreffliche
sachen, an den mergklich gelegen ist, furhanden syn oder die
benanten vier unser reete bedunckt des noit syn, die auch in
unsern hoeff und zo den sachen zo fordern und mit der raite

vorder zo handeln; und ob der benanten vam Cappittel eyner zo
zytten zo unsern sachen zo kommen verhindert were, so moigen wir oder unser Cappittel eynen andern die zyt darzo vam
Cappittel nemmen.

5. Item die gemelten vier unser reete sullen auch ander
guyt Collssche reete tzweene dry oder mer zo yne forderen, wan
sie bedunckt sachen zo handeln syn, darumb das guyt syn
moichte, und mit der raite darin auch vurnemmen und dye sachen darinne sie dann gefordert werden, besliessen.

6. Item das auch zo ziythen, wan das noit syn mach, der
alte Canceller und der probst van sant Gereon, der dann sachen
und gelegenheit unsers stiffts vast kundich syn, zo unsern sachen darinne zo raitslagen gefordert werden und sunderlich in
den sachen, in der stat Colne uss zo richten syn.

7. Item ob die gemelten vier reete zo zytten nyt by
ennander weren und eyner oder mer in des andern abwesen in
unsern sachen etwas handeln wurden, des sall eyner den andern
nachmails so sie zosammen kommen underrichten, uff das nit irrung
dar uss entstee und eyn handel widder den andern syn moichte.

8. Item das regiment aller sachen sall am furderlichsten
steen an den obgenanten viern reeten samenthafft und soll aller
ander raidte in den camern oder winckeln, durch eyntzlinge
reete und zo ussrichtonge und handelong der sachen in abwesen
der vier reete dienen moichte, vermitten werden; und was also
durch die vier reete gehandelt und vurgenommen wirt, das sall
auch durch ander unser reete nit abgedoyn werden. Sie sullen uns auch nyt dar umb in den oren ligen oder uff den ab-
sytten underseten dauon zo wenden und zo underrichten, das wir
solichs andern sulten anders dann obgemelt; doch soll eyn igklicher unuergriffen syn, uns und auch den benanten unsern viern
reeten vur zo bringen, er meynt unser und unsers stifftz schaden wenden oder nutze furdern moige, getruwelich und ungeuerlich als er das plichtich ist.

9. Item wan recht dage syn, sollen die gemelten unser
reete ouch darane syn, das hoofgericht ordelich besetzt und
eirber reete dar ane gesetzt werden, da mit unparthilich eirber
recht gesprochen werde und eyn zytt vur zo nemen, wan sol-
lich recht dach fuegelich gehalten werden moigen.

10. Item wir sollen und wollen keyn vehede oder kriege
und groiss gezenck anfahen mit fursten oder heren oder yemans
anders dauon unserm stifft mergklicher last und schade entsteen
moichte, es geschege dann mit wissen und willen des benanten
unsers broiders und unsers doem cappittels, als wir dann des
auch vurmails gegen unserm Cappittel verschriben syn.

11. Item die gemelten unser reete sollen auch nit sunder
irrung oder krige under ine selbs oder yeman anders anfahen,
daruss uns oder unserm stifft unstaet komen oder entsteen moichte,
es geschege dan mit unserm wissen und willen und redlicher
orsach halp.

12. Item als auch redden und sagen gewest syn moigen,
das Friderich Rude Ritter und her Johann capplan diss ordenung und regiment hindern solten, das ist gantz unser meynung
nit, dann wir und unseren broider der pfaltzgraue yne das ernstlich beuellen wollen und sie heysschen by der pflicht, sie uns
gewant syn, widder solich regiment nit zo syn, sunder als verre
an yne ist und syn mag, dem furderlich und strack nakommen
werde yren halben ungehindert.

13. Item wir wollen auch geflissen syn in allen sachen,
an den etwas gelegen syn mag, die an uns langen und bracht
werden, nit snelle antwort zu geben, sunder bedencken nemmen
und an die vier reete, so die zogegen syn oder ander unser
reete, ye zo zytten umb uns syn werden, bringen, underrich-
tung der dinge nemmen und nach der raidt antwort geben oder
geben laissen.

14. Item ander unser reete amptlude diener und hoeffge-
synde sollen auch geheissen und gewartig syn wes sie van uns
oder der benanten viern in unsern sachen zo doyn bescheyden
werden; dann wan die selven vier reete nit folge hetten, were
yr regierung unuerfenglich. Doch sullen dieselben vier reete keynen unsern amptman oder diener orlaub geben oder uff nemmen,
es geschege dann mit unsern wissen und willen. Desglichen sollen ander ober amptlude keynen under amptman oder knecht
orlaub geben oder uff nemmen aen unsern wissen und willen.

15. Item nach dem unser broider, der pfaltzgraue syn lyff
und guet bissher truwelich und broiderlich zo uns und unserm

stifft *) gesetzt hait und hynfur als wir nit tzweyueln doyn, wirt,
uff das wir yne dann hynfur der maisse desto williger gehalten
moigen, so haben wir uns auch begeben, das wir wollen und
sollen keyn stat slossz oder ampt, wir ytzunt in handt haben,
oder nachmails gewynnen moichten, usshanden geben, verussern
oder van uns kommen laissen, auch keynen thornes uff den zollen versetzen oder verussern wollen aen desselben unsers broider des pfaltzgrauen, auch unsers doem cappittels, als wir des
verschriben syn, raidt, wissen und willen ; und wollen auch syns
raidtz darinne zu uerfolgen geflissen syn und die benenten vier
reete auch dar ane syn sullen, so verre an yn syn mage, solichs geschege und gehalten werde.

16. Item wir wollen auch hinfur in unser camere oder
sust keyn brieff ussgeen laissen, es weren dan sunder gesellschafft
oder kurtzwyle oder der glich beroren, sunder alle brieff ussgeen
und fertigen laissen, wie dann die ordnung der cantzelly nachgemelt das berurt.

17. Item die benanten unser vier reete sollen auch geloben und sweren, uns und unserm stifft getruwe und holt zo
syn, unser ere, wirde und bestes zo forderen und schaden zo
warnen, unser und unsers stifftz sachen, an sie langen werden,
zom nutzlichsten und fruchtbarlichsten nach yrer besten verstenteniss zo handeln und darinne zo raiden unser und unsers stifftz
heymlicheyt ewiglich zo verswygen und disser ordenung, so verre
an uns ist und uns berurt, getruwelich zo halten und vollenfu-
ren, der nach zo kommen und schaffen nach gekommen werde,
alles ungeuerlich.

18. Item wir wollen auch, das zo stundt hynfur unser hoeff
und gemeynd wesen zom Bruell gehalten und alle sachen daselbs
gehandelt und die benanten vier principail reete daselbs yre
wonung haben und in sunderheyt das alle sachen zo Colne uss
zo richten vermitten werde. Ob aber sich begebe, als zo zytten
syn mage, das etzliche sache nit dann zo Colne ussgericht werden moigon, so sollen dye reete dar zo bescheyden werden, des
morgens da hyn ryden und des nachtz widder kommen; und ob
sie uber nacht da syn moisten, das sie dann yr knecht und

---

*) stifftz, Schreibfehler im Ms.

perde des merer deyl hinder sich zom Bruele schicken, umb
des mynsten costen willen.

19. Item die benanten unser reete sullen auch zo stundt
an uberslagen und zo raidt werden, wie vyl personen wir noit-
durfftig syn in unserm hoeff und nilch personen as zo stellen
syn moige und wie alle ampte im hoeff vursichtiglich und nutzlich mit knechten hesetzt werden und nach unserm raide den hoeff
also zo orden mit personen, die unnützen ab zo stellen nach
dem besten.

20. Item sullen auch die gemelten vier unser roete an-
slagen na byleufftigen dingen, was man jerlich van gelde wyn
korn habern fleyssch und anderm vur unser person und den hoeff
und staet zo halten haben moisse, auch vur soldt lone cleydong
und anders, und dar uff zo raide werden, wo man das nemmen
und was man in den ampten nit haben moge zo igklicher zyt,
wie und wo das am nutzlichsten gesyn mag zo bestellen, ange-
stalt werde.

21. Item vur allen dingen sollen die vier principail reede
darane syn, so beste sie moigen, und allen flyss doyn, das etzliche gewisse renten und gulten jerlich uff zollen und ampten,
wo das syn mage, geordent und behalten werden, als by acht,
zehen oder tzwolff duysent gulden, dauon wir unsern staet und
wesen hain moigen, das die selbe summe geltz furter in keynerley wyse versetzt, verussert oder verandert werde.

22. Item sullen die benanten vier reede auch darane syn,
das gelegenheyt aller zolle, slosse und ampt erkundet, redlich
besetzt und unnoittdurfftige cost darin abgestalt und was die
jairs erdragen werden, uber costen geacht dar uff geen moisse
zo unserm wesen und regierung dienen moige, es sy an gelt
wyn fruchte oder ander prouande, solichs unserm rentmeister
geantwert und nutzlich uss gegeben und vertzeychent werde.

23. Item das rentmeister ampt woel zu besetzen und der
am meynsten umb uns und am hoeff syn und alle ronte und gulte
innemen und was uss zo geben ist, alleyn ussgebe, doch nyeman nichtz gebe aen unsern sundern mandaitz brieff, der van
uns underzeychent sy, usserhalben des huyss costen; wir wollen
des halben die mandait brieff geben laissen und underschriben
wie biss her.

24. Item und wan er in ampten usserhalben des hoeffs
syn muss, das er dann eynen die zyt an syner statt am hoeff
habe, dye tzyt den huyss costen zo doyn und yme das zo stundt,
so er widder kompt, zo uerrechenen, das er dann auch in syner
rechenung verrechen sall und sust alle ander uss geben vermitten werde.

25. Item es sollen auch alle groiss unselle freuel buesse
bruchte straeff und missehandel geystlich oder werntlich, da etwas an gelegen ist, durch uns mit den gemelten unseren reeten
oder so wir nit da by syn wollen, durch sie verdedingt werden,
da mit nit eyn yeder die nach synem gefallen und zo synem nutz
zo verdedingen understee.

26. Item sollen auch van unseren reeten in sunder heyt
etzliche geordent werden, da hy zom mynsten der vieren eyner
und eyn rentmeister syn sollen, jairs alle rechenung zo hoiren,
sie syn kleyn oder groiss, und darinne, wo noit ist, inredde
doyn und wie die reuerss und quitancien gegeben werden und
was unser amptlude dar uff schuldig blyuen, dem rentmeister
furderlich uberantwerden. Desglichen sollen etzliche am hoeff
geordent werden, alle wochen oder viertzehen tage rechenung
des huyss costen van dem rentmeister kuchenschriber kelner
schenken kochen und beckern und auch fotermeister und andern hoiren; und welich nit redlich da mit umb gaen, gestraeff
und vorter vorkomen verhuedt und abgestalt werde.

27. Item es sollen auch die gemelten vier unser principail
reete, so furderlichst syn mag, van den gheuen, (so) das geliehen
gelt van der stat van Colne, auch dem zolle zo Bonne, van
dem decimen van den geystlichen und dem lande von Westfalen
biss her ingenommen han, wie dat ussgeben und wo hyn das
kommen, rechenung hoiren, uff das man wissen han moige, wo
das gelt hyn kommen sy und solichs dem doem Capittell auch
zo erkennen geben.

28. Item nachdem wynkauff schenckmyete und eygennutz
unserm stifft bissher mergklichen schaden braicht hait, so sullen die gemelten vier, auch ander unser reede degelich umb
uns syn und in handelonge unsere sachen geynerley gabe, miet
schenk oder myet waen nemmen durch sich selbs oder yeman
anders, in sachen, wir mit anderen oder ander mit uns und un-

serm stifft zo doyn han, es were dann eyn vierteyl wyns, capuyn, gense, hoenre, eyn birrit oder derglich ungeuerlich.

29. Item es sollen auch alle ander amptlude, zollschri-
ber zoller zollknecht kelner druchses und ander scheuck der
maisse verloben, dar an dann die gemelten unser reete auch syn
sullen, das solichs geschehe.

Cancellarie.

30. Item es soll auch unser cancelly zom Bruele im stetlin usswendich des slossz syn und zo gericht werden und unser
canceller stetz uff die cantzelly und uns warten und doctor peter Swaen an syner stat, so dem canceller zo Colne oder an
anderen enden van unsernt wegen zo syn gebueren wirt.

31. Item es soll auch eyn ordenung in der cancelly vurgenommen werden, dat eyn yeder schribere wisse, was er doyn
ind waruff er in sunderheyt warten sull mit copieren, concipie-
ren, registrieren und andern.

32. Item auch zo orden auch eyn stundt welch zyt die
schriber morgens und nach essens in die cantzelly geen und wie
lange sie darinne ver(b)liben sollen und aen laub eyn cantzellers
dar uss nit zo kommen; desglichen uilch zyt der cantzeller und
ander reete auch darinne kommen und was sachen vurhanden
syn, zom besten und furderlichsten ussrichten.

33. Item es sollen auch alle brieff zo des cantzellers und
(in) syme abwesen doctor peters handen geantwert und sie darane syn, die botten furderlich ussgericht werden, den costen
yren halben zo vermyden.

34. Item das auch keyn brieff uss der cantzelly gee oder
copien dar uss gegeben werden, dan mit wissen eyn cancellers
und in synem abwesen doctor peters, uff das eyn brieff nyt widder den andern uss gee und durch unwissenheit der ussgangen
schade entstee.

35. Item es soll auch sunderlich in der cantzelly uff die
registratoir register und brieff acht gehabt haben und under-
scheydlich zo legen, das man die so man der bedarff, furderlich
fynden moige.

36. Item soll auch unser groisshoiffmeister eyn sunder uff
sehen haben uff die cantzely und die cantzelly widder uff yne,
das sie unser sachen mit eyn ander desto baess ussrichten moigen.

37. Item es soll auch die cantzelly stetz beslossen syn, damit nit yederman uss und in lauff und nyeman darin gelaissen dann der darinne gehoirt, da mit die heymlicheyt darinne ver(b)lieben, die arbeyt mit truwen geschee und das gemeyn ussrichtung und dadinge darinne vermitten werde und die cantzelly nit zo gemeyn sy, do durch dye nit liechtfertig und veracht werde.

38. Item by der cantzelly ein raidt stube zo haben, da die reede zo samen komen und raidt halten und die schriber daselbs bescheydt van yne entfahen und den in der cancellyen ussrichten und nakommen.

39. Item sall der canceller in sunderheyt darane syn, eyn register furderlich gemacht werde, das stetz in der cantzelly lige, darinne alle soldt und lone der amptlude und knecht in und usswendich des hoeffs und want yre jair uss und aen gaet geschriben syn, damit man etlichen woes guytes guyt ist *) den yren mynnern oder bessern moigen.

40. Item desglichen das uss igklichen ampt tzwey sunder register van allen fellen und renten gemacht und in der cantzelly eyns und das ander imme ampte behalten werden, die reete uff den rechenungen sich wissen dar na zorichten, was eyn amptman inbraicht habe oder nyt und wo sich die renten bessern oder mynnern, darin zo sehen und zom besten und nutzlichsten anstellen moigen.

41. Item der canceller und andere schriber, des beuelle hant, sullen ouch die ghenen, in der cantzelly zo schaffen haben, guytlichen ussrichten und in dem, sie vur die brieff geben sullen, nyt ubernemmen und fruntlich gehalden werden, und besunder gegen des stifftz angehoirigen, uff das die unsern und auch usslute uns desto williger syn, uff das uns auch dardurch nit abbruch geschehen moige.

42. Item wir wollen auch, das nyt dann eyn groiss sigell in unsern sachen und in der cantzelly gebruycht werden, das dann unser canceller van unsernt wegen haben sall und twey secret.

43. Item es soll auch eyn gemeyner cantzellyknecht in der cantzellyen syn, der stetz uff die cantzelly wart, das die

---

*) Corrupt; zu lesen: „wo es guyt is.“

versorgt sy und nyeman darinne gelaissen werde, dann die darin
gehoiren und derselbe knecht brieff, van den botten entfange,
in die cantzelly antwert und nachtz darinne slaeff, das die nummer alleyn stee.

44. Item es sollen auch die geystlichen amptlûde als Sie-
geller vicariait officinil und fiscail ampte registriert und geordent werden und igklicher jerlich da van rechenung doyn und
yne eyn besunder eydt begriffen werden, dem getruwelich vur
zo syn zo unserm besten und das nyt zo laissen van keynerley
myet schenck gabe wegen etc. und die auch zo verredden.

45. Item das auch alle lehen man hohen und nyddern geschryben und eyn zemelich zyt benant werde, da in sie yre lehen entfahen; und welich das an orsach moitwilligklich nyt de-
den, wege vur zo nemmen, sie yren wert und geburlich straeff
darumb nemmen und des flyss zo doyn; und ob etliche lehen
verfielen, die wir mit redlicheyt behalten moigen, die uber sesst-
zich gulden ertragen moichten, wollen wir nyt enweg lyhen aen
wyssen und willen unsers broiders und unsers cappittels.

46. Item soll die ordenung und regiment des neist zokunff-
tig jair und darnach so lange wir das nyt andern in allen
stucken ob und na gemelt gehalten und vollentzogen werden;
befynden wir dann zo ussganck diss jairs solichs nutzlich er-
schosseu, wollen wir desto ernsthafftiger und geflyssener syn,
darinne zo harren; ob des nit were, aber nach raidt unsers
broider unsers doem cappittels und unser reete vorter vur zo
nemmen, wie hoeffen nutz und gut syn, doch hierinne unser eren
wirden obirkeyt und herlicheyt unbenommen und unubergeben.

Stuer.

47. Item es sullen auch die gemelten vier unser reete
flyss doyn nach allem vermoigen, die lantstuer inbraicht werde
nach lute der meynung wie hernach geschryben steet.

48. Item zo raidt slagen, wie eyn stuer durch den gantzeu
stifft und der lantschafft vurgenommen werde zom allernutzlichsten, es sy uff das heupt det mentschen hertstat oder claen.

49. Item eirber lute zo orden die emssig syn und solich
stuer inbringen uff das genaust und mit den mynster costen,
die daruber geloben und swern, getruwelich die inzobringen,

zo verrechen und der nyt anstaen zo laissen und umme*) keynerley sachen willen an keyn ander ende zo keren zo wenden
oder volgen zo laissen, sunder in eyn trohe hinder eyn stat zo
legen an eyn bewart ende und dry slussel, der wir eynen, unser
broider den anderen und das doem cappittel den dritten haben,
wie dann das am schiersten nutzlichsten und fueglichsten syn
mag, da by und mit das doem cappittel auch yr eynen haben sall.

50. Item zo raitslagen, wan solich stuer van geystlichen
und werntlichen inbraicht zo Stuer **) kommen were, wie das
gelt zo stundt dar na an gelaicht wurde, uns und unserm stifft
am nutzlichsten syn und schaden verhoiden moicht; dann wan
des nyt geschiet, so drinckt eyn yeder daruff, dem wir schuldig
syn, wie er dauon bezalt werde, damit wirt das gelt verkluttert
und der mynst nutz geschafft.

51. Item moicht guydt syn, das unser broider der pfaltzgraue auch eynen der synen dar by hette, die stuer in zo bringen und das gelt zo bringen an die ende, wie geraitslagen wirt
und moicht unser lantschafft willen bringen desto mer, so sie
vermircken, unser broider auch dar ane syn wilt, das die nutzlich inbracht und des stifftz nutz damit geschafft werde.

52. Item moicht auch am nutzlichsten syn, das mit der
stuer und schatzung etzliche unsere zolle und thorniss geledicht
wurden, die vur unsern staet und wesen zo behalten, uff das
wir by zemelichen furstlichen staet ver(b)liben moigen. Dan wie
woel wir lande und lude haben, so gaet doch vyll costes daruff, dann unser stifft sust beswert und die renten den gheuen
mit den gedadingt ist, verschriben syn, das wir in vunff oder
seess jairen nyt vyl dauon haben moigen.

53. Item uff zemeliche depperliche orsachen zo bedencken
geystlichen und werntlichen vur zo halten, die stuer in zo bringen, ouch ob sich yeman darinne sperren und weygeren wolt,
wie sie da zo zo bringen syn moichten, ouch mit nyemant zo
dadingen, die stuer vur dem zyll oder anders zo geben, dann
wie die uffgesetzt und geraitslagt wirt dann vyll obentuer daruff steet.

---

*) Statt: Im des Ms.
**) Schreibfehler; zu lesen: „zo samen.“

54. Item das auch unser broider van der stuer betzaelt, da mit Keysserswerde ledich werden und zo unsern henden kommen moige und zo unser provision und staet dienen, uff das unser broider, nachdem er syn lyff und guet zo uns und (dem) stifft gesatzt hat uud noch doit, derglich hynfur zo doyn desto williger ver(b)libe als wir nyt tweyueln, er uns in keyneu noiten verlaissen werde; und so unser lieber broider des geltz, er uff dem vurgenanten unserem zolle verschriben hait, vernuegt ist, soll unserm cappittel der dritte pfenning alles gefallen daselbs werden in abslage des zols zo Fritzstroem.

55. Item wir wollen auch uns versehen und getruwen haben zo unserm doem cappittel uud unsers stifftz lantschafft, sie werden zo hertzen nemmen und bedraichten den mergklichen last und gross beswerde, darinne unser stifft bissher schulden und ander sachen halben gewest und noch ist und wir solicher schult und lasts nyt orsach syn, sunder van unsern furfairen uff uns kommen ist, und werden uns und unsern obgemelten reeden hilff, bystant rait und furdernisse doyn, damit solicher last desto bass hyngelacht und unsers stifftz sache van dach zo dage zo merer roge und besserung kommen moige.

56. Item wir wollen auch darane syn, so beste wir immer moigen, derglich die benanten unser vier reete auch syn sollen; so best sie moigen, das unserm doem cappittel und paffscheyt gehalten und vollentzogen werde, wes wir yne dann vurmails verschriben haben, alles truwelich und ungeuerlich.

57. Und aller obgeschribener dinge zo merer gedechteniss und urkunde haben wir und unser broider der pfaltzgraue unser yeder syn secret zo ende disser schrifft doyn drucken, der dry syn, wir eyn vur uns, die ander unser broder der pfaltzgraue vur sich gehalten und die dritte wir unserm doem cappittel ubergeben haben.

Gegeben und geschriben zum Bruele uff Mittwoch nach dem heyligen pinxstdage Anno Domini Millesimo quadringentesimo sexagesimo nono.

(L. S.)   (L. S.)

IV. Conferenz zu Poppelsdorf vom 9. Januar 1537 *).

§. 1. Als der Hochwirdigst Fürst und Herr Herr Herman Ertzbischof zu Cöln Churfürst Hertzog ꝛc. unser gnedigster Herre uf den jüngisten Abscheid in Sachen der Reformation der weltlichen Gerichte, mit dem Usschuss gmeiner Landschaft alhie zu Poppelstorf gnommen, seiner Churfürstlichen Gnaden Amptlüde hieher wiederumb bescheiden zweyer Artickel halb zuhandlen und zu schliessen : nemlich

a) wie etliche kleine und geringe Undergerichte zusamen getzogen und geschlagen, damit sie destobas besatzt und underhalten werden mochten;

b) zum anderen, wie allenthalb ein gleichformige Besoldung der Gerichtz-personen getroffen werden mocht :

So haben sich Hochgemeltz unsers gnedigsten Herrn Reethe mit den Amptluden nachfolgender Meynung, nach gehabtem reifen Rath verglichen.

§. 2. Und erstlich nachdeme die Hoffsgericht ire sondere Art und Natur haben, derwegen dieselbigen nit füglich mügen zusammengetzogen, oder auch den Landgerichten inverleipt werden ; dass darumb dieselbige pleiben : doch sullen die Amptlüde, da sie solchs zu thun haben, Insehens haben, das an denselbigen luth dieser Ordnung gehandelt; dass auch dieselben mit Schreiberen und Muntparen versehen, welche von dem Lantgericht entlehnt werden mögen. Desgleichen sullen die Amptlude understehin zu handlen so vill solches mit Fügen geschehen mag, dass nit von dem einen zu dem andern Hovesgericht, sonder von einen jeden Hovesgericht an ir oberst Huptgericht appelliret werde, vergeblichen Unkosten zu vermeiden.

§. 3. Zum andern, wo unter einem Ampt Heuptgerichte weren, sullen die Amptleuth understehin zu handlen, dass die Untergerichte in das Heüptgericht getzogen werden ; doch das

---

*) Man sehe darüber §. 64. Note 3.

die Undergerichte etliche Scheffen uss sich geben, und presen-
tierin sulten ; und dass dieselbige zugegeben Scheffen an den
Orten, da die Gericht von wegen der Güter besatzt werden,
ires Scheffenamptshalb von den Güteren, so deme Dinckstuell
verpflicht, besoldet, und dargegen die Inhaber solcher Güter des
vorigen Last, die Gericht zu verstan, enthaben werden sulten.
Und wie woll sünst die Scheffenstuell mit sieben Scheffen zu
besetzen, und zu becleiden ist ; jedoch in diesem Fall müsten
etlige uss den Underdinckstuellen zu den sieben, doch in zem-
licher Anzale genommen werden.

§. 4. Zum dritten, nachdem auch an etlichen Orten, da
die Gericht vermöge der Güter besatzt werden, die Prelaten,
und die von Adel, so solche Güter inhaben, uf grosse Uncosten
der Partheien zu den Heupturtheilen müssen betroffen werden,
sullen die Amptlüde mit berürten Prelaten und denen von Adel
understehen zu handlen, das ein jeder von seins Gutz wegen,
einen Scheffen zu geben und zu setzen hette, damit solche grosse
Unkosten vermitten pleiben möchten.

§. 5. Zum vierten sullen die Amptlüde so vill die Gericht
so unsers gnedigsten Herrn Chamer als das oberst Oberheupt
erkennen, berürt, in Zusammenfügung und Verordnung der Un-
der(ge)richt understan zu handlen, und den Gerichten die Masse
ze geben, dass zum wenigstem unser gnedigster Her der leste
Richter sei.

§. 6. Ferrer so viel den anderen Artickel belangt, der
Besoldung halb, sullen die Amptlüde verschaffen, das die Undergericht sich der Besoldung, wie der itzo ein gemein Mass gegeben ist, allenthalben begnügen lassen ; und sull den Ampt-
lüden, so itzo hie nit zugegen, dieser Abschedt sampt der Uf-
zeichnung der Besoldung zu geschickt werden.

§. 7. Zum anderen sullen die Amptlüde an den Orten, da
kein beaidte Gerichtzschreiber und Mompar weren, sich umb
einen geschickten Schreiber und um drey geschickte Fürsprecher
erkundigen, dieselbige unserm gnedigsten Hern anzeigen; die
durch die Amptlüde haben zu examiniren, und luth der Ordenung annehmen zu lassen.

§. 8. Zum dritten, damit solche Schreiber und Fürsprecher, den Gerichten in einem jeden Ampt gelegen, dienen mö-

gen ; sullen die Amptlüde Insehens haben, das die Gerichte zu
solchen Tagen und Zeiten gehalten werden , dass das eine das
andere nit verbindere.

§. 9. Zum vierten, nachdem die meisten Uncosten der
Partheien bis anher der vilfeltiger Heüptfart halb ufgelegt worden sein, und aber die Heuptfartten, so usenthalb des Ertzstiftz
Cöln an die Gerichte inwendig des Stifts gelegen, beschehen,
nit abzuthuen sein ; süllen dieselbige in irem Wesen gelassen
werden : doch dass durch die Amptlüde verschaffet werde, dass
in Sachen der Appellationen, so von solchen usslendischen Undergerichten, an die inlendische Heuptgerichte geschehen, pro-
cedirt und luth der Ordnung gehandelt werde.

§. 10. Zum fünfften, so viel unsers guedigsten Hern Undergericht berüren, sullen die Amptlüde by denselben verfügen,
das sy nit zu aller Zeit, wie bisher beschoen , als der Sachen
nit weiss, ze Heupt faren; sondern nach irem besten Verstent-
niss urtheilen ; und also die Sachen durch das Mittel der Appellation an das gebürlig Oberheupt lauffen lassen.

§. 11. Zum sechsten zu verfügen, dass ein jedes Gericht
sein eigen underscheidentlich Siegell hab, dass auch die Ustrag-
ten und ander Contracten, so von wegen der Güter under den
Gerichten gelegen geschehen, an den Gerichten, under denen die
Güter gelegen, gerichtlich geschehen sulle.

§. 12. Ufberürte Artickel sullen die Amptlude, wie obgemelt, müglichs Fleis handlen, und wes sy in allen Articulen
gehandlt, unserm gnedigsten Hern zum furderlichsten und zum
lengsten hie züschen und deme Sontag Reminiscere uechstkumpt
anzeigen. Datum Poppelstorf am neunten Tag Januarii ime
fünffzehnhondht sieben und dreissigsten Jare.

V. Auszug aus dem Landtags-Abschied vom 13. Juni 1544 *).

Vnd nemblich solten zu Einbringung und vollkommener Erlegung solcher Steuer, die vom Thumb-Capitul, Graffen, Ritterschafft und Stätten, fort alle andere Vnterthanen dess Ertz-Stiffts, sambt allen anderen, die seyen Geist- oder Weltlich-Gefreyet- oder ungefreyet- in- oder Auswendig dess Stiffts Cölln gesessene Persohnen, so im Ertz-Stifft Hauss oder Hoff, ligend- oder fahrend- beweg- oder unbewegliche Gütere, Gülde, Zehende, Zinss, Pfacht oder etwas Nutzung haben, in diese Hülff gezogen werden, doch dass Eines Hochwürdigen Thumb-Capituls eigene Renthen und Nutzungen, dessgleichen auch deren Graffen und Ritterschafft Güter, so sie von einigen Herren, denen sie darumb nach Adlicher Weise dienen müssen, zu Lehn tragen, auch ihrer jedes ein häussliche Wohnung oder Säss, da er gewonlich Hauss zu halten pflegt, sampt desselbigen einigen Säss, Bezirck, Bäum- und andere Garten, Wiesen, Aeckeren, Weyden, Büschen, Broichen, so allernechst umb den Säss gelegen, und ohne Exception und ohne Mittel darinnen gehören, allein hierinnen aussgenommen. Aber sonst sollen alle andere ihre und deren anderen Haab und Güter, auch Geist- und weltliche Graffen und Herrschafften, Gebieth und Vogdeyen im Stifft Cölln gelegen, diese Hülff tragen helffen, und darab keines wegs aussgezogen werden, also dass die liegende Güter, Hauss für Hauss, Hoff für Hoff, item an Wein-Gärten, Aecker, Wiesen, Weyden, Bäum- und andere Garten, Gewälden, Büschen und Broichen, Morgen für Morgen, wie die im Ertz-Stifft Cölln gelegen, und nacheinander befunden, und beschliesslich alle Erbschafft in einer jeden Graffschafft, Herrschafft, Statt und Ambt getrewlich auffgezeichnet, und ein jedes auff seinen rechten Werth geschätzet, dergleichen alle Renthen, Pensionen und Nutzungen auch auff Geld geschlagen, als nemblich jedes fünff Goldgülden jährlichen Einkommens oder Nutz auff ein hundert

*) Man sehe darüber §. 110. Note 4.

Goldgülden Haupt-Gelds, und also fortan auff und ab: Item
alle Baarschafft fahrende Haab und Güter (doch Geschütz, Harnisch und Gewehr, Haussgerath und Silber-Geschier aussgenommen) Item dess Kauffmans-Handwercks- und gemeinen Hauss-
manns-Handthierung, Gewinn und Gewerb, neben diesem allem,
auff ein benandtes Geld geschlagen, und geachtet, und demnach
von einem jeden hundert Goldgülden minder oder mehr Haupt-
Guts, nach Anzahl und sonst nach Gelegenheit des armen Mans;
doch dass die Summa zu den 80000 Goldgülden sich ohne allen Abgang ertrage, und die auff 3. Terminen, als auff nechst
kommenden Remigii der erst, und darnach das nechste Jahr
umb dieselbige Zeit der ander, und aber nach dem Jahr der
dritte gegeben werden.

Verbesserungen.

Seite 77 Zeile 16 v. o. ist „sich" zu streichen

„ 87 „ 16 v. o. statt: 7 setze: 8

„ „ „ 16 v. o. „ 8 „ 7

„ 125 „ 6 v. u. „ 63 „ 64

„ 126 „ 2 v. u. „ 63 „ 64

„ 148 „ 12 v. o. „ 7 2 „ 732

„ 167 „ 8 v. o. „ Vernehmung setze: Verrechnung

„ 224 „ 17 v. o. „ Schiffes setze: Schiffers

„ 255 „ 4 v. u. „ 1767 setze: 1797

„ 268 „ 11 v. o. „ aufgehabt setze: aufgehebt

„ 372 „ 10 v. o. „ Cursen setze Bursen.

––––––––

Bonn. Druck von Carl Georgi.